古瀬奈津子 編

古代文学と隣接諸学 5

律令国家の理想と現実

竹林舎

監修のことば

『古代文学と隣接諸学』と題する本シリーズは、古代日本の文芸、言語や文字文化を対象とする文学のほか、歴史学、美術史学、宗教史学などの隣接諸分野の研究成果を広く包摂した全一〇巻の論文集である。すでに公刊されている『平安文学と隣接諸学』『中世文学と隣接諸学』などに続くシリーズとして、二〇一四年初夏、私が本シリーズの企画、編集のスーパーバイズを求められて以来、編者の委託、執筆者の依頼、内容の検討を経てここに実現するに至った。

『古代文学と隣接諸学』の各巻に共通する目標ないし特色は、古代日本の人々の様々な営みを東アジアの視点から認識する姿勢である。作品や資料を遡及的、解釈的に捉えるだけにとどめず、歴史的展開の諸要素を一々細かくフォーカスして、古代史像の総体的な復元に立ち向かうことである。特に歴史学については、古代史における王権や国家の働きをア・プリオリに認めるのでなく、個々の事実に基づいて真の成り立ちや実態を追い求め、本質を突こうと努めている。加えて、人々のイデオロギーや心性、社会と密接な芸術、生活空間、環境、交通などにも目配りしている。

このように『古代文学と隣接諸学』は、核とする文学とそれに隣り合う専門分野の第一線で活躍する大勢の中堅、気鋭による多彩で豊富な論考を集めて、今日の研究の最高峰を指し示すものである。

本シリーズには学際研究の新鮮なエッセンスが満ちている。学際研究は異分野の研究を互いに認め合って接近し、知識やヒントを得たり方法論や理論を摂取したりすることができる。既成の事実の再考察を促すこともある。さらには研究の融合、進化をも可能にする。文学では、上代、上古、中古などという独自の時代区分を考え直すことになる。文学と文芸の関係性を解く糸口が得られる。世界文学と日本文学をめぐる議論を作り出すかもしれない。歴史学でも、多様な知見に耳を傾け、または抗うことによって、細分化する傾向にある古代史研究の総合化、体系化の方向を展望できるであろう。

本シリーズが多くの読者を魅了し、諸学の成果を踏まえて未知の地平を切り拓き、今後の研究を押し広げ、深めるきっかけとなることが大いに期待される。それが新たな文学と文学史の再構築につながり、ひいては日本の人文科学の進展に寄与するならば幸いである。

二〇一七年四月

鈴木靖民

目　次

Ⅳ　律令諸制度と古代の文化

序

古代文学を生み出した揺籃期の日本社会について

古瀬　奈津子

日本古代における律令制の研究は、従来、養老令および大宝令を中心にして行われてきた。その手本となった唐令は散逸してしまったため、逸文を集成した『唐令拾遺』『唐令拾遺補』によって比較研究が行われてきた。ところが、一九九九年に中国の天一閣博物館で発見された北宋の天聖令（巻二十一田令から三十雑令まで）が唐令の形式を継承したものであったこと、また使用されなくなった不行唐令を含んでいたため、唐令の各篇目の全体像や各条文について具体的にわかるようになった。そのため、現在、日唐令の比較研究は新しい段階を迎えていると言えよう。

天聖令の発見により、日本では令の篇目およびその中の条文を唐令とほとんど同じに継受したことが明らかとなった。篇目によって違いはあるが、全体として天聖令の三分の二の条文を継受している。ただし、天聖令には含まれない篇目ではあるが、僧尼令のように日本独自に篇目を設けた場合もある。数は少ないが、日本で独自に立条したものもある。また、条文どうしを詳しく比較することによって、条文の内容にも日唐で違いがあることがわかる。

本書のテーマである『律令国家の理想と現実』に関して考えてみると、唐令と比較してみた場合、理想イコール唐令で、現実イコール日本令と解釈することもできよう。また、日本古代において令に規定されたものが理想であり、その実態が現実と解釈することもできる。そもそも、令に規定されたのは、理想なのか、これから実現されるべき青写真なのか、それとも大和王権以来の古い諸制度なのか、ということも検討する必要があるだろう。

たとえば、令にみえる「畿内」という地域が実際には大和王権以来の地域区分であることが大津透氏によって指摘されている（『律令国家支配構造の研究』岩波書店、一九九三年）。また、天聖令に含まれていない篇目であるが、儀制令5文武官条に規定されている告朔の儀式は、大和王権というほど古い時代ではなくて天武朝からみえる儀式である。文武官初位以上が朔日ごとに朝参し、当司は前月の公文を注して五位以上が朝庭の案上に送着して大納言が進奏するという文書行政としては古い形式の儀式である。このように、令にはこれから導入される新しい制度が規定されていることもあるが、大和王権以来もしくは天武朝からのものなど、古い形式の制度が規定されていることもあるので注意が必要である。各篇目で何が令に規定されているのか、実態はどのようであったのかを、読者の方には見ていただくのも面白い視点だと思う。

また、本書は、古代文学と隣接諸学というシリーズの一冊であるが、律令制と古代文学の関係はどのようなっているのだろうか。一見、律令制は古代文学とは無関係に見えるかもしれない。しかし、『万葉集』をみていくと、たとえば、『万葉集』最後の歌は、巻二十の四五一六番歌「（天平宝字）三年正月一日、因幡国の庁にして、饗を国郡の司等に賜ふ宴の歌一首」という詞書のある国守大伴宿禰家持の著名な短歌「新しき年の始の初春の今日降る雪のいや重け吉事」である。この短歌は、儀制令18元日国司条「凡元日、国司皆率二僚属郡司等一、向レ庁朝拝。訖長官受レ賀。設レ宴者聴。（其食、以二当処官物及正倉一充。所レ須多少、従二別式一）」の規定に基づいた場で詠まれたものである。律令国家においては、毎年地方では元日に、国司が僚属郡司等を率いて庁に向かって朝拝し（都の天皇に向かって朝拝する意味になる）、その後、国守は皆から賀を受け、宴を設けることを許されていた。家持の短歌は、その宴会で詠まれたものである。家持には、天平勝宝二年正月二日、越中守の時に国庁において饗を諸郡司等に給う宴の歌（四一三六番歌）、天平勝宝三年正月二日、守の館に集いて宴を行った際の歌（四二二九番歌）などもある。

この他にも、『万葉集』には、田令に規定のある班田収授に関連して班田司史生が自経死した時に判官大伴宿禰三中が作った長歌と反歌（四四三～四四五番歌）（本書で服部一隆氏が引用）（天平元年班田関係では四四五五・五六番歌もある）や、奈良時代における庶民の歌の作者として知られる防人については軍防令などに規定があるが、三三四四・四五、三五六七～三五七一、四三二一～四三五九、四三九四、四四三六番歌が著名である。賦役令などに規定のある海外使節関係では遣唐使派遣に際しての長歌と反歌（八九四～八九六、一四五三～一四五五、一七八四、一七九〇・九一、四二四〇～四二四七、四二六二、四二六四・六五番歌）、遣新羅使に関する歌（三五七八～三五八八番歌）、遣渤海使に関する歌（四五一四番歌）などもみえる。

また、墾田地を検察する時の歌（四一三八番歌）や、越中国司判官久米朝臣広縄が正税帳使となった時に国守大伴宿禰家持が作った歌（四二三八番歌）、家持自身が大帳使として京に向かう際の歌（四二五〇～四二五五）なども収録されている。

このようにみてくると、『万葉集』の歌は、律令制によって基盤が築かれた奈良時代前後の社会から生まれたものであり、もちろんそれ以前からの精神を受け継いでいるとは言え、律令制は古代文学と案外近しいと言えるのではないだろうか。

本書では以上のように、律令国家の理想と現実について、令の篇目に沿いながら、唐令との比較、律令制の実態などを考慮に入れて論を進めていただいた。第Ⅰ部「唐の律令制と日本の律令制」においては、古瀬論文「律令制は誰のためのものか——東アジア世界における律令秩序とは——」では、発見された天聖令に含まれている篇目において、唐令・日本令と比較すると、宋令では、唐令では尚書省などに申上する規定が奏上規定に変更されたり、皇帝の命令による規定（別勅）が追加されていることがわかった。それは唐令・日本令においては三省制・太政官制が基盤となっており、それはともに貴族制が強いことを示しているからと理解した。そのため、日本では唐律令を受容することができたのである。

榎本論文「中国の法・制度の受容——律令法典の編纂と継受——」では、中国における法典編纂史を春秋戦国から隋唐までの律令編纂史としてたどり、隋唐の律令法体系の特徴を明らかにする。ついで、日本における律令受容史についてその画期や意義を問うものである。

大高論文「「律令国家」の対外関係——その理想と現実——」では、大宝律令・養老律令においては独自の「小帝国」構造に基づいた唐律令からの用語の改変は行われなかったこと、当初は「蕃」「夷」に区別がなかった唐律令をそのまま導入し、その後にそれらを区別するような考え方が生まれたことなどを明らかにし、日本と唐との関係、日本と朝鮮諸国との関係を「蕃」の概念から捉え直した。

有富論文「礼と律令——儒教思想と律令国家の統治——」は、貞観地震についての自説に対する渕原智幸氏の批判への反論である。情報の伝達法や八・九世紀の大地震に対する天皇が自らを責める文言を含む詔勅や地震などに対する撫育政策から日本における儒教の受容について述べた。

第Ⅱ部「律令官僚制」において、山下論文「官人と禄――律令国家成立期の食封と季禄――」では、天武朝・持統朝・浄御原令・大宝令段階での食封政策を明らかにし、その意義を問うた。また、季禄についてもその制定時期や意義について考察した。

野田論文「日本古代における官人の学問的世界と政治的秩序」は、官人養成機関としての大学寮の設置と目的を唐の国子監と比較して明らかにし、日本では唐の官学のような「礼を学ぶ場」としての役割が大幅に削減されたことを明らかにした。ついで奈良末から平安初期の興隆と平安中期における変容について概観し、平安中期における上流貴族官人と女房が学問的世界で果たした役割について述べた。

矢越論文「文書行政と官僚制――正倉院文書の検討を中心に――」は、まず日唐の公式令における文書様式を比較検討し、ついで正倉院文書における文書行政の実態を明らかにして、実際の文書行政からうかがうことができる官僚制の二つの指標を指摘した。

渡部論文「国司と郡司――都と地方をつなぐ仕組み――」は地方行政について、国司と郡司の源流を『日本書紀』や木簡などから明らかにし、王権と地方の関係を采女貢進における国司と郡司からうかがい、出羽国を取り上げて郡制がしかれていない地域における国の機能と役割について述べた。

第Ⅲ部「税金と役制」の服部論文「戸籍と土地制度――班田収授法の実態――」では、律令にみる戸籍と班田のしくみについて概観し、戸籍の成立過程を七世紀の関連木簡と正倉院文書に含まれる戸籍の実例から明らかにし、その画期を考えた。一方で土地の管理について町の成立から大宝田令の意味を考察し、日本的な土地管理制度の成立の画期を天平元年の班田とした。

神戸論文「唐賦役令の受容」では、唐日賦役令の構成を比較して日本令の特徴を明らかにし、日本の調制と力役制について主に日唐令文の比較から検討して、律令制導入以前からの固有の貢納制であるミツキ・エダチを律令の中に構造化したことに意義を見出した。

牛論文（戸川訳）「「営繕令」の解読と官司の職務について」では、天聖令の営繕令研究の現状を明らかにし、軍器を修造する官司の職務と重複を問題として新しい解釈を施し、宋令の内容は当時の制度運用の実態を踏まえてこそはじめて理解できるものとした。

吉田論文「日本の都城制――上閤門と閤門を通して――」は、隋唐代長安城には東西上閤門が太極殿の東西および宣政殿の東西にあり、内宮に入る門として機能していた。しかし、日本には東西上閤門は受容されず、大極殿門が内裏の閤門とされていた。これは日唐の空間構成原理がまったく異なっていたことを示している。

吉永論文「軍防令と軍事制度――差兵条をめぐって――」では、郡防令差兵条を検討し、奈良時代において軍事動員の基準となっていたこと、同条文の日唐比較から日本令で臨時発兵規定が削除されたのは、七世紀後半の列島内外の要因を背景として、現政権の支配体制保持を最優先課題として、発兵の判断を官人に委ねることを忌避したためと考えた。

第Ⅳ部「律令諸制度と古代の文化」の市論文「厩牧令からみた日本律令国家の馬牛政策」では、日唐天聖令の厩牧令の対応関係表を作成して、日本の律令国家は唐厩牧令を大幅な取捨選択を行って受容したことを確認した。厩・繋飼の規定、牧の規定、駅伝の規定、馬牛の細則に分けて条文ごとに検討して、唐令を大幅に改変したことを明らかにし、その意義を考察した。

永井論文「「獄令」編纂と断罪制度」では、まず中国の獄官令と日本の獄令の篇次に関して断獄律との関係からその意義を考察し、日本における獄令の篇目名の独自性の意義を明らかにし、日唐の獄令・獄官令の条文構成を検討して日本の獄令制定の意味を考察した。

本郷論文「古代の僧尼と寺院――僧尼令と『日本霊異記』――」では、僧尼令を概観して僧尼統制の性格を明らかにし、ついで『日本霊異記』から僧尼の実態を探り、つぎに古代寺院の特質を問題として、律令国家における僧尼と寺院の統制の意義を述べている。

稲田論文「死亡報告と弔使派遣の展開」では、養老喪葬令3京官三位以上条について、その内容である官人の死亡報告と弔使派遣に分けて、関連規定と実例にもとづいて平安時代中期にいたる展開を明らかにした。

兼岡論文「風土記からみる律令・国司――編纂と享受の視点から――」は文学の立場から、まず風土記編纂の企図を確認し、国司が編纂の中心となったとされる『常陸風土記』『播磨風土記』の編纂方針や方法などを分析し、平安初期の律令制の衰退を風土記の観点から見直した。

古橋論文「仏教の受容――日本霊異記における倫理と刑法――」も文学の立場から、貸借関係にかかわる倫理の問題を『日本霊異記』からみていく。親子関係と経済関係や化牛説話から、債を償うこと、経済、親子と律について考察し、仏教受容の意義について述べる。

以上、編者の無理なお願いに対して執筆者各位がそれぞれ誠実に対応していただいたことに心より感謝を申し上げたい。読者には執筆者の意図を汲んでいただき、味読をお願いする次第である。

Ⅰ　唐の律令制と日本の律令制

律令制は誰のためのものか
――東アジア世界における律令秩序とは――

古瀬　奈津子

はじめに

一九九九年に中国・寧波の天一閣博物館において戴建国氏よって発見された北宋・天聖令の写本は、二〇〇六年に天一閣と中国社会科学院歴史研究所によって『天一閣蔵明鈔本天聖令校証』上下冊として刊行され、[注1]日本人の律令に対する理解に大きな影響を与えた。それは、天聖令が北宋の令であるにもかかわらず、その構成を見ると、各巻の初めには宋令の条文が並んでいるが、その後に不行唐令の条文が並べられているのである。すなわち、天聖令は巻構成は唐令を引き継いでいるが、巻ごとに唐令が北宋令の条文として継承されたものと、北宋においては施行されなかった唐令の条文がそのまま残されていることになる。唐令は散逸してしまったため、従来は逸文が諸書から収集されてきたが、巻二十一田令から巻三十雑令までとは言え、唐令の巻の全体像を知ることができるようになったことは大変有意義なことであった。

近年、天聖令を使用した復原唐令と日本令の比較研究が盛んに行われている。本稿では、天聖令を用いて、宋令と唐令、そして唐令を受容して編纂された日本の養老令を比較することによって、律令制は誰のためのものか、東アジア世界における律令秩序とは何だったのかについて、権力構造と政治システムの検討を通じて考察してみたい。[注2]

一　「奏上」規定からみた宋令・唐令・日本令

先に拙稿「営繕令からみた宋令・唐令・日本令」において、営繕令の各条文について、宋令と復原唐令、そして日本令（養老令）について比較検討した。[注3] 天聖令によると、営繕令は宋令が二十八条と多く、不行唐令が四条と少ない。不行唐令がない条文については、唐代の史料や日本令、宋令を参考に復原した『天聖令校証』の復原唐令を使用した（修正した場合もある）。その結果、宋2・3・12・20・25・26条と唐令を比較してみると、唐令では「申二尚書省一」となっていた部分が、宋令では皇帝に奏上するように変更されていたり、唐令にはない「申奏」が追加されていたり、唐令は復原できていないが、「申奏聴レ旨」「具奏聴レ旨」のように宋令独自の表現が使用されていて宋令において追加されたと推測できるものなどが確認できた。すなわち、唐令では尚書省に申上していたものが、宋令では皇帝へ奏上する規定へと変化したことを指摘した。その背景としては、唐代後半期から政治システムとしての尚書省の権限が弱体化し、一方で皇帝独裁制が進み、宋代に入ると国制として定立したことが反映したものと考えた。

本稿では、営繕令以外の医疾令、仮寧令、喪葬令、雑令を対象として、[注4] 条文内容をみていくことによって、唐令から宋令への変化を明らかにし、その意義を考察したい。また、唐令と日本令の比較も行い、その違いの意味についても考える。なお、上述したように、営繕令に関しては、唐令では「申二尚書省一」とあった部分が、宋令では「申奏聴レ報」などに変更されている。この点に注目し、奏上に関する文言を含む宋令条文について、唐令においてはどのような規定になっていたのかをみていく。その過程において、既存の復原された唐令条文が正しく復原されているかを検討していくことにもなるだろう。

1　医疾令

まず、医疾令を取り上げよう。

天聖令の医疾令宋6条は、医学を自家学習した者の資格認定試験の規定である。宋6条と復原唐令、日本令（養老令）を比較してみよう。

宋6条　諸有下私自学習、解二医療一者上、若医官闕レ人、召二赴医官院一、令下尚薬奉御簡二試所業一、答中義三十道上、本院（副）使、副等糊レ名覆校、芸業灼然者録奏、聴レ旨補充。

復原唐令9条　諸有下私自学習、解二医療一者上、投二名太常一、試験堪者、聴下准二医・針生例一考試上。[注5]

養老令9条　凡有下私自学習、解二医療一者上、投二名典薬一、試験堪者、聴下准二医・針生例一考試上。[注6]

学校には入らず自分で勉強して医療を理解する者については、宋令では医官に欠員がある時は医官院に召して尚薬奉御が試験を行い、三十問の問題に答えさせ、本院（医官院）使と副使がその名前を覆校し、医学の芸業が著しい者について皇帝へ奏上して、皇帝の命令を聴いて医官に補充せよ、とある。復原唐令と日本養老令は、自分で勉強して医療を理解する者については、自ら太常寺（日本では典薬寮）に出願の書類を出し、試験に堪える者には医生・針生に准じて考試することを聴せ、という規定である。

宋令と唐令・日本令では、医学の学校制度（宋令では皇帝の医療を掌る医院や官職になっている）や試験の方法が異なっているが、もっとも違うのは、宋令では「芸業灼然者録奏、聴㆑旨補充」という規定が追加されている点であり、皇帝へ奏上した結果「聴㆑旨補充」していることから、皇帝への奏上規定が追加されたと言える。ただし、宋令が医学校一般ではなくて皇帝の医療を担当する医院や官職（尚薬奉御）についての規定になっていることも考慮した方がよいかもしれない。

つぎに、州医生の中央出仕志願者や私医の優秀な者の取り扱いについての規定である宋13条と復原唐令29条・養老令17条を取り上げる。

宋13条　諸州医生、有㆘業術優長、効験無㆑失、情願㆓入仕㆒者㆖、本州具述以聞。即私医有㆘明㆓達経方㆒、閑㆓解薬性㆒、療㆑病有㆑験、灼然為㆔郷閭所㆓推許㆒者㆖、州司精加㆓試練㆒、亦録㆑名奏聞。

復原唐令29条　諸州医生、有㆘業述優長、効験無㆑失、情願㆓入仕㆒者㆖、本州具述以聞。即私医有㆘通㆓利経方㆒、閑㆓解薬性㆒、療㆑病有㆑験、灼然為㆔郷閭所㆓推許㆒者㆖、州司精加㆓試練㆒、亦録㆑名奏聞。

養老令17条　凡国医生、業術優長、情願㆓入仕㆒者、本国具述㆓芸能㆒、申㆓送太政官㆒。[注7]

宋13条では、諸州の医生で医学の技術が優秀で、医療効果に失敗がなく、中央に出仕することを願う者は、州が詳しく説明して皇帝へ奏上せよ、また私医で医学経に明達し、薬についてよく解し、治療に効果があり、地元から推挙された者については、州がよく試練してから、名前を記録して皇帝へ奏聞せよ、という規定である。

『天聖令校証』の復原唐令は、天聖令、養老令、唐会要巻八十二医術徳宗貞元十二年（七九六）三月十五日勅により復原したものである。しかし、『唐会要』巻七十五附甲に「天宝二年十一月勅「諸州医学生等、宜下随二貢挙人例一。申レ省補上レ署、十年與二散官一。恐二年歳深久、検勘無レ憑、仍同二流外例一附甲」」とあることから、復原唐令の「本州具述以聞」の部分は、養老令の「申二送太政官一」を考慮すると、「申二送尚書省一」の可能性もあるのではないだろうか。

そう考えると、復原唐令「申二送尚書省一」および日本令「申二送太政官一」の部分が、宋令では「本州具述以聞」という皇帝への奏上規定に変更されたことになる。

なお、宋8条は、在京の文武職事官が病気になった時には本司が皇帝へ奏聞し、翰林院官に診視を加えさせ、在外の場合は随近官司が申牒して医官を派遣して治療を行うという規定である。該当の養老令24条では、五位以上の疾患の場合となっているが、[注8]やはり奏聞してから医者や薬を給わって治療することになっている。唐令はこの養老令や天聖医疾令唐10条などを参考にして復原すると、在京文武職事官が病気になった時には本司が奏聞して医者を派遣したり薬を給わって治療すると復原できる。このように、宋令・唐令・日本令がともに奏聞する規定になっている条文もある。

また、宋10条は、皇帝・中宮・東宮の服薬を調進する際の監視の規定であるが、本院使・副・直院・尚書奉御・医官・医学らが予め御薬院と相知し、薬を封緘してから皇帝へ進めることになっていて、特に奏上規定はない。しかし、日本養老令23条では、[注9]中務少輔以上一人が内薬正とともに監視し、薬が出来上がったら、侍医が嘗め、その後封じ、薬方を写して年月日と監薬者の姓名を記してから薬とともに奏上することになっている。『唐六典』および『唐律疏議』、天聖令・養老令などから復原した復原唐令23条も同じである。これは宋代には皇帝の医療を管轄する医院が唐代までの体制とは異なったものになったからだと考えられる。このように、稀ではあるが、宋代になってから奏上規定が無くなる条文もある。

2　仮寧令

ついで、仮寧令を見てみよう。

天聖令の仮寧令宋20条は、遠隔地にいる官人に祖父母・父母の喪を告げる場合の規定である。官人が遠隔地に赴任していたり、公使として在外にいる場合、祖父母・父母が亡くなると解官しなければならない。その際に、告する人がいない場合は、喪家が所在の官司に提出した牒を便宜ある使者に付託して知らせるが、便宜の使者がなければ専使を遣わして報告する。勅を奉じた使者になった場合や任務で辺要の地にいる場合には、所属の官司に申し皇帝へ奏聞せよ、とある。復原唐令23条は宋令および養老令によって、ほぼ同文で復原されているが、「所属」が唐代に多く使用される「所司」に変更されている。

一方、日本養老令10条では祖父母が除外された他、「申二所司一奏聞」が「申レ官処分」とあって、太政官に申上してその処分によることになっている。すべての唐令の字句と養老令の字句が対応しているわけではないが、養老令の字句を尊重すると、復原唐令の「申二所司一奏聞」は、「申レ省（尚書省）処分」となっていた可能性があるのではないだろうか。そうすると、宋令で奏上規定が追加されたことになる。また、養老令でも、太政官で処分が決定されるわけではなく、『令義解』によると、太政官からさらに天皇に奏聞することになっている。ただし、個々の官人から奏上するわけではなく、太政官を経て奏聞する点が重要である。

なお、不行唐令3条は文武官もしくは流外官以上の長上官で父母が遠隔地に住んでいる場合には定省仮（ご機嫌伺いの休暇）を与える規定であるが、五品以上で所司が勘当した場合には事において闕けるところが無ければ奏聞せよ（漸く自分で奏請することはできない）と見える。しかし、この部分は日本養老令2条には受容されていない。

また、宋23条は、在外文武官が休暇を取り、境（任地の境界か）を出る場合には、所在の官司に申上し奏聞せよ、という規定であるが、唐令も同様の規定であった可能性が高い。[注10] 養老令には該当する条文はないが、官人（京官）が休暇を請求する場合の規定である養老令11条で五位以上が畿外を出る場合には奏聞することになっており、対応する不行唐令5条には、京官五品以上が関を出ることを請求する場合にはやはり奏聞することになっている。京官の休暇規定は宋令では全体として変更されたと考えられる。

このように、制度自体が変わる場合は別であるが、唐令・養老令から宋令になると、「申レ省（尚書省）」という規定が、皇帝への奏上（奏聞）規定に変化することが多いことが指摘できる。

3　獄官令

つぎに、獄官令を見ていこう。

獄官令の宋2条は、罪の軽重による裁判と刑執行の管轄に関する規定であるが、杖罪以下は県が決し、徒罪以上は州に送って推断せよとあり、官人の犯罪は案を記録して皇帝に奏上し、大理寺に下して検断し、審刑院が罪を詳しく調べて議が定まったら奏聞することになっている。また、州が罪を処断する場合は、別勅に従うことになる。

宋令と比較すると唐令は複雑で、杖罪以下は県が決し、徒罪以上は県が断定して州に送り、州が覆審してから、徒罪および流罪の決杖するべきもの、笞罪で贖すべきものについては州で決配して贖を徴収することになっている。大理寺および京兆・河南府が徒罪および官人の罪を処断する場合は、後に雪減（冤罪をはらす、罰を減じる）があれば省（尚書省）へ申上する。また、大理寺および諸州が流罪以上および除免官当を処断する場合は、案状を連写して省（尚書省）へ申上し、大理寺および京兆・河南府は案を封じて送れ、とあり、皇帝が行幸中は、諸州の例に准じて、案覆して奏上せよ、とみえる（復原唐令2条）。

一方、日本養老令2条は、唐令とよく似ており、笞罪は郡が決し、杖罪以上は郡が処断して国へ送り、国が覆審してから、徒罪および流罪の決杖すべきもの、贖すべきものについては、国が執行して贖を徴収する。刑部省および国が流罪以上もしくは除免を処断する場合は、案を連写して太政官に申上し、太政官が再審査してから天皇へ奏上することになっている。

以上のように、唐令と宋令では官人の犯罪の処断について違いがあり、唐令では大理寺と京兆・河南府で徒罪および官人の罪を断じて後に雪減がある場合、または大理寺および京兆・河南府が流罪以上もしくは除免官当を断じる場合には、省（尚書省）へ申上することになっている。しかし、宋令では、官人の犯罪は案を録奏し、大理寺に下して検断し、審刑院でその罪を精査して、[注11]議定し奏聞してから勅の処分を聴くことになっており、州が断じる場合には別勅に従うことになっている。つまり、唐令と宋令を比較すると、「申レ省」となっている部分が宋令では「具案録奏、下二大理寺一検断、審刑院詳二正其罪一、議定奏聞、聴レ勅処分」「従二別勅一」となっており、奏上規定が増えていると言える。宋令では官人の犯罪は一般的な罪の処断とは別に、皇帝の管轄下に置かれていると言えよう。

一方、日本令は、唐令の刑部省および諸国が流罪以上もしくは除免官当を断じる場合のみを受容し、「申レ省」を「申二太政官一」としており、唐の省（尚書省）が日本の太政官に対応している。

つぎに宋10条をみると、流移人が配所に赴くにあたり妻妾を同伴すべきこと、およびみだりに逗留・帰還・逃亡した場合に関する規定となっている。ただし、離れることを願う場合には聴し、父母・子孫については便宜に従い、配所に至った場合には帰郷することはできない、もしみだりに逗留し、私に還ったり、逃亡したら（省？に）申せ、別勅で配流された場合には奏聞せよ、とある。復原唐令13条は、『唐六典』巻六刑部郎中員外郎条、『唐律疏議』巻三犯流応配条、天聖令などから復原できるが（『天聖令校証』）、宋令の「如両願レ離者、聴レ之。父母及子孫、去住従二其私便一」「若別勅配流者、奏聞」がなく、「如有下妄作二逗留、私還及逃亡一者上、随即申レ省」とあって、みだりに逗留して私に還ったり、逃亡した場合、省（尚書省）に申上することが確実である。日本養老令11条は唐令と大変類似しているが、唐令と異なるのは、妄りに逗留して私還したり逃亡した場合に、「随即申二太政官一」となっている点である。本条について宋令・唐令・日本令を比較してみると、宋令では「如有下妄作二逗留、私還及逃亡一者上、随即申（省？）」であるが、唐令は「随即申レ省（尚書省）」、日本令は「随即申二太政官一」となっており、宋令だけ異なっていたとは断定できない。ただし、宋令には唐令や日本令にはない「若別勅配流者、奏聞」の文言が最後に付されており、奏上規定の追加と言うことができる。

ついで宋12条をみると、罪人を移動する時の規定になっている。宋令では囚人を遞送する場合には、道筋の州県が罪の軽重や強弱を量って人を遣わして援送し、間違いなく罪人を受け渡せとある。さらに臨時の皇帝の命令があり、官人を遣わして部送する場合には、別勅に従えとみえる。日本養老令14条は宋令とは大きく異なっていて、死刑囚を遞送する場合は道筋の軍団大毅が自ら部領し、他の囚人は遞送することになっている。また禁固すべき者は軍団の少毅が部領し、防援を遣わして罪人の授受を間違いのないように行えとある。唐令は未復原であるが、宋令とは異なっていたことが予想される（『天聖令校証』）。ただし、宋令の最後の「其臨時有レ旨、遣レ官部送者、従二別勅一」は唐代の史料には見えず、日本令にもないので、宋令で新たに加えられた規定だと考えられる。このように、宋令では奏上規定ではないが、皇帝からの命令によって施行するという規定が追加されたように、皇帝を経る命令系統が重視されたと言える。

宋14条は流移人を護送する人が稽留した場合の規定である。出発した場所日月と到着した日から行程を計算できるが、流移人を領送する使いが稽留して程限に依らなかった場合、流移人を受領する官司がその罪を処断し、或いは流移人が途中で逃亡した場合には、事を具して皇帝に報告せよとある。復原唐令14条は『唐六典』巻六、養老令、天聖令から復原できるが、天聖令の「或罪人在レ路逃亡」がない（『天聖令校証』）。また、天聖令の「皆具レ事以聞」の部分が養老令から「仍以レ状申レ省（尚書省）」と復原できる。日本養老令16条は唐令とほぼ同文であるが、「仍以レ状申二太政官一」となっている。このように、唐令・養老令では尚書省や太政官に報告されるところが、宋令では皇帝への奏上規定に変更されている。

宋34条は、刑が確定した死刑囚の再審に関する規定で、宋令は死罪に処することを皇帝に奏上し、刑が確定した段階で、なお無実であることを主張し、疑うべきところがあり、再審を行うべき場合は、状を以て奏聞せよ、皇帝の命を聴いて別に推せ、とある。復原唐令40条は日本養老令37条と同文と考えられ、養老令では文末に「遣レ使馳駅検校」がある点が宋令とは異なる。宋令で「聴レ旨別推」の別勅文言が追加されたことがわかる。

宋36条は、獄囚を収監する時の刑具の有無に関する規定であるが、死罪の場合には枷杻、婦人と流罪以下は杻を除き、杖罪は散禁する（刑具なしで拘束する）。「隠情拒レ訊」の際には、別勅によれ、年八十以上もしくは十歳以下および廃疾・懐孕している場合、侏儒の場合には、死罪を犯したと言っても散禁せよ、という規定である。唐令は『唐六典』巻六刑部郎中員外郎条、『宋刑統』巻二十九引用獄官令などによって復原され（『天聖令校証』復原唐令42条）、唐令・養老令とを比較すると、宋令には「若隠レ情拒レ訊者、従二別勅一」の部分が新しく加えられていることがわかる。これもまた、宋令では皇帝への奏上・皇帝の命令による規定が増加することの例である。

宋37条は、議請の審議ないし特別な場合に開廷される尚書省の特別裁判所に関する規定であるが、宋令では罪を犯して議請に入れるべき場合には、皆奏上せよ、議を行う場合には、諸司七品以上が尚書省都座において議論して定めよ、議には入らなくても、本罪が奏上すべきものや処断に疑問があるもの、処断を経て伏しない者については衆議して罪を量り定めよ、別勅で議に参加する場合、武官は参加しない、（中略）[注12]、凡そ議事は、皆御史台に命じて、御史一人に議を監督させ、司別に議文を作らせ、意見を異にする者がいた場合には人別に議を申させ、所司が科簡して状によって奏聞せよ、というものである。宋令では冒頭が「皆奏」になっているが、唐令（復原唐令43条）[注13]・養老令40条では、「皆申二刑部一」「皆申二太政官一」になっており、唐令・養老令では尚書省刑部やそれに対応する太政官へ申上するものが、宋令では、皇帝へ奏上することになったことが指摘でき、奏上規定への変更と言える。

宋40条は、犯人追捕に当たる官人が必要とする手続きに関する規定であるが、命を承けて犯人追捕に向かう時には、皆所属の本部本司に告げよ、直ちに即ち収捕することはできない、追捕に緊急を要する場合や謀叛以上の犯罪の場合には、捕獲する一方で被逮捕者の所属する本司に通報して公文を取って派遣せよ、奉勅の使の場合も亦同じであると言う。唐令（復原唐令47条、養老令・天聖令による）・養老令はほぼ同文であるが、宋令の最後にある「奉レ勅使者亦同」がない。この条文においても、宋令では皇帝の命令に関する規定の追加があると言える。

宋43条は、強窃盗事件については、所在の官司が事件の起きた年月等を記録して奏上し附申せよ、という規定である。唐令は主として『唐六典』巻六刑部郎中員外郎条により復原できるが（復原唐令50条）、強盗窃盗事件が起き、および徒以上の囚人については、処断が終われば、各々本犯によって、発生した場所や日月を詳しく記録し、年別に帳を作成し朝集使に付して刑部に申せ、とある。養老令47条は唐令とほぼ同文であるが、強盗窃盗事件および徒以上の囚人については、各々本犯により、発生および処断の日月を詳しく記録し、年別に帳をすべて朝集使に付して太政官に申せ、となっている。すなわち、唐令の「附二朝集使一申二刑部一」・養老令の「附二朝集使一申二太政官一」が、宋令では「聞奏附申」になっており、宋令では奏上規定に変更されている例と言える。

つぎに、宋46条を見てみよう。疑獄の場合の規定である。諸州で疑獄があり決することができない場合には、奏上して刑法の司に讞せよ、仍って疑わしいものは奏上して尚書省の議に下せ、衆議に異常があり典則になるものは史館に録送せよ、とある。唐令は『旧五代史』巻一四七刑法志、『冊府元亀』巻一五一帝王部慎刑条、天聖令などによって復原できるが（復原唐令54条）、「奏讞二刑法之司一」が「讞二大理寺一」になっている。養老令51条も唐令と類似しており、諸国で疑獄があり決することができない場合には、刑部省へ讞し、刑部省で疑わしきものがあれば、太政官へ申せ、とある。この条についても、養老令の「讞二刑部省一、若刑部仍疑、申二太政官一」、唐令の「讞二大理寺一」が、宋令では「奏讞二刑法之司一」となっていて、宋令では奏上規定に変更されていることがわかる。

宋48条は、贖銅の納入と官物を損失した場合の賠償の期限および未納の場合に関する規定である。宋令は、贖銅を納める場合は、死刑は八十日、流刑は六十日、徒刑は五十日、杖刑は四十日、笞刑は三十日を期限とせよ、（中略）官物に損害を被った官司が賠償を徴収する時には、官物の直に準じて、五十疋以上なら一百日、三十疋以上なら五十日、二十疋以上なら三十日、二十疋に満たなければ二十日を期限とせよ、官物を欠損したり、正臓（返すべき現物）および贖罪銅を理めるべき場合に、貧乏で備える物がないもしくは正臓がない時には、即ち所属の保が奏上して旨を聴け、贖罪銅は本属の長吏が取り保ち放つが、恩赦に会った場合は勅の処分に従え、とある。唐令は『唐律疏議』巻三十輸備贖没入物条、『宋刑統』巻一死刑条、『唐会要』巻四十定臓估所引天宝六載四月八日勅節文および天聖令から復原できるが（復原唐令56条）、官物を欠損したり、正臓や贖物を徴める場合に、財を備えていない時には、官で債務者を役使してその労働と相殺せよ（官役折庸）、（中略）恩旨に会って、その物を免すべき場合は役を停めよ、とある。日本養老令52条は、唐令と極めて近いが、官物の直が唐令では絹が基準になっているのが（疋）、養老令では、布が基準になっていること（端）、納めるべき物が多くても、役する年限は唐令では三年を限度とするが、養老令では五年が限度になっていること、末尾の恩赦に会った場合の規定が養老令では見えないことが異なっている。ここでも、宋唐日本令を比較してみると、贖物等を徴める時に財を備えていない場合には唐令・日本令では「官役折庸」するのに対して、宋令では「則所属保奏聴レ旨」と所属の保が皇帝に奏上して旨を聴くことになっている。また、恩赦に会った場合の規定については、唐令では「若会二恩旨一、其物合レ免者、停レ役」と恩赦に会って物を納めることを免除される時には役は停止せよとなっているが、宋令では、贖罪銅についての規定になっているという違いはあるのだが、本来は本属の長吏が取り保ち放つことになるのが、恩赦に会った場合には勅の処分に従うことになる。このように、本条についても、宋令では皇帝への奏上規定もしくは皇帝の命令に従うというように変更されていると言える。

なお、宋3条と復原唐令3条、宋5条と復原唐令7条、宋9条と復原唐令12条、宋24条と復原唐令30条、宋25条と復原唐令31条、宋26条と復原唐令32条、宋30条と復原唐令36条、宋令39条と復原唐令46条、宋令56条と復原唐令63条、宋57条と復原唐令66条などについては、宋令・唐令ともに奏上する規定となっている。

また、宋7条・宋8条と不行唐令10条については、宋令では奏上文言がなくて、唐令で奏上文言がある例である。さらに、宋令54条については、『天聖令校証』は宋代の新制とする。

以上のように、獄官令では宋令・唐令ともに奏上する条文も多いが（十例）、宋令で奏上規定に変更されたり、奏上文言が追加された条文が十一例と多くなっていることが指摘できる。

4 喪葬令

つぎに喪葬令について見てみよう。まず、宋6条は、官人・皇親に対する賻物支給およびその手続き規定である。宗室、内外の皇親、文武官が薨卒去し、およびその親属の喪があり、賻物を支給する場合には、皆鴻臚寺が官名等を具さにして皇帝に聞奏し、賻物の数の多少については皇帝の命を聴いて給え、とある。唐令については、『通典』巻八六礼四六喪制四賵賻、『白孔六帖』巻六五賻贈所引唐六典礼部注などから復原できるが（復原唐令9条）、職事官が薨卒去した場合、文武一品には賻物二百段、粟二百石、以下従九品までの賻物の数が規定され、王や二王後、散官、理を以て官を辞めた者については、三品以上は全給し、五品以上は半給し、王事によって没した場合は職事の品によって給え、別勅で賻物を賜う場合にはこの限りではない、としている。この条は、日本養老令5条にあり、唐令と極めて類似しているが、職事官が薨卒去した場合に賻物として、正従一位には絁三十疋、布一百廿端、鉄十連、以下初位までの賻物が規定され、皆本位によって給え、散位の三位以上は三分の二を、五位以上には半分を給え、太政大臣には絁五十疋、布二百端、鉄十五連、から大納言までの賻物が規定され、王事に死んだ場合、別勅賜物の場合、無位皇親の場合、減数が等しくない場合などについて規定されている。また、『唐六典』巻十八司儀令条注から復原できる復原唐令10条においては、百官が薨卒去して喪事や葬送について官が供する場合には、所司および本属が尚書省に申上し、尚書省から鴻臚寺に下し、寺から司儀署に下して、司儀署が品階に準じてその料を寺に上申するという手続きが定められており、これも宋6条に該当する。

さらに、不行唐令1条も、宋6条に該当する。不行唐令1条は、皇家親族の喪に際して賻物を支給する場合、皇帝本服期の親族は一品に準じ、本服大功の親族は二品に準ずる以下、皇帝・皇太后・皇后・皇太子妃の親族に賻物が支給される。以上のように、宋6条は、復原唐令9条・10条および不行唐令1条に該当する。このうち、養老令に継受されたのは、復原唐令9条である。

宋令6条と復原唐令9条・10条、不行唐令1条、および養老令を比較してみると、宋6条では賻物支給について、鴻臚寺が対象者の官名を具さにして皇帝に聞奏し、賻物の物数多少は皇帝の旨を聴いて随って給うことになっている。一方、復原唐令10条では、賻物の数については復原唐令9条に定められているので、所司及本属が、尚書省に上申し、尚書省が鴻臚寺に下し、鴻臚寺が司儀署に下して、賻物が支給される。日本令には手続きについては規定がないが、養老令5条が復原唐令10条を継受したものなので、その手続きも唐令に倣ったものだったと考えられる。以上のように、宋令6条と復原唐令9条・10条、不行唐令1条を比較してみると、唐令においては尚書省において手続きが完結するのに対して、宋令では賻物支給については総て皇帝に奏上することになっており、奏上規定への変更と捉えることができる。

つぎに宋9条についてみていく。宋9条は、賻物および粟の財源についての規定で、所在の倉庫から出せ、皇帝の命令（旨）を得てから出給せよ、というものである。唐令は『通典』巻八録礼四録喪制四賵賻から復原でき（復原唐令13条）、賻物および粟は所在の倉庫から出せ、服喪が終わったら支給しない、となっている。日本令には該当条はない。宋9条と復原唐令13条を比較すると、宋令は皇帝の命令（旨）を得てから出給せよとあって、奏上規定・皇帝の命令規定への変更と言える。

宋22条は、諡号賜与についての規定で、王公と職事官三品以上の場合は、行状を記録して尚書省に申上する。考功が勘校して、太常礼院に下し、そこで案を擬してから、尚書省に申上し、尚書省で議定して奏聞するという手続きを取る。唐令は『唐六典』巻二考功郎中条注、同巻十四太常博士条注、『通典』巻一〇四礼六四単複諡号大唐之制条注、天聖令などから復原できる（復原唐令26条）。唐令では手続きがやや異なり、王侯と職事官三品以上、散官二品以上が亡くなった場合、佐史が行状を記録して考功に申上する。考功で歴任を確認して勘校し、太常寺に下して諡号の案を擬し、考功で覆申してから、尚書省都堂において省の内官を集めて議定し、その後奏聞する。なお、本条は日本令には見えない。

本条においては、宋令と唐令で手続きはほとんど変わらず、宋令で奏上規定に変更されたり追加されたという変化はない。強いて言えば、宋令の方が尚書省を二回経ることになっており尚書省の位置づけが高いと言えるかもしれない。

ついで宋23条についてみていく。宋23条は、宗室・皇親、臣僚等の勅葬するべき場合に、用いる物および人力は官より給え、というものである。対応する唐令について、呉麗娯氏は『唐六典』巻十八鴻臚寺司儀令条、同巻三戸部郎中員外郎条から復原し、職事官五品以上の葬議には皆営墓夫を給え、であるとする（復原唐令31条）。この唐令に該当する日本令は養老喪葬令11条で、皇親および五位以上を葬する場合は、臨時に送葬夫を給え、とあって、唐令と類似している。宋23条の対応唐令についてはさらに検討する必要があるかもしれないが、条文排列からみて復原唐令31条と考えてもよい。そうすると、宋令23条は、勅葬という宋代の新しい制度についての規定であり、唐令・日本令と比較して奏上規定・皇帝の命令規定への変更と言える。

最後に、宋27条について考えてみよう。宋27条は、本人が亡くなってその戸が断絶した場合には、所有する部曲・客女・奴婢・宅店・資財は、近親に転売させて、葬事を営み、功徳を営むこと以外は、女（娘）に与えよ、女（娘）がいなければ順次近親に入れよ、親戚がいなければ官が検校せよ、もし亡くなった人が存命中に遺嘱処分し、証人と証拠書類がともに分明ならば、この令は用いない、別勅があれば別勅に従え、という内容である。唐令は、喪葬令集解13身喪戸絶条所引古記、『白氏六帖事類集』巻二十二戸口版図引戸令、『宋刑統』巻十二戸婚律、天聖令から復原することができ（復原唐令33条）、宋令とほぼ同文であるが、末尾の「即別勅有レ制者、従二別勅一」がない。

本条は日本養老令13条にもあるが、身喪して戸が絶え、親族がいなければ、所有の家人・奴婢、宅資について四隣五保が検校せよ、財物は功徳を営むのに使え、家人・奴婢は放ちて良人とせよ、もし亡くなった人が存命中に処分した場合には、証人と証拠書類が分明ならばこの令は用いない、とある。宋令・唐令と比べると類似しているが、日本令では財物を女（娘）に与えるという規定はなく、主人が亡くなると家人・奴婢が開放されて良人になる点が大きく異なる。[注14] 唐宋と日本における相続制および良賤制の違いによるものと考えられる。また、日本令には「即別勅有レ制者、従二別勅一」がないことも唐令と同じである。

以上のように、宋令27条と復原唐令33条、養老令13条を比較すると、宋令では別勅の規定が追加されており、奏上規定・皇帝の命令規定の追加と言える。

なお、宋5条は、内外文武官が祖父母・父母の喪に遭った場合、および理を以て官を去った場合あるいは致仕した者の喪の場合には、並びに奏上せよ、百官が在職中に薨卒去した場合には当司が分番して会哀し、一祭を設けよ、在京で薨卒去して勅葬するべき場合には、鴻臚卿が喪事を監護し、司儀令が礼制を示せ、というものである。宋5条・宋10条・宋11条に対応する唐令は、『唐六典』巻十八鴻臚寺司儀令条と同巻四吏部郎中員外郎条等から復原唐令6条が復原でき、京官職事三品以上・散官二品以上が祖父母・父母の喪に遭った場合、京官四品が父母の喪に遭った場合、都督刺史と内外職事・散官が理を以て官を去った場合、五品以上の在京者が薨卒去した場合、五品の官が王事に死んだ場合などには、奏聞することになっている。また、『唐六典』巻十八鴻臚寺司儀令条注と『唐会要』巻三十八葬等からは復原唐令7条が復原できるが、百官が在職中に薨卒去した場合には当司が分番して会喪し、詔葬の大臣の一品には鴻臚卿が喪事を監護し、二品には少卿が、三品には丞一人が往き、皆司儀令が礼制を示すことになる。なお、復原唐令6条には日本養老喪葬令3条が、復原唐令7条には日本養老喪葬令4条が対応する。このように、宋令でも唐令・日本令でも奏上規定であるものもある。注15

5 雑令

最後に、雑令について見ていく。雑令ではさまざまな規定があるが、全体として奏上規定は宋令でも唐令でも日本令でもあまり見えない。度量衡など手続きに奏上規定を含まない条文が多いためだろう。

宋11条は、奏上規定への変更・追加規定ではなくて、復原唐令の訂正を示すと考えられるものである。本条は山野への入会利用を制限する特別規定であり、山沢に異宝・異木や金・玉・銅・銀・彩色雑物があるという処を知っていて、国用に供するに堪える場合は、皆具さに状を以て皇帝に聞かせよ、というものである。唐令は『唐六典』巻三十士曹司士参軍条注から復原することができ（復原唐令13条）、宋令とほぼ同文であるが、宋令の「銅・銀」が「銅・鉄」になっていること、宋令の「皆具以レ状聞」が「皆奏聞」になっている点が宋令と異なる。ただし、『天聖令校証』が指摘するように、六典は引用時に往々にして令文を省略する傾向にあること、日本養老令10条には「皆申二太政官一奏聞」とあることから、唐令には「皆申二尚書省一奏聞」とあった可能性を提示しておきたい。

つぎに、宋16条についてみると、渡船に関する規定であるが、要路の津済で渉渡することに堪えられない処には、皆船を置いて運び渡らせよ、津に至る前後によって順番とせよ、州県所由を検校とし、人夫を差して渡し守に充てよ、黄河に沿う津済で船艘と渡し守を給う所については別勅に従え、というものである。唐令は養老令と天聖令から復原することができ（復原唐令20条）、養老令13条の「国郡官司」が唐令では「州県所由」となっていたと考えらる。また、唐令は養老令の文末「二人以上、十人以下、毎二二人一、船各一艘」を除いたものとなっていた。よって宋16条と唐令・養老令を比較すると、宋令では文末の「其沿レ河津済所レ給二船艘・渡子一、従二別勅一」という奏上規定・皇帝の命令規定が追加されたことがわかる。

宋22条は、訴訟の場合の提訴期間に関する規定であるが、田宅・婚姻・債負を訴える場合は、十月一日より官司が受理し、正月三十日までに詞状に住接し、三月三十日までに処断せよ、停滞したものは状を以て皇帝に聞かせよ、先に文案がある場合および提訴に急を要する場合には随時受理せよ、という条文である。唐令は、『宋刑統』戸婚律巻十三、『冊府元亀』巻六十一帝王部立制度・同巻六百十三刑法部定律令後周世宗顕徳四年七月甲辰詔・『旧五代史』巻百十七周書世宗紀顕徳四年七月甲辰詔により復原できるが（復原唐令35条）、田宅・婚姻・債負を訴える場合は、十月一日より三月三十日までに検校せよ、以外はしてはいけない、もし先に文案があり、提訴に急を要する場合にはこの例ではない、というものである。日本の養老令17条は唐令に近いが、訴訟は十月一日より三月三十日までに検校せよ、以外はしてはいけない、提訴に急を要する場合はこの例ではない、となっている。宋令と唐令・日本令を比較すると、宋令では「停滞者以状聞」という奏上規定が追加されていることが判明する。

なお、宋9条は、陰陽の機密と祥瑞ないし災異の場合に関する規定であるが、祥兆・災異があった場合には司天監が奏上することになっている。唐令は『唐六典』巻十太史令条、唐職制巻九漏泄大事条疏議・『宋刑統』職制律巻九同上、養老雑令8条などから復原することができ（復原唐令9条）、やはり徴祥・災異があれば密封聞奏することになっている。養老雑令8秘書玄象条でも、唐令と同じように、徴祥災異があれば陰陽寮が奏すると見える。このように、宋令・唐令・日本令ともに奏上規定がある条文もある。

同じく、宋29条は、州県官が私に珍奇・異物・滋味・鷹狗・玉帛・口馬の類を正勅がなくて索めたならば、進献しなくてもよい、という内容である。対応唐令は、『新唐書』巻五十一食貨志一により、異物・滋味・口馬・鷹犬について、詔がなければ、献上しないを復原できる（復原唐令44条）。対応日本令はない。この場合は宋令・唐令ともに奏上規定・皇帝の命令規定があるものである。

また、不行唐令12条は、流外番官の別奉勅および長上に遣わすべき者については、賜は長上の例に同じという条文で、不行唐令であり対応宋令はなく、日本令にも対応条文がないものである。[注16]

以上のように、雑令においては、唐令・日本令において「申㆓尚書省㆒」、「申㆓太政官㆒」が、宋令において奏上規定に変更されたものはないが、宋令において奏上規定・皇帝の命令規定の追加が行われた例がいくつか見えると言える。

二　天聖令における奏上規定増加の意味

以上のように、営繕令と同じく、医疾令、仮寧令、獄官令、葬喪令、雑令においても、唐令での「申省（尚書省）」「申刑部」などの規定が、天聖令では、「以聞」「奏聞」「録奏」「奏」「聞奏」などの奏上規定に変化している場合があることがわかった。また、唐令ではなかった「録奏聴レ旨」「奏聴レ旨」「以レ状聞」「従二勅処分一」などの奏上規定・皇帝の命令規定が追加されている場合もある。

このように天聖令で奏上規定・皇帝の命令規定が増加したことは、何を意味しているのだろうか。唐三師三公台省職員令では、皇帝の下に尚書省・中書省・門下省の三省が直属しており、尚書省左丞相の職掌には「掌統二理衆務一、挙二持綱目一、總二判省事一、御史糾不レ当者兼得レ弾レ之」[注17]とあって中央・地方の行政を指揮することが定めれており、門下省の侍中の職掌には「掌侍従、負宝、献替、賛二相礼儀一、審二署奏抄一、駁二正遺失一、監二封題一、給二駅券一、監二起居注一、總二判省事一」とあり、中書省から回されてくる詔勅と尚書省六部から上申されてくる奏抄を審査し、違失があれば封駁つまり拒否権を発動する機関であることがわかる。また、中書省の中書令の職掌には「掌侍従、献替、制勅、冊命、敷二奏文表一、授レ冊、監二起居注一、總二判省事一」とあって、詔勅を起草し、臣下の上奏に対する答えの草案をつくって天子の意志を表示する機関であった。[注18]

このように、三省制の特色は、国事に関するあらゆる決定、命令が天子の名で公布される前に、貴族勢力を代表すると目された門下省をかならず通過する形式がとられた点にあり、宰相会議のメンバーは、唐初では三省から二人ずつ、侍中、中書令、左・右僕射の計六人であった。

一方、日本においては、職員令によると、三省制ではなく太政官制に一本化されており、太政官は天皇に直属し、中務・式部・治部・民部・兵部・刑部・大蔵・宮内の八省その他を通じて中央・地方の行政を指揮し、詔・勅の作成や意見の具申にも関与するなど、権限は太政官に集中していた。[注19]

そして、職員令2太政官条に規定されているように、その太政官の大納言以上（のち中納言・参議が加わる）によって構成されるのが公卿という議政官組織であり、大納言の職掌に「掌参二議庶事一、敷奏、宣旨、侍従、献替」とあるように、天皇の下、合議によって政治的重要事項を決裁していた。[注20] 公卿は、官位相当でいうと三位以上の者を指し、四位の参議も含んだ。これら公卿は律令国家の支配層であり、大化前代の支配層である大夫＝マヘツギミをその淵源としていた。このように、唐の三省制と比較すると、日本の太政官は権限を集中していると言える。つまり、唐における皇帝と三省の関係と比べた時に、日本の天皇と太政官の関係は太政官の方が相対的に強いと言うことができる。[注21]

政治システムと政治勢力を同一視することには注意が必要であるが、唐における皇帝と三省制、および日本における天皇と太政官制の関係をみると、唐の資蔭制と日本の蔭位制の存在などからも、唐代前半期とそれに対応する時期の日本において、相対的に貴族勢力が強かったと言うことができるだろう。[注22]

ところが、唐においては、玄宗期以降、国家としての力は落ちていくが、皇帝権力は独裁化していくことが指摘されている。一方、貴族勢力は唐代までは門下省を中心に官僚機構において力を有していたが、唐中期以降、貴族層は次第に没落していき、貴族でも科挙（貢挙）を通じて官僚になるようになっていく。[注23] 皇帝は三省を通じないで、官僚を個別に直接支配するようになり、[注24] それが皇帝権力の独裁化を支える基盤となっていくのである。こうして、唐代後半以降、皇帝権力の独裁化が進んでいき、宋代には決定的となったと考えられる。

このように天聖令で奏上規定が増加することは、唐令では尚書省を経て皇帝に奏上することが原則になっているのに対して、唐代後半期以降、「対」の成立に象徴されるように皇帝が官人を個々に把握するようになり、中書省・門下省・尚書省の三省制が崩壊していくという、唐代から宋代への政治機構の変化を意味している。

また、三省制の崩壊と皇帝への奏上の増加と同様の変化は、日本でも認められ、摂関期には太政官を経ずに、天皇へ直接奏上する「奏事」が成立する。注25 三省制や太政官制の背景には、古代における貴族制の存在があり、以上のような変化は、「古代の終焉」の同時代性を示している。

おわりに

最後に、東アジア世界における律令秩序とは何かというテーマについて考えたい。以上述べてきたように、宋令・唐令・日本令を比較してみていくと、唐令・日本令においては、唐令では尚書省や尚書六部、日本令では太政官に対して申上する手続きであったものが、宋令では皇帝へ奏上することに変更されている条文が各篇目に存在することがわかった。

その変更の背景となったのは、唐代までは貴族勢力がいまだ力を有しており、その基盤となったのが三省制の門下省であったと考えられている。日本では、律令制導入以降も大和王権以来の豪族が力を有しており、その政治力は太政官を基盤としていた。それが唐代後半期以降、貴族勢力が基盤としていた三省制が衰退していき、一方で皇帝の独裁制が構築されていった。それは日本でも同様で、摂関期には太政官を経ないで天皇へ奏上する「奏事」が成立するように、太政官を中心にして政治的権力を掌握していた公卿層は政治的ルートから排除されるようになっていき、[注26]天皇そして上皇へ権力は集中するようになっていくのである。こうして院政期の治天の君が成立する。

唐代後半期から宋代では皇帝独裁制が成立していくが、その基盤となるのは科挙に合格した官僚だった。一方で日本では摂関期から院政期にかけて律令官僚制は衰退していき、天皇家・朝廷（太政官）・摂関家などの組織がそれぞれ家政機関化していくのだと考えられる。このように、唐宋の皇帝も日本の天皇（上皇）も権力集中していくのだが、その権力構造自体はかなり異なっていた。

しかし、唐宋の皇帝および日本の天皇（上皇）が権力集中する前段階となっていたのは、政治システムとしては唐の三省制であり、日本の太政官制であった。また、前段階となる政治権力は唐も日本も貴族制であったと指摘できる。すなわち、東アジア世界における律令制秩序を成立させていたのは、貴族制であったと言うことができる。貴族が政治力を失い、皇帝・天皇（上皇）に権力が集中するようになるのが、律令制が衰退する時期であり、古代から中世への変化である。

注

1　天一閣博物館・中国社会科学院歴史研究所天聖令整理課題組校証『天一閣蔵 明鈔本天聖令校証 附唐令復原研究』上下冊（中華書局、二〇〇六年）。以下、『天聖令校証』と略す。

2　本稿は、平成二十四年（二〇一二）度第五十七回国際東方学者会議シンポジウムⅣ「天聖令と律令制比較研究Ⅱ――『新唐令拾遺』編纂をめざして」における報告に基づいて修正を加えたものである。

3　拙稿「営繕令からみた宋令・唐令・日本令」（大津透編『日唐律令比較研究の新段階』山川出版社、二〇〇八年）。

4　奏上に関する文言を含む宋令条文について、唐令・日本令においてはどのような規定になっていたのかをみていく。そのため、奏上規定が宋令にはない篇目である田令、賦役令（不行唐令には奏上規定がある）、倉庫令（不行唐令には奏上規定がある）、厩牧令、関市令については本文で取り上げていない。また、捕亡令については宋3条に「申奏」「奏聞」がみえるが、日本令（養老令）捕亡令3条にも「申奏」「奏聞」とあり、『天聖令校証』の復原唐令3条にも「申奏」「奏聞」がある。すなわち宋令・唐令・日本令で同じ奏上規定であるので、本文では取り上げていない。なお、復原唐令の条文番号は、『天聖令校証』による。

5　唐令本条は、『唐六典』に該当箇所はないので、養老令および天聖令によって復原している（『天聖令校証』）。

6　医疾令は養老令が散逸しているので、復原は『政事要略』巻九十五到要雑事（学校）に拠る（『律令』日本思想大系3、岩波書店、一九七六年）、および丸山裕美子「北宋天聖令による唐日医疾令の復原試案」（『愛知県立大学日本文化学部論集　歴史文化学科編』一、二〇〇九年）による。

7　養老令の復原は、職員令68条集解朱記に拠る（『律令』等）。

8　養老令の復原は、職員令44集解朱記、同義解、同集解穴記、『政事要略』巻九十五至要雑事（学校）に拠る（『律令』等）。

9　養老令の復原は、職制律12疏、東宮職員令7集解穴記、前掲丸山裕美子論文参照。

10　復原唐令25条。天聖令、『唐会要』巻八二休暇大中四年（八五〇）正月制、『唐六典』が典拠である（『天聖令校証』参照）。

11　太宗・淳化二年に審刑院が設置され（『宋会要輯稿』職官十五―二八）、淳化四年三月に、大理寺の判決を審刑院が覆審している（『続資治通鑑長編』巻三四）。

12　中略の部分は、「此外与奪之事、連判之官不レ同者、聴二於後別判一、不レ得レ退二付曹司一、抑令二改判一、如錯失者、聴二退付改正一」である。

13　『唐六典』巻六刑部郎中員外郎条による復原である（『天聖令校証』）。

14　榎本淳一「律令賤民制の構造と特質」（池田温編『中国礼法と日本律令制』東方書店、一九九二年）参照。

15　喪葬復原唐令7条は日本養老喪葬令4条に該当するが、詔葬の用語は見えない。

16　この他、雑令について、唐令では尚書省、その被官の記載があるものが、宋令では三司など宋代の対応する官に変更されたものもある。

17　『唐令拾遺補』第三部唐日両令対照一覧三師三公台省職員令。以下の職掌についても同じ。

18　池田温「中国律令と官人機構」（仁井田陞博士追悼記念論文集1『前近代アジアの法と社会』勁草書房、一九六七年）、同「律令官制の形成」（岩波講座世界歴史5『東アジア世界の形成Ⅱ』岩波書店、一九七〇年）、砺波護『唐代政治社会史研究』（同朋舎出版、一九八六年）、羅永生『三省制新探：以隋和唐前期門下省職掌与地位為中心』（中華書局、二〇〇五年）、など。

19　早川庄八『日本古代官僚制の研究』（岩波書店、一九八六年）、吉川真司『律令官僚制の研究』（塙書房、一九九八年）、など。

20　古瀬奈津子「天皇と貴族」（同『日本古代王権と儀式』吉川弘文館、一九九八年、初発表は一九九一年）、など。

21　日本の太政官の権限の強大なことは、太政官が発議することができる論奏事項が、唐では皇帝が発議する発日勅と臣下が発議する奏抄式に含まれていることからもわかる（早川庄八前掲著書）。

22　前掲注18。

23　陳寅恪『唐代政治史述論稿』（歴史語言研究所専刊、一九四四年）。

24　松本保宣「唐代後半期における延英殿の機能について」（同『唐王朝の宮城と御前会議――唐代聴政制度の展開』晃洋書房、二〇〇六年）。

25　遠藤基郎「中世公家の吉書」（羽下徳彦編『中世の社会と史料』吉川弘文館、二〇〇五年）。古瀬奈津子「摂関政治と王権」（大津透編『王権を考える　前近代日本の天皇と権力』山川出版社、二〇〇六年）。

26　古瀬奈津子『シリーズ日本古代史⑥摂関政治』（岩波書店、二〇一一年）。

中国の法・制度の受容
──律令法典の編纂と継受──

榎本　淳一

はじめに

東アジアの後発国であった日本（本稿では、倭国の時代も含めて「日本」と表記する）は、先進的な中国の法・制度を受容することで、国制を整備し、七世紀後半以降、飛躍的に発展することができた。[注1] 前近代中国の法制は、律令法体系と称され、隋唐朝において高度な完成を見たとされる。[注2] 日本はその律令法制を継受し、律令国家を建設したわけだが、中国の法・制度の摂取は隋唐期に始まったわけではなく、それ以前から長い時間をかけて段階的に摂取したことに注意する必要がある。[注3] 中国と日本では社会の発展段階や慣習・文化が大きく異なっていたのであり、中国の法・制度を体系的に日本が受容するには様々な困難が存在し、短期間に受け容れることはできなかったのである。

本稿では、古代日本が如何にして中国の法・制度を受容したか、その歴史的過程について論じることにしたい。以下、第一章では、日本が受容した中国の法・制度とはどのように発展・整備されたものなのか、法典編纂の歴史を通して概観することとする。第二章では、まず、中国の法・制度摂取以前の日本の固有法について述べ、両国の法・制度の違い・懸隔を明らかにする。その上で、古代日本における中国法・制度受容の歴史（主に三世紀から十世紀前半まで）を段階的に跡づけてみようと思う。

一　中国における法典編纂の歴史

1　春秋戦国から秦・漢

中国における成文法の最も古い事例として知られるのは、春秋時代の晋の趙宣子（趙盾）の作成した『事典』である。『春秋左氏伝』文公六年（前六二一）条に依れば、『事典』を制定して法罪（刑法）を修訂するなど国政改革を行ったといい、『事典』を晋国内に施行し、これを常法としたという。この時代は、法は鉄ないし青銅の鼎に記されていたようで、「刑鼎」と称されていた。鼎は祭器としても利用されていたことから、法には本来宗教的な性格が存在したものと考えられる。洋の東西を問わず、法の始まりは神法の性格を持ち、刑罰は神の怒りを鎮めるための贖罪・供犠であったとされる。中国の法や刑罰の始まりにも、同じ性格を読み取ることができるだろう。[注4]その後、『春秋左氏伝』定公九年（前五〇一）条に「竹刑」という表現が見えることから、法は竹簡や木牘に記されるようになっていったものと思われる。法として規定する対象・内容が増える中で、書記材として金属が適さなくなったということもあるだろうが、法から宗教性が薄れていった結果とも考えられる。

諸侯国が激しく争う戦国時代に入ると、各国は富国強兵のため、君主権の強化を進めた。その手段の一つとして、法の制定が行われた。魏の李悝（前四五五～前三九五）は、諸国の法を取捨選択して『法経六篇』（盗法・賊法・囚法・捕法・雑法・具法）を編纂したという。盗法から雑法までは各種犯罪の処罰や刑事手続きを規定したものだが、最後の具法は科刑上の原則を規定した総則にあたるもので、体系性をもった最初の刑罰法典であったとされる。秦の宰相であった商鞅（前三九〇～前三三八）は、法を律に改めて受け継ぎ、六律としたという。次いで、漢の丞相であった蕭何（?～前一九三）が秦律六篇に興律・廐律・戸律を加え『九章律』を成したと伝えられる。

『法経六篇』や『九章律』は、比較的近い時代に著された『史記』・『漢書』には見えず、かなり後の唐代成立の書物に初めて名の見えるものであるため、その存在が疑われてきたが、「雲夢睡虎地秦簡」、「雲夢龍崗秦簡」、「江陵張家山漢簡」など多くの法制史料の出土により、魏に体系的な法律が存在し、それを秦が継承発展させ、さらに漢につながっていったことなどが裏付けられることとなった。ただし、「雲夢睡虎地秦簡」中の『秦律十八種』には十八篇目、『秦律雑抄』にはその他に十一の秦律の篇目が見られる。また、「江陵張家山漢簡」中の『二年律令』には二十七の漢律の篇目が見られ、六篇とか九章といった篇目数には収まらない多くの律の篇目が存在していたことが分かる。六や九という数は後世の人による数合わせであり、六篇・九章という篇目数に拘る必要はないという見方もあるが、『法経六篇』・『九章律』の篇目（正律）に含まれない律は追加法と捉える見方もある。なお、秦・漢の律に規定された刑罰は、死刑と労役刑を中心とする極めて功利的なもので、神の怒りを鎮めるための残虐性といった宗教的な性格を完全に払拭したものであったことは特筆される。[注5] ただし、神に代わる絶対的権力者としての皇帝に対する犯罪は、国家反逆罪として重罪に処す規定が設けられた。

漢初のものとされる『二年律令』は、律のみならず令という法典も伴うものであったが、後代の令とは異なり、皇帝の単行命令を立法化し、それを次々に足し加えただけのもので、体系的な編纂物ではないとされる。また、律と令の内容の区別も曖昧で、整理されることなく、無制限に法文が増加したため、法の運用に様々な支障が生じたものと推察される。そのため、後漢の末期に曹操（一五五～二二〇）は、「科」という暫定的な法典を作り、問題の解決を図ったとされる。

2　魏晋南北朝

法典編纂史上画期となるのが、曹魏の明帝（二〇五?～二三九）が制定した『新律十八篇』と西晋の武帝（二三六～二九〇）が公布した『泰始律令』である。『新律十八篇』はそれまで増え続ける一方であった法を取捨選択、整理し、体系性をもった刑法典として編纂された。また、追加修正を許さぬ基本法典として、これ以後の律法典の性格を定める意義も有した。法典上のこの大きな変化には、この時期に書写材が竹木から紙に変化したことも大きく関わっていたと考えられる。紙に書写された法典は、施行・公布後に修正・追加がしにくいということがあった。なお、この時、併せて制定された『令百八十篇』はまだ整理不十分で多くの篇目に分かれていたが、地方（州郡）・中央官（尚書官）・軍事（軍中）の三つに分類されており、漢令の段階より幾分進歩したことが窺われる。[注6]

西晋・泰始四年（二六八）に公布された『泰始律令』は、律二十篇六百二十条・令四十篇二千三百六条から成り、刑罰規定（処罰法）としての律、行政法を中心とする非刑罰規定（教令法）としての令、という基本法典の律と令の区別を明確化した最初の法典である。律の冒頭に総則を定めた刑名・法例の二篇（後に併せて名例という篇目となる）が置かれたり、令の篇目が従来の官司別から規定内容を表すものに改められるなど、法典としての体系性が高まったことも特記される。律令の法典としての基本的な性格・形式は、ここに定まったと言える。

南北朝時代になると、南朝では法典編纂が停滞するが、北朝では法典編纂に大きな発展が見られる。まず、南朝の宋・斉は『泰始律令』を継承し、梁・陳は律令を編纂するが、巻数・篇目が少し整理された程度であまり大きな変化は見られない。それに対して北朝では、度々律令の編纂・改定が行われる一方、副次法典としての格が編纂された。最初の格は北魏末期の中興元年（五三一）頃に制定が始まり、東魏の興和三年（五四一）に『麟趾格』として公布された。副次法典として格が編纂されたことにより、基本法典である律令を補充修正する皇帝の単行命令が官司毎に取捨整理されることとなり、法の運用に格段の進歩をもたらすこととなった。また、均田制や租庸調制など隋唐の律令制的人民支配の基本構造が、北魏の頃に作られたことも注目される。西魏においては、大統十年（五四四）に『大統式』が施行されたことが知られる。しかし、これが唐代の副次法典の式につながるものかは定かではない。更に、北斉の河清三年（五六四）に公布された『河清律』では篇目が十二篇に整理され、後の十悪に相当する重罪十条や、刑罰を減免する八つの条件を定めた八議条が制定されるなど、隋唐律の基本構造がほぼ出来上がった。しかし、『河清令』は尚書二十八曹を篇目名に用い、古制に逆戻りした部分もあった。

3　隋・唐

北朝から出た隋は、建国後間もなく、『開皇律令』を制定・公布した（律は開皇三年（五八三）、令は開皇二年に公布）。『開皇律令』の篇目・巻数、そして規定内容は、ほぼ唐代の律令に継承されており、ここに基本法典である律令は完成したと見なしてよいであろう。『開皇令』においては官品令・職員令を冒頭に置き、初めて選挙令という篇目を設けて試験により官僚を選抜する貢挙（科挙）を制度化し、その後千年以上続く中国的な官僚制の基本構造を作り上げた。

開皇九年（五八九）に陳を滅ぼし、中国を再統一した後に即位した煬帝（五六九～六一八）は、南北朝の合一を律令法典上でも示そうとしたのか、大業三年（六〇七）年制定の『大業律令』は南朝と北朝の律令の要素を組み合わせた構成となっている。例えば、衛宮・違制・戸・告劾・倉庫など南朝の律の篇目を一部取り入れ篇目数を十二から十八に増やしている。また、北斉律の重罪十条から生まれ、南朝の律には存在しかった十悪条を削除している。従来、唐の律令は『開皇律令』を踏襲したもので、『大業律令』の影響は無いものと考えられてきたが、近年では『大業律令』から継承した部分も少なくないことが明らかにされている。[注7] なお、隋代において律令格式が揃って編纂・施行されたとする史料も存在するが、詳細は不明である。

唐を建国した高祖李淵（五六六〜六三五）は、武徳元年（六一八）に、隋の『開皇律令』に因って損益し、『大業律令』の煩雑・峻厳な法を削って、「新格」五十三条を制定公布した。次いで、武徳七年（六二四）に『武徳律令』（律十二巻、令三十一巻）を制定・施行した。「大略開皇を以て準と為す」とされ、『開皇律令』にほぼ準拠し、踏襲したものと考えられてきたが、実際には上述したように『大業律令』に基づく部分も少なくなかったようである。唐朝正当化のため貶めた煬帝の治世の成果を隠蔽しようとして、殊更にそれ以前の開皇時代への復帰を強調したものと考えられる。なお、『新唐書』芸文志には『武徳式』十四巻が著録されているが、実在は疑われている。

隋末以来の群雄を倒し、強国東突厥を滅ぼし、貞観の治をなした太宗（五九八〜六四九）は、貞観十一年（六三七）に『貞観律』十二巻・『貞観令』三十巻を頒行した。また同時に、武徳・貞観以来の勅格三千余から七百条を選び、『貞観格』十八巻を編纂・施行した。『旧唐書』刑法志及び『新唐書』芸文志は、留司格一巻、式三十三巻を記すが、どちらも存在は否定されている。

律令格式が揃って編纂・頒行されたことが確実な初見は、高宗（六二八〜六八三）の永徽二年（六五一）に公布された『永徽律令格式』（律十二巻、令三十巻、留司格十八巻、散頒格七巻、式十四巻）である。この時、格は留司格（官司に留める格）と散頒格（天下に頒行する格）に区別されることになった。永徽四年（六五三）には、『永徽律』の注釈書である『永徽律疏』三十巻が頒行され、法の解釈・運用に役立てられた。開元二十五年（七三七）にも律疏が作成されているが、この永徽のものと大差は無かったと考えられている。律令法系発展の到達点を、この永徽の段階に求めることも可能であろう。

この後、『麟徳令』（『乾封令』と同じか）、『儀鳳令』、『垂拱令』、『神龍令』、『太極令』などが刪定されたことが知られるが、官名変更など小規模な改訂であったと考えられる。また則天武后（六二四～七〇五）が『垂拱式』（新たに計帳式・勾帳式を含む）二十巻・『垂拱格』（新格（散頒格）二巻・留司格六巻）を、中宗（六五六～七一〇）が『神龍格』（散頒格）七巻・『神龍式』二十巻を、睿宗（六六二～七一六）が『太極格』十巻を編纂させたことが史上に見える。この他、『日本国見在書目録』には、『垂拱後常行格』十五巻が記されている。永徽以後、開元以前においては、基本法典の律令にはあまり手を加えず、修正補足は副次法典の格式の編纂によるというスタイルが定着したと言えるだろう。

唐代における、律令格式の全面的な修改が最後に行われたのが玄宗（六八五～七六二、治世は七一二～七五六）朝であった。開元三年（七一五）には格式令の刪定、開元七年（七一九）には律令格式の刪定、開元二十五年（七三七）には律令格式及び律疏・格式律令事類の編纂が行われた。令はそれぞれ『開元三年令』、『開元七年令』、『開元二十五年令』と称され、何れも三十巻であった。格は順に『開元（前）格』、『開元後格』、『開元新格』と名付けられ、皆十巻であった。律令格式と律疏の編纂には法典として新たな展開・要素は見られないが、格式律令事類の編纂は注目される。この時成った『格式律令事類』四十巻は、実際の政務の便宜を考えて、事項（テーマ）毎に律令格式の関連法規を分類した新たなタイプの法典であり、宋代の『慶元条法事類』などにつながってゆくものと考えられる。また、開元十九年（七三一）には『格後長行勅』六巻が編纂されているが、唐代後半の格後勅の先駆とも言うべきものである。なお、格後勅は、五代の編勅を経て、宋代には勅令格式という法典へ変化してゆくことになる。

開元二十五年を最後に、律令と式の編纂は行われなくなる。令文の修正は「著令（令に著けよ、令に著せ）」という形でその都度部分的な修正が行われ、[注8]補足修正の法令は主に格後勅として編纂されようになるのである。元和二年（八〇七）には『開元格後勅』三十巻、元和十三年（八一八）には『格後勅』三十巻、大和四年（八三〇）には『格後勅』六十巻、大和七年（八三三）には『格後勅』五十巻、大中五年（八五一）には『大中刑法総要格後勅』六十巻が編纂された。この他、裁判実務の便宜のために、開成四年（八三九）には『開成詳定格』十巻、大中七年（八五三）には『大中刑律統類』十二巻なども編纂された。玄宗の治世であった開元・天宝期を境に、唐代の法・制度のあり方は大きく変わったのである。[注9]

4　隋・唐の律令法体系の特徴

日本は、隋・唐の律令法制を直接の手本に律令制を形成した。隋・唐の法典編纂の過程については上述したが、ここではその法典の性格や法典編纂のあり方などについて触れておきたい。

律令制・律令法の特徴として、一般的に中央集権体制、官僚制、徴兵制、文書行政、籍帳による個別人身支配などが挙げられるが、隋・唐期には、それだけに止まらない幾つかの重要な特徴が存在している。まず、指摘すべきこととして、この時代の律令制には、皇帝専制と貴族制が並存し、両者の微妙な緊張関係の下に成り立っているということがある。隋代に科挙（貢挙）官僚を生み出す仕組みを作ったとは言え、隋・唐期はまだ門閥貴族の勢力も大きく、貴族制（身分官僚制）から皇帝専制（科挙官僚制）へ移り変わる過渡期であった。そのため、律令法典には皇帝専制的な要素と貴族制の要素が見られるのである。例えば、「非常の断、人主これを専らにす」と非常時の皇帝の専断を規定する一方、門下省に皇帝の専権を掣肘できる機能を規定していた。[注10]

次に指摘すべきこととして、隋・唐期の律令法には帝国法という性格があったということである。隋・唐朝は多くの異民族を支配する巨大な帝国であったため、中華と蕃夷（化外）との関係、中国内の異民族の扱いなどを規定しておく必要があったのである。[注11]これに関連して、徴兵制に基づく常備軍（府兵制）や外征（対外戦争）を可能にする行軍など巨大な軍事力を行使できる規定が存在していたことにも注意を払う必要がある。中国中心の国際秩序の形成・維持にあたって、強制力としての軍事力の保有は必須であった。[注12]

さらに、自給自足経済を前提とした重農主義（抑商主義）的性格も存在した。全人民に耕作地を割り当て（均田制）、租税は農業生産物への課税（租庸調制）を基本とした。商業活動は官市・互市場に限定され、国家の管理下に置かれていた。また、士農工商という身分秩序が存在し、工商身分の者は官僚にはなれない規定が存在した。唐代後半以降、商業活動が活発化し、貨幣経済が展開する中で、商業課税が拡大し、国家のあり方も大きく変わった。こうした社会や支配体制の変化を受けて、重農主義的な性格を有する律令は編纂されなくなったのであろう。

法典編纂のあり方にも、いくつか特徴がある。まず、ほぼ皇帝の代替わり毎に法典編纂が行われたということがある。この時期最後の律令法典が編纂された開元二十五年までは、律令格式全ての場合もあるが、少なくとも令と格は皇帝が代わる毎にほぼ編纂されていた。常に法典を最新の状態に整えようということなのかもしれないが、法を定める主体が皇帝であることを明示するという意味もあったであろう。また、代替わりにあたって、皇帝と貴族・官僚との法的関係を設定し直す（リセット）という意味合いもあったかもしれない。

中国では、律令の上部規範として礼が存在した。礼は儒教におけるあるべき政治・社会秩序を理念化したものであり、律令法典は礼的秩序を現実の政治・社会に実現するためのものであった。[注13] 礼と律令は、対応すべきものであったのである。そのため、国家儀礼（五礼）を定めた儀注と連動する形で、律令法典が編纂されるという特徴も存在した。『隋朝儀礼』と『開皇律令』、『貞観礼』と『貞観律令』、『顕慶礼（永徽礼）』と『永徽律令』、『開元礼』と『開元二十五年律令』、と主要な律令編纂の際には五礼儀注も編纂された。[注14] 三礼（儒教で尊ばれた三種の礼書）の一つであった『周礼』を模した『唐六典』（開元年間の官制と官司・官職毎に関連する令格式を記す）という職官書が編纂されたことも、礼と律令法典との関係を示すものであろう。

二　法制度受容の諸段階

1　日本古代の固有法

日本古代の固有法がどのようなものであったかを明らかにすることは、容易ではない。古くは文字が存在せず、法が文章によって制定されていなかったため、律令制以前の法の記録に乏しいということが大きな理由である。日本で八世紀以降に編纂された史料からは固有法の発展過程や地域的な偏差などを窺うことはできないし、それ以前の中国史料には先入観や誤解が入っていて鵜呑みにはできない部分がある。また、古くから朝鮮諸国や中国の法・制度の影響を受けていたと思われ、固有法と外国法の影響を区別することが困難ということもある。従って、以下に述べる固有法も、比較的記事の多い刑罰を中心に、概括的な説明に止まらざるを得ない。[注15]

固有法の最も大きな特徴は、神法の性格（宗教性）が濃厚であったことである。法の和訓である「のり」は、「宣《の》る」の名詞形で、もとは神意を「告《の》る」の意味で、神の定めたおきてを指すとされる。[注16]「のりと（祝詞）」、

「のろふ（呪ふ）」などは「のり」・「のる」の派生語であり、「のり（法）」本来の宗教的・呪術的な性格を示している。また、日本の古語の「つみ（罪）」とは神聖なタブーに対する侵犯の行為や事実を意味し、「刑罰」にあたる言葉はなかったとされる。[注17]「刑罰」の代わりに、「つみ」によって生じた「けがれ（穢れ）」（罪の災気）を解除するための「はらへ（祓・解除）」という宗教的な行為がなされた。神の定めた規範を逸脱することで「けがれ」が生じ、神の怒り、神罰が下されると考えられ、「けがれ」を除去して神の怒りを鎮めるための祭祀が「はらへ」だったのである。神罰は天変地異や疫病、突然死など異常事態の発生として捉えられ、違反者（犯罪者）個人のみに罰が下るとは限らず、違反者の所属する共同体全体に及ぶ危機と観念された。

「はらへ」の具体的な方法については、律令制の下で国家祭祀として整備された大祓の内容などから推測が可能だが、その中心は贖罪（「あがなひ」）としての財物など（神奴など労働力としての人身も含む）の神への献上にあった。[注18]また、「けがれ」の除去ということでは、「けがれ」の発生原因である違反者を共同体から「はふる」（追放する、もしくは殺す）場合もあった。なお、『日本書紀』の素戔嗚神話には「神逐」（かむはらひ）と見え、「はらひ」即ち「はらへ」にも追放の意味があったようである。違反者を「はふる（はらふ）」場合、島に流すのが一般的であったが、朝鮮諸国にも島に流す刑罰が存在しており、影響関係は不明である。[注19]

「つみ」の具体的な内容は、『延喜式』所載の大祓の祝詞に天津罪・国津罪として列挙されているが、共同体の農業慣行や性的禁忌などに対する違反行為や様々な災厄（身体障害や病気も含む）が該当した。違反行為とその結果生じた災厄が、同じく「つみ」と認識されていたようである。「つみ」や違反者の特定は、卜定（占い）・盟神探湯（被疑者に熱湯に手を入れさせる神判）などにより神意として判定された。なお、後に「つみ」の世俗化に伴い、盟神探湯は自白を迫る拷問の一種として利用されるようになった。

本来、農業共同体内の秩序を維持するための宗教的な行為であった「はらへ」と「はふる」は、ムラ（共同体）からクニ、クニからヤマト政権へと政治的な領域の拡大・統合が進む中で、次第に世俗的な刑罰にも転化し、大王（天皇）の行う刑罰に取り込まれていったと思われる。[注20]その過程で、「はふる（屠る、放る。）」は「しぬるつみ・ころすつみ（死罪）」と「ながすつみ（流罪）」、「はらへ」は「をさむるつみ（没官）」と「みつかふつみ（徒罪）」に分化したものと推量される。この変化は、固有法を中国的な刑罰に対応させ、読み替えが行われた結果とも考えられる。さらに、律令制の下では、中国的な刑罰である五刑（死刑・流刑・徒刑・杖刑・笞刑）及び付加刑（没官刑など）に位置づけられることになるが、固有法的性格が完全に払拭されたわけではなかった。

以上、刑罰を通して固有法の特徴を述べてきたが、刑罰以外の固有法として、租税の性格についても一言しておきたい。租税の徴収は、支配制度の最も枢要な部分を占めるもので、支配のあり方・特徴を端的に示すものである。律令制以前にヤマト政権の大王（天皇）に貢納された調（みつき）・贄（にへ）・租は、本来、神に捧げる初穂であり、収獲感謝と予祝（豊作祈願）の農耕祭祀に基づくものであったとされる。[注21]祭祀・神祀りを行うことが、租税徴収など支配の正当性を保障するものであり、正に祭政一致の支配がなされていたのである。

中国では紀元前三世紀の秦代には神法から完全に脱していたが、律令制受容以前（七世紀後半以前）の日本においては神法の性格が色濃い固有法が存在していたのである。法の違いは、社会の違いに根ざしているのであり、日本と中国の間には社会構造や発展段階など大きなかつ多くの違いが存在した。そうした社会状況の違いの中、古代日本が如何に中国の法・制度を受容したか、その過程を四段階に分けて見てゆくことにしたい。[注22]

2　受容の第一段階（三～六世紀）

中国の法・制度の摂取・受容は、中国との外交関係とともに始まったと言える。中国と外交するためには、中国の外交制度に対応する必要があったからである。具体的には、遅くとも三世紀前半には、支配者は倭王という中国的な称号を持ち、外交文書として上表文を作成し、中国的な官職を帯びた外交使節を派遣するようになった。邪馬台国の女王卑弥呼が魏に派遣した使者難升米と牛利は「大夫」・「都市」という官職を名乗り、帰国時には魏から「率善中郎将」・「率善校尉」という官職を与えられた。[注23] こうした中国的な公文書や官職名の使用は、中国的な文書行政制度や官僚制の導入までは意味せず、あくまでも外交の場に限定されるものであり、国内の支配制度には殆ど影響を及ぼすことはなかったと思われる。

五世紀には、所謂「倭の五王」による外交が行われたが、倭王が将軍号など自らの官爵を要求すると共に、配下の者の官爵も求めたことは注意される。中国王朝の権威を背景に、中国的な官爵による支配秩序の形成が図られた可能性がある。また、倭王が将軍（安東将軍・安東大将軍）に任じられたことにより、将軍府の機構（府官制）が導入され、人制や部民制の形成などヤマト政権の支配体制に大きな影響を与えたとされる。[注24] ただし、中国的な官爵そのものが、国内で通用したことを示す史料は無く、中国的な官爵の使用はあくまでも外交の場に限られたものと思われる。また、この時期に人制など支配体制の整備が進んだことは事実と思われるが、従前の氏族制に基づくものであり、中国的な官僚制の受容とまでは言えないだろう。

次に示す『隋書』東夷伝倭国条に見られる刑罰記事に拠って、七世紀以前に中国的な刑罰の影響が見られるという説がある。[注25]

其俗殺人強盗及姦、皆死。盗者計レ贓酬レ物、無レ財者没レ身為レ奴。自余軽重、或流或杖。

ここに記された死・流・杖の刑罰が中国の五刑に対応していることなどを根拠としているが、これらの刑罰は日本（倭国）でより古い起源を有するものであり、中国の五刑の影響で成立したものとは言えないであろう。また、中国の刑罰で特徴的な徒刑が入っていないことからも中国法の影響を認めることはできない。[注26]「身を没して奴と為す」という記述は処罰者側の見方であり、被処罰者（犯罪者）側から記述するならば、人身を献上するということになる。贖罪のために人身（本人、もしくは親族、配下の者）を献上した事例は、『日本書紀』に散見され、先に見た「はらへ」（贖罪）の一種と捉えることができる。[注27]この倭国伝の刑罰記事は、中国人（隋人）が自らの刑罰観に基づいて記述したものであるため、中国的な刑罰の説明にはなっているが、実態としては日本（倭国）古来の固有法に基づく刑罰を記したものと考えてよいだろう。即ち、七世紀以前には、中国の刑罰法を受容したと考え得る証跡はないということである。

中国の法・制度受容の第一段階（三～六世紀）においては、外交の場以外では中国の法・制度受容の明確な痕跡は存在しない。しかし、六世紀には百済などを通じて儒教や仏教など中国文化の摂取が進み、文字の使用が少しずつ広まるなど、中国の法・制度を取り入れる下地が形成されていったことに注意しなければならない。

3　受容の第二段階（六世紀末～七世紀半ば、推古朝～斉明朝）

六世紀末に隋が中国を再統一すると、東アジア諸国間の緊張・対立が増すこととなった。各国は隋との国交を結ぶとともに、権力の集中と国制の整備を進めた。日本も推古天皇（五五四〜六二八）の下、遣隋使を派遣し、憲法十七条や冠位十二階を制定するなど国政改革を行ったことが知られる。[注28] その際、中央集権的な国制のモデルとされたのが中国の律令制であった。しかし、日本が取り入れたのは、同時代の隋の律令制ではなく、その前の南北朝時代の律令制であった。隋がその国制を記した律令法典を守秘したのか、日本側が隋の国制の模倣を良しとしなかったのか、その理由は定かでは無いが、日本は百済や高句麗を通じて中国南北朝時代の律令制を部分的に取り入れ始めたのである。

憲法十七条は官吏に対する訓戒・服務規定であり、法ではないが、日本では「国家制法」の始まり（「弘仁格式序」）と認識されたように、律令的な国制整備の開始を意味するものであった。西晋の泰始律令とともに頒布された五条詔書、西魏の大統式の編纂とともに頒たれた六条詔書も、同様に道徳的訓戒・服務規律を記すもので、十七条憲法はこれらに倣ったものではないかとされる。[注29] 冠位十二階によって官僚制の形成が目指され、衣服や儀礼なども整えられたが、隋使裴世清らの来日に合わせて整備されたように、当初はやはり外交を意識したものであったことは注意される。[注30] また、推古朝においては、南北朝期のものを手本に、僧正・僧都・法頭など仏教統制機関が設けられた。[注31]

隋唐の律令制が取り入れられるのは、遣隋留学生が帰朝し、大化改新の国政改革にその新知識が生かされるようになってからである。改革の基本政策が記された改新の詔には後世の修飾があるとされるが、晋の戸調式の影響が見られるなど南北朝期の国制に基づく部分があることが指摘されている。[注32] また、評制という新しい行政区分を施行し、部民制の廃止を目指したとされるが、評制は朝鮮諸国の地方制度に倣ったものとされる。しかし、その一方で、南北正方位で建設された難波長柄豊碕宮は隋唐的な宮城を模したものと考えられ、新たに採用された立礼などの朝礼も隋唐的な儀礼と考えられる。[注33]改新の新政策の中には、留学生たちが持ち帰った隋の『大業令』を参照して策定したものもあった可能性がある。[注34]

改新政策を進めた孝徳朝においては、刑部尚書、衛部、将作大匠、祠官頭など中国的な官職が新たに設けられたことが知られている。[注35]しかし、刑部尚書は隋唐的な官名だが、祠官は南北朝の影響を受けた官名であるように、体系的な官制の摂取とは言えず、部分的・断片的な取り入れ方であった。官制の下部機構も未成熟で、大夫層の人々が旧来の伴造―品部制の上に立ち、中国風の官名を称したものとされる。旧来の支配体制の上部構造を中国的な官制に対応させ、読み替えが行われたと捉えることもできるだろう。

中国的な法・制度を国内支配に取り入れるにあたって、官制と同様に固有の法・制度の読み替え（翻訳）が広く行われたと考えられる。類似・対応するものを中国的な法・制度の用語を当てはめ表記することが行われたのである。例えば、日本語（倭語）には本来「流罪」という言葉は無かったが、固有法における追放刑である「はふる（放る）」を「流罪」と読み替えたということがある。賠償刑的な性格を有する「はらへ」を「没官」に対応させ、読み替えたということもある。また、身分用語として「奴婢」、「部曲」という漢語を、それぞれ「やつこ」、「かきべ（うじやつこ）」という日本語に対応させたという例も挙げることができよう。[注36]このような読み替えは、外国文化を受容する第一歩として必要な作業であるが、歴史・慣習・環境などの違いがある以上、原語と読み替え語の意味内容が完全に一致することは少なく、同じ用語を用いても指す内容が異なるのは当然であった。そのため、漢語によって固有の法・制度が表記されても、中国の法・制度と同じ内容とはならず、固有の法・制度の性格を長く持ち続けることとなった。「流罪」が律令制下においても、島に流すという固有法的性格を持ち続けたことはよく知られている。[注37]中国では付加刑であった「没官」が、天武朝にあって主刑的な位置づけがなさ

れていたのも固有法的性格に由るものであろう。[注38]

推古朝から斉明朝までは、中央集権的な国家体制の建設のため、中国の法・制度（律令制）の摂取が図られたが、それは部分的なものであり、体系性は無かった。また、参照された法・制度も、直接中国のものとは限らず、朝鮮諸国が受容し変容させたものであった場合も少なくなかった。また、朝鮮諸国経由で入った法・制度は、同時代の隋・唐のものではなく、前代の南北朝期のものであり、参照された法・制度の時期的なバラツキも存在した。なお、こうした部分的な律令制の摂取がおこなわれた受容の第二段階を、体系的に律令制を受容した段階と区別して、「プレ律令制」と呼称する論者も存在する。[注39]

4　受容の第三段階（七世紀後半～八世紀初め、天智朝～文武朝）

中国の法・制度の体系的な受容は、天智朝に始まるとみてよいだろう。それは、律令法典の編纂という形で始まった。天智二年（六六三）の白村江の敗戦による唐・新羅の侵略の危機に対し、早急に強力な軍国体制を整備しなければならないという背景・理由があった。現在は、天智朝の編纂になる『近江令』は存在しなかったというのが定説となっているが、[注40]法典として完成したかどうかは別として、編纂が開始されたということ自体は認めてよいであろう。[注41]

天智朝においては、まず豪族の私有民を民部（部曲）と家部（隷属度の違いにより区別されたか。後に、部曲は公民に、家部は賤民とされた）に区分し、その実態の把握が図られた。そのために、私有民も含め全国の人民を一律に把握できるように、最初の全国的な戸籍である庚午年籍が作成された。また、冠位二十六階の制定、太政官六官制など中央官制の整備が行われ、官僚制の形成が急速に進められた。このような改革は、かなり体系的な法・

制度の裏付けが無なければ不可能であり、天智朝の律令法典の編纂はある程度進んでいたことを想定させる。しかし、前段階で様々な法・制度から断片的に取り入れながらも、ある程度定着した諸規定を一時に全て廃止し、新たな法規に切り替えるわけにはいかないため、統一的な体系性を持った法典を編纂することはかなり困難であったと思われる。

天智天皇（六二六〜六七一）の死とその後の壬申の乱によって中断していた律令法典の編纂は、天武十一年（六八二）に再開された。天武朝では、内乱に勝利して強大化した権力・権威を背景に、部曲（私有民）の廃止などにより公地公民制の基盤が形成され、食封制度・官僚制度の整備などが進められたが、法典の完成にまでは至らなかった。天武天皇（六三一？〜六八六）の死後、その事業を引き継いだ持統天皇（六四五〜七〇二）によって、持統三年（六八九）に『（飛鳥）浄御原令』二十二巻が完成・施行された。現在、この『浄御原令』が日本最初の律令法典とされている。[注42] この『浄御原令』に基づき、天皇制、籍帳制、良賤制、班田収授制、租庸調制、徴兵制、都城制など律令制的諸制度が始まったと考えられている。

『浄御原令』の編纂が進められた時期は、日本は唐と断交しており、直接唐の律令制を参照することはできなかった。そのため、前段階で摂取した法・制度や、新羅や亡命百済官人からの情報、それまでに入手していた漢籍などを基に、『浄御原令』の編纂が進められたものと考えられる。[注43] その結果、『浄御原令』は唐の律令とかなり異質な内容を含むことになったと思われる。[注44] なお、様々な法・制度を参照して編纂されたため、雑然とした内容であったと思われるが、篇目毎に各規定を分類し、体系的な形式を整えるために『大業令』が参考にされた可能性がある。[注45]『浄御原律』については、古くからその存否が問題とされてきたが、編纂は行われていたが、完成に至らず、一部の条文だけが施行されていたと見てよいだろう。[注46]

大宝元年（七〇一）に制定された『大宝律令』は、唐の『永徽律令』を藍本に編纂され、律（刑罰法典）と令（刑罰以外の国制全般にわたる基本法典）が揃った画期的な法典であった。[注47]『永徽律令』の入手が編纂の契機となったものと思われるが、その入手の時期・経路は定かでは無い。『大宝律令』は現存していないので、『養老律令』及び『大宝律令』の逸文からの推測ということになるが、律については、ほぼ唐律の構造・内容を引き写し、刑罰の軽重を多少改める程度の改変しかなされていなかったと思われる。[注48]令については、唐令が千五百条余りから成るのに対し、日本令は九百五十条余りで、三分の二程度に圧縮されているが、神祇令・僧尼令という日本独自の篇目を除けば、篇目構成や条文配列などはほぼ唐令を踏襲していたと思われる。すなわち、中国の律令法系の到達点を示す『永徽律令』の体系性を継受することになったのである。ただし、令規定に実効性を持たせるために、当時の日本社会の実態に合わせ、氏族制（在地首長制）という社会構造を温存する形で大幅な改変が行われており、異質性も大きかったことは注意しなければならない。[注49]

『大宝律令』は、多くの点で『浄御原令』より優れた法典であったと思われるが、これにより律令制が完成したと見る見方には賛同できない。『大宝律令』には『浄御原令』から引き継いだ不備・不十分なところもあり、後の『養老律令』により改善修正されたところもあり、日本の律令法典の到達点ではないと考えられる。[注50]何よりも、唐の律令制においては、律令格式が一体的に運用され、国家儀礼を定めた儀注も合わせ編纂されていたのに対し、まだ格式も儀注も存在していなかったのである。いみじくも『大宝律令』は「建設すべき律令国家の青写真を提示したものであった」と評され、「そこに提示された国制の大部分は、あるべき目標であって、その施行とともに直ちに実現したわけではなかった」と指摘されている。[注51]『大宝律令』で示されたあるべき国制を実現するためには、中国の法・制度受容の次の段階に進む必要があったのである。

5 受容の第四段階（八世紀前半～十世紀前半、元明朝～村上朝）

『大宝律令』が制定されて十年ほど経過した和銅四年（七一一）七月甲戌の詔には、「律令を張り設けること、年月已に久し。然れども纔かに一、二を行ひて、悉く行ふこと能はず」（『続日本紀』）と述べられている。翌年の五月乙酉の詔においても、「法を制してより以来、年月淹久にして、未だ律令に熟せず、多く過失有り」（『続日本紀』）とも述べられており、『大宝律令』の諸規定があまり機能していなかった状況が窺われる。その原因は、官僚の『大宝律令』に対する理解不足もあったと思われるが、格式という副次法典（補助法典）の不存在に因るところが大きかったと思われる。律令は国制の原則的な部分を規定するものであり、実際の施行にあたって必要な細則（マニュアル）は式に規定するのが、唐の律令法典のあり方であった。『大宝律令』が手本とした『永徽律令』も、『永徽式』の存在を前提として編纂されていた。しかし、『大宝律令』は『永徽律令』を範としながら、式を伴っていなかったのである。本来有るべきものが無ければ混乱が起こるであろうし、法の運用が不徹底となったのも当然であろう。格も律令の補足修正の単行法令を集成した法典で、社会の変化や実情に対応するために必要なものであり、式と同様に無くてはならない副次法典であった。

施行細則は、実際の法運用の経験的蓄積によって作られるものであり、一朝一夕に作成することはできない。その意味では、律令法典の運用経験の浅い『大宝律令』編纂時には、作成できないものであったと言える。『大宝律令』施行後、十年ほど経過した和銅年間以降、細則として例が作成されてゆくこととなる。個々に作成された例は、『八十一例』などの施行細則集にまとめられ、更に平安時代に編纂された式に収められた。[注52] 式の中には、唐式に類似する規定も少なくなく、運用経験を踏まえた上で、唐式を参考にして細則を作成したものと考えられる。格の中にも、唐格に類似するものがあり、律令法のみならず、格式法典をも受容する段階に進んだことが知られる。

　令の施行細則としての例の作成や、律令の補足修正の単行法令（これも格と称する）の蓄積が進む中で、養老二年（七一八）に『養老律令』の編纂が始められた。従来、『養老律令』は、『大宝律令』と内容的に大差無く、法典としての意義が低く評価されてきた。[注53] しかし、『養老律令』の施行にあたって、『別格』・『別式』の編纂が行われたように、唐の律令法典と同様に、律令格式の一体的な運用を目指した法典であったと思われる。『養老律令』は、『大宝律令』の亜流などではなく、新たな法・制度受容の段階に即して編纂された意義ある法典と評価できるだろう。[注54] しかし、『別格』・『別式』の編纂を命じた淳仁天皇（七三三〜七六五）と藤原仲麻呂（七〇六〜七六四）が政権を失うことにより、格式の完成は平安時代を俟たなければならなかった。

　平安京遷都を行った桓武天皇（七三七〜八〇六）は、政治の刷新とともに、法典整備に意を注いだ。『養老律令』の不備を修正した『刪定律令』や『刪定令格』を施行したが、かえって混乱を招いたようで、程なく廃止された。その一方で、施行細則の集成に力を入れ、官庁毎の細則が『新弾例』や『民部省例』として編纂された。また、国司の交替手続きを集成した『延暦交替式』も編纂された。[注55] そして、桓武の子である嵯峨天皇（七八六〜八四二）の時代には、最初の格式法典である『弘仁格式』が編纂され、弘仁十一年（八二〇）に完成した。翌年には、唐の儀注に相当する儀式書の最初となる『内裏式』も完成している。ここに、手本とした唐と同じ律令法系の法典と儀注が完備することになったのである。日本の律令制の完成は、この九世紀前半に求めるべきものと考える。

　『弘仁格式』の編纂後も、天長十年（八三三）には『養老令』の公定注釈書『令義解』が制定され、貞観年間に『貞観格式』、延喜年間に『延喜格式』が編纂され、十世紀前半までは律令系の法典編纂は継続した。しかし、参照すべき唐の法典の輸入は九世紀前半で終わっており、中国の法・制度の直接的な受容はこの時期までであったと思われる。八世紀後半以降、東アジアの緊張緩和が進み、軍国体制的性格をもつ律令制を維持する必要性が低下していった。また、九世紀後半には、日本の律令制が基盤とした氏族制（在地首長制）的社会が消失することにより、律令制の維持は困難となり、十世紀以降には新たな国制が求められることとなったのである。

おわりに

古代において、中国は東アジアの最先進国であり、日本は最も遅れた後発国であった。日本が中国の律令法・制度を受容した時点で、日本と中国の間では社会の発展段階や法編纂の歴史には千年以上の開きがあったとされる。そのような違いを乗り越え、中国の法・制度を体系的に受容することは極めて困難であったことは容易に察せられる。

三世紀以来、少しずつ摂取はされていたが、六世紀末までは主に外交の場に限定されていた中国の法・制度は、国際的な緊張・危機を背景に七世紀以降急速に受容されることになった。しかし、社会構造や文化、環境の異なる中国の法・制度をそのまま受容することはできず、社会の実情に合わせた改変を行った上で、律令法典の編纂が行われた。また、律令格式という法典全てを同時に編纂する立法技術も経験も無かったため、令、律令、格式と段階を追って編纂することとなった。平安時代前半には、律令法系の法典が完備し、日本の古典的な国制が出来上がったとされる。[注56]

律令法典の編纂は十世紀前半で終わるが、律令制の受容によって導入された国制の枠組みはその後も長く継承された。天皇制、元号制、官庁における文書行政のシステム、中央官庁における「省」制など現在も存続しているものもある。日本的な改変が加えられたものであるが、その制度的な淵源が中国にあることは忘れてならないだろう。

支配組織や支配手段においては、律令制受容の影響が現在まで確認できるものが少なくないが、社会そのものはどの程度、中国の法・制度の影響を受けたであろうか。中国的な刑罰を規定した律を受容しながら、在地社会では固有法的な刑罰がその後も延々と続いたことを考えるならば[注57]、社会の上層の貴族社会を除くとあまり大きな影響は無かったものと思われる。中国の法・制度は、支配の手段としては有効であったが、社会のあり方を全面的に変えるものではなかったのではないだろうか。

注

1　日本の古代国家が律令制を受容した歴史的な意義については、青木和夫ほか『シンポジウム律令国家』（学生社、一九七二年）、吉田孝「律令国家の諸段階」（『律令国家と古代の社会』岩波書店、一九八三年、初出一九八二年）、大津透「古代日本律令制の特質――天聖令の発見・公刊によってみえてきたこと――」（『思想』一〇六七、二〇一三年）等を参照。

2　中国法典編纂の歴史に関する主要な研究には、以下のものがある。沈家本『歴代刑法考』（中華書局、一九八五年）、程樹徳『九朝律考』（中華書局、一九六三年）、浅井虎夫『支那ニ於ケル法典編纂ノ沿革』（汲古書院、一九七七年、初版一九一一年）、中田薫「古法雑観」・「支那における律令法系の発達について」・「「支那における律令法系の発達について」補考」（『法制史論集』四、岩波書店、一九六四年）、仁井田陞「唐令の史的研究」（『唐令拾遺』東京大学出版会、一九八三年、初版一九三三年）、堀敏一「中国における律令法典の形成」（『律令制と東アジア世界――私の中国史学（二）』汲古書院、一九九四年、初出一九八四年）、滋賀秀三「法典編纂の歴史」（『中国法制史論集　法典と刑罰』創文社、二〇〇三年）、石岡浩ほか『史料からみる中国法史』（法律文化社、二〇一二年）。本稿の中国における法典編纂の歴史に関する記述は、特に断らない場合、上記の研究成果に基づいている。

3 井上光貞「隋唐以前の中国法と古代日本」、同「日本律令の成立とその注釈書」（『日本古代思想史の研究』岩波書店、一九八二年、初出はそれぞれ一九六三年と一九七六年）等を参照。

4 冨谷至『古代中国の刑罰』（中央公論社、一九九五年）を参照。

5 冨谷氏注4書を参照。

6 冨谷至『中華帝国のジレンマ　礼的思想と法的秩序』（筑摩書房、二〇一六年）を参照。

7 中村裕一『唐令の基礎的研究』（汲古書院、二〇一二年）、榎本淳一「唐代法制史の「不動の定説」に挑む」（『東方』三八五、二〇一三年）等を参照。

8 丸山裕美子「假寧令と節日」（『日本古代の医療制度』名著刊行会、一九九八年、初出一九九二年）。榎本淳一「『新唐書』選挙志の唐令について」（『工学院大学共通課程研究論叢』三一、一九九三年）等を参照。

9 川村康「中国律令法の変容」（『歴史評論』七五九、二〇一三年）等を参照。

10 利光三津夫「「非常之断、人主専之」に関する一試論」（『律令研究続貂』慶應通信、一九九四年）、内藤乾吉「唐の三省」（『中国法制史考証』有斐閣、一九六三年、初出一九三〇年）等を参照。

11 中田薫「唐代法に於ける外国人の地位」（『法制史論集』三下、岩波書店、一九四三年）、仁井田陞『中国法制史研究――法と慣習・法と道徳――』（東京大学出版会、一九六四年）、石見清裕「唐代外国貿易・在留外国人をめぐる諸問題」（『唐の北方問題と国際秩序』汲古書院、一九九八年、初出一九九七年）等を参照。

12 榎本淳一「隋唐朝の朝貢体制の構造と展開」（『唐代史研究』一五、二〇一二年）等を参照。

13 冨谷注6書を参照。

14 小林聡「泰始礼制から天監礼制へ」（『唐代史研究』八、二〇〇五年）等を参照。なお、小林氏は、隋の煬帝の『江都集礼』と『大業律令』を対応させているが、その点は修正が必要であろう。『江都集礼』は、周・漢以来の礼制の沿革・故事、南朝系の礼論の精華をまとめた礼書であって、隋代の国家儀礼を定めた儀注ではない。榎本淳一「『江都集礼』の編纂と意義・影響」（第六十三回国際東方学者会議シンポジウム報告、二〇一八年）による。

15 日本古代の固有法については、牧健二「固有刑法の基本観念」（『法学論叢』四六―六、一九四二年）、石井良助『刑罰の歴史』

（明石書店、一九九二年、初版一九八六年）、伊藤清司「古代の慣習法」（岸俊男編『日本の古代　七　まつりごとの展開』中央公論社、一九八六年）等を参照。

16　白川静「のり〔法〕」（『字訓』平凡社、一九九五年）。吉田晶「古代における法と規範意識」（朝尾直弘ほか編『日本の社会史　五　裁判と規範』岩波書店、一九八七年）も参照。

17　牧氏・石井氏注15論著等を参照。

18　高柳真三「上古の罪と祓および刑」（『法学』一五—一・二・三）、石井進「罪と祓」（朝尾直弘ほか編『日本の社会史　第五巻　裁判と規範』岩波書店、一九八七年）等を参照。

19　利光「流罪考」（『律令制の研究』慶応通信、一九八一年、初出一九八〇年）を参照。

20　石母田正「古代法」（『石母田正著作集　八　古代法と中世法』岩波書店、一九八九年、初出一九六二年）は、この過程を族長法、国造法、王法と法秩序を段階的に区別している。

21　大津透「貢納と祭祀」（『古代の天皇制』岩波書店、一九九九年、初出一九九五年）を参照。

22　井上光貞「日本律令の成立とその注釈書」（注3前掲）は、律令の継受を三段階に分けて理解している。第一は部分的な断片的な律令法の摂取の時代、第二は全面的な体系的な律令法の摂取の時代、第三は日本律令法典の作成・施行の時代とする。また、律令制継受の過程については、大津透「古代」（水林彪ほか『新体系日本史　二　法社会史』山川出版社、二〇〇一年）も参照。

23　『三国志』魏書東夷伝倭人条、景初二年十二月。

24　府官制及びその影響については、坂元義種「倭の五王の外交——司馬曹達を中心に——」（『古代東アジアの日本と朝鮮』吉川弘文館、一九七八年、初出一九七二年）、鈴木靖民「倭の五王の外交と内政——府官制秩序の形成——」（『倭国史の展開と東アジア』岩波書店、二〇一二年、初出一九八五年）、吉村武彦「倭国と大和王権」（『岩波講座日本通史　二　古代一』岩波書店、一九九三年）、河内春人「倭の五王と中国外交」（『日本の対外関係　一　東アジア世界の成立』吉川弘文館、二〇一〇年）、森公章「五世紀の銘文刀剣と倭王権の支配体制」（『東洋大学文学部紀要』六六史学科篇三八、二〇一三年）、田中史生「倭の五王と列島支配」（『岩波講座日本歴史　一　原始・古代一』岩波書店、二〇一三年）、田中史生「倭の五王の対外関係と支配体制」（『島根県古代文化センター研究論集』一四、二〇一五年）等を参照。

25　井上光貞「隋書倭国伝と古代刑罰」（『日本古代思想史の研究』岩波書店、一九八二年、初出一九七六年）。

26 石尾芳久「井上光貞氏「隋書倭国伝と古代の刑罰」について」（『古代の法と大王と神話』木鐸社、一九七七年）。

27 記紀に見える人身没収（献上）という贖罪については、長谷山彰「日本古代における賠償制と固有法――記紀・中国史書にみえる財産刑と住居焼却慣行をめぐって――」（『日本古代の法と裁判』創文社、二〇〇四年、初出一九九三年）等を参照。

28 推古朝の外交と内政については、倉本一宏「大王の朝廷と推古朝」（『岩波講座日本歴史　二　古代二』岩波書店、二〇一四年）等を参照。

29 家永三郎「憲法十七条」（『日本思想大系　二　聖徳太子集』岩波書店、一九七五年）、井上光貞「日本律令の成立とその注釈書」（注3前掲）等を参照。

30 榎本淳一「比較儀礼論」（『日本の対外関係　二　律令国家と東アジア』吉川弘文館、二〇一一年）等を参照。

31 井上光貞「日本における仏教統制機関の確立過程」（『日本古代国家の研究』岩波書店、一九六五年）。

32 虎尾俊哉「ミヤケの土地制度に関する一試論」（『日本古代土地法史論』吉川弘文館、一九八一年、初出一九七四年）、吉田孝「戸令補注」（井上光貞ほか『日本思想大系三　律令』岩波書店、一九七六年）等を参照。

33 大隅清陽『律令官制と礼秩序の研究』（吉川弘文館、二〇一一年）、榎本注30論文を参照。

34 榎本淳一「中日書目比較考――『隋書』経籍志の書籍情報を巡って――」（『東洋史研究』七六―一、二〇一七年）。

35 東野治之「大化以前の官制と律令中央官制――孝徳朝の中央官制を中心として――」（『長屋王家木簡の研究』塙書房、一九九六年、初出一九八四年）、笹山晴生「「難波朝の衛部」をめぐって」（『日本古代衛府制度の研究』東京大学出版会、一九八五年、初出一九七八年）、福原栄太郎「孝徳朝の『刑部尚書』について」（『永島福太郎先生退職記念　日本歴史の構造と展開』山川出版社、一九八三年）等を参照。

36 榎本淳一「ヤツコと奴婢の間」（佐藤信編『史料・史跡と古代社会』吉川弘文館、二〇一八年）。

37 利光氏注19論文を参照。

38 『日本書紀』天武天皇五年八月壬子条。

39 大隅清陽「大化改新論の現在――律令制研究の視覚から」（『日本歴史』七〇〇、二〇〇六年）等を参照。

40 青木和夫「浄御原令と古代官僚制」（『日本律令国家論攷』岩波書店、一九九二年、初出一九五四年）。

41 近年においても、吉川真司「律令体制の形成」（『日本史講座　一　東アジアにおける国家の形成』東京大学出版会、二〇〇四年）のように、『近江令』の存在を積極的に認める論者も存在する。

42 青木氏注40論文等を参照。

43 新羅の法・制度の影響については、李成市「新羅文武・神文王代の集権政策と骨品制」(『日本史研究』五〇〇、二〇〇四年)、鈴木靖民「日本律令の成立と新羅」(大津透編『日唐律令比較研究の新段階』山川出版社、二〇〇八年)等を参照。

44 『浄御原令』の性格については、大隅清陽「大宝律令の歴史的位相」(大津透編『日唐律令比較研究の新段階』山川出版社、二〇〇八年)、榎本淳一「「東アジア世界」における日本律令制」(大津透編『律令制研究入門』名著刊行会、二〇一一年)等を参照。

45 榎本注44論文を参照。

46 長谷山彰「日本律成立の諸段階」(『日本古代の法と裁判』創文社、二〇〇四年)等を参照。

47 大宝律令の藍本が永徽律令であったことについては、瀧川政次郎「本邦律令の沿革」(『律令の研究』名著普及会、一九八八年、初版一九三一年)、坂上康俊「『令集解』に引用された唐の令について」(『九州史学』八五、一九八六年)、同「日本に舶載された唐令の年次比定について」(『史淵』一四六、二〇〇九年)等を参照。

48 日本律の編纂については、高塩博『日本律の基礎的研究』(汲古書院、一九八七年)等を参照。

49 大津透『律令国家支配構造の研究』(岩波書店、一九九三年)等を参照。

50 榎本淳一「養老律令試論」(笹山晴生先生還暦記念会編『日本律令制論集』上、吉川弘文館、一九九三年)。

51 吉田氏注1論文。

52 虎尾俊哉「「例」の研究」(『古代典籍文書論考』吉川弘文館、一九八二年、初出一九六二年)。

53 坂本太郎「養老律令の施行について」(『日本古代史の基礎的研究』下、東京大学出版会、一九六四年、初出一九三六年)等を参照。

54 榎本注50論文を参照。

55 大津氏注22論文を参照。

56 吉田孝『大系日本の歴史　三　古代国家の歩み』(小学館、一九八八年)を参照。

57 網野善彦ほか『中世の罪と罰』(東京大学出版会、一九八三年)等を参照。

(附記)本稿は、科学研究費助成事業(学術研究助成基金助成金)に採択された「日本古代における漢籍の伝来時期に関する研究」の成果の一部である。

「律令国家」の対外関係

――その理想と現実――

大高　広和

はじめに

本稿の意図するところは、古代日本の対外関係を国家の理想と現実とを対比しながら素描することにある。一般的に、どの国・共同体にも自民族中心主義的な考え方があり、対外関係は国と国との関係であるから、独り日本の理想のままに物事が展開することを許さない。日本は、夷狄に対する「中華」としての自意識を醸成してきた中国王朝のあり方を、現実的には中国の軍事的・文化的優位が厳然と存在する東アジアにおいて模倣しようとしたため、構造的にジレンマを抱えてその対外関係および対外認識を構築することとなった。世に名高い石母田正氏の「東夷の小帝国」論は、まさにそのような構造に着目したものである。

一方、中国以外の東アジア諸国にもそれぞれの華夷思想が芽生えていったことが既に明らかにされているが、[注1]その中での日本なりの理想がどのようなものであったかということは、実はなかなかに難しい問題である。七世紀後半以降、律令など大陸の諸制度に倣い、中央集権化を進めて成立した古代日本の「律令国家」（本稿では律令の存在を相対化して論じる都合上、鉤括弧を付す）にとって、中国（唐）はまさにお手本であるが、唐を別格としその下で自国中心の儒教思想に基づいた中国的な華夷秩序（帝国構造）を理想としていたと捉えることは一面的である。「和魂漢才（洋才）」ではないが、いかに優れた思想や制度、技術であっても、良くも悪くも地域への最適化《ローカライゼーション》が行われる。また古墳時代（倭国）から培われてきた独自の世界観が全く置き換えられてしまうわけでもない。これらを捨象してしまえば日本の「律令国家」の実像に対する理解としては不十分なものとなる。中国由来の制度やそこに含まれている思想が貫徹しなかったことを善し悪しで捉えるのではなく、まずはその現象の把握に努め、その歴史的意義を検証していく態度が求められよう。

また、対外関係を考える上では、至極当然のことではあるが、常に主観的な認識や考え方（＝理想）と客観的・現実主義的な考え方とが共存していたことを念頭に置く必要がある。本場中国においても対外政策を律する儒教的理想はあくまで理想や規範であって、絶えず現実とのせめぎ合いや、複数の理想によるジレンマがあった。

以上のような、新旧の理想と現実との間のせめぎ合い、もしくは融合・妥協の過程として捉える観点から、八世紀を中心に古代日本の対外関係を概観してみたい。なお、「対外関係」には朝鮮半島や中国大陸の諸国家との関係のみならず列島周辺域の人々との関係も含めて議論すべきと考えているが、紙幅の都合もあるため本稿では主に所謂「外国」との関係を論じることとする。

一　大宝元年の元日朝賀と対外的理想

まず、大宝元年（七〇一）の元日朝賀を手がかりに、「律令国家」が中国を範として目指したと考えられる対外的な理想像についてみていきたい。

大宝元年正月、文武天皇の出御のもと、藤原宮大極殿で元日朝賀の儀式が行われた。『続日本紀』はその様子を「天皇御二大極殿一受レ朝。其儀、於二正門一樹二烏形幢一。左日像・青竜・朱雀幡、右月像・玄武・白虎幡。蕃夷使者、陳二列左右一。文物之儀、於レ是備矣。」と、幾分誇らしげな様子で記している。既に前年三月には大宝律令のうち令の読習が命じられ、同時に律の編纂が始められており、また大宝元年六月には庶務を新令に依って行うことが命じられ、八月には律令編纂の全てが完了する。[注2] 大宝律令は唐律令を逐条的かつ体系的に継受したものとしては初めての律令法典と考えられ、[注3] この頃までに唐からの文物の継受は着実に進んでいたのだろう。右の記事は、そうした状況を踏まえた『続日本紀』編者の筆致によるものとみられ、元日に「蕃夷使者」が入朝し、百官が立ち並び威儀を正した儀礼の場で天皇に朝賀を行うのが国家のあるべき姿という認識が窺われる。

中国の元日朝賀（元会儀礼）においては、太極門東西への諸州からの貢物とともに諸蕃からの貢物が朝堂前に陳列されたり、蕃客自身が手に持てる貢物は携えて入場したりし、諸蕃にまで及ぶ皇帝の権力や徳が演出された。[注4] そのようなあり方をこの頃の「律令国家」も目指していたとみられ、日唐の元日朝賀儀礼の比較分析を行った藤森健太郎氏によれば、元日朝賀はこの頃の人々にとって伝統を踏まえつつ飛躍的に「文明化」された最新の儀礼であった。[注5]

しかし、右の「蕃夷使者、陳列左右」の内実を確認していくと、『続日本紀』の記述を当時の現実とすることは過大評価ではないかとの疑念が生じてくる。この時来朝していたことが史料上確実なのは、前年の十一月に来朝した新羅の使者のみであり、百済や高句麗は既に滅亡し、渤海が初めて使者を派遣してくるのはもっと先の神亀四年（七二七）のことであるから、海外（外国）からの使者はほかに望むべくもない。後述するようにどう処遇すべきかが問題となる、唐からの使者は勿論である。また、白村江での敗戦によって再興の望みを絶たれた百済からの亡命者も、旧王族である百済王氏以下多数が参列していたと考えられるが、彼らは「使者」ではない。一方、従来の通説に従えば「蕃夷」の使者には「夷狄」とされた蝦夷や隼人[注6]、もしくは南島人など列島周辺域の人々が含まれうるが、彼らがその頃入朝したという記録もない。そもそも『日本書紀』の天武・持統朝の記事では彼らの入朝は正月以外にみえており、八世紀初めまでに蝦夷や隼人が元日朝賀に参列したという記事はない。南九州から交替で畿内に上番し、隼人司に所属していた隼人を「使者」と呼ぶこともできないだろう。明確に元日朝賀に蝦夷と隼人とが参列しているのは和銅三年（七一〇）のことで[注7]、大宝元年の元日朝賀に新羅以外からの使者が参列していたと無条件にみることはできないのである[注8]。したがって、実際は新羅のみであった使者の参列を、『続日本紀』編者は「蕃夷使者、陳列左右」と表記したと考えるのが妥当であろう。

新羅からの「朝貢使」が元日朝賀に参列したことは、『続日本紀』収載範囲で初めての正月にあたる文武天皇二年（六九八）の記事にもあり、大宝元年が初めてではない[注9]。にも拘わらず大宝元年の朝賀が特筆される理由は、律令の編纂と並んで、幢や幡を立てるなど中国風の儀礼の整備が進んだ（と意識されていた）こと[注10]にあるのだろう。正月二十三日（丁酉条）に約三〇年ぶりに任命された遣唐使は、渡海に成功するのは翌年のこととなるものの[注11]、大宝令に定めた国号「日本」を中国に対して初めて称した使[注12]であった。また、実質的に初めての元号と言える大宝建元はこの年の三月のことで（厳密には正月の時点では文武天皇五年）、同時に大宝令に基づく官制や位階が施行されていることも注意される。

かつて石母田正氏は、この大宝元年の元日の記事を日本古代国家の「小帝国」への志向を示すものとして論じたが、[注13]右のように、この時期に「日本」という国家が唐朝のように朝貢国を従え周辺に君臨する国を理想として出発したことは確かだろう。ただし、列島周辺域の人々をこの元日朝賀に「夷狄」として参列させたことは窺われない。実際にこの段階でそのような思惑に付き合ってくれた国は新羅のみであり、その新羅もやがて唐との関係が安定し日本への朝貢を拒むようになることには留意しておきたい。

一方、遣唐使は唐の元日朝賀に参列すべく派遣されているように、[注14]日本は現実的な唐の優位、すなわち唐へ朝貢を行うことについては前提として認めていた。七世紀の事例だが、『日本書紀』斉明天皇五年（六五九）七月戊寅条に載せられた「伊吉連博徳書」には、元日に準じて行われることとなっていた朔旦冬至の儀式に参加した遣唐使一行（「倭客」）が、朝貢していた「諸蕃」のうちで最も勝れていたと書き残されている。天平勝宝五年（七五三）正月に唐の元日朝賀に出席した大伴古麻呂が、席次を「西畔第二」の吐蕃より下に置かれ、新羅使が「東畔第一」の大食国の上に遇されていたことに対し、唐側に抗議して新羅と入れ替えてもらったという事案もあるように、[注15]朝貢することで唐の制度や文物を摂取するという打算があったにしろ、日本は唐の皇帝の下での相対的上位を目指していたというのが実態で、それが「東夷の小帝国」と言われる古代日本の現実的理想であった。

ただし、右の席次の逸話からも知られるように、現実的には唐による国家間秩序において、日本の立ち位置はそこまで高いものではなかった。[注16]日本は唐による冊封を受けず、毎年朝貢することもなかったが、日唐間の交通の困難さは、後述する遣唐使への優遇規定や、唐から日本への使者が「絶域」への使者としてやはり然るべき待遇を受けたことが示している。[注17] 西嶋定生氏の「冊封体制論」の考え方も、中国側の儒教思想的な政治外交上の理想としての性格が強く、[注18] 地理的な条件や中国周辺の政治・軍事的情勢を考慮せずに日本の地位を過大評価してしまうことには注意しなければならない。

二　律令と対外関係

続いて、具体的に律令における対外関係のあり方をみていきたいが、長く考えられてきたように、既にみたような対外的理想が大宝律令によって打ち立てられたという見方は改めるべきである。まず第一に、大宝律令が「律令国家」の原理原則、あるいはその後実現されるべき目標を提示したという理解は、やや過大評価と言わざるをえない。[注19] そのような側面もあるにはあるが、それは大宝律令編纂時の「建設すべき律令国家の青写真」[注20] に過ぎず、これ以降の歴史的事象の全てが予定調和で収まるはずはない。

一例を挙げれば、大宝律令においては都城は藤原京という前提で編纂されているが、早くも和銅元年（七〇八）二月には遷都の詔が出された。大宝の遣唐使が唐の都長安を実見し、中央に宮城がある正方形の都城ではなく、長方形の北端に宮城のある（北闕型の）都城を建設しようとしたと考えられている。このため大宝律令における都城に関わる規定は改定が必要となり、次の養老律令では軍防令から宮衛令が篇目として独立するなど、一定の対応が行われたらしい。[注21] 大宝律令が直接平城京の造営に繋がったわけではない。

また「遠の朝廷」と呼ばれた大宰府では、礎石建ち瓦葺きで朝堂院形式の壮麗な第Ⅱ期政庁が整備されるのは、発掘調査および文献史料によって、「筑紫之役」が行われた慶雲三年（七〇六）から養老二年（七一八）頃、もしくは七二〇年代にかけてに位置づけられる。[注22]大宝の遣唐使の執節使として長安を実見し、和銅元年に大宰帥に就任した粟田真人や、和銅元年に造平城京司に任じられ、霊亀元年（七一五）に大宰帥となった多治比池守等はこの造営に関わったと考えられ、大宝律令と連動すると言うよりは、むしろ平城遷都と一連の動きと捉えられるだろう。粟田真人は大宝律令の編纂者の一人でもあるわけだが、先に見たように、三月に平城遷都が行われる和銅三年（七一〇）に至って初めて蝦夷や隼人が元日朝賀に参列している事実は、対外的な諸関係を織り込んだ儀礼体系の構築や、その裏づけとなる世界観の構想が、大宝初年以降も模索されていたことを示していよう。

さて、律令と対外関係と言えば、日本は天皇の直接の支配の及ばない「化外」を唐王朝である「隣国」、朝鮮諸国を指す「諸蕃」、そして列島内部でまだ教化に従わない諸種族である「夷狄」の三つに区別し、「諸蕃」と「夷狄」とに対して君臨する姿勢を大宝律令によって法制化したという、石母田正氏の提唱した考え方が通説となっていた。[注23]唐代の法制史料においては右のような「蕃」と「夷」とで表す対象を区別することはないため、[注24]日本独自の対外関係上の理想が大宝律令によって打ち立てられたと理解されていたのである。

しかし、二〇〇六年、中国寧波の天一閣で発見されていた北宋天聖令の一部が全面公開され、戦前から主に日本の研究者によって研究が進められてきた唐令の復原研究[注25]に光明がもたらされた。[注26]天聖令は北宋の天聖七年（一〇二九）に制定されたものであるが、開元二十五年（七三七）のものと考えられる唐令の条文を下敷きに当時の用語などで改変されていて、現行法としては不採用とされた条文が唐令のまま掲げられているものも多く、発見されたのは令全体の約三分の一ながら、従来知られていた逸文等とあわせ、唐令の姿をかなり正確に知ることができるようになったのである。筆者はこの天聖令による知見も踏まえ、知られる限りの日唐律令における関係条文の対照等を行い、大宝律令、そして養老律令においても、独自の「小帝国」構造に基づいた唐律令からの用語の改

変は行われていないことを明らかにした。[注27]

たとえば、日本律令で唯一「夷狄」という語が用いられている養老職員令18玄蕃寮条では、玄蕃頭の職掌を「蕃客辞見、讌饗送迎、及在京夷狄」[注28]と規定しているが、これは『通典』を根拠に復原される唐令の典客署の職掌「蕃客辞見、宴接送迎、及在国夷狄」[注29]が基になっており、日本令では玄蕃寮が外交使節（蕃客）以外の在京している「化外」の人々を管掌するということを示しているに過ぎない。『令集解』の諸説も基本的にそのように解しており、この「在京夷狄」に該当するものとして、大宝令の註釈書である古記および延暦年間（七八二〜八〇五）成立の令釈は、堕羅・舎衛・蝦夷等のほか、「在京唐国人」（古記）や「蕃人」（令釈）も「夷狄」の例に入るとしている。ここから令釈においては「蕃人」と「夷狄」とが異質なものと意識されていることが分かる一方、そもそも律令編纂時に「蕃」と「夷」とが明確に異なるものとして立法されていれば、このような条文や註釈は生まれないはずで、日本で唐律令の「夷」を「蕃」、もしくはその逆に変えた確かな事例は全くなく、大宝律令の編纂にあたり独自に「夷狄」という概念を設定したとは認められない。

また、戦争などで「外蕃」に取り残されてしまった人が帰還を果たした際や化外の人が帰化してきた際に、一定期間課役を免除することを規定した賦役令15没落外蕃条においては、蝦夷（「毛人」）や隼人に抄略された場合について、蝦夷や隼人は「蕃」とするには不十分だが本条が適用されると古記は述べている。この曖昧な捉え方は、「夷狄」に略取された場合も本条が適用されると断じている、天長十年（八三三）完成の官撰の註釈書である『令義解』とは対照的である。石母田氏が『令義解』と古記とを結びつけて「夷狄」＝蝦夷・隼人という図式を導き出したのは拙速であり、むしろ「蕃」と「夷」とに対象の特段の区別はなかった唐律令をそのまま導入したのが当初のあり方で、その後にそれらを区別するような考えが生まれていったと理解すべきだろう。その意味では、先述の大宝元年の「蕃夷使者、陳列左右」という記述は、単に新羅使の一行が左右に分かれて並んでいたことを表現しただけなのかもしれない。

右のように、日本律令のテキストからは、天皇―化外（蕃夷）というシンプルな対外関係の基本構造のみが抽出されるのであり、それ自体は単に中国（唐）の皇帝のあり方の模倣のようである。ただ、「日本」という国号や「天皇」という君主号は、大宝律令で初めて法的に位置づけられたとみられ[注30]、特に君主号の用法を規定した儀制令1天子条では、唐令が「皇帝・天子〈夷夏通称之。〉」とするところを「天子〈祭祀所レ称。〉天皇〈詔書所レ称。〉皇帝〈華夷所レ称。〉」として「天子」の用法を在来の神祇への祭祀に限るなど、中国の天命思想を在来の思想で置き換えた独自の君主（天皇）観が表現されていた[注31]。そうした事実からすれば、「律令国家」が構築しようとした対外構造は、中国王朝がもつ帝国構造と同じ、中華か否かという本来的な華夷思想に基づく独自のものであったと評価できそうだが、実際のところは、それによって生じる問題にどう対応するかという基本方針までをもった上で定められたものとは考えにくい。

「律令国家」が何を理想としていたかという問題については、中国的な諸政治理念が必ずしも律令国家の中心的な政治理念となっていたわけではないと関晃氏が指摘しており[注32]、また吉田孝氏は古代国家を「律令制」とヤマト王権以来の「氏族制」との二元構造と捉えた[注33]。「日本」が七世紀以前の「倭国」から名義を変更した国に過ぎず、旧体制を引き継ぐ部分、あるいは払拭できない部分のあることは明らかである。中国的な理想と在来の対外的諸関係との擦り合わせは律令制定後に委ねられたものと考え、律令というものを相対的に捉えつつ、対外関係と当時の人々の対外認識との実態を明らかにしていくことが必要だろう。

三　唐との関係

唐へは朝貢使を派遣しながら、自らも「蕃夷使者」からの朝貢を受ける存在と自任する日本にとって、唐との関係、特に現実的なレヴェルで唐をどう位置づけ対応するかということは一つの大きな問題である。しかし、大宝律令においては特に唐を示す語は規定されておらず、唐が「蕃」に含まれるのか否かという問題について、古記が成立する天平十年（七三八）頃まではあまり意識されなかったと森公章氏は推測している。[注34] 少なくとも養老六年（七二二）頃が下限とされる養老令編纂[注35]までは、右のような問題は棚上げにされていたとみられる。

「外蕃」への使者が帰還した際に一年間課役を免除するという優賞措置を定める賦役令16外蕃還条においては、「其唐国者、免二三年課役一」と遣唐使についての特別規定があるが、この文言は養老令で追加されたものとみられる。[注36] この条文からは唐が広義の「蕃」の一種であったようにも「蕃」とは区別される存在だったようにもみえるが、そもそも海外派遣者への優遇措置を定めているに過ぎない本条をもって、古代日本における「蕃」と「唐」との一般的関係を導くことは適切ではない。ただ、課役免除期間の違いから考えれば、唐への使者は「蕃」よりも（「蕃」の中でも）遠く困難な行程であったことは明らかで、結局日本では唐より遠くの「蕃」への使節の派遣を基本的に想定していなかったとは言えるだろう。

また、詔書の書式を規定した公式令1詔書式条で「明神御宇日本天皇詔旨」の文言を用いる場合について、『令集解』古記は「隣国」と「蕃国」とに対して用いるとし（令釈や義解では「蕃国（使）」に対して）、さらに「隣国」は「大唐」で、「蕃国」は新羅であると述べている。「蕃」が朝鮮諸国、特に新羅であるとする観念は強固で、本来「蕃」とは中国に対しての存在ということもあってか、「蕃」に唐を含むことは憚られたようだ。

この「明神御宇日本天皇詔旨」という文言は、朱説では「蕃国」からの使節が「化内」に来た際に用いるものであって日本から遣使する際には用いないとされていて、また穴記には「蕃国」との使者往来時には同文言を用いるが、「隣国」へ通ずる時には別に対応を考え、「隣国」から使者が来る場合には同文言を用いる、という註釈がある。[注37] 後者では特に「未レ審。可レ検。」と付け加えられているように、これらの註釈がどれほど実態に即したものかは注意を要するが、外交における国内と国外でのダブルスタンダードの存在を示している。そうしたことは前近代においては広く見られ、以下のように日唐間においても、遣唐使が朝貢使であった一方で、唐から日本にやってきた使者を対等もしくは「蕃国」からの使者と同様に扱おうとする場合があったようである。

やや時代が遡るが、『日本書紀』によると、初めて唐に派遣された犬上御田鍬らを送って舒明天皇四年（六三二）に来日した高表仁は、難波津で迎接を受けた後、京に入ったという記事のないまま翌年に帰国している。『旧唐書』（巻一九九上、東夷伝倭国条）によれば、高表仁は倭の王子（『唐会要』などは「王」とする）と礼を争い、朝命を宣べずして帰国したと言うが、『旧唐書』は「綏遠（遠方の異勢力を安んずること）の才」がないとして高表仁を批判している。

唐側の理念としては、唐の使者を迎えた蕃国の王は皇帝の代理である唐使に対して臣下の立場をとるべきであった。蕃主自らが唐へ入朝した際の儀礼である『大唐開元礼』（巻一二九）の「皇帝遣使詣蕃宣労」[注38]の儀は、そのような構図を示している。そして中国という外国に遣わした使者（もしくは自ら赴いた王）が朝貢を行うということと、国内で王が外国からの使者に対して臣下の礼をとることとは、その国にとっては全く次元の異なる問題である。中国から派遣された使者と周辺諸国王との間の儀礼上のトラブルは他国においてもしばしば見ら

れ、実際は唐の使者も周辺国の儀礼に従うことも多かった。[注39]

『日本書紀』は高表仁と儀礼上の問題で諍いがあったことを意図的に書き残さなかったものと考えられるが、緊張状態にある高句麗との関係などから、高表仁には裁量で多少の非礼は受容してでも朝命を伝え倭との良好な関係を構築することが期待されていたのだろう。この後倭国は六六三年の白村江の戦いで唐によって痛い目をみることになるが、状況によっては唐を「蕃」として扱っても大きな問題は生じないということに注目したい。

八世紀に入ってからは、なかなか唐の使者が来日することはなく、日本側もなるべくそうならないように努めていたとも推測されるが、唐にとっても特段使者を派遣する必要もなかったのであろう。そのような中で、宝亀年間に一度だけ唐から使者が来日した。

『続日本紀』によれば、宝亀九年（七七八）十月、前年に派遣された日本からの遣唐使の送使として判官孫興進（大使の趙宝英は遭難）が大宰府に来着し、翌宝亀十年の四月から五月にかけて入京した。この時ともに日本に帰り着いた遣唐判官小野滋野の上奏では、唐客への迎接は「蕃例」と同じにするよう提言されているが、唐使への対応担当者は、大宝の遣唐使が長安近郊の長楽駅で受けた待遇や、天平勝宝四年（七五二）に来日した新羅王子金泰廉一行への対応、また渤海使への対応などを例として挙げながら、孫興進の入京時に用いる進退の礼をどうすべきか伺いを立てている。これについては「別式」によって対応することとされたが、廣瀬憲雄氏の分析によれば、外交儀礼全体としてはその時帰国した遣唐使が唐で受けた儀礼に倣ったらしく、結局唐使は唐で言うところの「蕃使」としての待遇を日本から受けたことになる。[注40]既に安史の乱によって唐の衰退がみられていたことや大使の遭難により責任者が判官であったことなどもあり、唐使孫興進は「蕃使」としての待遇を受け容れたと考えられる。[注41]それが当時の外交の現実だった。

この時唐使を「蕃例」によって遇しえたことが、唐が日本に朝貢を行い、服属していたことを意味しないことは明らかであろう。こちらから朝貢使を派遣していた唐は、律令法上は「蕃」にあたる場合もあるものの、これは唐律令を継受したことによる構造的問題と言うべきで、やはり唐は日本にとって基本的には「蕃」とは言えない存在だったと理解したい。一度だけ来日した唐使への対応をもって、日本と唐が対等だったとするのも過大評価である。

四　朝鮮諸国と「蕃」

前節までの叙述を踏まえると、日本が「蕃」として扱うべく狙いを定めたのが朝鮮諸国であったと言える。律令註釈の世界では、先述のように唐を「蕃」とは区別しようとする傾向があったとともに、「蕃」を朝鮮諸国（特に新羅）とする認識は比較的明瞭に認められ、延暦年間の令釈、天長十年（八三三）完成の『令義解』というように、「蕃」を朝鮮諸国、「夷」を列島内の諸種族と、両者を区別する理解も定まっていく。

『日本書紀』を繙けば、蝦夷や隼人、南島人などはほぼそれぞれの固有名で記されているが、朝鮮諸国に対しては国名のほかに「蕃」という表現が用いられている。これは古記において蝦夷や隼人等を「夷狄」などと一括して表現する事例がないことや、蝦夷や隼人を「蕃」に含むことを少々ためらっていることと通底しており[注42]、八世紀前半には、各々個別に認識されていた蝦夷や隼人[注43]とは区別されるような形で、朝鮮諸国は日本にとっての「蕃」であるという認識があったのだろう。

このような認識の構図は、七世紀以前からの関係に由来するとみられる。『隋書』（巻八一、東夷伝倭国条）には「新羅・百済皆以レ倭為三大国多二珍物一並敬二仰之一、恒通レ使往来。」とあり、「多珍物」がどのような実態を指すのかは不明だが、倭国の人的・物的資源は互いに対立関係にあった朝鮮諸国にとって重要なものであったと考えられる。特に七世紀には高句麗・新羅・百済からの盛んな使者の往来が『日本書紀』にも記されており、このような使節の来訪においては、実態はともかく「調」の貢進や「王子」を人質とすることまでが行われ、これらを『日本書紀』は朝貢と捉えているのである。そして律令においてはそれらは「諸蕃入朝」「蕃客」といった用語で表現されるものであるため、『日本書紀』は朝鮮諸国を「蕃」とも記すことになる。

ただし、改めて論じるまでもなく、文化・技術面では仏教や五経博士に代表されるように、朝鮮半島からの外交使節や渡来人によって様々な先進文化・技術等が日本列島にもたらされた。『日本書紀』も、朝鮮諸国は朝貢国である一方で、先進の文物をもたらす先進国としても表現しており[注44]、例えば顕宗天皇紀元年正月己巳朔条には「金銀蕃国」という表現もみえる。律令においても、戸令16没落外蕃条で「外蕃」からの帰還や帰化に対する処遇を定めた末尾には、唐令にない「若有二才伎一者、奏聞聴レ勅。」という規定が大宝令で加えられていて、これは高度な技術等をもった朝鮮半島からの技術者を特別に処遇するためのものだったとみられる[注45]。もっとも、この規定は自国の外により優れた技能者の存在を認める、「中華」にはあまりふさわしくないものと言え、そのことが自覚されたためか、養老令では削除されている。

このような朝貢国視と文明国視との両評価が入り交じる「蕃」という概念は、もともと日本が朝鮮諸国に対してもっていた観念に「蕃」という語をあてたことによって生じたものと考えられよう。『日本書紀』の古訓や註釈では、「蕃」は自国へ朝貢もしくは貢納を行う存在を特に意味しない「トナリ」「クニ」などとされているが、これには七世紀以前からの朝鮮諸国への認識が反映されているとみられる[注46]。そしてそのような独特な意味合いを持たせた「蕃」と同列に扱うことには抵抗があったため、「蕃」と唐、そして列島内の諸種族（「夷」）に対する区別が律令註釈上では必要となったのだろう。先にみた律令テキストにみられる天皇―化外（蕃夷）という二分法は、古代日本の現実には即していなかったのである。

さて、大宝元年の元日朝賀に「蕃夷使者」として新羅使を参列させていたことは既に見た通りだが、半島統一以前から続いていた新羅と日本との付き合いには、中国的な儀礼とは異なる独自の慣行が伴っていた。元日朝賀の儀式次第をみても、唐（『大唐開元礼』）では客使は他の参加者とともに身分に応じて入場するのに対し、日本（『儀式』）では蕃客のみが最後に入場するとされているなどの違いがある。[注47] また、朝鮮諸国からの「調（ツキ）」の貢進は、日本列島や朝鮮半島では服属儀礼において固有の意味をもつもので、[注48] 天平十五年（七四三）や宝亀元年（七七〇）に新羅使が日本に貢献する物品を「調」ではなく「土毛」と称し、日本側から咎められ放還されている事例は、[注49] 日本側が八世紀にもなお「調」という呼称・概念に拘っていることを物語っている。さらには始祖の代から天皇（大王）に奉仕を行ってきたことを確認し、今後の奉仕を誓う「仕奉」[注50] の観念も、新羅や渤海との外交儀礼の場において八世紀以降も服属思想として用いられたことが明らかにされている。[注51]

天平勝宝四年（七五二）に来朝した「新羅王子」金泰廉一行は拝朝して「調」を貢献し「新羅国者、始レ自二遠朝一、世々不レ絶、舟檝並連、来奉二国家一。」と奏上しているし（『続日本紀』同年六月己丑条）、宝亀八年（七七七）の渤海使は「方物」を貢じ、「渤海国王、始レ自二遠世一、供奉不レ絶。」と奏している（同四月癸卯条）。そしてこのような朝鮮諸国の王と天皇（大王）との間の仕奉・奉事の関係を示す表現は、『日本書紀』の神功皇后の三韓征伐伝承にみられるものであった。[注52] 三韓ではない渤海も同様の奏上を行っているのは、日本が渤海を高句麗を継承する国として位置づけ、渤海もこれを受容したからである。[注53]

「仕奉」の観念は「化内」の官人や百姓、蝦夷・隼人との間にも共通してみられ、特に国内では王権における職掌をウヂナとする負名氏など、氏姓制度と密接に関連し、神話イデオロギーと深く結びついている。三韓、特に新羅を「蕃国」に位置づけ、固定する『日本書紀』の世界観は、中国的なあり方への志向が強かったと考えられがちな八世紀においても強い影響力を持っていたし[注54]、それは弘仁三年（八一二）から始められる日本紀講書などにより再生産され[注55]、後代まで続いていったのである。始めに確認したように中国的な理想を掲げ追求する一方で、旧来の「氏族制的」な世界観を根強く保持し、それらが混淆したものこそが、「律令国家」の理想とした対外関係だったと評価すべきであろう。

ただし周知の通り、『日本書紀』で「蕃」と位置づけた高句麗・百済は七世紀に既に滅亡し、半島統一を果たした新羅は、唐との関係を改善することに成功した八世紀に入ると次第に「蕃」として朝貢を行うことを拒むようになる。また高句麗の継承国として新羅に代わるように朝貢する構えを見せた渤海については、日本は「調」の貢納を求めておらず、次第に商業的性格の強い使節の往来となることも容認するなど、新羅に対する姿勢とは差異があった[注56]。

現実として「蕃」を従えることも思うままにならない日本の対外的理想を充足したのは、姓による世界観であった。白村江の戦いの直前、倭国は余豊璋を「百済王」に冊封していたが、敗戦後にはその弟の善光等に対して「百済王」姓が賜与された[注57]。八世紀には高句麗系の「高麗王」「肖名王」姓の賜与も行われ、天皇がそれらに対して君臨していることを示す王姓の賜与は、対外情勢に対応して行われていた現実的な政策であった[注58]。これらの王姓は弘仁五年（八一四）に撰上され、翌年に再撰上された『新撰姓氏録』において他の渡来姓とともに「諸蕃」に分類され、天神地祇に連なる「神別」や天皇に連なる「皇別」とは区別されている。

新羅についてはさておき、中国の冊封と日本の氏族制的な発想とが融合したこれらの王姓によって、日本の主観的な「小帝国」は表現されていた。これならば冊封ではないので唐の対外政策と衝突することもない。しかし、その「小帝国」の原型は七世紀後半の対外関係に規定されたもの、[注59]つまり『日本書紀』が物語る対外関係の理想にとどまるものであった。

おわりに

本稿においては、そもそも八世紀の「律令国家」にとっての対外的な理想というものが、八世紀以前からの現実を踏まえた時にどのように理解されるかを考えてみた。中国をモデルとした対外的理想が（相手に中国を含む）日本において成立し難いのはある意味当然のことであり、それと客観的な現実との乖離をあげつらうことは生産的とは言えない。特に、大宝律令は唐律令のほぼ全体を継受したことに大きな意義があったものと思われるが、律令に含まれる内容・背景のどこまでを日本でも採り入れて実行しようとしていたのかは注意深く吟味していく必要がある。また、大宝初年の理念・理想がその後も変わらず継承されたのかも注意が必要で、そのような一面的な理念から演繹的に史料や作品を読解することには危険を伴う。このような「律令国家」の現実を踏まえてこそ、国際社会の大きな変革期を迎えている現代の我々にも参考となるような、古代の人々の歩みが新たに見えてくるのではないだろうか。

注

1　酒寄雅志「古代東アジア諸国の国際意識」（『歴史学研究別冊　東アジア世界の再編と民衆意識』一九八三年）、同「華夷思想の諸相」（『渤海と古代の日本』校倉書房、二〇〇一年、初出一九九三年）。

2　大宝二年十月に諸国へ律令が頒下され、全国的施行となる。大宝律令の編纂・施行の過程については、井上光貞「日本律令の成立とその注釈書」（『日本古代思想史の研究』井上光貞著作集二、岩波書店、一九八六年、初出一九七六年）を参照されたい。

3　大隅清陽「大宝律令の歴史的位相」（大津透編『日唐律令比較研究の新段階』山川出版社、二〇〇八年）。

4　『大唐開元礼』巻九七、皇帝元正冬至受群臣朝賀。渡辺信一郎『天空の玉座』（柏書房、一九九六年）参照。

5　藤森健太郎「日本古代元日朝賀儀礼の特質」（『古代天皇の即位儀礼』吉川弘文館、二〇〇〇年、初出一九九一年）。ただし、藤森氏も指摘するように、日本では元日朝賀での貢物儀礼は霊亀元年（七一五）の蝦夷や南島人からの方物献上が実例として知られるのみで、進物は別の日（元日の二、三日後）に行われていたようであり（田島公「日本の律令国家の「賓礼」」『史林』六八―三、一九八五年）、中国との差違が当初より存在していた可能性についても考慮しなければならない。

6　蝦夷や隼人については、七世紀後半に前代までの東北や南九州の人々との関係を組み替えて成立した政治的身分概念として捉えておく。

7　『続日本紀』和銅三年正月壬子朔条。この元日朝賀が平城宮で行われたものか藤原宮で行われたものかについては議論があり、筆者はそれまでとは異なってこの年に蝦夷・隼人が揃って元日に入朝していることから平城宮とみるべきと考える（武廣亮平「元日朝賀と蝦夷」『古代史研究』一〇、一九九一年。市大樹「平城遷都直前の元日朝賀と賜宴」吉村武彦編『日本古代の国家と王権・社会』塙書房、二〇一四年）。ただいずれにせよ、平城京に遷都して宮廷儀礼のあり方も変わろうとしている時期に当たっているということに注意したい。

8　和銅三年の次に元日朝賀についての記述がある霊亀元年（七一五）の元日には、陸奥・出羽の蝦夷と南島（奄美・夜久・度感・信覚・球美等）からの入朝が記されている。この時は皇太子首皇子（聖武天皇）が立太子および元服後、初めての元日朝賀にあたる。

9　元日朝賀の初見は大化二年（六四六）で（改新詔宣布の記事）、百済の王族で人質として倭国にいた百済君豊璋や高句麗からの侍医、新羅からの侍学士らが参列して、元日朝賀に準じて行われたという『日本書紀』白雉元年（六五〇）二月甲申条の白雉改元記事から、孝徳朝には外国の客人を集めて元日朝賀が始まったとされる（西本昌弘「元日朝賀の成立と孝徳朝難波宮」『日本古代の王宮と儀礼』塙書房、二〇〇八年、初出一九九八年）。しかし、厳密には白雉元年の記事は外国からの使者（朝貢使）の参列ではなく、確実に外国使（新羅使）が元日朝賀に参加している記事の初見は文武天皇二年である。

10 新川登亀男「四神旗の諸問題」『日本古代の儀礼と表現』（吉川弘文館、一九九九年、初出一九九一年）。

11 『続日本紀』大宝二年六月乙丑条に、前年に渡海に失敗し、再度出発したことが見える。執節使として全権を委任された粟田真人は同年に唐に到着して翌年則天武后にまみえ、「好く経史を読み、属文を解し、容止温雅なり」と評されている（『旧唐書』巻一九九上、東夷伝日本条）。帰還は慶雲元年（七〇四）七月。

12 近年発見された禰軍墓誌にみえる「日本」は、国号とはみなせないとする見解（東野治之「百済人祢軍墓誌の「日本」」『史料学探訪』岩波書店、二〇一五年、初出二〇一二年）に従いたい。

13 石母田正「天皇と「諸蕃」」（『古代国家論』石母田正著作集四、岩波書店、一九八九年、初出一九六三年）。

14 東野治之『遣唐使』（岩波書店、二〇〇七年）。

15 『続日本紀』天平勝宝六年正月丙寅条。

16 山内晋次「唐朝の国際秩序と日本」（『奈良平安期の日本とアジア』吉川弘文館、二〇〇三年、初出一九八六年）。

17 『唐会要』巻一〇〇、聖暦三年（七〇〇）三月六日勅。この勅は石見清裕「唐代内附民族対象規定の再検討」（『東洋史研究』六八―一、二〇〇九年）が指摘するように、天下理念として化外を「蕃」と「絶域」に分けるものではなく、使者派遣の際の支給の条件を示した規定と解すべきである。

18 西嶋定生「東アジア世界と冊封体制」（『中国古代国家と東アジア世界』東京大学出版会、一九八三年、初出一九六二年）。

19 拙稿「律令継受の時代性」（大津透編『律令制研究入門』名著刊行会、二〇一一年）。

20 吉田孝『律令国家と古代の社会』（岩波書店、一九八三年）。

21 榎本淳一「養老律令試論」（笹山晴生先生還暦記念会編『日本律令制論集』上、吉川弘文館、一九九三年）。

22 鎌田元一「平城遷都と慶雲三年格」（『律令公民制の研究』塙書房、二〇〇一年、初出一九八九年）、下原幸裕「第Ⅱ期大宰府政庁の造営過程」（『九州歴史資料館研究論集』四三、二〇一八年）。

23 注13前掲石母田正「天皇と「諸蕃」」。

24 石見清裕「唐代の帰化と諸蕃」(『中国古典研究』三三、一九八八年)。
25 仁井田陞『唐令拾遺』(東方文化学院、一九三三年)、仁井田陞著・池田温編集代表『唐令拾遺補』(東京大学出版会、一九九七年)。
26 天一閣博物館・中国社会科学院歴史研究所天聖令整理課題組校証『天一閣蔵明鈔本天聖令校証』(中華書局、二〇〇六年)。
27 拙稿「大宝律令の制定と「蕃」「夷」」(『史学雑誌』一二二―一二、二〇一三年)。
28 大宝官員令においても「在京夷狄」は復原でき、他も基本的に同文であったと想定しておく。
29 注24前掲石見清裕「唐代の帰化と諸蕃」によれば、「在国夷狄」は在地州所管のものではない羈縻州民を指す。日本では「在国夷狄」のままでは玄蕃寮が辺境諸国の「化外」の民(陸奥国の蝦夷など)を管掌することになるのを避けるために改変されたと考えられる。
30 公式令集解1詔書式条。神野志隆光「「日本」をめぐって」(『万葉』一七九、二〇〇二年)参照。
31 関晃「中国的君主観と天皇観」(『日本古代の国家と社会』関晃著作集第四巻、吉川弘文館、一九九七年、初出一九七七年)。なお、「皇帝」の語の使用範囲を「夷」と「華(夏)」の二語で表現する点は唐と同じである。
32 関晃「律令国家の政治理念」(注31前掲書、初出一九七七年)。
33 注20前掲吉田孝『律令国家と古代の社会』。
34 森公章「古代日本における対唐観の研究」(『古代日本の対外認識と通交』吉川弘文館、一九九八年、初出一九八八年)。
35 野村忠夫「養老律令の編纂」(『律令政治の諸様相』塙書房、一九六八年、初出一九六六年)。
36 注34前掲森公章「古代日本における対唐観の研究」。
37 『続日本紀』等にみえる新羅や渤海への国書の実例では、『延喜式』中務省式に規定がある慰労詔書の形式、すなわち「天皇敬問」で始まる書式となっている。なお、『延喜式』では「大蕃国」へは「天皇敬問」、「小蕃国」へは「天皇問」で始まるとされているが、実例では全て「天皇敬問」である。
38 石見清裕「唐の国書授与儀礼について」(『東洋史研究』五七―二、一九九八年)。
39 榎本淳一「比較儀礼論」(荒野泰典・石井正敏・村井章介編『日本の対外関係』二、吉川弘文館、二〇一一年)、河上麻由子「外国への使節たち」(舘野和己・出田和久編『日本古代の交通・交流・情報』二、吉川弘文館、二〇一六年)。
40 廣瀬憲雄「倭国・日本の隋使・唐使に対する外交儀礼」(『東アジアの国際秩序と古代日本』吉川弘文館、二〇一一年、初出二〇〇五年）。宝亀十年十月に入京を許されている高鶴林は、同じ唐使の判官の一人で、日本へ向かう途上で耽羅に漂着し、その後新羅使とともに来日したものであり、孫興進らに準じた待遇を受けたとみられる。

41 なお、この時唐使への対応をめぐって意見の対立があり、結局天皇が御座を降りて臣礼をとったと記す「大沢清臣本壬生家文書」（現在原本は行方不明）は、江戸時代の偽作と考えられる（注40前掲廣瀬憲雄「倭国・日本の隋使・唐使に対する外交儀礼」）。

42 公式令集解1詔書式条における巻一の引用など、古記は『日本書紀』を参照している明証がある。

43 「夷狄」やそれに類する表現が用いられなかった訳ではないが、それは一般的漢語表現としてであって、令の註釈書以外に蝦夷や隼人を「夷狄」と一括りにする日本固有の用法は存在しなかった（拙稿「古代国家の対外的諸関係」『日本史研究』六六六、二〇一八年）。

44 井上秀雄『古代日本人の外国観』（学生社、一九九一年）、成沢光「蕃国と小国」（『政治のことば』平凡社、一九八四年、初出一九七五年）。

45 今泉隆雄「律令における化外人・外蕃人と夷狄」（『古代国家の東北辺境支配』吉川弘文館、二〇一五年、初出一九九四年）。

46 注44前掲成沢光「蕃国と小国」、注43前掲拙稿「古代国家の対外的諸関係」。

47 注5前掲藤森健太郎「日本古代元日朝賀儀礼の特質」。蕃客の版位も日本では他と列を分け臣五位に並行して立てられるのに対し、唐では王公として三品以上と共にいることになっている。

48 石上英一「古代における日本の税制と新羅の税制」（朝鮮史研究会編『古代朝鮮と日本』龍溪書舎、一九七四年）、同「古代東アジア地域と日本」（『日本の社会史』一、岩波書店、一九八七年）。

49 『続日本紀』天平十五年四月甲午条および宝亀元年三月丁卯条。後者の事例では、厳密には在唐中の藤原清河からの書状をもたらすという名目で来日しており、大宰府で饗応を受け国王への賜禄等も行われている。

50 吉村武彦「仕奉と氏・職位」（『日本古代の社会と国家』岩波書店、一九九六年）。

51 廣瀬憲雄「古代倭国・日本の外交儀礼と服属思想」（注40前掲書、初出二〇〇七年）。

52 神功皇后摂政前紀十月条の新羅王の言葉に「不㆑乾㆓船柂㆒」調を貢ぐということがみえる。

53 石井正敏「日本・渤海交渉と渤海高句麗継承国意識」（『日本渤海関係史の研究』吉川弘文館、二〇〇一年、初出一九七五年）。

54 注51前掲廣瀬憲雄「古代倭国・日本の外交儀礼と服属思想」、遠藤慶太「欽明紀「任那」復建詔の漢籍典拠」（『日本書紀の形成と諸資料』塙書房、二〇一五年、初出二〇一一年）、注43前掲拙稿「古代国家の対外的諸関係」。

55 神野志隆光『変奏される日本書紀』（東京大学出版会、二〇〇九年）、吉田一彦『『日本書紀』の呪縛』（集英社新書、二〇一六年）。

56 保科富士男「古代日本の対外関係における贈進物の名称」（『白山史学』二五、一九八九年）、同「古代日本の対外意識」（田中健夫編『前近代の日本と東アジア』吉川弘文館、一九九五年）。高句麗継承国という認識も、九世紀には見られなくなる。なお、令註釈書には直接渤海に関する言及はない。

57 筧敏生「百済王姓の成立と日本古代帝国」（『古代王権と律令国家』校倉書房、二〇〇二年、初出一九八九年）。

58 間瀬智広「「百済王」姓の成立と百済王氏の楽舞奏上」（『歴史研究』五一、二〇〇五年）。

59 田中史生「「王」姓賜与と日本古代国家」（『日本古代国家の民族支配と渡来人』校倉書房、一九九七年、初出一九九四年）。

礼と律令
――儒教思想と律令国家の統治――

有富　純也

戦後における日本古代儒教史研究は、個別分散的に研究が存在し、一定の蓄積があったものの[注1]、総体的な研究はほとんど無かったと言って良いだろう[注2]。そのようななかで、一九八〇年代中頃、儒教史研究のなかで礼制研究が盛んとなった[注3]。すなわち西本昌弘氏[注4]、田島公氏[注5]、新川登亀男氏[注6]らが、その後の研究に大きな影響をもたらす重要な論考を続々と発表していったのである。ただしそれらの研究は朝礼や賓礼に関する個別的な研究であり、総体的な礼制について論じるものではなかった。しかし一九九〇年代になると、大隅清陽氏が儀制令の研究[注7]を行いつつも、これまでの礼制研究を総体化することに成功する[注8]。また大隅氏は、律令と礼制との関係にまで言及するなど、日本の律令国家にとって礼制が重要であることを知らしめた。その後、日唐の喪葬儀礼を研究する稲田奈津子氏の研究[注9]などもあらわれ、礼制の研究は大きく進展したと言えよう[注10]。

とはいえ、以上のような近年の研究では、礼制度と律令国家との関係に着目する研究が多く、例えば孝・仁の思想などを含めた、広義の儒教思想と律令国家との関係について論じる研究は、礼制度研究に比べれば、やはり散発的・非体系的と言わざるを得ない[注11]。

そのようななかで、筆者はこれまで、日本の古代国家が儒教思想をいかに利用して民衆を統治してきたかについて論じた論考をいくつか公表してきたことがある。[注12] そこで本稿では、礼制度に留まることなく、儒教思想全般をどのように用いて律令国家が民衆を統治・支配したのか、考えてみたい。

一　貞観地震再論

右のごときテーマに対して、さまざまなアプローチがあると思うが、本節では災害、特に地震とその政府の対応策という観点から考える。そこでまず取り上げてみたいのが、二〇一一年の東日本大震災で注目された、いわゆる貞観地震である。この貞観地震については、かつて検討したこともあるが、[注13] 渕原智幸氏から批判を頂いた[注14] こともあり、「礼と律令」というテーマをふまえつつも、ここで再論してみたい。

まずは根本史料を三点あげよう。[注15]

史料1『日本三代実録』貞観十一年（八六九）五月二十六日癸未条

陸奥国の地、大いに震動す。流光、昼の如く隠映す。このころ、人民叫呼して、伏して起きること能わず。或いは屋仆れて圧死し、或いは地裂けて埋殪す。馬牛は駭奔し、或いは相昇踏す。城郭・倉庫、門櫓・墻壁、頽落して顚覆すること、其の数を知らず。海口は哮吼し、声は雷霆に似る。驚濤と涌潮は、泝洄し、漲長して、忽ちに城下に至る。海を去ること数十百里、浩々としてその涯涘を弁ぜず。原野・道路、惣て滄溟となり、船に乗る遑あらず、山に登るも及び難し、溺死するもの千ばかりなり。資産・苗稼、殆ど孑遺すること無し。

史料2『日本三代実録』貞観十一年（八六九）九月七日辛酉条
従五位上行左衛門権佐兼因幡権介紀朝臣春枝を以て検陸奥国地震使と為す。判官一人・主典一人あり。
史料3『日本三代実録』貞観十一年（八六九）十月十三日条
詔して曰わく、「羲・農と代を異にし、未だ憂労に隔てず。尭・舜と時を殊にし、猶、愛育を均くす。豈に唯だ地は周の日に震すも、姫文は是において躬らを責め、旱は殷の年を流すも、湯帝はこれを以て己を罪せんや。朕は寡昧を以て欽んで鴻図に若い、徳を脩めて以て霊心を奉る。政に莅みて民の望みに従う。率土の内をして、同じく福を遂生に保たしめ、編戸の間、共に災を非命に銷さしめんと思う。而るに恵化も孚罔く、至誠も感ぜず。上玄譴を降し、厚載方を虧く。聞くならく、陸奥国の境、地震尤も甚し。或いは海水暴れ溢れて患と為し、或いは城宇頽圧して殃を致す。百姓何ぞ罪あらんや。斯の禍毒を罹い、憮然として愧懼す。責めは深く予に在り。今、使者を遣わして、就きて恩煦を布せしむ。使と国司と、民夷を論ぜず、勤めて自ずから臨撫せよ。既に死す者は尽く収殯に加えよ。其れ存す者は詳らかに振恤を崇ねよ。其れ被害太だ甚しきは、租調を輸す勿れ。鰥寡孤独、窮めて自立能わざれば、在所斟量し、厚く支済すべし。務めて矜恤の旨を尽くし、朕の親ら覩るが若くしめよ」、と。

史料1では貞観地震の状況が記されている。それに対して朝廷は史料2で「検陸奥国地震使」の派遣を決定している。さらに史料3では儒教的思想、特に天命思想を表明しつつ天皇の責務に言及し、民衆への賑給などを決定している。

この陸奥国で生じ、多賀城にも甚大な被害を及ぼした地震・津波が、『日本三代実録』に掲載されているということは、当然のことながら、この情報が朝廷にもたらされたことが知られる。ではどのように災害情報が伝えられたのであろうか。この点を明らかにするためには、次の史料が参考になる。

史料4養老公式令50国有瑞条

凡そ国、大瑞及び軍機・災異・疫疾・境外消息有らば、各遣使して馳駅し申上せよ。

国は、「災異」などがあれば、使者を派遣、「馳駅し申上」する必要があると定められている。これらの史料の検討を行った前稿では、五月に陸奥で生じた地震に対して、朝廷は九月に検地震使、十月に税免除などの対応を指示した詔を発布していることに着目し、元慶の乱における朝廷による対応の迅速さと対比しつつ、朝廷の地震への対応が遅いことを指摘した。その理由について、史料3で記されるような詔の見解とは裏腹に、実際に朝廷は地震被害に対してさしたる興味はなく、故に対応が後手に回ったと述べた。[注16]

この点に関して、渕原智幸氏は、「災害が軍事的不安に直結するような状況でない場合、公式令の規定通りに飛駅使が送られた保証はないのである」と述べている。[注17] また氏は、「地方における災害発生の報告は、八・九世紀を通じ、必ずしも迅速には行われていない可能性が高いし、それに伴って中央の対策実施も、現代よりは緩慢なのが常態だったのではないか」と述べている。[注18]

渕原氏は、前稿「情報の伝達」を批判的に検討することで自説を展開している。すなわち八世紀の朝廷は災害に対して迅速な対応をとる一方、九世紀になると朝廷は迅速ではなくなると述べる「私見」を渕原氏は批判している。しかし、前稿では八世紀の史料をまったく用いておらず、八世紀において朝廷がどのような対応をとったかといった点に関しては述べていない。[注19]なぜなら、八世紀の史料で、地震に際しての朝廷の対応が読み取れる史料がないと考えたためであるのだが、幸いなことに渕原氏が八世紀の史料を用いて拙論を批判している。そこで以下では、その史料を検討することで、渕原氏の批判が妥当か否か、あるいは、八世紀の朝廷が災害への対応が積極的か否か、考えてみたい。

渕原氏の掲げる史料は、次の史料である。

史料5『続日本紀』霊亀元年（七一五）五月乙巳条

遠江国地震あり。山が崩れ、麁玉河を壅ぐ。水、このために流れず、数十日を経て潰える。敷智・長下・石田三郡民家百七十余区を没し、幷びに苗を損う。

渕原氏は、この史料の成立過程について二通りの解釈を提示する。[注20]

① 地震発生直後には遠江国から中央への報告が行われず、数十日後に洪水が発生した際、地震と洪水が一括して報告された

② 遠江国からは地震発生直後にも洪水発生時にも各々報告があったが、『続紀』編纂の際にこれらを合成し、一つの記事として収録した

私見では、①に近い。この場合、渕原氏が述べるように「地方での災害が発生後少なくとも数十日にわたって中央へ報告されていなかったことになる」となるが、[注21]地方で生じたすべての地震に対して、公式令50国有瑞条が適用されて飛駅使が派遣されていたとはもともと考えていない。前稿で取り上げた地震のように、巨大地震かつ

被害が甚大だった場合のみ、飛駅使が派遣されていたと考えた方が自然であろう。[注22] 霊亀元年の場合も、なるほど山が崩れるほどの大きな地震であったのであろうが、人あるいは田畑などへの被害がなかったため、朝廷への報告がなかったと推測する。しかし「数十日後に」、結果的に洪水が起こり民家や苗に被害が生じたため、報告があったのではないだろうか。つまり、この地震は報告されず、洪水で被害が生じたときに始めて、地震が原因で洪水が生じたということが朝廷に報告されたと考えたい。

結局のところ、渕原氏があげた『続日本紀』霊亀元年（七一五）五月乙巳条を取り上げて、地震の報告が迅速であるか否かを判断することは不可能であると考える。[注23] やはり八世紀の甚大な被害をもたらす巨大地震に際して、飛駅使を用いて朝廷に報告されたかどうかは、残念ながら未詳であると言わざるをえない。

二　八世紀の地震と詔勅

とまれ、史料3にみられるように、九世紀の大地震に際しては、天皇が自らを責めるような文言を発するけれども、内実を伴うものではなかったと前稿では論じた。では、八世紀はいかがであろうか。八世紀は、九世紀と比較すると大地震が少ない印象であり、[注24] 地震への対応を述べた詔も九世紀と比べて少ないのだが、次の史料は参考になる。

史料6『続日本紀』神亀二年（七二五）九月壬寅条

詔して曰わく、「朕聞く。古先哲王、寰宇に君として臨み、両儀に順じて以て亭毒し、四序に叶いて斉成す。

陰陽和して風雨節あり、災害除りて以て休徵臻る。故に能く茂を騰げて英を飛ばし、欝として称首と為す。朕、寡薄を以て景図に嗣ぎ膺たり、戦々兢々として、夕に惕若として厲み、一物の所を失うことを懼れて、懐生の便、安ならんことを睠るに、教命明らかならず、至誠感ずること無く、天は星の異なるを示し、地は動震を顕す。仰いで災眚を惟みるに、責めは深く予に在り。昔、殷宗徳を循めて雊雉の兊を消し、宋景仁を行いて、熒惑の異を弭む。遥かに前軌を瞻るに、寧にか誠惶を忘れん。宜しく所司をして、三千人出家入道せしめ、幷せて左右京及び大倭国の部内諸寺、今月廿三日より始めて一七転経せしむべし。此の冥福に憑りて、冀はくは災異を除かんことを」、と。

ここで注目したいのは、「責めは深く予に在り」という文言である。[注25] 翻って史料3にみられる詔でも、「責めは深く予に在り」と全く同様の文言が記されている。天命思想という観点から、地震などの災害は天皇の責任であることを表明したものと捉えて良いだろう。

この史料に関して、保立道久氏は、「まさに天譴思想そのものであるが、この印象的な文言の下敷きとなったのは、『呂氏春秋』の「季夏記」に載せる、中国の周の文王が地震にどう対処したかという挿話であった」と述べる。[注26]

「下敷き」であるかどうかを確認するために、『呂氏春秋』を掲げてみたい。[注27]

史料7『呂氏春秋』「季夏記」

周の文王、国に莅むこと八年、歳の六月、文王疾に寝て、五日にして地動き、東西南北、国郊より出でられず。百吏、皆請いて曰わく、「臣聞く、地の動くは人主の為なり。今王、疾に寝ること五日にして地動き、四面国郊より出でられず。群臣、皆恐れ、之を移さんと請うと曰う」。文王曰わく、「若何にしてそれを移すか」。対えて曰わく、「事を興し衆を動かし、以て国城を増さば、それ以てこれを移すべきか」。文王曰わく、「不可なり。夫れ天の妖を見るや、以て有罪を罰するなり。我、必ず罪あるが故に、天、これを以て我を罰するなり。今、故に事を興し衆を動かして以て国城を増さば、これ吾が罪を重ねるなり。不可なり」。文王曰わく、「昌や請う、行いを改め善を重ね、以てこれを移さん。それ以て免じるべきか」。是に於いてその礼秩皮革を謹んで、以て諸侯と交わり、その辞令幣帛を飾りて以て豪士を礼し、その爵列等級田疇を頒ちて以て群臣を賞す。幾何もなくして、疾乃ち止む。文王、即位八年にして地動き、已に動くの後四十三年、凡そ文王国を立つること五十一年にして終える。これを文王の殃を止め妖を翦きし所以なり。

『呂氏春秋』は、秦の始皇帝の宰相呂不韋およびその賓客たちが編纂したもので、人間の正しい生き方をするために、具体的にどのように行動すれば良いか、儒・道・法などの学派の主張が入り乱れたかたちで記されている書物である。[注28]その成立は始皇六年（前二四一）とされている。『日本国見在書目録』に記されており、また、『懐風藻』にその影響を認める見解もあることから、奈良時代に将来されていた可能性はある。[注29]仮に本稿では、一定の留保をしつつも、詔勅の作成者が『呂氏春秋』を参照できたとしておこう。

文王とは、周時代の聖王であるが、彼はみずから「夫れ天の妖を見るや、以て有罪を罰するなり。我、必ず罪あるが故に、天、これを以て我を罰するなり」と述べていることから、確かに、文王に罪があるゆえに、「天の妖」が文王を罰したように読める。

ただし『呂氏春秋』では、「責めは深く予に在り」という言葉は用いられていないことを確認したい。その一方で、中国の史書を検してみると、[注30]同様の文言が発見できる。

史料8『宋書』(本紀第五、文帝)元嘉五年(四二八)春正月乙亥条

詔して曰わく、「朕、恭しく洪業を承り、臨みて四海を饗す。風化は未だ弘らず、道を治めるに昧きこと多し。之を人事に求めるも、鑑寐して惟れを憂う。加えてこのごろ、陰陽は序を違え、旱疫は患と成す。仰ぎて災戒を惟みるに、責めは深く予に在り。側身して念を剋む所以を思う。獄を議し刑を詳らかにし、上は天譴に答え、下は民の瘼を恤す。群后百司、其れ各讜言を献じ、指して得失を陳べよ。諱む所有ること勿れ」、と。

災害に際して「責めは深く予に在り」と記す例は、同様の「予一人に在り」や「予の責めに在り」などの文言も含めれば、『冊府元亀』所収の詔にもいくつかみられる。[注31]このような中国の詔勅を参考にした日本の朝廷が、詔勅に利用したと考えた方が理解しやすいのではないだろうか。東野治之氏は、「奈良朝政府の漢文述作者達が手にした書も極めて多様なものがあった」[注32]とし、具体的には「主題別に模範文例や故事を収録した『魏徴時務策』『琱玉集』の類、成句・語彙集ともいうべき『帝徳録』の類、書翰・公文の文例集である書儀の類などであろう」[注33]と述べている。先に掲げた『宋書』をみていたかどうかはともかく、また、仮に『呂氏春秋』の知識があったとしても、中国詔勅を参考にして日本の詔勅が作られたと考える方が自然であろう。

以上の考察を是とすれば、「責めは深く予に在り」という言葉は、中国の詔勅をそのまま用いたものであるか

ら、天皇の本心として素直に信じることは躊躇されよう。すでに前稿では、清和天皇がそのように考えてはいない可能性を示唆した。[注34]しかし一方で、日本の詔勅にみられる「責めは深く予に在り」といった天命思想を前提とした表現を、日本の律令国家がまったく持ち合わせていなかったと考えるのもまた早計である。以下、節をあらためて論じてみたい。

三　律令国家と撫育政策

ここで、あらためて史料3、貞観年間における清和天皇の詔をみてみよう。「朕は寡昧を以て欽んで鴻図に若い、徳を脩めて以て霊心を奉る。政に莅みて民の望みに従う。率土の内をして、同じく福を遂生に保たしめ、編戸の間、共に非命を銷《け》さしめんと思う」とあるように、天皇は民衆の幸福を望む表現がある。だからこそ――本音でそのように考えているかはともかく――地震の際に賑給や税免除などを行っているのであろう。

このように、災害に際して民衆の幸福を望む表現は、八世紀から九世紀の詔勅においてしばしばみられる。[注35]

史料9『続日本紀』養老五年（七二一）三月癸丑条

勅して曰わく、「朕、四海に君臨し、百姓を撫育す。家の貯積、人の安楽を思い欲す。何ぞ期らん、頃者、旱澇調わず、農桑損有り。遂に衣食乏短にして、飢寒有るを致さしむ。言、茲に念じて、良に惻隠を増す。今課役を減じ、用いて産業を助けん。其の左右両京及び畿内五国、並に今歳の調を免じ、自余の七道諸国も亦、当年の役を停む」、と。

これによれば、水害・旱害のために全国を対象として税免除が行われているが、その際に「朕、四海に君臨し、百姓を撫育す。家の貯積、人の安楽を思い欲す」と述べられている。ここでの税免除の根拠が、天皇が「撫育百姓」を行い、「人の安楽を思い欲す」必要があるという考え方に基づいているのである。このような考え方をもとにして、国家が百姓に恩恵を与える政策を、筆者は右の勅に即して「撫育」政策と呼ぶ。この撫育政策をもとに律令国家は、疫病などの災害に際して百姓に恩恵を与える政策、具体的には税免除や賑給などを行っていた。貞観地震を振り返ってみると、史料3で税免除や賑給が行われたことが確認できる。

今一つ、別の事例をみておこう。八世紀は九世紀と比較して地震が少なかった可能性を先に指摘したが、八世紀において、災厄自体がなかったわけではない。特に著名なのが、天平年間に生じた疫病である。この疫病とそれに対する政策を通じて、詔勅における儒教思想について考えてみたい。

この疫病に対してさまざまな対応策が採られたが、そのひとつに、国分寺建立計画があげられる。そこで、根本史料となる、いわゆる国分寺建立勅を検討したい。

史料10天平十三年（七四一）二月十四日勅[注36]

朕、薄徳を以て、忝くも重任を承く。未だ政化は弘まらず、寤寐に多く慙ず。古の明主、皆光業を能くす。国泰く人楽しみ、災除りて福至る。何に脩して何に労さば、能く此道に臻らん。頃者、年穀豊かならずして、疫癘頻りに至る。慙懼交集して、唯だ労して己を罪す。是を以て、広く蒼生の為に、遍く景福を求む。故に前年に駅を馳せて、天下の神宮を増し飾る。去歳、普く天下をして釈迦牟尼仏尊像の高さ一丈六尺なるを各一鋪を造らしめ、幷せて大般若経各一部を写さしむ。（中略）宜しく天下諸国をして、各七重塔一区を敬い造らしめ、幷せて金光明最勝王経妙法蓮華経一部を写さしむ。　朕、又別に擬して金字金光明最勝王経写し、塔ごとに各一部を置かしむ。（以下略）

聖武天皇は、特に波線部にみえるように、疫病が頻発してしまったのは自分の責任であり、よって責任を取るべく、「蒼生」、つまり百姓のために幸福を求めようとした。そこで、かつて神社を修造し、仏像を造り、大般若経を写すことで効果を上げたことをふまえて、天下諸国に七重塔一区を造り、金光明最勝王経・妙法蓮華経を十部、金字金光明最勝王経一部を塔に安置することを定めた。ここでは、史料3や史料6でみられたような「責めは深く予に在り」という表現を用いていないものの、やはり「唯だ労して己を罪す」という同様の表現を用いており、注目される。

この天平年間の疫病は、甚大な被害が生じたことが明らかにされている。[注37] 天平七年（七三五）の夏から「豌豆瘡」が流行しはじめたことにより、律令国家はその直後に本格的な対応を余儀なくされる。『続日本紀』天平七年八月乙未条によると、大宰府で疫死者が続出したため、神社奉幣、金剛般若経読経、賑給、湯薬の提供、道饗祭などが行われている。さらに同丙午条では税免除、閏十一月戊戌条では恩赦が実施されており、さらに天平九年（七三七）にも、奉幣、恩赦・賑給、大般若経・最勝王経の転読などが行われている。[注38]

もちろん、これらは『続日本紀』から知られることであり、実際には撫育政策が実施されていないかもしれない。しかし、『続日本紀』天平九年（七三七）五月壬辰条に「詔して曰わく、四月以来、疫・旱並行して、田苗燋萎す。是に由り、山川に祈禱して、神祇を奠祭するも、未だ効験を得ず、今に至りて猶苦しむ。朕、不徳を以て、実に茲の災を致す。寛仁を布し、以て民の患いを救わんと思う。宜しく国郡をして寃獄を審録し、骼を掩い、胔を埋め、酒を禁じて屠を断ぜしむべし。高年之徒、鰥寡惸独、及び京内僧尼男女、疾に臥して自存能わざる者は、量りて賑給を加えよ。（以下略）」とあるが、ここでの賑給は、いくつかの正税帳にもみられる。例えば、「天平九年（七三七）度和泉監正税帳」には、「五月十九日の恩勅に依り、高年幷びに鰥寡の徒に賑給すること合わせて肆拾捌人」などとあり、これ以外にも、但馬国や豊後国でも賑給が実施されたことが認められる。[注39]天平期の疫病という、未曾有の大災害の事例であるが、ある程度撫育政策が実際に行われたのであろう。

ここまで、地震や疫病などの非日常的な局面を検討してきたが、このような場面においてのみ、撫育政策が行われていたわけではない。地方官である国司は、日常的に任地を巡行して風俗を観察し、百姓を慰問して彼らから辛苦を問いただし、勧農などを行ったらしいことが、次の史料から判明する。

史料11戸令33国守巡行条

凡国守、年ごとに一に属郡を巡行し、風俗を観て、百年に問い、囚徒を録し、寃枉を理し、詳らかに政刑の得失を察し、百姓の患苦する所を知り、敦く五教を喩し、農功を勧務す。部内の、好学・篤道・孝悌・忠信・清白・異行、郷閭に発聞する者あらば、挙げてこれを進めよ。不孝悌・悖礼・乱常、法令に率わざる者あらば、糾してこれを縄せよ。（以下略）

この条文は、ほぼ同文が唐令に存することから、[注40]空文である可能性もある。しかし、国司の部内巡行が実際に行われたことは正税帳に記載されており、日本令がまったくの空文であったわけではない。すなわち全ての正税帳にみられるわけではないが、①百姓の風俗を観察・粛清し（「風俗を観る」[注41]）、②百姓に尋問して辛苦を問いただし（「百年に問う」、「百姓の患苦する所を知る」[注42]）、③勧農を行う（「農功を勧務する」[注43]）などについては、実際に国司が巡行に際し行っていたと考えて良いだろう。この国守巡行条のように、律令に記されている法令のなかで儒教的な観念から立法されたと推測されるものも少なくないが、これらの一部は、日本でもその法に則って行政が行われていた可能性が高いのである。[注44]

おわりに

本稿は、「礼と律令」というテーマであったものの、筆者の関心に従って、八・九世紀の律令国家が、儒教思想をどのように用いて国家統治を行ってきたかについて論じてきた。まず第一節では貞観地震について、前稿で論じたことをふまえつつ、あらためて九世紀半ばの朝廷が儒教思想、特に天命思想をどのように捉えていたのかについて論じた。その際に渕原智幸氏の見解、すなわち養老公式令50国有瑞条が実際に適用されなかったとする見解や、前稿に対する批判を検討した。次に第二節では、史料3にある「責めは深く予に在り」という文言に着目しつつ、八世紀の地震史料を検討した。保立道久氏の見解に導かれながら、地震などの際に朝廷から出される詔勅と中国における史料とを対比して検討を深めた。第三節では、八世紀における朝廷の民衆への「撫育政策」について、筆者のこれまでの主張を再論した。

「はじめに」で記したように、日本古代史における礼制度の研究は一九八〇年代から急速な進展を遂げており、さらに大隅氏らによる体系的な研究史整理によって、後学にとっては明確な指針が存在している。その一方、礼制度を除く古代儒教史研究に関しては、適切な研究史整理が存在しておらず、「おわりに」を記しているこの段階で、その必要性に気づいた。あるいはこの拙い原稿を破棄し、研究史整理の論文を新たに執筆する方が、学界へ幾何かの貢献となるかもしれない。しかし、すでに原稿提出締め切りを大幅に遅延しており、それもかなわぬことである。別稿を期したい。

注

1 滝川政次郎「江都集礼と日本の儀式」（岩井博士古稀記念事業会編『岩井博士古稀記念論集』大安、一九六三年）、坂本太郎「飛鳥・奈良時代の倫理思想」（『古典と歴史』吉川弘文館、一九七二年、初出一九六六年）、東野治之「飛鳥奈良朝の祥瑞災異思想」（『史料学遍歴』雄山閣出版、二〇一七年、初出一九六九年）。弥永貞三「古代の釈奠について」（『日本古代の政治と史料』高科書店、一九八八年、初出一九七二年）、石母田正「官僚制国家と人民」（『日本古代国家論　第一部』岩波書店、一九七三年）、山本幸男「律令的政治観の変質とイデオローグの動向」（『日本史研究』二〇四、一九七九年）、武田佐知子「律令国家による儒教的家族道徳規範の導入」（竹内理三編『古代天皇制と社会構造』校倉書房、一九八〇年）など。また、恩赦や賑給に関する研究はもちろん存在するが、どちらかといえば制度的な側面あるいは財政史的な観点から研究するものが多く、その思想的背景についての検討は脇に追いやられている感がある。

2 例えば、祥瑞の嚆矢的な研究といえる東野注1論文では、研究史として斎藤励『王朝時代の陰陽道』（郷土研究社、一九一五年）や岡田正之『近江奈良朝の漢文学』（養徳社、一九四六年）などにふれ、陰陽道研究や漢文学研究のなかで祥瑞が触れられていることを指摘する（一六一頁）。このことは、一九六九年当時、参照すべき総体的な儒教史研究がほとんど無かったことを示していよう。

3 その前提として、吉田孝『律令国家と古代の社会』（岩波書店、一九八三年）の影響も少なくないと推測する。

4 西本昌弘「畿内制の基礎的考察」(『日本古代儀礼成立史の研究』塙書房、一九九七年、初出一九八四年)。

5 田島公「日本の律令国家の「賓礼」」(『史林』六八―三、一九八五年)。

6 新川登亀男「小墾田宮の匍匐礼」(『日本古代の儀礼と表現』吉川弘文館、一九九九年、初出一九八六年)。

7 大隅清陽「儀制令と律令国家」「儀制令における礼と法」(『律令官制と礼秩序の研究』二〇一一年、吉川弘文館、初出一九九二年、一九九三年)。

8 大隅清陽「唐の礼制と日本」「礼と儒教思想」(注7書、初出一九九二年、二〇〇六年)、「律令と礼制の受容」(大津透編『律令制研究入門』名著刊行会、二〇一一年)など。なお拙稿「儒教の伝来と本格的導入」(『歴史と地理』六八五、二〇一五年)において、大隅氏が西本氏の批判(「日本古代礼制研究の現状と課題」(注4書))に応えていないと述べたが、「礼と儒教思想」において、大隅氏は西本氏との見解の相違について述べている(三七三~四頁)。この場をお借りして、筆者の記述を撤回するとともに、大隅・西本両氏に非礼をお詫びしたい。

9 稲田奈津子『日本古代の喪葬儀礼と律令制』(吉川弘文館、二〇一五年)。稲田氏以降の喪葬儀礼の研究は枚挙に暇ないが、本書稲田論文に譲りたい。

10 最近では、榎本淳一「比較儀礼論」(荒野泰典・石井正敏・村井章介編『日本の対外関係2　律令国家と東アジア』吉川弘文館、二〇一一年)も貴重な業績といえよう。また、ごく近年の研究史整理として、藤森健太郎「日本古代儀礼研究の近年の動向と課題」(古瀬奈津子編『東アジアの礼・儀式と支配構造』吉川弘文館、二〇一六年)もある。

11 一九八〇年代半ば以降の重要なものとして、早川庄八「律令国家・王朝国家における天皇」(『天皇と古代国家』講談社学術文庫、二〇〇〇年、初出一九八七年)、松本卓哉「律令国家における災異思想」(黛弘道編『古代国家と祭儀』吉川弘文館、一九九〇年)、坂江渉「日本古代の力田について」(『日本古代国家の農民規範と地域社会』思文閣出版、二〇一六年、初出一九九二年)、東野治之「律令と孝子伝」(『日本古代史料学』岩波書店、二〇〇五年、初出二〇〇〇年)、水口幹記『日本古代漢籍受容の史的研究』(汲古書院、二〇〇五年)などがあげられる。

12 拙著『日本古代国家と支配理念』(東京大学出版会、二〇〇九年)など。

13 拙稿「情報の伝達」(舘野和己・出田和久編『日本古代の交通・交流・情報2　旅と交易』吉川弘文館、二〇一六年)。以下、「前稿」と記すものはこれによる。

14　渕原智幸「古代東北の自然災害・疾病」（安田政彦編『生活と文化の歴史学8　自然災害と疾病』竹林舎、二〇一七年）。以下、渕原氏の見解はこれによる。

15　本稿では史料をすべて書き下した。なお史料1・3に関しては、前稿で書き下し文をすでに提示したが、本稿であらためた部分もある。

16　前稿を発表する以前に、この点について柳澤和明氏は、次のような見解を示していた（「『日本三代実録』より知られる貞観十一年（八六九）陸奥国巨大地震・津波の被害とその復興」『歴史』一一九、二〇一二年）。すなわち柳澤氏は、史料3にみられる「責めは深く予に在り」という表現を清和天皇の本心の吐露であると解釈しつつ、『日本三代実録』における同年六月・七月などの記事を検討し、そこで陸奥での地震に触れられていないことから、七月二日から九月七日までに被害報告第一報が届いたと推測する。柳澤氏の見解は史料を素直に解釈しており、傾聴に値する面もあるが、ではなぜ、第一報が朝廷に届くまでに一ヶ月強から三ヶ月強の時間を要したのだろうか。史料1に「原野・道路、惣て滄溟となり」とあることから、交通の遮断を考えるべきかもしれないが、たとえそうだとしても、時間がかかりすぎてはいないだろうか。なお、前稿で柳澤氏のご高論を見落とし、触れられなかった点については、率直にお詫びしたい。近年も氏は、「九世紀の地震・津波・火山災害」（鈴木拓也編『東北の古代史4　三十八年戦争と蝦夷政策の転換』吉川弘文館、二〇一六年）、「『日本三代実録』にみえる五大災害記事の特異性」（『歴史地震』三二、二〇一七年）など、九世紀の地震に関する論考を精力的に公表している。

17　渕原注14論文、三五七頁。

18　渕原注14論文、三五九頁。

19　渕原氏は、次のように論じている。「さらに、「律令国家が民衆を撫育しなくてはならない存在であるという認識は、八世紀と九世紀を比較すると、九世紀の方が減じていく」という同氏の持論を前提に、「このような朝廷の方針の変化が、九世紀における地震の対応にも反映し」たと結論づけている」と（三五六頁。「同氏」とは、有富のこと）。確かにこのように前稿を切り取ると、八世紀の朝廷は地震対応に積極的だったと筆者が考えているように読み取れるかもしれない。確かに前稿では、弘仁九年（八一八）の地震に対して「貞観地震と比べると、比較的迅速な対応と評価できるかもしれない」と述べており、八世紀に近い九世紀初頭について論じているのだから尚更であろう。だが本文でも記したように、八世紀の史料を検討していないのだから八世紀における朝廷の対応が如何であったかは当然論述できず、例えば弘仁年間と同等なのか、あるいは元慶の乱における対応と同等なのかなども、全く論じていない。そのように前稿を読解できる可能性を考えず、執筆してしまった点については素直に反省したいが、しかしながら氏の批判は的を射ていないと考える。

20 渕原注14論文、三五七頁。

21 渕原注14論文、三五七頁。

22 震度三程度の地震で、わざわざ朝廷へ報告がなされるとは考えにくいだろう。

23 贅言だが、渕原氏は②をとった場合、別の部分で掲げる『続日本紀』天平十六年（七四四）五月庚戌条や天平宝字六年（七六二）五月丁亥条を取り上げ、「天平十六年・天平宝字六年の地震についても、災害発生記事と対応策の記事がタイムラグを無視して合成された可能性が出てこよう」と述べている（三五七頁）。天平十六年・天平宝字六年の史料に対して、現在の私に定見はないが、同じ史書のなかとはいえ、ある史料が合成された史料だとしても、別の史料が合成されていない史料という可能性もあるのではないだろうか。

24 保立道久氏は、七世紀後半から「大地動乱の時代」と捉えているようだが（『歴史のなかの大地動乱』岩波書店、二〇一二年）、日本列島における八世紀と九世紀の大きな地震を比べたとき、九世紀の方が実は多いようである。理系研究者の業績であるが、宇佐美龍夫・石井寿・今村隆正・武村雅之・松浦律子『日本被害地震総覧599-2012』（東京大学出版会、二〇一三年）によれば、八世紀の大地震は六回、九世紀の大地震は一五回をカウントしている。大地震をどのように数えるかは非常に難しいが、おおよその傾向をつかむうえでは、大過ないだろう。また、「〔古代・中世〕地震・噴火史料データベース」（http://sakuya.ed.shizuoka.ac.jp/erice/。二〇一八年二月五日閲覧。）を利用して八世紀と九世紀の地震を数えてみると、八世紀は八四回記録されている一方で、九世紀は五〇五回であり、圧倒的に九世紀の方が多い。

25 この文言に注目する著書として、森本公誠『聖武天皇』（講談社、二〇一〇年）がある。サブタイトルが「責めはわれ一人にあり」とあることから、森本氏がこの文言を重視していることが推測されよう。

26 保立注24書、二二一頁。

27 『呂氏春秋』の引用は、町田三郎『呂氏春秋』（講談社学術文庫、二〇〇五年）。また、楠山春樹『新選漢文選　呂氏春秋　上』（明治書院、一九九六年）も参照した。

28 町田前注書参照。

29 土屋紀義「日本における『呂氏春秋』の受容」（土屋紀義・佐々木研太編『江戸時代の呂氏春秋学』中国書店、二〇一七年）。そこでは、小島憲之『上代日本文学と中国文学』上（塙書房、一九六二年、一四四頁）を参照して『呂氏春秋』の『懐風藻』への影響を認められると述べているが、やや論拠に乏しい（一五頁）。少なくとも『呂氏春秋』の『日本書紀』への影響に関しては、小島氏は否定的のようである（『上代日本文学と中国文学』中、一九六四年、三九八～三九九頁）

30 「漢籍電子文献」（hanji.sinica.edu.tw/。二〇一八年二月五日閲覧。）を利用した。

31 『冊府元亀』巻一四三、帝王部、弭災一、を参照。

32 東野治之「『続日本紀』所載の漢文作品」（『日本古代木簡の研究』塙書房、一九八三年、初出一九七九年）、二三七頁。

33 東野前注論文、二三八頁。

34 ただし聖武天皇に関しては、東大寺や国分寺の建立を推進しただでなく、光明皇后とともに写経事業に力を入れたことを考えると、天災は自身の責任であるという意志があったのではないかと推測される。

35 以下の論述に関しては、拙稿「百姓撫育と律令国家」（注12書、初出二〇〇三年）、及び、拙稿「疫病と古代国家」（『歴史評論』七二九、二〇一〇年）などですでに論じている。

36 当該史料に関しては、水野柳太郎「国分寺発願勅について」（『南都仏教』八六、二〇〇五年）参照。注12拙著などにおいてこの勅を引用する際、上記水野論文を常に用いてきたが、本稿の論旨とも大きく関与する「唯罪労己」の部分は、実際の写本などをみると「唯労罪己」であることに気づいた。本稿でこれまでのものを訂正してきたい。

37 近年の研究として、吉川真司『聖武天皇と仏都平城京』（講談社、二〇一一年）、二一七～二三四頁など参照。

38 天平九年（七三七）四月癸亥条、五月壬辰条、八月丙辰条など。ここで、天平九年の大般若経書写命令について考えてみたい。史料10にある「普く天下をして釈迦牟尼仏尊像の高さ一丈六尺なる各一鋪を造らしめ、幷せて大般若経各一部を写さしむ」は、『続日本紀』天平九年三月丁丑条に「国毎に、釈迦仏像一体、挟侍菩薩二躯を造り、兼ねて大般若経一部を写さしめよ」とあることを指している。そしてこれが実際に伊豆国で行われたと思われることを示すのが、「天平十一年（七三九）度伊豆国正税帳」にみられる。

太政官去天平九年三月十六日の符に依り、大般若経を書写する調度、価稲陸仟玖伯沬拾玖束把伍分

浄衣料布参拾参段価稲参伯参拾束

紙継料大豆沬斗捌合価稲壱束伍把伍分

筆壱伯伍拾捌管価稲壱伯伍拾捌束
墨肆拾玖廷価稲壱伯陸拾参束参把
大般若経肆伯弐拾柒巻を写す　用紙七千八百八十張

大般若経書写のための調度を伊豆国では正税を用いており、実際に四二七巻を書写していることが知られる。しかし、①なぜ天平九年の太政官符が、天平十一年度に実行されたかということ、②大般若経は六〇〇巻であるのに、四二七巻しかこの年度に書写されていないことが疑問である。②に関しては、大般若経の書写は、例えば五月一日経であれば、五ヶ月間で書写されたようである（栄原永遠男「福寿寺と福寿寺大般若経」『奈良時代写経史研究』塙書房、二〇〇三年、初出一九八五年）。当然のことながら、平城京内での皇后宮職系写経機関と同等のスピードで、伊豆国で写経できるとは思えず、一年以上写経に費やす可能性もあるだろう。したがってここでは、前年か翌年に残りの写経が行われたと考えたい。①に関しては、仮に天平十年度に一七三巻の書写が行われたとしても、太政官符の到着から考えて、スピード感が無いと言わざるを得ない。本経や写経生の確保に時間を費やしたなど、様々な想定はできるが、推測にすぎない。後考を期したい。

39　それぞれ天平九年度の正税帳。

40　仁井田陞著・池田温編集代表『唐令拾遺補』（東京大学出版会、一九九七年）、五四四〜五四五頁。

41　「天平九年（七三七）度但馬国正税帳」に、「観風俗」と記されている。

42　「天平九年（七三七）度但馬国正税帳」などに、「問百姓消息」などと記されている。

43　「天平九年（七三七）度但馬国正税帳」などに、「領催百姓産業」などと記されている。

44　無論、日本で実態をほとんど無視して立法されたものも存在する。例えば、本文中で示した史料11は戸令であるが、このなかでも、婚姻に関する規定はほとんど空文であったと考えて良いようである。大津透「律令法と固有法的秩序」（水林彪・大津透・新田一郎・大藤修編『新体系日本史2　法社会史』山川出版社、二〇〇一年）、五四頁など参照。

〔付記〕脱稿後、山下洋平「律令国家における儒教政策の変遷」（『史淵』一五五、二〇一八年）の存在を知った。本稿と深く関係する論文であり、併読をお願いしたい。

Ⅱ　律令官僚制

官人と禄

――律令国家成立期の食封と季禄――

山下　信一郎

はじめに

本稿は、律令国家の成立過程である天武・持統朝において、食封や季禄といった官人給与制がどのように形成・展開していったのかを考察するものである。季禄とは、文武職事官を対象として春と秋の年二回、半年間の上日百二十日以上を満たせば、帯官の相当官位に基づき、絁・布・糸・綿・鍬・鉄を支給する俸禄であり、職事官にとり最も基本的な給与であった（禄令第1給季禄条）。また、食封は封戸の調庸全てと租の半分を得るもので、位封（位禄）・職封・功封の別があり、正一位から従三位までに帯位に応じて位封を、正四位から従五位までには食封の代物として帯位に応じて位禄を、太政大臣・左右大臣・大納言には職封をそれぞれ支給する規定であった（禄令第10食封条ほか）。特に位封・位禄は五位以上有位者の主要な給与の一つであり、貴族層の経済的特権であった。[注1]

このような律令国家の官僚制・貴族制の根幹をなす給与制度は、通常、大化期の国政改革に淵源を有するものと理解されている。大化二年（六四六）正月に出された四箇条からなる改新詔の第一条には、「罷二昔在天皇等所レ立子代之民・処々屯倉、及別臣・連・国造・伴造・村首諸有部曲之民・処処田荘一。仍賜二食封大夫以上一各有レ差。降以二布帛一賜二官人・百姓一有レ差。又曰、大夫所レ使治レ民也。能尽二其治一則民頼之。故重二其禄一、所二以為レ民[注2]」として、諸氏が有する子代之民・処々屯倉、部曲之民・処々田荘を廃止する代わりに、「大夫以上」に食封を与え、大夫の下位に位置する「官人・百姓」には「布帛」を与えるとあって、給与制度の創設が宣言されたとある。

改新詔の史料的性格をめぐっては、周知のように長年に及ぶ論争があり、第一条についても、改新詔全体の理解や、孝徳朝から天武・持統朝に至る官僚制・公民制・収取制を含めた律令国家形成の諸段階に対する認識によって、様々な見解が出されている。[注3]改新詔によって官人給与制の創設が宣言されたこと、その実現には時間を要し天武朝以降本格化したとみるのが従来の通説的理解であるが、[注4]近年では改新詔を積極的に肯定して、食封制や禄制が大化年間に整えられたとみる理解も出されている。[注5]改新詔及び大化期の具体相について今検討する余裕はないが、さしあたり、修飾の程度はあれ改新詔によって、大夫以上層に「食封」を、それ以下の「官人・百姓[注6]」に「布帛」を支給するという官人給与制の創設が謳われたこと、「食封」は後に功封・位封・職封・位禄へと分化し、「布帛」は後の季禄に発展していく淵源と位置づけられることは、大枠として認めてよいと考える。

以上の大化期の諸問題と併せて、七世紀後半代の給与制をめぐっては、従来、天武紀の食封関係史料を中心に研究が行われ、令制食封制とは異なる出挙運用を軸にした「初期食封制」の問題や、「田荘・部民系食封」と「律令的食封」の系譜といった食封の内実に関わる問題、天智天皇三年（六六四）甲子宣による「民部・家部」設定と天武天皇四年（六七五）の「部曲」廃止を経て成立していく公民制・編戸制とも絡む食封制成立の問題が議論され、多くの成果が上がっている。[注7]食封は、七世紀代の大夫層（八世紀の貴族層）にとって、単なる経済的特権だけでなく、改新詔にあるように、部曲・田荘の代替という大化前代の氏族制原理の土地所有に由来するものであって、[注8]その受給は、ある種政治的な身分標識と観念されるものでもあったと思われる。本稿では、先行研究に導かれながら、天武・持統朝の食封制に対する政策基調を考察した上で、浄御原令に基づく食封制の施行と、同令の食封支給額の推定を行い、大宝令制を経て慶雲制に至る変遷を考察したい。また、季禄制の成立に関する諸問題として、飛鳥京跡出土木簡の解釈も交えつつ、原初的な季禄から令制季禄制に至る素描を試みたい。

一　天武朝の食封政策

斉明朝・天智朝の食封制の動向に関する史料は乏しく、[注9]その前後からその状況を推測していくしかない。天武朝に入ると、食封に関わる史料が多くみられるようになる。天武天皇八年（六七九）四月には、寺院所有の食封の所由を調べ加除すべきとする詔が、同九年（六八〇）四月には、国の大寺二、三を除いて官の関与をやめ、所有の寺封については先後三十年を限り、三十年を超えたら収公するとした勅がみえる。この期限三十年は大宝禄令第14寺不在食封之例条ではさらに短縮されて五年となっている。また、天武朝では壬申の乱の功績者に対する食封賜与が行われたが（壬申功封）、[注10]大宝令には功封の伝世規定が禄令第13功封条として定められ、壬申功臣の功封の等級も決定され、功封の世襲期間も定められるに至った（『続日本紀』大宝元年（七〇一）七月辛巳条）。このように、寺封の収公や受給期限設定に顕著に窺える、食封に対する抑制策は、大夫層への食封についても同様であったと考える。以下、食封制度確立の画期をなす天武天皇五年（六七六）八月詔、同十一年（六八二）三月詔を検討していく。

まず、同五年八月詔は、親王以下小錦以上大夫及び皇女・姫王・内命婦に食封を支給したものであるが、これは、民部・家部を定めた天智天皇三年（六六四）の甲子宣、甲子宣で定めた部曲を廃止した天武天皇四年（六七五）二月詔、さらに封戸の税の取り扱いに関する同五年（六七六）四月辛亥勅による経緯を経たものであった。

天智天皇三年二月丁亥（九日）条

天皇命二大皇弟一、宣下増二換位階名一及氏上・民部・家部等事上。（中略）其大氏之氏上賜二大刀一、小氏之氏上賜二小刀一、其伴造等之氏上賜二干楯・弓矢一。亦定二其民部・家部一。

天武天皇四年二月己丑（十五日）条

詔曰、甲子年（天智三年のこと――筆者注）、諸氏被レ給部曲者、自レ今以後、除之。又親王・諸王及諸臣、并諸寺等所レ賜山沢・島浦・林野・陂池、前後並除焉。

同五年四月辛亥（十四日）条

勅、諸王・諸臣被レ給封戸之税、除二以西国一、相易給二以東国一。

同五年八月丁酉（二日）条

親王以下小錦以上大夫及皇女・姫王・内命婦等、給二食封一各有レ差。

天武天皇四年二月詔は、甲子年（天智三年）に諸氏に給された「部曲」を収公すること、また、親王・諸王及び諸臣と諸寺に賜う山沢などを同様に収公するとした詔である。この時収公された「部曲」については、天智天皇三年甲子宣の「民部・家部」との関係をめぐり多くの見解が存するが、同年、それまで国家が未掌握だった豪族部民が「民部」＝「部曲」として把握され、それが天武天皇四年二月に廃止されたものと考えられる。[注11] これを受けて、除いた部曲の代替として新たな食封を諸氏に給う必要が生じた訳であり、翌五年八月、身分に応じて食封を支給したものである。本条にみえる食封支給対象の表現からわかるように、この時の食封支給は一部の皇族・貴族にとどまらず、皇族・貴族全般を対象とする大規模なものであったと考えられる。

同五年八月詔が出される前提として、同四年二月部曲廃止詔だけでなく、封戸の税を西国から東国に移した同五年四月勅をも考慮する必要がある。本勅については、水野柳太郎氏によって、大化以後天武朝以前の食封に出挙が併存していた、あるいは一体のものであったことが推測されている。[注12] 令制下の食封制では、封戸所出の調庸全てと租の半分（後に全給）を封主が享受する規定であり（賦役令第8封戸条）、租は舂米として、あるいは軽貨に交易して、国司が運京するものであったから、本勅から窺える封戸租が現地で出挙される食封制は、後の令制と相違するものであった。

これら同四、五年の三詔勅の相互関係について、平野邦雄氏は、同五年四月勅は改新詔の部曲廃止によって創設された「食封」の系統を引くもの、同四年二月部曲廃止詔によって翌五年八月に設定された食封は個別に「何戸」という形で設定された封戸であり、前者にはそのような明確さがなく「食封」にとどまるゆえに「税」が問題となっているとし、二系統の食封が併存したと理解された。[注13] 確かに、同五年八月の食封制改定は、同四年二月の部曲廃止を受けたものだが、同五年四月に封戸の税を西国から東国へ移動したのも、改定作業の一環とみるべきであり、三点セットで理解した方がよい。先に同五年八月の改定が受給者全体に関わる大規模な改定であると述べたが、甲子宣を廃止し食封の改定を準備するなかで、「税」の移動を伴う大規模な作業が行われたのである[注14]。

次に、同十一年三月辛酉（二十八日）条の食封収公詔を検討してみよう。

詔曰、親王以下、百寮諸人、自レ今已後、位冠及褌・褶・脛裳莫レ着。亦膳夫・采女等之手繦・肩巾、〈肩巾、此云二比例一。〉並莫レ服。是日、詔曰、親王以下至二于諸臣一、被レ給食封皆止之、更返二於公一。

親王以下百寮諸人の位冠（二十六階制）・朝服の着用を停止することと、親王以下諸臣に至るまで賜っていた食封を全て止め、収公させることを命じた詔である。皇族・諸臣に広く支給していた食封を皆収公するという記事は前後に例がなく、大改定が計画されたことが窺える。

この収公後、親王・諸臣に対する食封支給がどのように措置されたのか、『日本書紀』は黙して語らず、詳細は不明と言わざるを得ない。通説的には、同十四年に施行されることになる新冠位の準備に伴い一旦収公されたものとされている[注15]。また、先に紹介した水野氏説では、この詔はそれまでの食封と出挙を分離するための措置だとし、朱鳥元年五月癸丑（十四日）条で大官大寺に封七百戸・税三十万束を施入しているのは、食封と出挙が分離した直後の状態を示すものと指摘されている。

天武天皇十一年から同十四年新位階制施行まで三年間もあり、その間、代替として田地等を増給していたという原島礼二氏の推測もあるが[注16]、皇子・諸臣への食封受給がまったくなかったとは、現実的にはあり得ないと思う。同日条の位冠廃止について、同十四年までの三年間は天智朝二十六階制がそのまま行われていたと推測されているし、注17同十一年六月には位冠に替わる漆紗冠が制定されている。恐らく、同十一年詔発布後も食封の受給は継続しており、同十四年に四十八階制が施行され、親王・諸臣の位階が切り替わる段階になって、各人に対してその位に応じた新しい食封が支給されたものと思われる。水野氏が推測した食封の出挙運用も、この段階で最終的な分離が実現したと思う。

以上の経緯のなかで注意しておきたいのは、食封受給における税の扱いである。同十一年詔によって、親王・諸臣に対する食封受給の内容を一部削ぎ落とした点は極めて重要である。このような食封抑制策は、冒頭に紹介した寺封において、寺封の収公や受給期限設定が行われたことと軌を一にしたものである。同十一年における食封からの出挙分離は、天武朝、そして後述する文武朝の食封抑制という政策基調の一環をなすものとして、当該期の食封政策上重要な位置をなすものと考える。

二　持統朝の食封政策と浄御原令

ここでは、持統朝の食封政策として、持統天皇五年（六九一）正月の増封措置の概観、浄御原令制食封支給額の推定を行い、その上で、浄御原令制から慶雲制に至る食封の変遷とその意義を考察する。持統朝においては、天武朝の食封抑制政策の成果を継承し、浄御原令の編纂と施行のなかで、直広肆以上層に対する食封の制度化（位に応じた支給額等を定めた令文への規定）が進められたと考えられる。ただし、次の大宝令では食封支給対象を三位以上とし、四位・五位には位禄に変更しようと企図したことを思うと、浄御原令段階での食封抑制策は、前代の政策基調を踏まえつつも、大夫層に配慮した融和的な在り方がとられたものと評価できる。注18

1　持統天皇五年正月の増封措置

持統天皇三年（六八九）六月、浄御原令が諸司に班賜され、同四年七月には、高市皇子が太政大臣に、丹比島が右大臣に就任、「八省・百寮皆遷任」し、同令による官制の施行と、広汎な人事異動がなされた。では、浄御原令における食封の制度はどのようであったであろうか。注目されるのは、同五年正月乙酉（十三日）条の増封措置である。

増レ封、皇子高市二千戸、通レ前三千戸。浄広弐皇子穂積五百戸。浄大参皇子川嶋百戸、通レ前五百戸。正広参右大臣丹比島真人三百戸、通レ前五百戸。正広肆百済王禅広百戸、通レ前二百戸。直大壱布勢御主人朝臣与二大伴御行宿禰一八十戸、通レ前三百戸。其余増レ封各有レ差。

本条は、新令に基づき、太政大臣高市皇子はじめ三皇子、右大臣丹比島以下四人に増封を行い、その他の者にも増封したものである。末尾の「其余増レ封各有レ差」の文言から明らかなように、この増封は、一部の皇親・貴族に対する次元にとどまらず、広く直広肆以上の官人一般（大夫層）に及ぶものである。直前の正月己酉（朔日）には、「親王・諸臣・内親王・女王・内命婦」に対する叙位もあり、叙位を受けた者のうち対象者へも、新令に基づく増封・新規賜封があったと考えられる。このうち、穂積皇子には他の人物と異なり、「通前〇〇」という支給総額記載がない。天武天皇の諸皇子の序列[注19]や諸臣への増封事例からみて、五百戸の増封は多すぎる額であること、記事冒頭に「増封」とあることから、本条の「五百戸」は増封後の合計額であり、増封額は脱漏したものと理解しておきたい。また、布勢御主人・大伴御行は壬申の乱の功績によって、天武朝段階で各百戸の功封を賜与されており、[注20]二人の封戸合計額は壬申功封を含む額と思われる。

この増封措置は、浄御原令官制施行に伴い、前年七月に高市皇子が太政大臣に、丹比島が正広参・右大臣に就任している事実、大伴御行・布勢御主人は中納言に就任したと推測されること等から、昇任や新ポスト就任に応じた側面があることは否めないが、従来、浄御原令段階では「職封」が不成立であると指摘されている。[注21]右大臣島の食封額が五百戸というのは、大宝令の右大臣職封額と照らしても低い額である。同八年（六九四）正月丙戌、直大壱の布勢御主人と大伴御行が正広肆に昇叙し、増封二百戸、支給総額五百戸となっているが、これは同五年（六九一）に右大臣島が受けた食封総額と同額である。大宝令のような「職封」が明確に存在したのであれば、右大臣の島と、恐らく中納言であったろう御主人・御行がともに総額五百戸というのは不自然であり、大宝令のような「職封」は存在しなかったとみてよい。大宝令以後のような「位」「職」「功」の概念とそれらに基づく給付が明確化する以前であり、浄御原令段階では、それらが渾然・融合した基準による食封であったと言えよう。若月義小氏は、大宝令以前は功封・位封・職封は基本的に未分化とした上で、中納言以上には、既得の位封とは別に職封的性格をもつ功封を支給したとし、正位の大臣・大納言に合計五百戸、直位の中納言に合計三百戸とする支給枠があったと指摘される。[注22]功封と称してよいかは疑問だが、支給基準の存在は次項で触れるように、あり得べき想定だと思う。

2　浄御原令の食封支給額の推定

浄御原令食封支給額を窺うことができる浄御原令の逸文や出土史料等は現在まで見つかっていない。従来、同

【表A　天武・持統朝の食封支給額の分布】（単位：戸）

人名＼位階	正位 大・広 壱	正位 大・広 弐	正位 大・広 参	正位 大・広 肆	直位 大・広 壱	直位 大・広 弐	直位 大・広 参	直位 大・広 肆
丹比島			五〇〇		二〇〇	一〇〇		
布勢御主人・大伴御行				五〇〇	三〇〇←二二〇			
引田少麻呂								五〇
百済王禅広				二〇〇←一〇〇				
筑紫益								五〇

令制の食封支給額については、前述のとおり大宝令制と齟齬があること等から、支給基準が明確でないとされることがあるが、[注23]『日本書紀』の食封賜与事例と、八世紀当初の食封・位禄支給額をもとに、その推定を試みよう。

まず、個別の賜与事例から検討する（表A・B参照）。持統天皇八年（六九四）正月丙戌、直大壱の布勢御主人と大伴御行が正広肆に昇叙し、増封二百戸（総額五百戸）となった事実と、同五年（六九一）の増封措置により丹比島が受けた食封総額が五百戸になっているが、島は同四年右大臣就任に際して、直広壱から正広参に昇叙している事実に着目したい。三人とも、直（大・広）壱位から正（広参・広肆）位に昇る際に二百戸または三百戸の増封を受けて五百戸となっており、正位の額が五百戸という基準が推測できる。正位は上階（弐・壱階）があるのだが、天武・持統朝の実例では官人の昇叙は肆・参階止まりであり、事実上の最高ランクの支給額と言える。

次に、同七年（六九三）十一月戊申（二十三日）条「以㆓直大肆㆒授㆓直広肆引田朝臣少麻呂㆒。仍賜㆓食封五十戸㆒」とある記事に注意したい。素直に読めば、昇叙に伴い始めて食封五十戸を賜ったようであるが、直広肆の段階で食封を給されなかったのであろうか。広階から大階への昇叙で五十戸もの増封があるとは思えない。「通前」という合計額記載もない。本来、直広肆段階で受封すべきところ、特別な事情によって少麻呂は大階昇叙に伴い受

【表B　天武・持統朝における賜封記事】

年月日	対象者氏名	内容
天武六・五・甲子	大博士百済人率母	大山下に叙し、三十戸を賜う
	倭画師音檮	小山下に叙し、二十戸を賜う
同十・正・辛巳	境部連石積	六十戸、絁三十匹等を賜う
同十四・十・丙子	百済僧常輝	三十戸を賜う
天武朝	壬申功臣十五人	『続日本紀』大宝元年七月条参照
朱鳥元・五・戊申	侍医百済人億仁	臨終に際して勤大壱に叙し、百戸を賜う
同元・五・癸丑	大官大寺	七百戸・税三十万束を施入
同元・六・己巳	槻本村主勝麻呂	連姓を賜い、勤大壱に叙し、二十戸を賜う
同元・六・丙申	僧法忍・義昭	養老のためそれぞれ三十戸を賜う
同元・八・己丑	檜隈寺・軽寺・大窪寺	各百戸を施入（三十年を限る）
同元・八・辛卯	巨勢寺	二百戸を施入
同元・八・辛巳	草壁皇子、大津皇子、高市皇子	各四百戸を加える
	川島皇子・忍壁皇子	各百戸を加える
同元・八・癸未	芝基皇子・磯城皇子	各二百戸を加える
持統三・閏八・丁丑	丹比真人島	直広弐から直広壱に昇叙。増百戸
同五・正・乙酉	本文参照	本文参照
同五・正・丙戌	筑紫史益	勤続二十九年を賞し五十戸
同六・正・庚午	高市皇子	増二千戸（計五千戸）
同六・九・戊午	笥飯神	増二十戸
同七・三・甲午	上村主百済	三十戸（大学博士・勤広弐）
同七・十一・戊申	引田朝臣小麻呂	直広肆から直大肆に昇叙、五十戸を賜う
同八・正・丙戌	布勢朝臣御主人・大伴宿禰御行	直大壱から正広肆に昇叙、増二百戸（計五百戸）
同十・十一・戊申	沙門弁通	四十戸

封したものと想定される。そのため、『日本書紀』が態々記事にしたのである。例外的な事案ではあるが、直位を授かって賜る食封額が五十戸であったと推定できる。注24

　また、同五年（六九一）正月丙戌（十四日）条に、「詔曰、直広肆筑紫史益、拝二筑紫大宰府典一以来、於レ今二十九年矣。以清白忠誠、不二敢怠惰一。是故賜二食封五十戸、絁十五匹・綿二十五屯・布五十端・稲五千束一」とある記事に注目したい。この賜封は「功封」のようにみえ、「位封」ではないかの如くだが、恐らく、益は勤続二十九年の功績をもって勲位から直広肆に昇叙し、多数の賜物を賜ることになった。当然、直広肆位に伴う食封五十戸も受給することになるのだが、食封と賜物を一括して賜うものとして表現したものと思われる。なお、本条以前の時点で既に直広肆に叙されていた可能性もあるが、食封総計記載がないことから本条賜与によって初めて五十戸を賜ったと判断しておきたい。本条の経緯をこのように理解して、直肆位の「位封」額が五十戸であったものとみたい。

直位になって授かる始めての「位封」額を五十戸と推定する際、その傍証となるが、天武・持統朝において、勤位以下の大博士・画師や僧侶などへの賜封事例の多くが五十戸以下である点である（表B参照）。九例のうち七例が該当する。食封支給の本来的対象でない勤・務位の官人や僧侶に対する功封の支給額として、直肆位の五十戸を超えない規範があったものと認められる。

3　浄御原令から慶雲制に至る変遷と意義

次に、大宝禄令及び慶雲年間改定額をもとに検討を進めよう。冒頭で述べたように、禄令第10食封条に食封の規定があり、正一位から従三位までに位封（正一位三百戸、従一位二百六十戸、正二位二百戸、従二位百七十戸、正三位百三十戸、従三位百戸）を、正四位から従五位までに食封の代物として位禄を支給するものであった。実際には、慶雲二年（七〇五）十一月、大宝令施行以後も継続していた五位の食封を廃止して位禄への代替を実行し、同三年（七〇六）二月には四位を食封支給対象に入れるとともに、令規定の位封の増額を行った（正一位六百戸、従一位五百戸、正二位三百五十戸、従二位三百戸、正三位二百五十戸、従三位二百戸、正四位百戸、従四位八十戸）[注25]。また、同二年十一月以後施行された五位位禄についても、令規定額を増額して支給していたことが、大同三年（八〇八）

十一月十日太政官奏にみえる「大宝元年格」によって判明している。[注26]

ところで、かつて鬼頭清明氏は、位禄が封戸と同様に課丁数によって算出されていることを明らかにされた。[注27] それによれば、大宝禄令の位禄は、一戸三丁基準に基づき、正四位は百八十人分（三人×六十戸）、従四位は百五十人分（三人×五十戸）、正五位百二十人分（三人×四十戸）、従五位は九十人分（三人×三十戸）の調・庸になる。また、大宝元年格の位禄は、正五位は百六十人分（四人×四十戸）、従五位は百二十人分（四人×三十戸）であり、各戸数は大宝令と同じだが一戸四丁基準に基づく算定であり、大宝令支給額より増額されていると言う。慶雲制の五位位禄は、大宝令と同じ封戸四十戸、三十戸を維持しながら、課丁数を三丁から四丁に増やして実増を図ったものである。鬼頭氏の成果を踏まえ、改めて位封については封戸数をそのまま、位禄については課丁基準に基づき算出された相当封戸数（※印）をまとめたのが表Cである。

慶雲制では、五位は位禄のまま据え置かれ、食封としての増封には至らなかった。しかし、仮に五位の食封が復活し、増封することになったとならば、五位の四十戸・三十戸も、四位が六十→百戸、五十→八十戸となったように、倍近くに増封するはずである。そこで、慶雲制支給額が大宝令支給額に比べ何倍になっているかを調べると、一位から三位までは二・〇〜一・七倍、正四位は一・六六倍、従四位は一・六倍となっている（表C参照）。これを参考にして、正五位については一・六倍を乗じると六十四戸となり、数値を整えて六十五戸としよう。従五位額は正四位額六十戸の半分であるので、同じ倍率一・六六倍を乗じるとほぼ五十戸となる。即ち、慶雲制において、仮に五位の位封が設定された場合、正五位六十五戸、従五位五十戸となったと想定される。従四位・正五位・従五位の相互間の差等は十五戸、正四位・従四位間の差等は二十戸となって、整合的な階差である。

【表C　大宝令・慶雲二年制による食封・位禄】（単位：戸）

	正一位	従一位	正二位	従二位	正三位	従三位	正四位	従四位	正五位	従五位
大宝令	三〇〇	二六〇	二〇〇	一七〇	一三〇	一〇〇	※六〇相当	※五〇相当	※四〇相当	※三〇相当
慶雲制	六〇〇	五〇〇	三五〇	三〇〇	二五〇	二〇〇	一〇〇	八〇	※四〇相当	※三〇相当
比率	二・〇倍	一・九倍	一・七五倍	一・七六倍	一・九二倍	二・〇倍	一・六六倍	一・六倍		

このような慶雲制の食封額（及び想定される五位の食封額を）を、浄御原令制の有りようと比較しよう（表A・C参照）。天武・持統朝の最高支給額が五百戸であることは、慶雲制の正一位六百戸、従一位五百戸という支給基準表と類似する。また、正・直位間では二倍程度の格差があることは、大宝令・慶雲制の従三位と正四位間でも同じである。これは通貴・貴の区分によるものである。末端の従五位と直広肆が五十戸と同額になるのも、整合的である。

このように考えると、大宝令支給額の二倍程度に増額されている慶雲制の支給額とは、実は、大宝令制定に際して浄御原令「位封」額を半減したものを、元に戻した形ではなかったのか、との推測が成り立つ。[注28]大宝令制位封は、浄御原令「位封」支給額をほぼ半減するとともに、直参・肆位（四位・五位）の封戸を位禄に切り替えるという急激な制度変更を行った。しかし、その切り替えを実行できず、直後に五位位禄の実増を試みたが未実施のままで、慶雲二年に至って、四位は位封の対象に戻すとともに、一位から四位の支給額を前代の浄御原令制に復する再変更を行ったものと考えられる。従来、当該期の食封の変遷としては、大宝令と慶雲制の比較をもってするのが通例であったが、浄御原令の封戸数を大宝令が半減したという点を加味することで、大宝令を編纂した文武朝における食封抑制策の復活と、それに対する貴族層の反発をより具体的に理解することが可能になったと思う。

三　季禄制の成立をめぐる諸問題

天武・持統朝の食封関係の史料が多いのに比べ、季禄に関する八世紀以前の史料は極めて少なく、その成立過程を探ることには限界がある。前述のように季禄は文武職事官に対して、その相当官位を基準として年二回、半年毎の上日百二十日以上を満たせば、絁ほかの物品を支給する禄制である。大宝令が制定される大宝元年（七〇一）以前の文武天皇の時代、大宝禄令の規定にあるような制度が既に運用されていたことは、『続日本紀』文武天皇二年（六九八）二月己卯（十二日）条「賜二百官職事已上及才伎長上禄一各有レ差」、同二年二月丙午（十五日）条「賜二武官禄一各有レ差」、同三年（六九九）八月壬辰（十一日）条「賜二百官人禄一各有レ差」の記事から明らかである。職事官や才伎長上を対象とすることや、支給月が二月と八月であることは令制と合致するものである。「百官職事已上」とあるので、官位の上下如何を問わず職事官全体が季禄受給の対象であることも確認できる。高橋崇氏は、上記の記事に基づき「大宝令以前にも季禄は制度として成立しており、少なくとも、養老禄令の給季禄・季禄・内舎人各条に相当する条文が立てられていた」と指摘される。[注29] これらの記事は『続日本紀』冒頭の巻第一にあたり、前年の文武即位後初めての二月の季禄支給であることから『続日本紀』が特に著録したもので、給禄自体はこれ以前から行われていたものとみてよく、浄御原令は大宝令制と同様の季禄制度を制定していたと考えられる。

令制季禄制度が成立する必須の指標として、国庫（大蔵）を通じた物品の支給であること、季禄支給基準である上日制や官位相当制の有無が挙げられる。国庫支給については、天智紀や天武紀に大蔵の記載がみえる。[注30] 石上英一氏によれば、大椋が六官中の大蔵となり、ツキ・調を収蔵する財政官司として確立するのは天智～天武朝とされており、[注31]既に天智朝において、大蔵の蔵から禄を支出する体制が整っていたとみてよい。

上日制についても、考課とも関わりがある。禄令第1給季禄条は半年の上日が百二十日以上ならば禄を給うとし、考課令第59内外初位条は、長上官が考を受けるには一年あたり二百四十日以上の上日を必要としていた。つまり、半年毎に季禄を受給し、毎年の考課の対象者となるには、半年あたり百二十日以上の上日が前提であった。野村忠夫氏によれば、持統天皇四年詔以前の考選史料に上日はみえないが、「上日（勤務日数）が官人の勤怠を判定する最も初歩的で端的な基準であろうから、上日についての法的規制の如何にかかわらず」、それ以前の天武天皇七年詔等でも考選の「事実上の一基準として作用していたとみられる」とされる。[注32]日本の禄の特質として、過去の奉仕の結果分を得るという意味あいが濃厚であったこと、禄に関する上日基準は、対応唐令や関係史料にみえず、日本令独自の文言である可能性があることにも鑑みれば、[注33]浄御原令以前、既に上日は支給の基準であり、当然、同令制の季禄にも上日規定があったと思われる。

官位相当制については、既に青木和夫氏によって、その全面的採用は天武天皇十四年の位階改正後持統天皇五年頃までの間に行われ、浄御原令段階で成立したとされている。[注34]天武天皇五年（六七六）正月甲子（二十五日）条に、畿内と陸奥・長門を除く国司は大山位以下を任じよとあり、これを青木氏が指摘されるように官位相当の端緒段階であると理解すれば、天武朝においては、官位相当制が次第に形成されつつある状況であり、季禄支給が官位相当に基づくようになるのは、浄御原令からであると言ってよい。

以上より、大宝令制と同じ季禄制が成立したのは、浄御原令段階であることを確認した。なお同令以前の季禄は官人の帯位に基づき支給されるものであったと考えられる。

次に、奈良県明日香村・飛鳥京跡第五十一次調査で出土した木簡から、原初的な季禄の存在を窺おうとする見解が示されていることについて、若干の私見を述べておきたい。

・「＜白髪ア五十戸」
・「＜䀨十口　　」　縦一五七ミリ・幅二六ミリ・厚四ミリ　〇三二型式[注35]

この木簡は、五十戸一里制の成立を考える上で重要な史料とされるものだが、外郭東限溝ＳＤ七四一〇の下層、飛鳥京跡第Ⅲ期遺構整地土の下で検出した土坑状遺構ＳＸ七五〇一から出土した二十七点の木簡の一つで、加工木片類、土器片などとともに出土した。Ⅱ期遺構（飛鳥板蓋宮）の廃絶とⅢ期遺構（後飛鳥岡本宮）の造成に伴い、自然な窪地に一括投棄されたものと考えられている。「大花下」「小山上」「□小乙下階」と記した木簡を含み、これらの木簡は大化五年（六四九）から天智天皇三年（六六四）（つまり、大化五年十九階冠位制）を大きく外れない時期に書かれたものとされている。

岸俊男氏は、上記木簡裏面の「䀨」は、「鈹」と「スキ・クハ」の二案があり、後者が妥当だとし、官人に鍬を賜う事例を検討しつつ、『続日本紀』の文武朝の記事から季禄が大宝令以前に遡ることは確実であり、冠位の木簡との関係において、季禄の原初的形態をこの時期に想定しうるかも知れない、とされた。[注36] これを承けて、若月義小氏は、共伴した冠位記載の木簡を、予め官人に持たせる木簡と禄に付けられた木簡の二種に分け、禄の授受に際して、相互を照合する機能を有していたと解釈し、さらに、この史料によって「六四九～六六四年の十九階冠位施行期における季禄の先行形態の実在」が裏付けられたとし、（官位相当ではなく）冠位を節級の基準とし

て品目・数量を法定された禄が支給されるシステムが、十九階冠位の施行とともに現実に作動し始めた、と論じられた。[注37]

このような、上記木簡を原初的な季禄と関連づけて理解する岸・若月両氏の見解はどの程度、確実な知見なのであろうか。白髪部五十戸木簡の「皷」を「スキ・クハ」と釈読することは、首肯できる見解と考える。また、賜禄の場を念頭に置き、木簡の使用法を推定された若月氏の理解は興味深く、鋭い洞察だと感じる。しかし、木簡の出土状況から厳密に言えることは、飛鳥京跡Ⅱ期からⅢ期の移行段階に廃棄された木簡群であるので、木簡が使用された時期は廃棄時期をさほど遡るものではないと考えられる点である。斉明天皇の後飛鳥岡本宮造営（斉明天皇二年〔六五六〕）直前の廃棄とみれば、この時点の状況を示すものではあっても、それ以前を示すものではない。あくまで後飛鳥岡本宮造営直前の様相を示すものであり、大化五年に遡るとまで断じるのは早計である。

また、スキ・クワを様々な機会に官人に賜うことは岸氏も指摘しているところだが、例えば、持統天皇六年（六九二）四月丙辰（二十一日）、皇子以下進広肆に至る有位者に難波宮の大蔵の鍬（スキ）を賜っている。この記事は、皇子から進大肆（令制少初位）までに鍬を臨時的に支給したものであるが、注目されるのは、上位下位を通じて広く官人に鍬を支給した点である。したがって、本木簡についても、定期的な俸禄（＝季禄）としての支給ではなく、それとは別の臨時的な鍬の支給であった可能性も十分に考えられよう。

筆者は、「原初的な季禄」については、改新詔第一条において、大夫層以上が食封をもらい、それ以下が布帛を賜るとある点を重視すべきだと考えている。草創期の「季禄」は大夫に至らない中下級官人に対する給付であり、官位相当制が未成立のなかで、官人が帯びる位を基準として支給された。一方、大夫以上層はその身分を示す「位」概念に基づき諸給付がなされるものであった。したがって、「職」概念に対応する「季禄」が、大夫以上層に適用されていくのは大化期を降り、早くて斉明・天智朝段階、遅ければ天武朝段階になって漸次適用されていったのではないか。天武朝段階において、大夫以上層の有官者にも漸次「季禄」が支給されるようになり、浄御原令において、帯官の相当官位に基づき、大夫以上・以下を問わず、全職事官に給付する大宝令と同様の制度が成立したと考える。

かかる憶測からすると、出土木簡には「大花下」(令制従四位)、「小山上」(令制正七位)、小乙下(令制従八位)とあって、大夫層の冠位である「大花下」木簡が含まれている点において、これらが「原初的な季禄」を示すものとする理解に違和感を覚えるのである。この木簡が意味するものについては、今後、さらに慎重な検討を行っていく必要があると考える。

おわりに

以上、本稿が述べたことを要約しておく。まず、天武・持統朝の食封制に対する政策基調を考察し、封戸の税を廃止する等、天武朝では食封を次第に抑制しようとする政策基調であったこと、持統朝では天武朝の政策基調を踏襲しつつも、融和的な在り方をとって直広肆以上に対する食封の制度化を進めたこと、浄御原令に基づく食封制は持統天皇五年の増封措置に伴い実行されたことを確認した。さらに同令の食封支給額と大宝令制・慶雲制に至る変遷を検討し、文武朝では天武朝の食封抑制策を復活させ、大宝令編纂に際して支給額半減及び一部廃止を意図したが、貴族層の反発により実施できず、結局、浄御原令制をほぼ復活させる慶雲改定が行われたと考えた。また、季禄制については、大宝令制と同様の制度は浄御原令制で成立したことを再確認した上で、原初的な季禄に関わる史料とされることがある飛鳥京跡出土木簡について、臨時的な支給に関わるものであった可能性を指摘し、原初的な季禄とは、改新詔が言うように、大夫に至らない中下級官人への賜与であり、それが大夫層以上に及ぶのは比較的後代になってからではないかとの憶測を提示した。

律令国家の強固な食封抑制策の意思と、貴族層の反発からは、大化前代の大夫層に由来する五位以上有位者の伝統的な存在感と[注38]、五位以上有位者と食封受給との密接不可分な関係、大夫層の身分標識としての食封という伝統的意味あいが当時濃厚であったことを強く窺うことができる。このような食封をめぐる国家と貴族層との関係は、かつて、石母田正氏が改新詔第一条を考察した際、極めて明確かつ強烈に指摘された事柄でもある[注39]。本稿では、この様相を「食封をめぐる政治史」と表現しておきたい。また、食封・季禄いずれも、その制度の大綱は浄御原令で定まったものとみてよい。大宝令が描いた食封・位禄制は、その対象範囲、支給額において、結局のところ、浄御原令制に大きく回帰し、八世紀代継続したのであった。

筆者は、食封や季禄といった貴族官人の生活を保障する俸禄制度と、天皇と貴族官人が共同飲食等を通じて交歓する饗宴制度は、両者相まって律令国家の給与制の大枠をなすものと考えている[注40]。浄御原令制下の持統朝においては、天皇と貴族官人層との間で行う饗宴制度が成立上の画期をなしたことを別に論じたが[注41]、本稿で扱った食封や季禄の制度も浄御原令制において事実上成立しており、俸禄制と饗宴制からなる給与制は全体として、浄御原令段階で確立したと評価できる。浄御原令と大宝令との法典としての段階差については夙に議論のあるところであるが[注42]、この段階差論について、給与制の観点からどのように肉薄できるか、今後の課題としたい。

また、本稿では、改新詔第一条、品部廃止詔などといった大化期の給与制の諸問題については、検討する余裕がなかった。今後の課題であることを深く認識しつつ、ひとまず擱筆することとする。

注

1　食封・季禄といった律令官人給与の概要については、拙著『日本古代の国家と給与制』吉川弘文館、二〇一二年、序章参照。なお、律令条文の引用・番号は井上光貞他編『律令』（日本思想大系第三巻）岩波書店、一九七六年による。

2　本稿で使用する史料は断りのない限り『日本書紀』である。

3　改新詔にみえる大化期の食封制創設を否定し、その端緒・成立を天智・天武朝段階とする代表的な説として、鬼頭清明「食封制の成立」『日本史研究』第九三号、一九六七年。石母田正『日本の古代国家』岩波書店、一九七一年（『石母田正著作集第三巻　日本の古代国家』岩波書店、一九八九年所収）がある。一方、改新詔のとおり給与制が大化期に整備されたとみる見解として、若月義小「食封制の再検討――古代官僚制研究の一視点」『立命館文学』第五〇四号、一九八七年。同『冠位制の成立と官人組織』吉川弘文館、一九九八年。大山誠一『古代国家と大化改新』吉川弘文館、一九八八年などの研究がある。

4　通説的見解の代表として、井上光貞「大化改新と東アジア」初出一九七五年、『古代の日本と東アジア』（『井上光貞著作集』第五巻）岩波書店、一九八六年所収。なお、改新詔の研究史として、野村忠夫『研究史 大化改新 増補版』吉川弘文館、一九七八年。山尾幸久「「大化改新」の研究方法」『「大化改新」の史料批判』塙書房、二〇〇六年。大隅清陽「大化改新論の現在」『日本歴史』七〇〇号、二〇〇六年を参照。

5　吉川真司「律令体制の形成」歴史学研究会・日本史研究会編『東アジアにおける国家の形成』（『日本史講座』第一巻）東京大学出版会、二〇〇四年。

6　「百姓」の具体的対象については、津田左右吉以来議論がある。吉村武彦「大化改新詔の第一詔について」小笠原長和編『東国の社会と文化』梓出版社、一九八五年がこの問題を整理している。「村首」に相当するとの理解が多いが、不明な点が多い。

7　注3～6に掲げた各論文、及び、水野柳太郎「大安寺の食封と出挙稲（一）――施入時代――」初出一九五五年、『日本古代の食封と出挙』吉川弘文館、二〇〇二年所収。同「出挙の起源とその変遷」初出一九五九年、前掲書所収。原島礼二「天武紀の食封関係記事について（上）（下）」『続日本紀研究』七巻一〇号、一一号、一九六〇年。高橋崇『律令官人給与制の研究』吉川弘文館、一九七〇年。湊敏郎「食封制の成立について」初出一九七〇年、『姓と日本古代国家』吉川弘文館、一九八九年所収。時野谷滋『律令封禄制度史の研究』吉川弘文館、一九七七年。西川重幸「初期食封制について――食封成立期の意義を中心として――」『日本書紀研究』第九冊、塙書房、一九七六年。熊田亮介「禄令條之外条と食封制」『文化』四〇巻三・

四号、一九七七年。平野邦雄「甲子宣の意義――大化改新後の氏族政策」初出一九七八年、『大化前代政治過程の研究』吉川弘文館、一九八五年所収。吉村武彦「改新詔・律令制支配と「公地公民制」」亀田隆之先生還暦記念会編『律令制社会の成立と展開』吉川弘文館、一九八九年。仁藤敦史「七世紀後半における公民制の形成過程」『国立歴史民俗博物館研究報告』第一七八号、二〇一三年など参照。

8 大隅清陽「律令官制と君臣関係――王権の論理・官人の論理――」初出一九九六年、『律令官制と礼秩序の研究』吉川弘文館、二〇一一年所収は、食封・位禄を令制前の品部領有の論理を引き継ぐもの、上日に基づく考選・季禄を律令制の新しい論理によるものとし、両者を対置して論じられている点、示唆的である。

9 鬼頭氏注3前掲論文は、天武朝以前の「食封」記事（『法隆寺伽藍縁起幷流記資財帳』、『日本書紀』孝徳天皇白雉五年（六五四）正月壬子条、同年七月是月条など）の史実性に疑問を呈した。中臣鎌足の封戸史料には注意が必要ではあるが、熊田亮介「封戸制の成立とその構造」『国史談話会雑誌』一四、一九七〇年をはじめ先行研究が指摘するように、記事の史実性は認めてよいと考える。

10 佐藤信「「壬申功封」と大宝令功封制の成立」初出一九七六年、『日本古代の宮都と木簡』吉川弘文館、一九九七年所収。

11 北村文治「改新後の部民政策に関する試論」初出一九五七年、『大化改新の基礎的研究』吉川弘文館、一九九〇年所収。

12 水野氏注7前掲「出挙の起源とその変遷」。以下、水野氏説はこれによる。なお、小口雅史「日本古代における「イネ」の収取について――田租・出挙・賃租論ノート――」黛弘道編『古代王権と祭儀』吉川弘文館、一九九〇年、二三五頁の研究史整理参照。

13 平野氏注7前掲論文。

14 なお、仁藤氏注7前掲論文では、この一連の改革のなかで、一時期、甲子宣に言う大氏・小氏・伴造等氏のうち、伴造等氏は小錦以上大夫でなければ、食封対象外となったとの理解を示されている。これは、大宝二年（七〇二）九月己丑詔「甲子年定二氏上一時不レ所レ載氏、今被レ賜レ姓者、自二伊美吉一以上、並悉令レ申」（『続日本紀』）を、甲子宣で氏上に認定されながら「伴造等之氏上」については「不所載氏」として台帳に載せられなかったとし、そのため、天武朝の真人・朝臣・宿禰・忌寸の四姓賜与に先行して、かれらに連姓が与えられたとの解釈に基づくものと思われる。しかし、大宝二年詔が指す甲子年台帳に不所載の氏とは、なにも「伴造等之氏上」に限定して解釈する必要はないのではないか。したがって、かかる理解は再検討を要するのではないかと思う。機会を改めて検討したい。なお、宇根俊範「天武八姓と甲子の宣」『史学研究』第二四五号、二〇〇四年参照。

15 岩波日本古典文学大系本・小学館新編日本古典文学全集本『日本書紀』頭注など。

16 原島氏注7前掲論文。

17 増田美子『古代服飾の研究――縄文から奈良時代――』源流社、一九九五年、一四八頁。

18 持統朝の政治基調全般を論じた古典的研究として、北山茂夫「持統天皇論」初出一九五七年、『日本古代政治史の研究』岩波書店、一九五九年所収。直木孝次郎『持統天皇』（人物叢書）吉川弘文館、一九六〇年参照。

19 青木和夫「日本書紀考証三題（補）天武天皇の諸皇子の序列」初出一九六二年、『日本律令国家論攷』岩波書店、一九九二年所収。

20 佐藤氏注10前掲論文。

21 時野谷氏注7前掲書は、天武天皇十一年三月詔によって改新詔の食封制から位封・職封が分化したとされたが、高橋氏・西川氏注7前掲各論文、若月氏注3前掲「食封制の再検討」論文をはじめ、大宝令において分化したと解するのが通説である。

22 若月氏注3前掲「食封制の再検討」。

23 高橋氏注7前掲書、西川氏注7前掲論文など。

24 西川氏注7前掲論文は、本条より、五十戸が当時の食封給付の最小単位であると指摘しているが、厳密に言えば、食封給付の最低額と言うべきだろう。

25 『続日本紀』慶雲二年十一月庚辰（四日）条、慶雲三年二月庚寅（十六日）条、『令集解』禄令第10食封条所引古記。

26 『類聚三代格』巻六位禄季禄時服馬料事、『政事要略』巻二十七年中行事十一月、『令集解』禄令食封条朱説所引。

27 鬼頭清明「位禄の支給額と課丁数」初出一九六五年、『日本古代都市論序説』法政大学出版局、一九七七年所収。

28 古く菊地康明「大同三年十一月十日官奏所載の大宝元年格について」『新訂増補国史大系月報』五二、一九六六年が、慶雲制の位封・位禄の「数的根拠は若しかすると浄御原令にあったのかも知れない」との先駆的指摘をされている。

29 高橋氏注7前掲書二〇九頁。

30 岸俊男「難波の大蔵」初出一九八一年、『日本古代宮都の研究』岩波書店、一九八八年所収参照。

31　石上英一「大蔵省成立史考」弥永貞三先生還暦記念会編『日本古代の社会と経済　上巻』吉川弘文館、一九七八年。
32　野村忠夫『律令官人制の研究　増訂版』吉川弘文館、一九七〇年、一一頁。
33　拙稿「律令俸禄制と賜禄儀」初出一九九四年、注1前掲拙著所収。
34　青木和夫「浄御原令と古代官僚制」初出一九五四年、『日本律令国家論攷』岩波書店、一九九二年所収。
35　釈文は『木簡研究』第二二号、二四四頁による。奈良県立橿原考古学研究所「飛鳥京跡第五一次調査出土木簡概報」『奈良県遺跡調査概報　昭和五一年度』一九七七年。鶴見泰寿『古代国家形成の舞台・飛鳥宮』新泉社、二〇一五年参照。
36　岸俊男「「白髪部五十戸」の貢進物付札」初出一九七八年、『日本古代文物の研究』塙書房、一九八八年所収。
37　若月氏注3前掲『冠位制の成立と官人組織』第三の三「官人給与制の創設」。
38　大夫層の歴史的意義については、関晃「大化前後の大夫について」初出一九五九年、『大化改新の研究 下』（関晃著作集第二巻）吉川弘文館、一九九六年所収参照。
39　石母田氏注3前掲書。
40　注1前掲拙稿参照。
41　拙稿「古代饗宴儀礼の成立と藤原宮大極殿閤門」佐藤信編『史料・史跡と古代社会』吉川弘文館、二〇一八年。
42　大隅清陽「大宝律令の歴史的位相」大津透編『日唐律令比較研究の新段階』山川出版社、二〇〇八年。坂上康俊「律令制の形成」『岩波講座日本歴史第3巻・古代3』岩波書店、二〇一四年参照。

日本古代における官人の学問的世界と政治的秩序

野田　有紀子

はじめに

律令国家建設を目指した古代日本では、当時の国情に合わせて唐令に改編を加えつつ継受し、その施行を試みたことが知られる。律令制の特徴のひとつである文書行政を担う官人養成のために、唐制に倣って大学寮での教育システムや登用試験（省試）制度が令文として規定された。一時は大学寮で学び省試を経た官人が政治の中枢で活躍するが、しだいに政治的地位が低下し、平安中期には大学寮は文章道や明経道などの専門家養成機関となる。ただし、大学寮での教育対象でなくなった上流貴族官人や、もっぱら仮名文学で活躍するようになった宮中等の女房も、漢籍や漢詩などの学問的世界から乖離したわけではなく、相互に関連性を保ちつつ共に学問的世界を形成していたと考えられる。また、このような律令期から平安中期にかけての学問的世界の変化は、政治的秩序の変質過程を強く反映したものではないだろうか。

そこで本稿では先行研究を参考にしながら、まず第一章で、大学寮がどのような目的や理想を掲げて律令期に創設され、それが平安中期までにどのような変容をとげていったかを整理する。つづく第二章では、平安貴族社会において、上流貴族官人および宮中等の女房が、学問的世界でどのような役割を果たし、どのように連携していたかを考察する。以上により、律令期から平安中期にかけての官人と学問的世界との関係の変遷、およびその背景たる政治的秩序の影響を明らかにしたい。

一　官人養成機関としての大学寮の興隆と変容

1　令制下における大学寮の設置と目的

唐朝において官人となるためにはおおよそ、父祖の官位によるもの（資蔭）と、尚書省の礼部試に合格するもの（科挙）があった。[注1] 科挙制度は中央集権的な皇帝独裁権強化をめざす一環として隋代に開始されたものであるが、礼部試の受験資格を得るためには、官学に入学し卒業試験に合格するか、もしくは地方州府の郷試に合格する（郷貢）必要があった。

唐に倣い中央集権的な律令国家建設を目指していた古代日本でも、早くは『懐風藻』序文に天智天皇が「爰則建二庠序一」と見え、七世紀後半には官人の教育組織が創設されたと考えられている。ただし、天武朝以降は遷都などもあって「人皆忽忙、代不レ好レ学。由レ此学校凌遅、生徒流散」（『武智麿伝』）と振るわなかったらしい。

大宝令・養老令には組織として確立した大学寮が規定された。[注2] 頭一人・助一人・大允一人・少允一人・大属一人・少属一人の四等官のほか、教員は博士一人・助教二人、書博士二人・算博士二人・音博士二人が置かれ、経学を学ぶ学生四〇〇人のほか、算生三〇人が置かれ（職員令14大学寮条）、そのほか書生も規定されている（学令15書学生条）。入学資格は、基本的には一三歳から一六歳までの五位以上子孫と東西史部子を対象とし、六位以下八位以上子も情《こころ》に願えば許された。また地方には国学が置かれ、郡司子弟が採用された（学令2大学生条）。大学では『論語』『孝経』が必修とされ、ほか『周易』『尚書』『周礼』『儀礼』『礼記』『毛詩』『春秋左氏伝』を学び（学令5経周易尚書条）、中国音による素読と内容の講義が行われ、一〇日ごとおよび年末に試験が実施された（学令8先読経文条）。在学期間は最長九年で、二経以上を学習し終えた学生は卒業試験が口頭試問形式で行われ、合格者は挙送され（学令11通二経条）、式部省にて登用試験（省試）を受ける（算生と書生は卒業試験のみ）。これには秀才・明経・進士・明法の四科があり、秀才科は方略策二条、明経科は教科書から計四経、進士は帖試と時務策、明法科は律令計一〇条について出題された（選叙令29秀才進士条・考課令70秀才条〜73明法条）。なお、神亀五年（七二八）に律学博士二人や文章学士一人などが（官位令14正七位条集解所引格）、天平二年（七三〇）に明法生一〇人と文章生二〇人が置かれたことにより（職員令14大学寮条集解令釈所引官奏）、大学寮での諸学兼学体制が改められ、明経・文章・明法科に分かれることになった。[注3]

以上のような令制下の大学寮制度は、唐国子監制度を模範としたものだが、国家の規模や国情等の差により数々の改編が加えられた。たとえば唐国子監には身分に応じた国子学（三品以上子孫など）・太学（五品以上子孫など）・四門学（七品以上子など、および庶人の俊士）と諸学を教える律学・書学・算学（八品以下子、および庶人）の計六学（『唐六典』巻二一・国子監）、ほかに門下省弘文館・東宮崇文館（皇族・外戚・功臣子孫など）が置かれたが、日本の大学寮は一校のみである。また日本では経学を学ぶ学生が大幅に減員されたのに対し、算生のみ唐制と同じく三〇人と規定されており、これは律令制施行期において、班田制実施に不可欠な土地測量や財政収支計

算といった行政事務を担う数学的知識を有する官人の養成が急務とされていたことを示すものと考えられている。[注4]

そのほか大きな違いの一つは、日本の大学寮制度には日本独自の世襲要素が色濃く反映されている点である。入学資格には「五位以上子孫」に次いで「東西史部子」が規定されているが、古記に「倭川内・文忌寸等為レ本、東西史等皆是」と見えるように、応神朝に百済から来朝した王仁や阿知使主の子孫とされる。王仁は『論語』等を奉じ、太子菟道稚郎子に諸典籍を教授した。同じく百済系渡来人の王辰爾は敏達朝に文字を教え広め、その結果、社会に孔子の学風が広まり、人々は孔子の学問を学ぶようになったという。また推古一六年（六〇八）には渡来系の僧旻・南淵請安・高向玄理らが遣隋使として派遣され、舒明四年（六三二）に帰国した僧旻は蘇我入鹿・藤原鎌足らに「周易」を講じ、大化元年（六四五）には高向玄理とともに国博士に任じられる。舒明一二年に唐から帰国した南淵請安は私塾を開き、中大兄皇子や中臣鎌子が通っていた。そのほか七世紀には、鬼室集斯が学職頭、許率母が大博士に任じられ、続守言・薩弘恪が音博士、百済末士善信が書博士、上村主百済が大学博士と見える。[注5]彼らはともに渡来系氏族や亡命百済人である。以上のように七世紀以前から、学問教授や朝廷における記録・外交文書作成などの文筆業務は、おもに渡来系氏族が代々世襲で掌ってきており、入学資格に「東西史部子」とあるのはこれを反映したものであった。[注6]

さらに「五位以上子孫」に関しても、学令21被解退条には「其五位以上子孫者、皆限二年廿一一、申二送太政官一、准レ蔭配レ色」とあり、五位以上の子孫（蔭子孫）は入学しても二一歳になれば軍防令46五位子孫条が適用されて舎人コースに組み込まれてしまう規定であった。古記・義解には「不レ論二学業成不一、皆当二申送一」と注されており、成績の善し悪しは問われなかった。五位以上子孫の蔭子孫には、大学寮には無条件で入学を許可されるものの、そのあと省試に合格して出身するというコースは期待されていなかったのである。[注7] 五位以上子孫の蔭位によって授けられる位階は、省試及第者に対して与えられる位階に対して、唐制と比べても極めて高いことから、奈良時代においては省試及第コースではなく、舎人コースを経て官途につくのが一般的であった。[注8]

すなわち大学寮は律令官人養成機関として位置づけられたものの、令の規定上、五位以上の子孫にとっては直接登用とは結びつかず、律令官人として必要な儒教的教養を取得する一手段にすぎなかったため、[注9] 大学寮ではなく自宅等での経典学習を選択する場合が多かったと考えられる。これに対し、東西史部の子および内六位以下八位以上の子にとっての大学寮とは、卒業試験を経て貢挙され省試に合格して出身するという、律令官人登用に直結する極めて重要なコースの出発点であった。この結果、大学寮は律令官人のうち、とくに明経道・算道・文章道など専門家を養成する性格を必然的に強くはらむことになる。

もう一つ大きな改編は、唐の官学に濃厚だった「礼を学ぶ場」としての役割が、日本の大学寮では大幅に除外された点である。中国において官学は、漢代以降長らく儀礼や祭祀など礼秩序を管轄する太常に属していた。そのため国子監として太常から独立した唐代においても、官人として必要な知識を経典から学ぶだけではなく、儀礼や礼秩序をも体得する場と位置づけられていた。学生は官学内の儀礼である束脩や釈奠に参加するだけでなく、正業のほか「吉凶二礼」を兼習し、公私の礼事があれば参加させることになっており、実際にも郊廟などの祭祀に斎郎として従っている。釈奠には教官や学生だけでなく、皇帝・皇太子が参列したほか、群官・道俗や諸州郷貢明経・進士も観礼し、また入朝した蕃客も「令レ観二礼教一」とされており、在籍学生のみならず皇帝以下が広く礼を観る場であった。唐には皇帝・皇太子から百官・道俗・学生・蕃客まで国家支配が及ぶ全範囲を貫く礼秩序が存在しており、それが唐国家の一つの統治理念となっていたが、官学はこうした礼秩序を維持する拠点の一つとされていた。

日本学令にも釈奠は規定され、「釈奠注、釈奠之礼、於㆑是始見矣。」（『続日本紀』大宝元年〔七〇一〕二月丁巳条）を初見として大学寮で行われるようになった。天平二〇年に釈奠の服器及び儀式を改定したと見えるが（『同』八月癸卯条）、これは吉備真備が天平七年に帰国した際、「唐礼一百卅巻」を持ち帰り、薨伝に「先㆑是、大学釈奠、其儀未㆑備、大臣、依㆓稽礼典㆒、器物始修、礼容可㆑観」（『同』宝亀六年〔七七五〕一〇月壬戌条）とあることから、真備によって釈奠儀礼が唐風に整えられたと考えられている。ただし日本ではこれ以後も、釈奠本来の中心祭祀である饋享は大学寮内部者のみが執り行い、上卿以下の公卿・殿上人は拝廟・講論から参加し、さらに講論も詩作を伴う宴座が中心とされていく。[注10] また、日本学令17行礼条「凡学生、自㆑非㆓行㆑礼之処㆒、皆不㆑得㆓輙使㆒」の「行㆑礼之処」は、義解に「釈奠及束脩之類」とまず学内儀礼があげられ、学外儀礼への参加は想定されていなかったらしい。日本には中国のような国家を覆う礼秩序は存在せず、礼秩序に基づく儀礼や祭祀の移入も大学寮内に留まったため、大学寮に礼秩序を維持する拠点としての機能は最初から期待されていなかったと考えられる。すなわち日本の大学寮は、唐官学の機能のうち、学生が律令国家の官人として必要な知識や技術を経典から修得する機能のみを選択して継受したといえよう。[注11]

さて、このように日本独自の改編を加えつつ、唐制を模範に律令官人養成機関として創設された大学寮はさまざまな振興策が図られた。早くは慶雲四年〔七〇七〕に秀才科から出身した百済君倭麻呂の対策文が残されており（『経国集』巻二〇）、大学寮で学び挙送され省試を経て律令官人となった者が誕生していた。しかしながら、「大学生徒、既経㆓歳月㆒、習業庸浅、猶難㆓博達㆒」（『続日本紀』天平二年三月辛亥条）という状態で、すぐには振興策の効果があらわれなかったらしい。『武智麿伝』には、「（大宝）四年三月、拝為㆓大学助㆒……公入㆓学校㆒、視㆓其空寂一、以為、夫学校者、賢才之所レ聚、王化之所レ宗也。理レ国理レ家、皆頼二聖教一。尽レ忠尽レ孝、率二由茲道一。今学者散亡、儒風不レ扇。此非レ所下以抑二揚聖道一、翼中賛王化上也。即共二長官良虞王一陳請、遂招二碩学一、講二説経史一。浹辰之間、痒序欝起、遠近学者、雲集星列。諷誦之声、洋々盈レ耳。……(慶雲)三年七月、徙為二大学頭一、公屢入二学官一、聚二集儒生一、吟二詠詩書一、披二玩礼易一、揄二揚学校一、訓二導子衿一。文学之徒、各勤二其業一」のごとく、大学助および頭在任中、天皇の政治を補佐する賢者才子を集め、国家統治の理念たる儒教の教えを称揚するために、大学寮振興策に尽力した様子が描かれる。

そもそも中国において官学は、漢代から長く礼秩序を掌る太常下に置かれ、隋代に国子監として独立したもので、唐代にも父祖の官品によって入学基準が設けられ、官品を有する官僚の子孫に絶対的な優先権があった。これに対し科挙制度は、秦漢以降つづいてきた門閥貴族の政治的勢力を抑制し、中央集権的な皇帝独裁権強化をめざす上で、隋代にそれまでの家柄優先の九品官人法を全廃して、有能な人材を試験によって抜擢する新たな官吏登用制度として開始されたものである。両者は同じ官人登用ルートに配置されたものの、その設置時期や目的、性格が大きく異なっていた。魏晋南北朝以前は、高い家柄の子弟は家庭で教育を受け家柄によって進仕し、家格の低い者や庶民は学問しても出世できる見込みがなかったため、官学は振るわず衰微していた。唐前半期まではまだ蔭によって官位を得る者が多かったが、国家の政策として進士出身者が優遇され高位高官に昇るようになったため、蔭によって官位を得られる貴族層までがこぞって科挙を受けるようになった。科挙受験生は増加して活況を呈し、官学も一時期は興隆したが、官学は家柄により入学が制限されていることもあり、唐代中期以降の庶民層の台頭に伴って受験資格者の主体が官学生徒から郷貢へと移り、官学は合格率が落ち込み生徒の数や質も低下し「自二天宝一後、学校益廃、生徒流散」(『新唐書』巻四四・選挙志上)という状態となった。官学生徒の合格を保証するために、天宝年間（七四二〜七五六）以降、礼部試受験生から郷貢出身者を締め出す詔勅が出されたほどである。[注12] すなわち、礼部試に合格して官人として出身するという唐令規定は、中央集権的国家を目指す唐王朝の理想型であっただろうが、その後の唐朝の政治的・社会的状況変化に伴って官学経由から郷貢経由へと主要ルートが移っていった。

このように唐において官学もしくは郷貢を経た科挙制度とは、門閥貴族の政治的権力を抑制しうる強固な皇帝独裁権力が誕生し、国家による強力な合格者優遇策が伴ってはじめて興隆したシステムであって、そうした条件が整わず、渡来系でない一般官人層の儒教的教養が広まり高まる途上であった八世紀の日本では、[注13] 大学寮教育や省試のシステムがすぐに軌道に乗らなかったのも無理からぬことであった。

これが奈良末から平安前期以降になると、律令再編の機運の高まりや、政治的変化のなかで、日本の大学寮は独自の発展を遂げていく。

2　平安前〜中期にかけての大学寮の興隆と変容

奈良末から平安初期にかけては律令再編期にあたり、大学寮や省試制度に関しても省試及第者の叙位優遇や合格基準の緩和、五位以上子孫の就学強制令、勧学田増置による経済的補強など、さまざまな方面から振興策が図られた。各氏族も、藤原氏の勧学院、和気氏の弘文院、橘氏の学館院、王氏の奨学院など学問所を建立し、子弟の学問が奨励された。

その結果、大学寮で学び省試を経て出身する官人が増加した。八世紀末〜九世紀に出身した官人たちの薨伝には、「少遊二大学一」等と大学寮で研学した記載があらわれる。[注14] とくに文章道への関心が高まったことで文章科入学志望者が激増し、文章生試が行われるようになった。弘仁一二年（八二一）には文章博士の位階も正七位下から従五位下に引き揚げられ、（明経）博士の正六位下を上回った。こうした文章生出身の官人（文人）は国史編纂や格式制定といった国家経営に関わるなどして政界で重用され、右大臣まで昇った菅原道真を筆頭に、朝野鹿取・南淵弘貞・滋野貞主・菅原是善・春澄善縄・紀長谷雄・橘広相・藤原菅根・三善清行ら、議政官として政治の中枢で活躍する者が輩出した。

平安前期には上流貴族子弟のなかにも大学寮に学ぶ者が見られるようになる。右大臣藤原良相（摂政良房弟）は二〇歳のときに大学寮に入学し、自ら願文を作るほどの能力を備えていた。また大学寮の学生に綿絹や夜具を援助し、詩作の試験を行って褒美を与えるなど、大学寮教育振興を図っている。[注15] 源寛（嵯峨皇子）や正躬王・利基王（桓武皇孫）といった皇子孫も文章生を経て官人として出身した（『日本三代実録』）。

嵯峨朝を中心とする弘仁・天長期には「文章経国」の理念のもと、漢詩や漢文学は国家の運営を支える根幹と位置づけられた。宮中や行幸先ではしばしば天皇主催の詩宴が催され、そこには皇族・公卿や、殿上から地下まで幅広い階層が集い賦詩を行い、天皇のもと君臣秩序が保たれていることが繰り返し称揚される。天皇も自ら詩作してそれに応え、文人を領導する。すなわち国家にとって詩宴とは、天皇を頂点とする君臣秩序維持を保つための儀式の一環であり、[注16] 良吏による政治改革推進を図るという政治的意味を有していた。[注17] 有智子内親王・姫大伴氏・惟氏といった女流漢詩人も詩壇で活躍し、『文華秀麗集』『経国集』にその作品が残されている。[注18]

このように平安前期においては、天皇や国家によるさまざまな振興策・優遇策の成果として、大学寮で学び省試を経て出身した官人（とくに文章科出身の文人）が重用され、政治の中枢で活躍するようになった。しかしながら、藤原氏による摂関体制が強固になるにつれて、文人は政治の中枢から締め出され政治的地位が低下していった。文人学閥のうち侍読・家司などとして摂関家と結びついた者だけがわずかに政界に食い込むことができるようになり、上級貴族に従属する関係を深めつつあった。[注19]

もちろんこれ以降も、内宴や重陽宴などの宮廷詩宴は引き続き公事として挙行され、公的世界では依然として漢詩文は高い地位を占めていたが、[注20]文人の職務は経国治世とは関わりがないものに矮小化する。『枕草子』には、「文は、文集、文選、新賦、史記、五帝本紀、願文、表、博士の申文」（一九八段・文は）、「博士の才あるは、めでたしといふもおろかなり。顔にくげに、いと下﨟なれど、やむごとなき人の御前に近づきまゐり、さべき事など問はせたまひて、御書の師にて候ふは、うらやましくめでたしとこそおぼゆれ。願文、表、物の序など作り出してほめらるるも、いとめでたし」（八四段・めでたきもの）と記されている。願文・表・申文・序は当時の貴族社会から多くの需要があり、博士により代筆され大量に制作された。[注21]すなわち平安中期において博士は、摂関や大臣といった貴顕の側でその要請に応えることこそ名誉とされたのである。[注22]

また、一〇・一一世紀になると家格の固定化にともない、特定氏族が特定官職に世襲的に就任し、さらには特定官庁を世襲的に運営する傾向が生まれるが（官司請負制）[注23]、大学寮も平安中期以降、菅原氏や大江氏といった特定の氏族が教官職を世襲するようになった。大江匡衡「請下被レ給二穀倉院学問料一令上レ継二六代業男蔭孫無位能公一状」（『本朝文粋』巻六・一七四）では、「右、伏検二故実一、菅原・大江両氏、建二立文章院一、分二別東西曹司一。……因斯此両家之伝二門業一、不レ論二才不才一、不レ拘二年歯一」とあり、両家の学問継承のためには、子弟の才能の有無や年齢は無関係であるとまで主張されている。さらに、藤原衆海の落書「秋夜書レ懐、呈二諸文友兼南隣源処士一」（『本朝文粋』巻一二・三八九）に「菅蔵不レ住名先改、桜笠長居命可レ終」（菅原・大蔵氏は大学寮に住まずに官職に就けるが、桜島・笠氏は長居したまま人生が終わってしまうだろう）と見えるように、文章道などの専門家としての昇進の道は菅原氏や大江氏といった数家に独占されるようになった。

こうした学問分野の世襲傾向はほかの官司でも見られ、主税寮・主計寮では算道を家業とする小槻・三善氏が算博士を世襲して頭・助に任じられるようになり、外記局では明経道を家業とする明経博士清原・中原氏が大外記を寡占、検非違使庁でも明法道を家業とする坂上・中原氏が明法博士・大判事・検非違使尉を世襲するようになった。注24

以上のように、唐制に倣って中央集権的な律令国家を目指していた八世紀の日本は、官人養成機関としての大学寮を、当時の政治的実情に合わせて改編しつつ導入した。奈良末から平安前期にかけての律令国家再編の機運のなかで取られたさまざまな振興策・優遇策の成果により、大学寮から省試を経て出身した官人（とくに文章道出身者）が政治の中枢で活躍するようになる。こうしたとき官人の学問的世界は、律令国家や文章経国といった理念のもとに方向付けられていた。ただし藤原氏の勢力拡大など政治的要因により、しだいに政治の中枢から遠ざけられ、職務も経国治世と関わりがないものに矮小化する。また家格の固定化に伴い大学寮関係官職の世襲化が進み、文章道などの専門家としての昇進の道も限られた数家に独占されるようになった。令制規定でも内在していた大学寮の専門家養成機関としての性格が、平安中期に至っていよいよ鮮明化・固定化したのである。

さて、結果的に平安中期以降は、文章道や明経道を専門としない一般官人層、とくに摂関・公卿以下の上流貴族官人のほとんどは、大学寮における学問教育の対象外となった。また、女性は漢詩・漢文学から離れ、宮中等の女房はもっぱら仮名文学分野の活躍が目立つようになる。ただしこうしたときも、上流貴族官人や宮中等の女房は、文章道・明経道などの専門家と学問的に乖離していたわけではなく、彼らは相互にある程度の繋がりを保ちつつ、共に学問的世界を形成していたのではないだろうか。そこで次章では、平安中期において上流貴族官人および宮中等の女房が、学問的世界のなかでそれぞれどのような役割を果たし、結びついていたかを考察する。

二　平安中期における官人と学問的世界

1　上流貴族官人と学問的世界

貴族子弟の官人としての教育はもっぱら家庭で行われた。幼学書としては中国の『蒙求』『千字文』『李嶠廿詠』など、のちに藤原公任撰『和漢朗詠集』も加わる。これらは詩形態のテキストで、暗誦により学習された。[注25]手習いは「あめつちの詞」や「難波津歌」等を用い、まず仮名一文字一文字を習得する「放ち書き」、ついで「続け書き」（連綿体）に進む。延暦寺青蓮院旧蔵『不空三蔵表制集』等の紙背文書として伝わる藤原為房男稚児の書状に「放ち書き」の段階を見ることが出来る。[注26]『九条殿遺誡』に「凡成長頗知二物情一之時ハ。朝ニ読二書伝一。次学二手跡一」とあるように、ある程度の年齢に達してから漢籍を読み始め、摂関など上級貴族は文人を家庭に召して子弟に『文選』『史記』『論語』『漢書』『白氏文集』『律』『令』といった漢籍を講義させた。平安中期になると上級貴族子弟の多くはこうして家庭で学問を身につけたのち、大学寮で学んだり秀才試や明経試を経たりすることなく、父祖の蔭によって叙位され出身した。『源氏物語』少女では、光源氏が息子夕霧の元服後に、予想されていた四位ではなく六位に叙し、しばらく大学寮で学問を修めさせることにしたのが大変希有なこととされ、それに異を唱える大宮（夕霧祖母）に対し、「高き家の子として、官爵心にかなひ、世の中さかりにおごりならひぬれば、学問などに身を苦しめむことは、いと遠くなむおぼゆべかめる。……なほ、才をもととしてこそ、大和魂の世に用ゐらるる方も強うはべらめ」（高い家柄の子弟でも漢学を修め基礎的知識を身につけることで実務的な世界で重用される）と、その効用を説いている。ただし、やはり平安中期には実際に上流貴族子弟が大学入学する例はまれで、もっぱら父祖の蔭によって位階が授けられ出仕した。

しかしながらこの時期においても、上級貴族官人にとって学問は、単なる「教養」には留まらなかった。もちろん官人としての職務遂行に不可欠な行政文書を読み書きしたり、先祖の記録を読み解き、家の記録を子孫に書き伝えたりするための、実用的な漢文読解および筆記能力は当然身につけている必要があろう。

さらに当時の貴族官人にとっては、漢詩制作能力も重要であった。摂関期における漢詩文の世界は摂関以下、幅広い人々の参与によって形作られており、しばしば宮中などで詩宴が催され、漢詩に通じた「属文上達部」「属文卿相」と呼ばれた公卿が盛んに参加した。[注27]とくに一条朝の長保・寛弘年間には、内裏の詩宴とともに、東三条院あるいは土御門第といった藤原道長邸での詩会が頻繁に開催され、漢文学活動の中心となっていた。長徳三年（九九七）から治安二年（一〇二二）までの二六年間、道長主催の詩会は計六一回に達するという。[注28]文人だけでなく公卿以下も道長主催の詩会に連なり、権力者たる道長との関係を再確認し、強化することができた。伊周も政争に敗れ失脚した後、こうした道長邸の詩会に列なるようになる。すなわち道長にとって詩会とは、文壇や公卿以下の官人を自らの秩序下に置いていることを視覚的に示す手段のひとつであった。

また道長は文人層をもその政治的支配下に置いていた。前章で触れたように、平安中期において博士の存在意義とは権力者の要請に応えることにあったが、摂関家は文人を子弟の侍読として奉仕させており、『二中歴』二・儒職歴には、良房に惟宗高尚、基経に藤原佐世・大蔵長行、忠平に大蔵善行・橘仲遠、実頼に菅原雅規、兼通に三統道統、道長に文室如正、頼通に文室如正・大江匡衡・大江時棟・藤原有俊といった儒者の名が列記されている。文人源為憲は七歳の藤原誠信のために『口遊』を、一六歳の頼通のために『世俗諺言』を撰述し、また算博士三善為康は一三歳の藤原忠通に『童蒙頌韻』を作り献上した。

　文章道を統括する大江家の嫡流たる匡衡は、早くから道長邸に出入して詩会に列なり、道長の庇護を求めて栄達を図った。「某式部権大輔・昇殿侍読・東宮学士・尾張守、是殿下（道長）吹挙之力也。挙周給㆓学問料㆒、補㆓文章得業生㆒、任㆓播磨掾㆒、聴㆓東宮昇殿㆒、又是殿下顧眄之深也」（『本朝文粋』巻七・一九六・可㆑被㆑上㆓啓挙周明春所望㆒事）と述べるとおり、匡衡・挙周父子は道長の推挙により文人や地方官として活躍した。これに対し、傍流である以言は中関白家と強く結びつき、伊周の家司的役割を果たしていたが、道長は伊周とのそうした密接な関係を嫌い、以言の蔵人補任を差し止めるなどしている。[注29] すなわち最高権力者との関係が官人や文人としての昇進や活躍に強い影響を及ぼしたのである。伊周失脚後は伊周と同様、以言もしばしば道長主催の詩会に列し、また道長妻倫子のための願文を作るなど、道長に近づいてその恩顧を求めることになった。[注30]

　さらに道長のもとには当時の貴重な典籍が集積されるようになる。とくに道長が権力を掌握しつつあった寛弘年間に顕著で、藤原行成から『楽府』、源乗方から『集注文選』『元白集』など、諸家から書籍が寄贈された。[注31] 寛弘七年（一〇一〇）には「御厨子二双」を作り、「三史・八代史・文選・文集・御覧・道々書・日本紀具書等、令・律・式等具、幷二千余巻」を納めている（『御堂関白記』八月二九日条）。また、しばしば入宋僧や宋商人が漢籍を道長に献上し、その中には版刻したばかりの貴重な宋刊本も含まれていた。[注32] こうして道長の手元に蓄えられた典籍の一部は、さらに一条天皇・中宮彰子・東宮へと献上された。学問に造詣の深い一条天皇との間柄を知的興味によって保ち、より緊密なものとする目的があったと考えられる。[注33]

　なお、それまで文章道は菅原氏と大江氏が統括し要職を独占していたが、一条朝から後一条朝にかけて北家の広業・資業、南家の実範、式家の明衡といった藤原氏出身者が儒者として活躍し儒家を起こすようになる。その要因のひとつとして、道長や頼通の政治的配慮により、藤原氏出身儒者に貴重な蔵書を利用させ、学問的環境を充実させた可能性がある。注34

以上のように、道長のような政治的権力者は学問を通じて、文人を含めた公卿以下の官人をその政治的秩序下に置き、当時の学問的世界を統制した。逆にいえばそうした官人は、学問を身につけ漢詩の才を磨くことにより、政治的権力者との社会的関係を個人的に強化し、貴族社会での栄達を図ることができた。すなわち学問とは、平安貴族社会全体を政治的に結びつけ、秩序化する媒体のひとつであった。

2 宮中等の女房と学問的世界

女子の場合も手習いは、まず「難波津歌」などを放ち書きし、ついで続け書きに進んだ（『源氏物語』若紫）。菅原孝標女は上京した頃、父親から「これ手本にせよ」と古歌の書かれた行成娘の手跡を渡されており（『更級日記』）、手習いには達筆と評判な女手を求めて手本としたようである。

村上天皇の女御藤原芳子は、幼いころ父師尹から「一つには御手を習ひたまへ。次には琴の御琴を、人よりことに弾きまさらむとおぼせ。さては古今の歌二十巻をみな浮かべさせたまふを御学問にはせさせたまへ」と教えを受けたといい（『枕草子』第二一段・清涼殿の丑寅の隅の）、当時、将来入内が予定されているような上流貴族子女の「学問」とは、習字・琴のほか、和歌知識の修得とされていたらしい。

ただし、一条天皇の中宮定子が清少納言と『白氏文集』を踏まえた「香炉峰の雪」のやりとりを交わし（『枕草子』二八〇段・雪のいと高う降りたるを）、中宮彰子は女房紫式部に『白氏文集』新楽府を進講させ、それを知った道長が漢籍を清書させて奉っているように（『紫式部日記』）、当時の貴族女性は和歌だけでなく、ある程度の漢籍知識をも習得している場合が少なくなかった。とくに文人家庭においては、紫式部が子供の頃、父為時が弟に漢籍を講義している間、旁らで聞き習っていたといい（『紫式部日記』）、その女子にある程度本格的な漢籍教育を積極的に施していたようである。[注35]『源氏物語』帚木にも、式部丞の妻「博士の娘」が、書状に仮名を使わずしっかりとした漢文で書き、夫にも漢文を教えている様子が描かれている。さらに、一条天皇は『源氏物語』を読ませて、「この人は日本紀をこそ読みたるべけれ。まことに才あるべし」と評価しているように（『紫式部日記』）、『日本書紀』など日本の史書も学習していたらしい。

清少納言は藤原行成と「孟嘗君」の故事を踏まえた「夜をこめて鳥のそら音にはかるとも世に逢坂の関はゆるさじ」の和歌を詠み交わしているが（『枕草子』一三〇段・頭弁の、職にまゐりたまひて）、宮中等の女房は男性官人と漢詩文の教養を前提とする即興的な知的応酬が求められた。清少納言と中宮定子の「香炉峰の雪」のやりとりの際に、その場にいた他の女房が「さる事は知り、歌などにさへうたへど《（その故事は知っていて和歌に詠み込みますが）》」と述べているとおり、この程度の漢詩文の教養は宮中に仕える女房としては当然備えているべき共通の学識であり、その場にふさわしい即妙の誦詠にこそ才能や教養が認められたのであった。[注36]一条朝においては紫式部や清少納言をはじめとする文人家庭出身の女房の活躍が目立つが、[注37]家庭での漢籍教育の成果によるところが大きいと思われる。

さて平安前期には有智子内親王ら詩壇で活躍する女性も登場していたが、仮名の発達と和歌の流行は、私的な位置にいた女性を次第に漢詩の世界から遠ざけていった。[注38]一〇世紀後半でも高階貴子（藤原道隆妻）のように、東宮学士成忠の娘として高度な漢詩文教育を受け、「まことしき文者《（本格的な漢詩人）》」（『大鏡』道隆）として宮中の詩宴にも詩を献じるような女性もいたが、あくまで例外的存在であった。

ただし一〇世紀の平安貴族社会においても、男性と女性との学問的世界は断絶しているわけではなかった。清少納言と藤原行成との「逢坂の関」のやりとりに見られるように、男性官人も漢詩だけではなく和歌の知識を備えて詠み、女房も和歌だけでなく漢文を解し漢籍知識を備えて応答する。少なくとも宮中においては、巧拙・深浅の差はあるものの、男女ともある程度共通する学識や教養を備えて交流していた。

また、宮中等の女房と男性官人の学問的世界は、空間的にもある程度連続していたと考えられる。清少納言が藤原行成に送った「逢坂の関」の書状は、その後、「その文は、殿上人みな見てしは」と行成によって殿上人の間に回覧され、さらに行成の源経房宛の書状でも評価されており（『枕草子』一三〇段・頭弁の、職にまゐりたまひて）、書状はそれを送った相手だけではなく、その同僚らに広く回覧されて読まれた。紫式部も女房として出仕する前、藤原宣孝が自分の書状を見せびらかしていると聞き、「ふみちらしけりとききて、ありし文どもあつめておこせずは返事かかじと」文句を言っている（『紫式部集』三二）。その娘大弐三位も男に送った書状が「上わたりもらす」（宮中で回覧）されており（『藤三位集』二五）、歌人として名高い相模は自分の書状を「あだあだしう散らした相手が、さらに奈良にまで持って行き回覧しているのと聞き恨み言を送っている（『相模集』一二一）。

当時の貴族社会では、書状は送った相手の元に留まらず、「散る」（意図せず回覧される）ことが多く、とくに宮中ではその傾向が強かった。女房の間でも「人の文など持て来るも、もろともに見、返事書き」（『枕草子』二八四段・宮仕へする人々の出であつまりて）、「返事書かむと言ひ合はせ語らふどちは、見せかはしなどするもいとおかし」（三七段・節は）、「見まほしき文などを、人の取りて、庭に下りて見立てる」（九一段・ねたきもの）、「人の破り捨てたる文を継ぎて見るに、同じつづきをあまたくだり見つづけたる」（二五八段・うれしきもの）のように、書状は書き手や相手以外の目に触れることが少なくなかった。紫式部は女房として出仕するにあたり「おほぞうにては《（いいかげんな宮仕え女では）》文や散らすらむなど、うたがはるべかめれば」と、それまで文通していた相手の多くと疎遠になったという（『紫式部日記』）。

こうした他人宛の書状も、当然のように評価・批判の対象とされた。紫式部は「清少納言こそ、したり顔にいみじうはべりける人。さばかりさかだち、真名書きちらしてはべるほども、よく見れば、まだいとたらぬこと多かり」と清少納言を批判し、また斎院選子内親王女房中将の書状を密かに見せてもらってその内容に憤っている（『紫式部日記』）。一方、清少納言も「文ことばなめき人こそ《（手紙の言葉がぶしつけな人は）》、いとにくけれ。世をなのめに書きながしたること《（世間をまるでないがしろに書き流してある言葉）》ばのにくきこそ。……わが得たらむはことわり、人のもとなるさへにくくこそあれ」（『枕草子』二四四段・文ことばなめき人こそ）と記す。この「世をなのめに」の「世」とは、書状を回覧し、情報として共有し、評価・批判する人々によって構成される社会、すなわち平安貴族社会を指すと考えられる。女房は男性官人や他所に仕える女房たちと直接交流する機会はそれほど多くなくとも、書状が回覧されることなどにより学識や教養の程度が男性官人や他所の女房の間にも伝わり、平安貴族社会で情報として共有化され、評価や批判を受けたのである。

なお、宮中等の女房だけでなく、一般の貴族女性の学識や教養の程度も大きな関心が寄せられていた。女房として出仕する前の紫式部の書状が藤原宣孝周辺に回覧されているが、この書状の評判が道長の耳にも届いていた可能性がある。宣孝の死後執筆を開始した『源氏物語』と合わせて、その学識や教養の高さの評判により、道長から中宮彰子の女房として招かれたのではないだろうか。

以上のように、平安貴族社会において宮中等の女房は文人家庭出身者が多く、そこである程度の本格的な漢籍教育が施されていた。宮中においては男性官人と共通の学識や教養を備えていることが不可欠とされ、それを以て職務を果たし交流した。そうした学識や教養の程度は書状などが回覧されることにより、男性官人や他所の女房といった貴族社会の構成員に広く情報として共有され評価を受けたのである。

すなわち、家庭における漢籍教育、共通する学問知識や教養の内容、平安貴族社会における情報の共有化といった理由から、宮中等の女房と男性官人の学問的世界は、決して断絶しているわけではなく、内容的にも空間的にもある程度連続していた。宮中等の女房も平安貴族社会における学問的世界の一翼に連なり、役割を担っていたのである。

以上、本章では大学寮が文章道や明経道の専門家養成機関となった平安中期における、上流貴族官人および宮中等の女房の、学問的世界との関わりについて考察してきた。上流貴族子弟のほとんどは大学寮で学び省試を受けて出身するコースには進まなくなったが、学問は単なる教養になったわけではない。官人としての職務遂行や日記執筆等に必要な漢文読み書き能力が必要とされたほか、道長のような政治的権力者は学問を通じて文人を含めた公卿以下の官人を政治的秩序下に置き、当時の学問的世界を統制した。官人側も学問の才により、政治的権力者との社会的関係を個人的に強化し、貴族社会での栄達を図ることができた。また、文人家庭では女子もある程度の漢籍教育が施され、漢籍の教養を身につけて女房として宮中等に出仕し、そうした教養を生かして貴族社会で活躍するようになる。すなわち、平安貴族社会という新たな政治的秩序が構築された結果、官人の学問的世界もその秩序下に再編成されたのである。男性官人および宮中等の女房はそうした学問的世界に密接に関わることで、平安貴族社会の政治的秩序のなかでより有利に活躍しえたのであろう。

おわりに

唐制に倣って中央集権的な律令国家を目指していた八世紀の日本では、律令国家の運営を円滑に進めるため、官人養成機関としての大学寮を、当時の政治的実情に合わせて改編しつつ導入した。さまざまな振興策・優遇策の成果で、平安前期には大学から省試を経て出身した官人が政治の中枢で活躍するようになる。こうしたとき官人の学問的世界は、律令国家や文章経国といった理念のもとに方向付けられていた。その後、政治的要因により大学寮から省試を経た官人は政治の中枢から遠ざけられて職務は矮小化し、大学は文章道や明経道などの専門家養成機関となった。ただし上流貴族官人にとっても学問は単なる教養となったわけではなく、政治的権力者は学問を通じて、文章道や明経道などの専門家を含めた公卿以下の官人を政治的秩序下に置き、当時の学問的世界を統制した。また、官人側も学問の才により政治的権力者との関係を強化し、宮中等の女房も漢籍の教養を生かして活躍した。すなわち平安貴族社会という新たな政治的秩序が構築されたのと連動して、官人の学問的世界もその秩序下に再編成された。

平安中期には令文に規定されたような、大学寮で学び省試を経て出身するというコースを辿る官人は一部の専門家に限られるようになったが、これにより官人の学問的世界自体が縮小したり、上級貴族官人が学問的世界から乖離したりしたわけではない。貴族社会全体に学問が普及しレベルが高められたことで、学問的知識および能力を活かせる機会や空間が官人社会全体に広がった。文章道や明経道の専門家、公卿以下の一般官人、宮中等の女房が学問的世界で果たす役割は分掌化・専門化しながらも、それらは密接に関連し合っていた。学問的世界全体は豊かに重層化・多角化し、平安貴族社会という政治的秩序の下、そこに強固な連帯感・一体感が生まれていた。すなわち日本古代において学問とは、まず律令国家建設や文章経国実現のための原動力であり、さらには平安貴族社会全体を政治的に秩序化し、相互をより密接に結びつける媒体へと変質をとげたのである。

注

1 礼部試は、開元二三年（七三五）以前は吏部試。また唐代において科挙は、一般的に貢挙と呼ばれた。唐代科挙制度については、宮崎市定「東洋的近世」（『宮崎市定全集2』所収、岩波書店、一九九二年。初発表は一九五〇年）、同『科挙』（中央公論社、一九六三年）、濱口重國「魏晋南北朝隋唐史概説」（『秦漢隋唐史の研究』下所収、東京大学出版会、一九六六年。初発表は一九四二年）、愛宕元「唐代の郷貢進士と郷貢明経――「唐代後半期における社会変質の一考察」補遺――」（『東方学報』四五、一九七三年）、妹尾達彦「唐代の科挙制度と長安の合格儀礼」（唐代史研究会編『律令制――中国朝鮮の法と国家』所収、汲古書院、一九八六年）、村上哲見『科挙の話』（講談社、一九八〇年）参照。

2 以下の条文には両令間に大きな改編は見られない。大学寮を中心とする古代教育制度については、桃裕行『上代学制の研究〔修訂版〕』（桃裕行著作集第一巻、思文閣出版、一九九四年。初版は一九四七年）、久木幸男『大学寮と古代儒教』（サイマル出版会、一九六八年）、鈴木理恵「大陸文化の受容から日本文化の形成へ」（辻本雅史・沖田行司編『新体系日本史16教育社会史』第一章、山川出版社、二〇〇二年）等に詳述されているので、詳細な制度の変遷史は必要のない限り本稿では触れない。

3 なお令制において漢籍を用いて養成されるのは男性官人のみであり、女性官人は対象外であった。医疾令でも男性である医生・針生は諸経を学習するが（3医針生受業条）、女医は安胎産難・創腫傷折・針灸之法といった医療法を「口授」され、「女医不レ読二方経一、唯習二手治一」（義解）とある（16女医条）。ただし女医が実際どのような業務にあたっていたのかは定かではなく、唯一具体的に規定されている女医の仕事は、天皇・皇后が用いる白粉作製に動員される女医一四人に米等を支給するという『延喜式』典薬寮式の規定である。拙稿「労働空間としての後宮――医疾令女医条をてがかりに――」（『お茶の水女子大学人文科学研究』第六巻、二〇一〇年）参照。

4 久木注2書。令制では民部省主計寮・主税寮や大宰府に算師がおかれ、のちには造宮職・修理職・大工寮にも算師が見える。

5 以上、『日本書紀』『古事記』『懐風藻』『鎌足伝』。

6 このほか、医生・按摩生・呪禁生・薬園生といった典薬寮諸生も先ず「薬部」（大化以前から医術を世襲した渡来系氏族）及び「世習」（三世に渡り医業を受け継いできた家）を採るとされた（医疾令2医生等取薬部及世習条）。陰陽寮諸生も先ず「占氏」及び「世習」を採ると見える（雑令7取諸生条義解）。

7 古瀬奈津子「官人出身法からみた日唐官僚制の特質」（池田温編『日中律令制の諸相』所収、東方書店、二〇〇二年）。

8 牧英正「資蔭考」（『大阪市立大学法学雑誌』第二巻第一号、一九五五年）、野村忠夫『古代官僚の世界』（塙書房、一九六九年）。

9 野村忠夫『官人制論』（雄山閣出版、一九七五年）。

10 彌永貞三「古代の釈奠について」（同『日本古代の政治と史料』所収、髙科書店、一九八八年。初発表は一九七二年）。

11 拙稿「学令に見える大学の一側面」（『延喜式研究』一六号、一九九九年）。

12 科挙制度の変遷は、注1各書参照。唐国子監制度については、多賀秋五郎『唐代教育史の研究――日本学校教育の源流――』（不昧堂書店、一九五三年）に詳述。

13 八世紀以前の学問界の中心は渡来系氏族であったが、『懐風藻』に文武天皇・大友皇子・大津皇子・長屋王や藤原不比等・房前・宇合・大伴旅人らの作品も収載されていることから、渡来系氏族だけでなく、皇族や貴族も漢詩を作成できる能力を持つ者が少なくなかった。また、正倉院文書や平城宮・藤原宮跡、大宰府跡など各地出土木簡のなかに、『千字文』『論語』『文選』『魏徵時務策』『王勃集』『楽毅論』等の漢籍や令文・九九・難波津歌の習書が発見されており、漢文の浸透度が中央から地方にまで及んでいたことがわかる（東野治之『正倉院文書と木簡の研究』塙書房、一九七七年。同『日本古代木簡の研究』塙書房、一九八三年。佐藤信『日本古代の宮都と木簡』吉川弘文館、一九九七年ほか参照）。

14 桃注2書、野村注9書。

15 『日本三代実録』貞観九年（八六七）一〇月乙亥条（薨伝）、『本朝文粋』巻八・橘広相「賦二冬日可レ愛詩序」。後藤昭雄『本朝文粋抄』二、勉誠出版、二〇一四年）参照。

16 滝川幸司「平安初期の文壇――嵯峨・淳和朝前後――」（同『天皇と文壇――平安前期の公的文学――』所収、和泉書院、二〇〇七年。初発表は一九九九年）。

17 榎本淳一「「文」と社会①――社会階層と「文」――」（河野貴美子ほか編『日本「文」学史』第一冊所収、勉誠出版、二〇一五年）。

18 大曾根章介「平安初期の女流漢詩人――有智子内親王を中心にして――」（同『日本漢文学論集』第二巻所収、汲古書院、一九九八年。初発表は一九六九年）。なお、奈良時代においても高位の女性にはある程度の漢文学・漢籍の教育が為されていたようであり、正倉院宝物の中には光明皇后筆写『楽毅論』『杜家立成雑書要略』が伝わり、阿部内親王（孝謙天皇）は唐から帰国した吉備真備から『礼記』『漢書』の講義を受けている。

19 彌永貞三「仁和二年の内宴」（注10書所収。初発表は一九六二年）。

20 西本昌弘「「唐風文化」から「国風文化」へ」（『岩波講座日本歴史』第五巻古代五所収、岩波書店、二〇一五年）。
21 後藤昭雄「文は、願文・表・博士の申文」（同『本朝漢詩文資料論』所収、勉誠出版、二〇一二年。初発表は一九九三年）。
22 後藤昭雄「大江以言考」（同『平安朝漢文学論考　補訂版』所収、勉誠出版、二〇〇五年。初発表は一九七二年）。
23 佐藤進一『日本の中世国家』（岩波書店、一九八三年）。
24 佐藤注23書。技官分野でも家業化が進み、医道は丹波・和気氏が、陰陽道では賀茂・安倍氏がそれぞれ継承していくことになった。
25 太田晶二郎「「四部ノ読書」考」（『太田晶二郎著作集』第一巻所収、吉川弘文館、一九九一年。初発表は一九五九年）、同「勧学院の雀はなぜ蒙求を囀ったか」（同書所収。初発表は一九七二年）。
26 拙稿「平安貴族子弟の寺院生活と初等教育――藤原為房一家の書状を中心に――」（榎本淳一編『古代中国・日本における学術と支配』所収、同成社、二〇一三年）。
27 後藤昭雄「摂関家の詩人たち」（『平安朝文人志』所収、吉川弘文館、一九九三年。初発表は一九八八年）。
28 後藤昭雄「一条朝詩壇と『本朝麗藻』」（注22書所収。初発表は一九六九年）、飯沼清子「平安時代中期における作文の実態――小野宮実資の批判を緒として――」（『國學院雑誌』第八八巻六号、一九八七年）。
29 後藤注28論文。
30 後藤注22論文。
31 飯沼清子「藤原道長の書籍蒐集」（『風俗』第二七巻第二号、一九八八年）。
32 佐藤道生「詩体と思想――平安後期の展開」（『岩波講座日本文学史』第三巻11・12世紀の文学所収、岩波書店、一九九六年）。
33 飯沼注31論文、同「寛弘年間の道長と元白集」（『國學院大學日本文化研究所報』二四巻六号、一九八八年）。
34 佐藤注32論文。
35 神野藤昭夫「「文」と社会②――女性と「文」」（注17書所収）。ただし、紫式部に仕える女房たちが「おまへ《（紫式部）》はかくおはすれば、御幸ひはすくなきなり。なでふをんなか真名書《（漢籍）》は読む。むかしは経読むをだに人は制しき」（『紫式部日記』）と陰口を言い、漢詩人であった高階貴子のことを世間が「女のあまりに才かしこきは、もの悪しき」（『大鏡』道隆）と批判したことからも、女性が漢籍に触れることは一般的にはあまり理解されておらず、文人でない貴族家庭では子女への漢籍教育はそれほど積極的に行われていたわけではなかったと思われる。

36 大曾根章介「『枕草子』と漢文学」（注18論集第三巻所収、一九九九年。初発表は一九八三年）。

37 川口久雄『三訂　平安朝日本漢文学史の研究　中篇』第一九章「寛弘期漢文学と源氏物語の形成」（明治書院、一九八二年。初版は一九五九年）。また、天皇乳母も文章道出身の父や夫を持つ者が多かった。

38 大曾根注18論文。

文書行政と官僚制
——正倉院文書の検討を中心に——

矢越　葉子

律令国家にとって、統治機構である官僚制と決裁およびその記録手段である文書行政（文書主義）はその運用において欠くことができない要素であった。それゆえに、両者は密接な関連性を有しており、文書行政にかかる論考の中で官僚制について触れられることも多い。これは律令国家が作成した文書群は全て官僚制機構が行った文書行政の結果と捉えることができるためであるが、日本の古代国家が形成した一次史料群としてまとまった形で現存するのは正倉院文書のみである。本稿ではこの正倉院文書の中から石山寺造営関係史料を素材として文書行政の実態を見ていき、その中に見える官僚制の様相を検討する。それに先立ち、文書行政で用いられる文書の様式にかかる令の規定を確認することとしたい。

一　日唐の公式令に規定された文書様式

後述する「解移牒符案」という帳簿の名称からも分かるように、石山寺造営機関である造石山寺所では解、移・牒、符といった文書が作成され、また受領されていた。これらの文書は公式令の中には左記のような文書の様式として規定されている。

公式令11解式条（上申文書）

解式

式部省解　申其事

其事云云。謹解。

年　月　日　　　大録位姓名

卿位姓名　　　　大丞位姓名

大輔位姓名　　　少丞位姓名

少輔位姓名　　　少録位姓名

右八省以下内外諸司。上二太政官及所レ管。並為レ解。其非レ向二太政官一者。以レ以代レ謹。

公式令12移式条（平行文書）

移式

刑部省移式部省

其事云云。故移。

年　月　日　　　録位姓名

卿位姓

右八省相移式。内外諸司。非二相管隷一者。皆為レ移。若因レ事管隷者。以レ以代レ故。其長官署准レ卿。長官無。即次官判官署。国司亦准レ此。其僧綱与二諸司一相報答。亦准二此式一。以レ移代レ牒。署名准レ省。三綱亦同。

公式令13符式条（下達文書）

符式

太政官符其国司

其事云云。符到奉行。

大　弁　位　姓　名　　史　位　姓　名

年　月　日　使　人　位　姓　名

鈴　剋伝符亦准レ此。

右太政官下レ国符式。省台准レ此。若下二在京諸司一者。不レ注二使人以下一。凡応二為レ解向レ上者。其上官向レ下。皆為レ符。署名准二弁官一。其出符。皆須二案成一。并レ案送二太政官一検勾。若事当二計会一者。仍録二会目一。与レ符倶送二太政官一。

解式は上申文書であり、所管の上級官司もしくは太政官に宛てて文書を提出する場合に用いられる様式である（文末を太政官宛の場合は「謹解」、その他の官司宛ては「以解」とする）。この解式を送ってくる官司に宛てて文書を発給する際に用いられるのが下達文書の符式である。つまり官制上の下級官司から上級官司に宛てては解式を出し、上級官司から下級官司に宛てては符式を出すのである。また一見してわかるように、解式には宛所を記さないという特徴があるが、早川庄八氏は「宛先は、太政官か、もしくは直属の上級官司に限られる。このように宛先が明確であるから、解には宛所を書く必要がない」とする。

解式―符式で結ばれない官司の間で用いられるのが移式である。公式令は例として刑部省から式部省に宛てた移を載せるが、「管隷」の関係にない、すなわち官制上で直接に上下関係にない官司の間で広く用いられた。また僧綱と諸司が遣り取りをする場合に、「移」を「牒」に代えて用いるよう規定されているが、この規定は養老令において盛り込まれたものであり、養老三年十二月七日格の「太政官牒㆓僧綱㆒、治部省牒㆓僧綱所㆒」（『令集解』僧尼令27焚身捨身条の古記）に淵源が求められるようである。この移式転用の牒は実際には僧綱や寺院に限らず、特に令外官である造東大寺司においては多用されていた。

以上のように、日本の公式令は官制における官司同士の上下関係に基づき、上申文書、平行文書、下達文書として各一種類を規定している。

これに対して、唐の公式令では、上申文書、平行文書、下達文書が複数規定されていた。周知のように、唐令のテキストは散逸し、また近年寧波の天一閣図書館で発見された北宋天聖令の写本にも公式令部分は含まれていない。しかし、敦煌発見の開元年間の「公式令」残巻（フランス国立図書館所蔵ペリオ将来二八一九号文書）は文書様式にかかる六条分の令文のテキストであり、唐公式令に移式・関式・牒式・符式・判授告身式・奏授告身式がこの順序で規定されていたことが判明している。このうち、官司間で授受される文書様式は移式〜符式部分であり、文書の使用にかかる部分のみを書き抜くと、

〈移式〉右尚書省、与㆓諸台省㆒相移式。内外諸司、非㆓相管隷㆒者、皆為㆑移。其長官署位准㆓尚書㆒。長官無、

則次官通判者署。州別駕長史馬県丞署位、亦准二尚書省一、判官皆准二郎中一。

〈関式〉右尚書省諸司、相関式。其内外諸司、同二長官一而別二職局一者、皆准レ此、判官署位准二郎中一。

〈牒式〉右尚書都省、牒二省内諸司一式。其応レ受レ判之司、於二管内一行レ牒、皆准レ此、判官署位、皆准二左右司郎中一。

〈符式〉右尚書省下符式。凡応二為レ解向レ上者、上官向レ下皆為レ符。首判之官署位、准二郎中一。其出レ符者、皆須二案成一、并案送二都省一検勾。若事当二計会一者、仍別録二会目一、与レ符倶送二都省一。其余公文、及内外諸司応レ出二文書一者、皆准レ此。

となる。各文書の機能を見ていくと、移式は尚書省が台や他省に宛てて文書を送る場合、もしくは「管隷」すなわち直接の統属関係にない官司の間で取り交わす様式である。これに対して、関式は尚書省に所属する諸司がその間で授受する場合、もしくは長官を同じくする職局の間で交わす文書に適用すべき様式として規定されている。つまり移式・関式はともに統属関係にない官司の間で交わす平行文書であるが、受信官司が発信官司と長官を同じくする官司かどうかという点で様式の使い分けがなされているのである。

次に下達文書である牒式と符式を見ると、こちらも尚書省内宛てかどうか、すなわち長官を同じくする官司宛てかどうかで様式を使い分けているようである。牒式は尚書都省が省内の諸司に宛てて発給する文書として規定されており、長官や判官による決裁（判辞）を受ける官司の範囲内では尚書省内の例に準じて牒式を使用するように定められている。これに対して尚書省が下す符の式とあるように、具体的な宛先は示されていないが、尚書省に連なる全ての官司に対する下達文書として機能したものと考えられる。

　最後に令文のテキストは残存していないが、上申文書についてもその機能を推察することができる。符式条に「凡応㆓為㆑解向㆑上者、上官向㆑下皆為㆑符。」と見えるように、日本令と同様に唐令にも解式条が存在したことが判明する。機能は日本令と同じく、解式を用いて上申してくる下級官司に宛てて下達文書を出す場合には符を用いると規定している。唐令の符式は尚書省に連なる全ての下級官司宛てに用いられたのに対して、解式は尚書省に連なる全ての官司が尚書省および直属の上級官司に対して使用した様式と考えられよう。さらに、日本の養老令の注釈書である『令集解』の解式条B部分の令釈に

　釈云、中務省内監物上㆑省之文為㆑解、判事上㆓刑部省㆒文為㆑牒。検㆓唐令㆒、尚書省内諸司上㆓都省㆒為㆑刺也。尚書省内、吏部与㆓兵部㆒、相報答者、為㆑関也。尚書省内下㆓省内諸司㆒、為㆓故牒㆒也。然則可㆑待㆓式処分㆒。

という解釈が見える。中務省内では監物が省に上申文書を提出する場合には解式を用いるが、刑部省に対して判事が上申文書を提出する場合には牒式（官人個人が諸司に上申する場合の様式。公式令14に規定。）を使用しているという問題に対して、唐の尚書省内で行われている文書様式にかかる唐令の規定について、尚書省内の諸司が尚書都省に上申する場合には刺を、尚書省内の六部同士が報答する平行文書としては関を、尚書省が省内の諸司に下達する場合に牒を用いていると解説しているのである。日本の各省に所属する官人が解式を用いるのか、牒式を用いるのかという問題には決着が付かなかったようであるが、この料釈の記載から、尚書省内の諸司が本省に提出する上申文書には刺式を用いたことが判明する。

　以上のように、唐令においては上申文書、平行文書、下達文書という文書の官制上の伝達方向に加えて、文書

が尚書省内に宛てたものなのか、省外に宛てたものなのかという差し出しの範囲についても規定があり、上中文書・平行文書・下達文書で少なくとも二種類の様式が規定されていた。この唐令の文書様式にかかる規定を日本に継受するに当たっては、差し出しの範囲にかかる部分の規定を削除し、文書の官制上の動きに関する規定のみを導入したのである。

二　『正倉院文書』に見る文書行政の実際と官僚制

1　造石山寺所の「解移牒符案」

本章では正倉院文書中の石山寺造営関係史料に残る「解移牒符案」を題材に文書行政の実態を見ていくが、まず石山寺造営関係史料と「解移牒符案」について述べる。

正倉院文書は聖武天皇の皇后である光明子の家の写経所が発展した造東大寺司管下の写経機構が残した史料群であり、神亀年間から宝亀年間に及ぶ約半世紀の間に写経所が作成した帳簿類を中核としている。写経機構の発展に伴い、各段階の史料群はそれぞれの特徴を有するが、一貫して官司所属の写経機構であるという点は変わらない。したがって、律令国家の文書行政の結果として残存した史料群ということになる。

この正倉院文書の中に、天平宝字五年（七六一）末から六年にかけて行われた石山寺の増改築に関する史料が含まれている。これは造営に際して臨時に設置された造石山寺所が造東大寺司の配下の「所」の一つであったこと、また造石山寺所に派遣された別当および案主が造東大寺司管下の東大寺写経所に所属する安都雄足・下道主・上馬養であったことにより、その多くが正倉院文書中に良好な状態で残存しているのである。これら史料は、早くから福山敏男氏により整理が進められ、またその後を受けて進められた岡藤良敬氏の補完的整理も相俟って、ほぼその基礎的な研究は達成されている。その結果、寺の造営やその財政だけではなく、労働力編成や官司の運営など多岐に渡る成果が現在までに蓄積されてきている。また、これらの成果により、さらに史料の復原研究も進展し、現在正倉院文書中において史料の原型が比較的明らかな一群となっている。

この石山寺造営関係史料の中には

・造石山寺所雑物収納帳
・造石山寺所雑材檜皮和炭納帳
・造石山寺所鉄充并作上帳
・造石山寺所銭用帳
・造石山寺所雑材并檜皮和炭用帳
・造石山寺所雑物用帳
・造石山寺所食物用帳
・造石山寺写経所充本経帳
・造石山寺写経所米売価銭用帳
・造石山寺写経食物用帳

と造石山寺所および造石山寺写経所でその事業に伴って作成した十種の帳簿が残るが、「造石山寺所解移牒符案」という造石山寺所と造石山寺写経所が日々作成した文書を書き継いだ帳簿も残存している。この解移牒符案は中間に複数箇所の欠損がありつつも、天平宝字六年正月十五日～七年六月十六日に作成された文書二百十二点を含んでおり、告朔や労劇文といった大部の文書以外の、造石山寺所および造石山寺写経所が日々作成した文書はほぼ網羅されている。この造石山寺所解移牒符案を中心に、次節以下で文書行政の実際を見ていくこととする。

なお、解移牒符案（もしくは解移牒案）という形式の帳簿は、造石山寺所のもの以外に、東大寺写経所の帳簿として天平宝字二年六月～三年七月のもの、天平宝字四年二月～八月のもの、天平宝字五年正月～九月のもの、天平宝字六年十二月～八年十一月のものの四通があり、天平宝字年間に集中して残っている。作成の開始については造東大寺司内で導入された四等官の別当任命による各所の運営と関わるとみられるが、史料が最も多く残る宝亀年間に確認されない点等、課題は残る。解移牒案については山下有美氏の文書の宛先と署名にかかる分析があり、それを解移牒符案に援用している点を申し添えておきたい。

2　文書の宛先と署名方法

石山寺の造営は保良京への遷都に伴うものであり、平城京での東大寺造営を担っていた造東大寺司の機構を活用する形で行われた。したがって、先に述べたように、造石山寺所は造東大寺司の管下に臨時に設置されたが、平城に残った造東大寺司に対して造石山寺所は近江に置かれたこと、また石山寺の造営に東大寺僧であり太上天皇や天皇との関係も深い良弁が関わったことから、上級官司である造東大寺司に指示を仰ぎ報告を行うと同時に、独自の裁量で処理を行い、また勅命を受けた案件に関わることもあった。

造石山寺所の作成した文書を文書形式ごとにみていく。

①下達文書

まず、下達文書である符式の文書であるが、符式の文書の宛先は田上山作所、甲賀山作所、勢多庄領、坂田庄領、愛智郡封租米徴収使である。田上山作所と甲賀山作所はいずれも東大寺造営用に設定された杣に設けられた造東大寺司の所であり、勢多庄と坂田庄は造東大寺司の営んでいる庄である。したがって、これら四者は造東大寺司の機構内に既存の組織である。愛智郡封租米徴収使宛の文書は一通のみであるが、徴収使に充てられた秦足人と穂積河内の二人は造石山寺所に所属する人物であるため、下達文書が用いられたのであろう。

この下達文書への署名を見ると、

安都雄足…主典安都主典

下道主　…領下（道主）、案主（下）、下（道主）

上馬養　…領上（馬養）、上馬養

のようになっており、位階を伴わない簡略なものが用いられている。また官職名にも「造東大寺司」や「造石山寺所」のような官司名は伴っていない。

②平行文書

下達文書に付された署名はほぼ一様であったが、平行文書の署名は三種に分類される。

まず、下達文書と同様の署名が付されたグループ。

安都雄足…主典安都主典

下道主　…領下（道主）、案主（下道主）、散位下、下（道主）

という署名の文書を送るのは、造物所、写経所、政所、鋳物所（鋳所）、木工所、坂田庄司、焼炭司、宇治司所、岡田鋳物所、上院政所、石山院三綱務所である。また、これらと同様な署名を持つ益田大夫所、坂田郡司宛ての案もあるが、発信機関が司（造東大寺司）となっている。

このうち、造物所、写経所、政所、鋳物所（鋳所）、木工所は、造東大寺司配下の別当が派遣されている所である。焼炭司は「焼炭司上毛野史生所」（十五214、『大日本古文書』の巻・頁、以下同様）と見え、造東大寺司の元職員である上毛野薩摩が責任者を務めていた所である。宇治司所は宇治津に所在した造東大寺司の庄の一つであり、領が責任者を務めている所である。岡田鋳物所は米売価銭用帳八月十日条に「岡田村夫王広嶋幷妻丹比須弖刀自」とみえる王広嶋が管轄していた所であり、造東大寺司および造石山寺所との具体的な関係はわからないが、銭を預けている事実から浅からぬ関係にあったものと思われる。上院は良弁の居所に付属した機関とされている。司（造東大寺司）名義で文書を作成した益田大夫所は東大寺の造営にも関与した益田縄手の司る所であり、また坂田郡司は封租米徴収にかかる内容の文書を送っている。

署名に位階を伴わない文書の宛先は、造東大寺司内の所、以前から造東大寺司と関連のある期間、上院、坂田郡司となる。

次に先のグループとほぼ同様の署名を有しつつも、安都雄足の署名に

別当主典、造寺司主典、造東大寺司主典

と付されるのが、信楽殿壊運所である。信楽殿壊運所は、信楽宮周辺にあった建物三棟の解体・運送に関与した機関であり、良弁の指示により、近江国野須郡林寺の慶宝・法宣・法順が領僧として作業の指揮をとっていた。建物の移築にのみ関与した所であり、臨時に設けられた所である可能性が高い。したがって、先のグループと比較して、造東大寺司や造石山寺所との関係は相対的に薄いと考えることができる。

最後に位階を伴うグループであるが、

安都雄足…（左記の官職名）＋正八位上＋安都宿禰

下道主　…案主散位もしくは散位＋従八位上（途中で従七位下に昇叙）＋下

の署名を付して発信する相手はいずれも造東大寺司外の官司であり、

a．左右大舎人寮、竪子所、文部省、散位寮

b．主税寮

c．左衛士府

d．近江国、愛智郡司、坂田郡司、高嶋郡司

に分類できる。aは造石山寺所および造石山寺写経所に人員を派遣している官司であり、上日報告や作業内容の報告を行っている。これら文書の安都雄足の官職名は「造東大寺司主典」「別当造東大寺司主典」のように「造東大寺司」を冠することが多い。bは備後国の租米のうち未進分を請求する内容であるが、造東大寺司名義で作成しているため「主典」のみである。cは造石山寺写経所に出仕していた仕丁私部廣国が船盗人として衛士に捕縛された事件を受けてその釈放をもとめる内容であり、安都雄足の肩書きは「別当造東大寺司主典」としている。dは石山寺の造営費用の徴収にかかる文書群である。石山寺の造営費用は東大寺と造東大寺司でほぼ半分ずつ負担したとされるが、東大寺は封戸に対する徴収権を付与する形で負担した。その対象となったのが、近江国愛智郡蚊野郷の天平宝字四年の封租米であり、造東大寺司で使用する近江国坂田郡上坂郷・高嶋郡葦積郷の封租米と併せて三郡の封租米全てを造石山寺所が徴収することとなった。その関係上、近江国および三郡に対して文書を発信しているのである。これら文書群の発信機関名には「東大寺」「東大寺司」を冠しており、造東大寺司ではなく東大寺を選択する点は封主を意識しているものと考えられる。このように、位階を伴う文書では、発信機関名や安都雄足の官職名に「造東大寺司」や「東大寺」を付すことが多いが、下道主も「案主散位」「散位」と他所向きを意識した署名となっている。

③上申文書

造石山寺所の直属の上級官司は造東大寺司であるため、上申文書である解式の文書の宛先は全て造東大寺司宛てと考えられてきた。実際に文書に付された署名の大部分は位階を伴わないものであり、これらは造東大寺司に送られたのであろう。しかし、解式の文書の中には位階を伴うものがあり、内容から

a．仕丁関係文書

b．賻物請求文書

は造東大寺司外に出されたものとみられる。

まずaの仕丁関係文書であるが、造石山寺所で従事する仕丁にかかる国養物の請求のほか、仕丁の配置にかかる内容を含む。仕丁の配置に関しては、

甲斐国司解　申貢上逃走仕丁替事

　坤宮官廝丁巨麻郡栗原郷漢人部千代（年卅二　左手於疵）

　　右、同郷漢人部町代之替

以前、被仁部省去九月卅日符偁、逃走仕丁如件、国宜承知、更點其替、毎司別紙保良離宮早速貢上者、謹依符旨、點定替丁、貢上如件、仍録事状、附都留郡散仕矢作部宮麻呂申上、謹解

　　　天平寶字五年十二月廿三日従七位上行目小治田朝臣（朝集使）

正六位上行員外目桑原村主「足床」

従五位下行守山口忌寸「佐美麻呂」

「仁部省充　石山寺奉写般若所

天平寶字六年二月三日従六位上行少録土師宿祢

従六位下守少丞當麻真人「永嗣」」

と仕丁を貢進する甲斐国司解の末尾に仁部省（民部省）が造石山寺写経所に補充する旨を追記した事例があり（四523〜524）、仕丁に関する事項は仁部省の管轄であったことが知られる。この保良京に都が置かれた時期に仁部省が保良と平城のどちらに所在したのかは詳らかにしえないが、造石山寺所から造東大寺司への文書で「進上新配仕丁肆人並備後国副充文壹張／右、依二仁部省一奉レ充員。進上如レ件。」と新配の仕丁を充文と共に送っている事例（十五153）や、造東大寺司の二月告朔の造瓦所の項に見える「請仕丁等養物参向大津宮　功八人」と仕丁の養物を大津宮すなわち保良宮に受け取りにいった事例（五127〜128）から考え、保良宮周辺に所在したと推測される。この場合、仕丁関係文書は平城の造東大寺司を経ていない可能性もある。これら文書は造石山寺所（→造東大寺司）→仁部省と移動したと考えられる。

次にｂの賻物請求文書であるが、

解　申請賻物事

合絁参匹　調布拾貳端

右。左兵庫少属従七位上出雲臣大嶋之賻物如レ件。仍差二散位寮散位従八位上下道主。右大舎人少初位上猪名部枚虫。東大寺領阿刀乙万呂等一充二受使一所レ請如レ件。今具レ状以解。

天平宝字六年七月廿三日　造東大寺司主典正八位上安都宿禰「雄足」

と石山寺造営中に死去した左兵衛少属従七位上出雲臣大嶋の賻物を請求し、その受け取りのために下道主・猪名部枚虫・阿刀乙万呂を派遣する内容となっている（四255〜256、十五229〜230）。賻物とは有位の官人が死亡した際に支給される禄物であり、喪葬令5職事官条に支給額の規定があり、職員令16治部省条の『令義解』および『令集解』諸説に賻物請求は「死人本司」が太政官に申請し、太政官が治部省にその内容を下し、治部省で審査した上で大蔵省より給うという手続きが見える。出雲大嶋の本司は左兵衛府であるが、石山寺造営に当たって造石山寺所もしくは造石山寺写経所で従事していたため安都雄足が賻物請求の文書を作成したのであろう。この文書の具体的な移動経路は不明とせざるを得ないが、『令義解』の示す手続きでは、造石山寺所（→造東大寺司）→左兵衛府→太政官→治部省（→太政官）→大蔵省、となる。また、賻物の請求をすると同時に受け取りの使者を派遣していることから、この文書に先行する文書があったとも考えられ、受領の際に持参する確認のための文書だとすると、造石山寺所（→造東大寺司）→大蔵省、となろうか。いずれにしても、この文書単独では機能しえず、他の文書を副える必要がある。

以上、①〜③と文書様式毎に造石山寺所および造石山寺写経所の作成した文書を見てきたが、発信先に応じて署名を変えていることがわかるであろう。特に造東大寺司内には位階を伴わない署名、造東大寺司外には位階を伴う署名を付す点は明確に使い分けており、造東大寺司の内外という点は強く意識していたと言える。文書様式にかかる唐令を日本に継受した際に削除された尚書省内、尚書省外という差し出しの範囲にかかる規定が、造東大寺司内においては形を変えて現れているのである。日本令制定時には不要として様式を削除されたものの、実際の文書行政の場では発信先が官司内なのか官司外なのかという区別は必要であったのである。

3 「牒」と明記されない「牒」

前節では文書様式の明確なものを見てきたが、ここでは文書様式の不明な文書を扱う。

解移牒符案に記された文書や帳簿の紙背に転用された文書はいずれも案であり、相手に渡った正文ではないため、実際に発信された正文では文書様式が書かれている可能性はある。しかし、石山寺造営関係史料中には文書様式を記載しない文書が一定数存在していることから、これらは意図的に文書様式を選択しないまま発信したと考えられる。

署名に位階を伴う文書は、要劇銭の申請（宛先不詳、十五156・十五196～197）、人員派遣に関する文書（散位寮宛：十五157～158、大舎人寮宛：十五159・十五163～164・五141～142）、仕丁関係文書（民部省宛ヵ、十五246）の七通であり、これらはいずれも造東大寺司外に発信されるものと考えられる。また、これらの文書には使人の記載にも「右大舎人少初位品治石弓」、「散位少初位下工廣道」（いずれも要劇銭の申請）のように必ず位階が記されている。

署名に位階の見えない文書のうち、内容より石山寺宛てということが判明する一通（十五249～250）以外の一二通（十五147・十五152～153・十五153・十五162・五145～146・十五189・十五217・十五233～234・十五235～242・十五244～245・十五250・十五250～251）はいずれも人員の配置転換、禄物の支給、上日・行事報告、奈良への引き揚げなどに関するものであり、造東大寺司宛てと考えられる。

また、日付未詳の十五180（四月一～四日のいずれか）、四月二日付けの十五182～183・五201～204、四月七日付けの十五185の四通は天平宝字六年三月末の孝謙上皇発願の鋳鏡関係文書である。この鋳鏡は当初は石山で作業をするべく画師の召喚・原料の入手・予算案の作成などの準備が進められたが、結局四月十日前後に作業は造東大寺司の鋳物所に移管された。十五180は鋳工召喚のための文書、十五182～183・五201～204は予算案、十五185は原材料の入手のための文書である。十五180には先行して造東大寺司政所および造東大寺司に対して鋳工派遣の要請をする内容の石山院牒（十五177、三月二五日付）が存在するため、十五180の宛先は造東大寺司であろう。署名も位階を伴わない形のものである。十五182～183・五201～204は予算案であることから、発注者である孝謙上皇に宛てて提出されたものと考えられ、十五182～183は「主典安都宿祢」と造東大寺司内部宛ての署名であるものの、五201～204の署名を見ると「主典正八位上安都宿祢雄足」となっており、造東大寺司外に提出されるものとみられる。吉川真司氏の指摘する天皇・上皇―女官・良弁―造石山寺所―造東大寺司という命令系統が存在するのであれば、署名に位階を有する五201～204は良弁を通じて上皇に提出されたのであろうか。十五185は、予算案提出の結果として内裏に無い物品が明らかになり、「一白鑞直　鉄生直／右、被㆓笠命婦宣㆒云、為㆑鋳㆓御鏡㆒、上件物都无㆓於内裏㆒、宜㆔早速令㆓買用㆒者、今不㆑得㆓其価平章㆒、乞察㆑状、中国等勘問、早速申上」とその不足分を造東大寺司に平章（価格調査）するよう伝える文書である。この文書への返信（五243～244）

政所　牒石山院

（中略）

一白鑞小一斤直百六十文〈此去年四五月之間価也。自茲以後司申無買。〉
一鉄生直者、由来無買、仍不得平章

（中略）

以前、依今月八日牒、施行如件、故牒

天平宝字六年七〔四〕月九日卯時　主典阿刀連酒主

判官葛井連根道

が残存しているため、造東大寺司政所宛ての文書であることは明白である。署名も「主典安都宿祢」と造東大寺司内部宛てのものである。またこの返信の中に、「依㆓今月八日牒㆒施行如㆑件」とあることから、造東大寺司政所ではこの解式を用いない文書を「牒」として理解していたことが分かる。つまり、奉勅宣などを受けて造石山寺所で作成した文書は、宛先は上級官司の造東大寺司であるため本来解式を用いるべきであるが、内容の重要性によっては敢えて書出・書止に「解」を使わない文書を作成し、それは「牒」として認識されていたのである。

　このような上級官司を飛び越えてさらなる上位者の命令を受けるような事態は通常は存在せず、公式令にはそのような場合の文書様式は規定されていない。しかし、造石山寺所では敢えて公式令に反する書式の文書を作成し、奉勅宣にかかる内容を伝達したのであろう。また、同様に、造石山寺所以外を本司とする人物の上日報告など造石山寺所の管轄事項以外の内容を造東大寺司に報告する際も、解式を採らずに書式不詳の「牒」のまま送付していた様子が窺える。これら重要事項を含まない内容の文書で「牒」式を採用した理由については今のところ明確にし得ないが、最終的には造東大寺司外に宛てて更なる報告がなされることを想定して、敢えて解式を避けたとも考えられる。いずれにしても、文書様式の意図的な選択により、上級官司との「管隷」関係の明示を避けているのである。

4　位階と官職――官僚制の二つの指標――

前節までに見たように、文書の作成を担当した官人たちは文書に含まれる内容や宛先にしたがって、文書様式や署名方法を選択していた。今回検討したのは奈良時代の史料群であるため、官人たちの選択する文書様式は基本的に公式令に則ったものであったが、奉勅宣による重要事項を含む場合には敢えて解式を避けた様式を用いて上級官司に連絡を行っていた。令外官が増加し、官制による上下関係が不確かになる後の時代には新たな文書様式が生み出されていくが、奈良時代には公式令に定められた様式を崩す程度のことしか行われていないと言える。

それでは、文書への署名方式はどうであろうか。最初に掲げた通り、公式令には官職・位階・姓名の三点を署名するよう示されているが、造東大寺司内で文書の授受を行う際には位階を伴わない署名が通用していた。このような位階の伴う署名と位階の伴わない署名という二つの署名方式の背景には何が存在するのだろうか。

一般に、日本の律令官僚制においては位階が身分の序列を示す指標であると言われている。しかし官司内においては位階とは別の官人の序列が存在しており、その最大の区分が四等官とそれ以外の職員との区別である。四等官は、官司を統括する長官・次官、長官と次官の下で実務に当たる判官・主典から成っており、各官職を拝しているという点で見れば判官同士・主典同士はみな等しい身分にあると言える。しかし、実際に官職毎の人員の位階が全員同じであるということは稀であり、天平宝字六年段階の造東大寺司の四等官も

長官…正四位上坂上忌寸犬養
次官…正五位下国中連公麻呂
判官…外従五位下上毛野公真人、正六位上葛井連根道
主典…正六位上弥努連奥麻呂、正六位上志斐連麻呂、従六位上阿刀連酒主、正八位上安都宿禰雄足

といったように特に主典の四名においては位階のバラつきが大きい。また四等官だけではなく、その下に置かれていた様々な下級職員に関してもこれは当て嵌まることであろう。特に造東大寺司は令外官であり、東大寺造営に際して臨時に設けられた官司である。天平宝字年間における規模は八省並みとも言われるが、その開設に当たっては職員を他の官司からの出向という形で多数集めており、写経関係史料の中にも経師や校生などの作業従事者として他官司に籍を置く人物が散見される。このように複数の集団から人員を募った場合に、同じ作業に従事する人員を位階という一元的な尺度のみで把握することは必ずしも円滑な官司の運営をもたらしはしないであろう。実際に、造石山寺所が継続している天平宝字七年の正月から二月にかけて、案主である下道主が従八位上から従七位下に昇叙されたことから、主典である安都雄足が位階の上で抜かされるという事態が発生している。しかし越階後も、造石山寺所や写経所では、引き続き下道主は安都雄足の下で勤務しているのである。

このように、官司内における官職による序列と位階による序列は必ずしも一致しておらず、その結果、拝している官職という観点から官司内での身分の序列を明示するためにも、同一官司内において文書を授受する際には位階を記さず官職＋姓名という署名を敢えて用いていたのではなかろうか。写経所文書の中には「安都主典」

（十五229）や「下案主」（五328）のように姓＋官職で人名を記す事例が見られ、口頭での呼称を反映するとも見られるものの、これらの記載および呼称が造東大寺司内で行われていた署名方式と関連するとも考えられる。さらに、位階を伴わない署名方式は既に奈良時代の諸国の下達文書の中に確認されるため（「近江国司符」天平宝字六年四月八日、五208～209、「近江国符」天平宝字六年五月一日、十五197～198、「大和国符」宝亀八年七月二日、六597等）、「管隷」関係にある部局内では位階による序列よりも官職による序列が優先され、それが署名という形に端的に現われている可能性もあろう。唐令は官司の内外という区別を文書様式の中に含めていたが、継受の段階でそれを削除した日本では、新たに署名方式によって創出したのである。

なお、造石山寺所が作成した解式文書の中には造東大寺司宛てのものと造東大寺司外宛てのものが存在していたが、これら解式文書はいったん造東大寺司に送られ、さらに外部に宛てて送られる場合には政所から発信されていたと考えられる。では、その際に発信される文書は造石山寺所で作成された文書そのものであったのだろうか、もしくは外部への発信に当たっては政所で新たに発信文書が作成されたのであろうか。造東大寺司が形成した文書群が今日に残存しない以上は明確にし得ないが、所管―被管の関係や上級官司の政所が果たしていた文書行政上の役割を考える上では重要な事柄と言えよう。仮にもし造石山寺所の作成した正文がそのまま外部に宛てて発信されるとしたら、造東大寺司においてはどのような形で案が保管されていたのかが問題になるであろう。この点については案の保管や受信文書の処理という観点から考察する必要があるが、今後の課題としたい。

参考文献

青木和夫「律令国家の権力構造」『日本律令国家論攷』岩波書店、一九九二年、一九七六年初発表
井上光貞他校注『律令〈日本思想大系3〉』岩波書店、一九七六年
岡藤良敬『日本古代造営史料の復原研究』法政大学出版局、一九八五年
岡藤良敬「造石山寺所関係文書・史料篇」(『福岡大学総合研究所報』一〇〇、一九八七年)
岡藤良敬「天平宝字六年、鋳鏡関係史料の検討」(『正倉院文書研究』五、吉川弘文館、一九九七年)
鐘江宏之「解・移・牒」平川南他編『文字と古代日本1　支配と文字』吉川弘文館、二〇〇四年
川端新「荘園制的文書体系の成立まで」『荘園制成立史の研究』思文閣出版、二〇〇〇年、一九九八年初発表
栄原永遠男編『正倉院文書の歴史学・国語学的研究――解移牒案を読み解く――』和泉書院、二〇一六年
鷺森浩幸「奈良時代における寺院造営と僧――東大寺・石山寺造営を中心に――」(『ヒストリア』一二一、一九八八年)
鷺森浩幸「天平宝字六年石山寺造営における人事システム」(『日本史研究』三五四、一九九二年)
内藤乾吉「西域発見唐代官文書の研究」『中国法制史考證』有斐閣、一九六〇年初発表
中村順昭「造東大寺司の「所」と別当――天平宝字六年造東大寺司告朔解の考察――」(皆川完一編『古代中世史料学研究』上、吉川弘文館、一九九八年)
中村順昭「律令官司の四等官」『律令官人制と地域社会』吉川弘文館、二〇〇八年、一九九八年初発表
仁井田陞『唐令拾遺』東方文化学院、一九三三年
仁井田陞著・池田温編集代表『唐令拾遺補』東京大学出版会、一九九七年
西洋子「造石山寺所解移牒符案の復原について――近江国愛智郡東大寺封租米進上解案をめぐって――」(関晃先生古稀記念会編『律令国家の構造』吉川弘文館、一九八九年)
早川庄八「公式様文書と文書木簡」『日本古代の文書と典籍』吉川弘文館、一九九七年、一九八五年初発表
福山敏男「奈良時代に於ける石山寺の造営」『日本建築史の研究』桑名文星堂、一九四三年(綜芸舎から一九八〇年復刻)
福山敏男「石山寺・保良宮と良弁」(『南都仏教』三一、一九七三年)
古瀬奈津子「告朔についての一試論」『日本古代王権と儀式』吉川弘文館、一九八〇年、一九八〇年初発表

北條秀樹「愛智郡封租米輸納をめぐる社会構成」『日本古代国家の地方支配』吉川弘文館、一九七五年
矢越葉子「正倉院文書写経機関関係文書編年目録――天平宝字六年――」(『東京大学日本史学研究室紀要』十一、二〇〇七年)
矢越葉子「造石山寺所の文書行政――文書の署名と宛先――」(『正倉院文書研究』一一、二〇〇九年)
山下有美『正倉院文書と写経所の研究』吉川弘文館、一九九九年
山本幸男「造石山寺所の帳簿」(『相愛大学研究論集』一四(一)(二)一五(一)、一九九七〜一九九八年)
山本幸男「造石山寺所の帳簿に使用された反故文書」(皆川完一編『古代中世史料学研究』上、吉川弘文館、一九九八年)
吉川真司「奈良時代の宣」『律令官僚制の研究』塙書房、一九九八年、一九八八年初発表
吉川真司「律令官司制論」(『日本歴史』五七七、一九九六年)
吉田孝「律令時代の交易」『律令国家と古代の社会』岩波書店、一九八三年、一九六五年初発表

国司と郡司
――都と地方をつなぐ仕組み――

渡部　育子

はじめに

わが国の古代国家は律令制を導入することで成熟した国のかたちを整えた。中央集権的地方支配体制の構築が図られたが、国司と郡司はその基幹となる制度である。国司制と郡司制は不可分の関係にある。研究史を繙くと、大宝・養老令に規定された郡司の位置づけについて岸俊男氏は、子弟の国学入学や兵衛・采女の貢進は郡司の特権であったが、郡司はその特権の行使も含めて、銓擬・考課などにおいて国司の支配下にあったこと、律令国家の地方統治はあくまでも中央貴族官人である国司を中心とするものでありながらも、具体的な統治の問題では「国郡司」という表現によって両者一体的に把握される場合が多いこと、本来は国司の権限である出挙や雑徭徴発に郡司が介入したことなどを明らかにした。[注1] 中央政府―国司―郡司―人民の関係についての一般的理解は岸氏の研究成果に負うところが大きい。しかし、「国郡司」という表現で国司と郡司が一体になっていることが多いとはいっても、どの部分が一体となっていて、国司は地方統治のどの部分を担当し郡司はどの部分を担当したのか。[注2] 兵衛や采女の貢進に郡司の特権という一面があることは事実であるが、ヤマト王権下に起源をもつこの制度はなかなか複雑である。

律令的地方支配体制の成立時期は、発掘調査の結果および出土文字資料と『日本書紀』などの文献史料とあわせみると、大雑把には七世紀半ば、孝徳朝に求められる。そして八世紀初頭、大宝律令の制定によっていちおうの完成をみたと考えられる。[注3] 八世紀初頭には日本列島の大部分で国・郡がみられる。しかし、国の形成と郡（評）の形成は国郡（評）制として同時に行われたわけではない。また、その淵源も律令の継受法的性質とヤマト王権以来の固有法的性質とで単純に説明できるものでもない。ほぼ全国的とはいってもかならずしも画一的ではなく、特殊な地域もある。律令国家にとって国とは何であり、郡とは何であったのか。本稿では「都と地方」を空間軸に、「ヤマト王権から律令制へ」を時間軸にとって国司と郡司を論ずることで、律令制の採用がわが国の「国のかたち」にどのような影響を及ぼしたのかという点に留意しつつ、国司と郡司にかかわる制度の理想と現実についてみてゆきたい。

一　国司と郡司の源流

国司の系譜と郡司の系譜はことなる。国司制は、全国を国という行政単位に区分し、そこに中央官人を派遣して統治させるシステムで、律令国家地方行政機構の中核に位置づけられる。国の下部機構と官人組織も、日本列島のほぼ全域にわたって画一的な基準が適用された点でヤマト王権下の地方支配とことなる。それでは律令制下の行政区である国はどのように形成され、律令国家はこのシステムをどのような方法で運営していったのだろうか。国司制の成立時期に関する議論は半世紀以上前にさかのぼる。何をもって律令国司制の始まりとし、何をもってその成立とみなすのかということは、意外と難しい問題である。これまでの研究のなかで大町健「律令的国郡制の成立とその特質」が学界の注目を集め現在にいたっている。[注4] 氏は、国の名称ではなく国の機能の成立をもって国の成立とみなした。天智朝から順次設置された国宰の国は天武天皇十二年から十四年にかけての国境画定によって領域区画としての国に転換されたとした。

律令国司制成立の画期となった法制が大宝律令であることは周知のとおりである。吉村茂樹『国司制度崩壊に関する研究』は、大宝令をもって完成した国司制の早い時期からの変化は日本律令制の特質をよく表すものであるとした。[注5] 大宝令に定められた内容が変化することを崩壊と位置づけるのが妥当であるかどうかは別として、国司制の展開過程で大宝令とことなる面がみられたことは事実である。一九九〇年代以降、国の行政機構、文書行政の実態や国府の実態が詳らかにされたことによって国司制研究は大きな進展をみた。二〇〇〇年代になってから考古学との協業は多くの成果を生みだした。佐藤信『古代の地方官衙と社会』は、全国各地の国府遺跡の発掘調査の成果と文献史料をあわせて解釈した。[注6]『古代地方行政単位の成立と在地社会』、「特輯　古代国府の成立をめぐる諸問題（上）（下）」は国府の成立に関する詳細な研究成果を掲載する。[注7] 国府の成立時期は八世紀第２四半期あるいは八世紀中葉とみられ、国庁は七世紀末から八世紀前半に成立していたことも確認されている。時間がかかったのは建物や空間の整備だけであったのか、国司制を運用するためのさまざまなシステムもそうであったのか。

このような多岐にわたる問題があることに留意して原点に立ち返ってみよう。「国司」の語の文献史料上の初出記事は『日本書紀』仁徳天皇六十二年五月条「遠江国司表上言、有㆓大樹㆒、自㆓大井河㆒流之、停㆓于河曲㆒。其大十囲、本一以末両。時遣㆓倭直吾子籠㆒令㆑造㆑船、而自㆓南海㆒運之、将㆓来于難波津㆒、以充㆓御船㆒也」で、「遠江国司が『大樹が大井川から流れてきて川の曲がり角に止まりました。大きさは十囲で、[注8]根元はひとつで先がふたつにわかれています』と上表文を奉った。そこで倭直吾子籠を遣わして船を造らせ、南の海より運び難波津に持ってきて官船とした」という内容である。この記事から、大木が流れ着いたという国司の報告を受けて使者が派遣され船を造ったことがわかる。このようなケースは令制下においてもみられ、疫病や災害が発生した場合などに多数、確認できる。[注9]仁徳紀は律令国司制の萌芽的なものすらなかった時期のことであるが、「国司」と記されたのは地方で起きた事柄が中央に報告され、その結果、使者が派遣されるというパターンに類似性が認められたからであると考えられる。

国司の淵源はヤマト王権下のミコトモチにさかのぼる。ミコトモチから律令国司への転換の時期はいつなのだろうか。

まず、大化元年八月の「東国等国司」派遣にはじまる一連の使者について『日本書紀』大化元年八月丙子朔庚子条・大化元年九月丙寅朔条・大化元年九月甲申条・大化二年正月是月条・大化二年三月癸亥朔甲子条・大化二年三月辛巳条・大化二年三月甲申条・大化二年八月庚申朔癸酉条から、「東国」・「諸国」・「倭国六県」・「畿内」に、地域を区別しながらも、ほぼ同じ内容の任務を課せられた使者が派遣されたことがわかる。その任務は人口調査や土地の所有状況の調査、武器の収公など、人民支配の根幹をなすものである。ここに東国国司をはじめ大化における遣使がそれ以前のミコトモチとことなる点がある。乙巳の変後、新政権の大まかな方針は、二年正月の改新の詔を出す以前に、孝徳天皇即位前紀六月乙卯条の大槻樹下の盟に示される。盟の内容や「郡国」という表現は、中国・唐の統治理念や制度の影響を強く受けていることを示す。ただ、現実には構想のとおりにはゆかず、朝使派遣も全国的には変則的な形になったものと考えられる。

孝徳朝の国司には律令国司制の嚆矢とみなされる側面がある一方、国郡（評）制による個別人身支配にはいたっていない面もみられる。

『日本書紀』白雉元年二月庚午朔戊寅条

穴戸国司草壁連醜経、献二白雉一曰、国造首之同族贄、正月九日、於二麻山一獲焉。

『日本書紀』白雉元年二月甲申条

又詔曰、四方諸国郡等、由二天委付一之故、朕総臨而御寓。今我親神祖之所レ知穴戸国中、有二此嘉瑞一。所以大二赦天下一、改二元白雉一。仍禁レ放二鷹於穴戸堺一、賜三公卿大夫以下至二于令史一、各有差。於レ是褒二美国司草壁連醜経一、授二大山一、幷大給レ禄、復二穴戸三年調役一。

穴戸は長門の古名と考えられる。白雉は『延喜式』治部省祥瑞条では中瑞とされる。このとき穴戸国司が献上した白雉は、国造である首の一族の贄が正月九日に麻山で捕獲したものである。この時期に令制下の一国一員の国造の制度はまだ成立していなかったから、贄は旧国造一族ということになる。行政区としての評が設置されている時期であるが、国司—国造の関係が確認できる。同様の事例が斉明朝においてもみられる。

斉明天皇四年にはじまる阿倍比羅夫の北征は五年、六年と三回続いた。四年四月の遠征の結果、七月に蝦夷が朝貢した。[注10]朝廷では彼らを手厚くもてなし、柵養蝦夷と渟代郡大領・少領、津軽郡大領・少領、都岐沙羅柵造、渟足柵造らに冠位を与えた。比羅夫は越国守として渟足柵造を動員したものと推測される。三回目の六年三月の遠征では比羅夫軍と粛慎との間に武力衝突がおきた。[注11] この戦闘で殺害された能登臣馬身龍は能登地方の国造系豪族である。越には高志深江国造や高志国造、道君など阿倍氏と同族関係があると思われる豪族が分布する。比羅夫の越国司任命は、そのような氏族の伝統的性格とかかわっているのではないかと考えられる。比羅夫は渟足柵造を掌握すると同時に、国造系豪族配下の軍事力を利用していたのである。

七世紀第3四半期の地方行政機構は発掘調査で出土した木簡の記載内容から、かなり鮮明になってきた。[注12] 二〇〇二年に奈良県高市郡明日香村の石神遺跡第十五次調査で出土した乙丑年の年紀をもつ木簡から、乙丑年（六六五年）に後の美濃国武芸郡大山郷で国―評―五十戸の支配が行われていたことがわかった。[注13]

・乙丑年十二月三野国ム下評
・大山五十戸造ム下部知ツ
□《従カ》人田部児安
（『飛鳥・藤原宮発掘調査出土木簡概報』一七―三四）

国―評―五十戸という関係がみられるのは、この木簡が発見されるまでは、もっとも古い年紀は一九九七年に飛鳥池遺跡から出土した木簡に記載される丁丑年（天武天皇六年、六七七）であった。

・丁丑年十二月三野国刀支評次米
・恵奈五十戸造　阿利麻
（『飛鳥・藤原宮発掘調査出土木簡概報』一三―一三）

石神遺跡出土の木簡から全国的規模で戸籍が造られた庚午年籍以前に国―評―五十戸の形での人民支配が行われたことがわかる。ただ、五十戸の掌握は大宝令にみられる個別人身支配ではなく、評司が五十戸分を請け負うという形が想定される。この木簡の五十戸造（人名）の造には、代表者の意味があったと考えられる。[注14]

五十戸表記については、里に先行する表記という鎌田元一氏の見解が妥当であると考えられる。[注15] 国―評―五十戸は国―郡―里という表記に先行する行政区分と考えられる。五十戸の編戸の始まりの時期をどこまでさかのぼって考えることができるのかということが問題であるが、大宝令にみられるような領域的編戸が庚午年籍以前に全国的に実施されたとは考え難い。したがって、その編戸の実体は族制的編戸と考えるのが妥当であろう。すなわち、律令制＝領域的編戸（五十戸一里）の確立への準備段階として、族制的編戸による人民掌握システムが日本列島の広範囲に実施された時期があったものと推測される。[注16] 国―評―五十戸制の成立時期については孝徳朝に認める見解が出されている一方、[注17]「国―評―五十戸」木簡の国は、乙丑年・丁丑年とも美濃国の特殊な例とする見解もある。[注18] 乙丑年（天智天皇四年、六六五）は、『住吉大社神代記』の播磨国賀茂郡椅鹿山領地田畠の由来を記した箇所にもみえる。「乙丑年十二月五日、宰頭伎田臣麻呂・助道守臣壱夫」とあることから、初期国司に頭・助の官制があり、長官は宰頭と称せられていたことがわかる。[注19]

律令国司制の原型は天智朝には成立していたものと考えられるが、全国画一的な体制が確立していたわけではない。大化の新政権は中央集権的支配を目指していたが、発足当初はヤマト王権下のミコトモチをアレンジする形をとった。見方を変えれば当時のわが国には唐制を継受する素地があったともいえる。そして、ミコトモチの系譜は八世紀の朝使派遣につながる。

このような国司の系譜に対して郡司の系譜はどうであったのか。

郡司の系譜はヤマト王権下の地方豪族に求めることができるが、ヤマト王権下における地方の支配者としての実績がそのまま令制下の郡司任用基準となったわけではない。令制下の郡司任用については選叙令に規定される。

選叙令郡司条

凡郡司。取下性識清廉。堪二時務一者上。為二大領少領一。強幹聰敏。工二書計一者。為二主政主帳一。其大領外従八位上。少領外従八位下叙之。其大領少領。才用同者。先取二国造一。

郡司には官人としての素養が求められたのであるが、それは改新の詔にすでにみられる。

『日本書紀』大化二年正月甲子朔条

（上略）凡郡以二四十里一為二大郡一、三十里以下四里以上為二中郡一、三里為二小郡一。其郡司、並取二国造一。性識清廉堪二時務一者為二大領少領一。強幹聰敏工二書算一者為二主政主帳一。（下略）

改新の詔には書紀編者の文飾が施されていることを考慮しなければならないが、それは郡の文字や官職名などであって、内容は当時のものを反映していると考えられる。したがって、新政権が郡司を地方官として位置づける構想をもっていたと判断できる。それでは律令国家地方官人としての郡司の始期を孝徳朝とみなすことができるのかといえば、短絡的に結論を出すことはできない。建評は大化の段階で行われたが、地方官人としての郡司の創出には時間がかかった。

律令国家の官人養成のための制度としては、中央における大学のほか、トネリとして一定期間出仕して官人としての素養を身につけさせるトネリ制がある。[注20]天武天皇二年に、初めて出仕する者は大舎人として仕えさせ、才能によって適職につけるようにという詔が下された。[注21]トネリとしての出仕は中央官人の子弟のみならず、地方豪族の子弟にもその機会が与えられていた。出仕したトネリが郡司になるには、軍防令兵衛考満条にその可能性が示されている。郡司になる条件としてトネリを経験することは有利であったらしく、たとえば、大領に任ぜられたい旨を上申した他田日奉部神護は、当時、中宮舎人であった。[注22]国司が王権に忠実な官人であり、一方、郡司も中央に出仕した者は、その間に、官人としての素養を十分身につけていれば、律令国家の地方支配は、国司を通した形でスムーズに展開するはずであった。しかし、現実には理想とはかなりことなる一面もみられる。一例として郡領任用についてみてみよう。

郡領は、官人の任用方式からいうと奏任官にあたり、大宝令施行段階では国司によって銓擬され、任用の手順は、国司によって銓擬された後、その名簿が式部省に提出され、奏任の手続がとられたものと考えられる。[注23]ところが、天平七年、式部省が国司銓擬に介入するようになる。

『続日本紀』天平七年五月丙子条

制。畿内七道諸国。宜㆘除㆓国擬㆒外。別簡㆓難波朝廷以還。譜第重大四五人㆒副㆖レ之。如有㆘雖レ无㆓譜第㆒。而身才絶倫。并労勤聞レ衆者㆖。別状亦副。並附㆓朝集使㆒申送。其身限㆓十二月一日㆒。集㆓式部省㆒。

この格では副擬制、すなわち国司推薦の候補者を複数名にして式部省が郡領任用にかかわる権限を大きくした。国司の権限が相対的に縮小されたことになる。また、この格ではヤマト王権下での実績ではなく「難波朝以還」の仕奉の実績を譜第とし、郡司任用の要件とした。郡司と天皇との特別な関係は仕奉という概念で表される。そして仕奉は郡領任用基準としての譜第の内容と深くかかわるのである。[注24]

郡領任用が絡む問題は大宝令施行後の早い時期からみられる。

『続日本紀』和銅六年五月己巳条

制。夫郡司大少領。以二終身一為レ限。非二遷代之任一。而不善国司。情有二愛憎一。以レ非。為レ是。強云二致仕一。奪レ理解却。自レ今以後、不レ得二更然一。（下略）

国司が郡司の意に反して解任させることを禁じたものである。国司と郡司の関係、中央官人である国司、地方豪族に出自をもつ郡司、王権の対応の諸相が凝縮されている。

郡司制は豪族としての側面を律令制システムに組み込むことで完結する。[注25] 王権と郡司の直接的なかかわりがみられるものに、兵衛・采女貢進や大祓の財物貢献などがあげられる。

郡司が大祓の際に行う料物貢献は大宝・養老令では神祇令に規定される。

神祇令諸国条

凡諸国須二大祓一者。毎レ郡出二刀一口。皮一張。鍬一口。及雑物等一。戸別麻一条。其国造出二馬一疋一。

この条文の前半は、郡司が大祓に際して料物を差し出すことを規定したものであるが、同条所引の古記に「問。大祓刀輸㆓皮鍬難物㆒何物也。答郡司等私輸耳」とあることから、郡司は私物を貢献しなければならなかったことがわかる。そして、この大祓の際の郡司の負担は、天武天皇五年のものとほぼ同様であり、その原型はヤマト王権下までさかのぼると考えられる。[注26]

律令国家は、前律令的なものを律令のなかに組み入れることが必要だったのであり、そこに郡司の律令的特質がある。郡司の源流は地方豪族に出自をもつという点で国司よりも前律令的色彩が濃いようにみえるが、実はそうではなく、ヤマト王権下の慣習を王権による郡司の直接的掌握という形で律令システムに組み込んだところから郡司制がはじまるのである。

二　王権と地方――采女貢進にみる国司と郡司を中心に――

王権による郡司層の掌握は中央官人である国司とはことなる。このことが端的に表れるのが采女貢進制である。唐制の継受ではなく、ヤマト王権下の慣習を律令制に組み込んだ采女貢進制には、王権―国司―郡司の関係が集約されている。ここでは律令制下の采女貢進をとおして、国司と郡司についてみてゆきたい。

国司制・郡司制の始期を何時とみなすのかは難しい問題であるが、右に述べたように孝徳朝にそれぞれ何らかの新しい施策が認められる。評の設置も孝徳朝に始まる。しかし、采女貢進で孝徳朝に画期があったのかといえば、そうではない。

采女貢進は改新の詔の第四条に定められる。

『日本書紀』大化二年正月甲子朔条

（上略）凡采女者貢㆓郡少領以上姉妹及子女形容端正者㆒。従丁一人、従女二人。以㆓一百戸㆒宛㆓采女一人糧㆒。庸布・庸米皆准㆓仕丁㆒。

郡少領の文字をはじめ文体には書紀編者の手が入っていることは明らかであるが、従丁、従女および糧、庸布、庸米の規定の有無から、この内容は大宝令条文による修文はなかったと考えられる。また、後宮職員令氏女采女条では貢進時の年齢の上限と下限が記されるが、ここにはそのような制限はない。

采女の下級女官としての位置づけは天智朝でも未整備であり、それは天智天皇が藤原鎌足に采女を下賜したことから明らかである。『万葉集』には天智天皇が藤原鎌足に采女を与えたことに対し、鎌足が喜びを詠んだ歌が載せられる。[注27] ヤマト王権下では采女を下賜することがあった。天智朝は律令的支配体制の整備がなされた時期であるが、采女の実態はヤマト王権時代に近いものであった。壬申の乱で大海人皇子と戦った大友皇子の母親も地方豪族に出自をもつ伊賀采女宅子娘である。

采女が律令制に組み込まれるのは婦女出仕のシステムが形成された天武朝以降のことである。

『日本書紀』天武天皇二年五月乙酉朔条

詔㆓公卿大夫及諸臣・連幷伴造等㆒曰、夫初出身者先令㆑仕㆓大舎人㆒。然後選㆓簡其才能㆒、以充㆓当職㆒。又、婦女者無レ問二有レ夫無レ夫及長幼一、欲二進仕一者聴矣。其考選准二官人之例一。

男性は大舎人として出仕させ、能力をみて適材適所に配置することを定め、女性は夫の有無、年齢の長幼を問わず出仕の意思のある者を認め、考選は男性官人の例に准うとした。大宝令制下では婦女の出仕は貢進時の年齢に十三歳以上三十歳以下という条件がつけられており、天武朝から変化をとげたことがわかる。

律令制下の采女貢進制は後宮職員令氏女采女条と軍防令兵衛条がセットになっている。采女として貢進する女性の年齢、資質等の条件は後宮職員令に、貢進方法については軍防令に規定される。

後宮職員令氏女采女条

凡諸氏。々別貢レ女。皆限二年卅以下十三以上一。雖レ非二氏名一。欲二自進仕一者聴。其貢二采女一者。郡少領以上姉妹及女。形容端正者。皆申二中務省一奏聞。

軍防令兵衛条

凡兵衛者。国司簡下郡司子弟。強幹便二於弓馬一者上。郡別一人貢之。若貢二采女一郡者。不レ在下貢二兵衛一之例上。三二分一国一。二分兵衛。一分采女。

大宝令の規定もこれと同じ内容のものであったと考えられる。これらの規定によれば、各郡の郡司[注28]の一人は、兵衛か采女のいずれか一人を貢進しなければならなかった。兵衛は郡領の子弟のほか内六位以下八位以上の官人の子弟からも選ばれる。簡試で上・中・下の三段階にわけられたなかの中等の者が充てられた。[注29]また、下級女官の供給源である氏女には「自進仕」の者が認められているが、[注30]采女貢進の場合にはそのような自由意志の者は認められていない。兵衛・采女の貢進は、ヤマト王権下で豪族がトネリ・ウネメを貢進した慣習を制度化したもので、令制では郡単位で各郡いずれか一人となっている。兵衛か采女かを問わず郡が人一人を貢進するところに軍防令兵衛条の立法の意味があったものと考えられる。

兵衛・采女の貢進は律令国家にとって何を意味していたのかといえば、それは郡領に課した義務であったと考える。[注31]律令国家は、ヤマト王権下で豪族が服属のしるしとして行っていた慣習を令制のなかにも同様に位置づけ、具体的には、郡ごとに人一人を貢進するという規定を設けたのである。郡司あるいは郡領ではなく「郡」が単位となっているところに貢進の「理念」型を読み取ることができる。そして、采女出仕について後宮職員令と軍防令の二つの編目にわけて規定される点で、まず法規上での律令制下采女貢進の理想と現実がみられる。

王権による地方豪族掌握のためには国司の関与が不可欠であった。兵衛・采女貢進の母体は郡であるが、貢進の単位は国である。ヤマト王権下の采女貢進範囲は国造の置かれた地域とほぼ一致するが、大宝律令制定後は貢進範囲が拡大する。

『続日本紀』大宝二年四月壬子条

令下筑紫七国及越後国簡二点采女・兵衛一貢上之。但陸奥国勿レ貢。

筑紫七国は筑前、筑後、肥前、肥後、豊前、豊後、日向の七国と考えられる。大隅国の建置は和銅六年のことで、日向国の四郡を割いて行われた。[注32]一方、越後は八世紀になって国域が大きく変化した国である。それまでは沼垂、磐舟の二郡であったが、大宝二年三月に越中国の四郡（頸城・古志・魚沼・蒲原か）が移管されたことによって現在の新潟県とほぼ同じ範囲の八郡で構成されるようになった。[注33] 越後国は養老職員令大国条では陸奥・出羽とともに国司に辺境国としての特殊な任務が課せられるが、越中国からの四郡の割譲によって一般的な国と同じ性質ももつようになった。陸奥国ではこの後、采女が貢進された時期もあるが、二十年ほどで陸奥の采女貢進は停止されたと推測される。[注34]

陸奥国が采女を貢進していた期間は短く、貢進された采女の人数も他国に比べて少なかったと思われるが、そのようななかで次の歌に注目したい。

安積山　影さへ見ゆる　山の井の　浅き心を　我が思はなくに

右の歌、伝へて云はく、葛城王、陸奥国に遣はされける時に、国司の祇承、緩怠なること異甚だし。ここに王の意悦びずして、怒りの色面に顕れぬ。飲饌を設けたるといえども、肯へて宴楽せず。是に前の采女あり。風流びたる娘子なり。左手に觴を捧げ、右手に水を持ち王の膝を撃ちてこの歌を詠む。すなわち王の意解け悦びて、楽飲すること終日なり、といふ。

（『万葉集』巻十六・三八〇七）

葛城王は橘諸兄が天平八年に改賜姓する前の名と考えるのが妥当であろう。陸奥国は養老二年から神亀年中までは石背、石城が分置されており、安積山が福島県郡山市の北に位置したとすれば石背国である。葛城王が派遣されたとき、国司の接遇が非礼であったことから王には怒りの表情が現れ、飲食の饗応にも心が安らかにならなかったが、以前に采女であった風流な娘子が左手で杯を捧げ右手に水を持ち、王の膝をたたいてこの歌を詠んだところ、王のこころは解けて、終日、楽しく飲んだとある。

陸奥国から采女が貢進され、出身地に戻ったこと、国衙での饗宴の場に元采女がいたことがわかる。地方から出仕して官人としての素養を身につけ再び地方に戻るというパターンは男性のトネリにみられるが、女性の采女の場合も出仕することによって都での暮らし、宮廷でのマナーが得られたものと考えられる。そして、国司の非礼を元采女が挽回したということから、彼女の地位はよくわからないものの、後宮での勤務内容が天皇の公私に直結するものであることから、男性官人である国司よりも葛城王の意にかなう素養をもっていたものと推測される。情報伝達が人の移動によることが多かった当時、律令国家辺境の地で、采女であった者が、都と地方を結ぶ役割を果たしていた。

采女貢進制は律令の諸制度のなかでもヤマト王権時代に淵源が求められる固有法的な性格をもつものである。天智朝までは采女にヤマト王権下の性質が濃くみられる。この事実を律令的地方支配のはじまりの時期と照らし合わせてみると、評制は孝徳朝で、国司制も天智朝以前には律令的支配の原型がみられることから、采女貢進制の律令的形態への転換は比較的遅かったということができる。その理由として、出仕先での勤務体制の整備のほか、兵衛貢進と一体化し、国を単位として貢進する制度を構築するのに時間がかかったのではないかと考えられる。

采女貢進は王権が郡司に代表される地方豪族を直接掌握する特殊な性質をもつものであるが、その実現には国司の関与が不可欠であった。八世紀半ば、西海道での貢進形態の変化も国が単位となっている。[注35]出仕先の状況、貢進元となる地方豪族の動向、需要と供給のバランス等、いくつかの要因をもって変容をとげたとき、[注36]基本的な単位が残った。それが郡ではなく国であるところに采女貢進の律令的特質をみることができる。

三　律令国家地方行政機構と出羽の国支配

辺境では郡制がしかれていない地域に国司の支配が及ぶ場合がある。東北辺境の出羽国には通常の国郡制とはことなる実態がみられる。ここでは、その特殊性にスポットをあてることで、律令国家地方支配における国の機能と役割を中心に考察を加えてゆきたい。

出羽の国の成立には隣国の越後と陸奥が深くかかわる。越後国は和銅元年に出羽郡を設置するが、和銅五年九月の出羽国の建置によってその北境界線が画定された。[注37] 一方、出羽国にはその直後に陸奥国から最上・置賜の二郡を移管する命令が出された。国としての体裁を保つためには一定の人口と面積が必要である。出羽には隣国からの郡の移管のほか、北陸・東海・東山道諸国から八百戸以上もの柵戸を移住させた。『続日本紀』には最上・置賜二郡の移管記事が和銅五年十月丁酉条と霊亀二年九月乙未条の二回見える。これは記事の重複ではなく、二郡の分割命令が出されたがすぐには実施できず、霊亀元年五月に陸奥に一千戸という大量の移民計画が立案・命令されて領域拡大の見通しが立ったので、翌二年九月に実施されたと解釈すべきである。[注38] 出羽国は移民と隣国からの地域移管によっていわば人為的に造られた国であるが、その中核となった庄内地域は置賜・最上と一体にしても不都合はなかったと考えられる。国支配において国内交通路の確保は必須条件であるが、山形県沿岸地域の庄内と内陸地域の最上とは最上川河川交通路で結ばれる。[注39]

出羽の国としての位置づけは国家戦略によって大きく変わる。養老三年七月に全国的規模で設置された按察使体制下で、出羽国は養老五年八月に陸奥按察使の所管とされた。和銅五年に出羽国が建てられるまでは越後国の下にあった出羽地域が、陸奥とひとつの行政単位となった。越後国は能登、越中とともに越前按察使の所管となった。佐渡国は養老五年に越前按察使につけられた。[注40]按察使制度の本来の目的は地方行政監察の強化ということにあり、中国の唐で効果があった制度を模倣したものであるが、一国の国守が近隣の数カ国を管轄するという形態をとったので、上級かつ広域の行政権の行使が可能になる。陸奥按察使は長期にわたって存続したが、それは出羽国司の監察のためではなく広域行政権を発動するためであったと考えられる。

律令制下では、郡に編成されない地域を掌握する際、国司は集団の首長と政治関係を結ぶ方法をとった。陸奥国と蝦夷、出羽国と蝦夷の境界も流動的であった。出羽国の設置にともなって陸奥国から分割された最上郡の北に位置する雄勝も陸奥と交流の深い地域である。九世紀に陸奥国斯波郡となる岩手県北上地方は、八世紀には出羽国の支配が及んでいた。[注41]夷をもって夷を征する律令国家の支配拡大策において、蝦夷は征服すべき対象であると同時に利用できる兵力あるいは現地に精通した情報源でもあった。陸奥・出羽の支配は両国にまたがって行う必要があったのである。なお、八世紀の陸奥按察使の多くは鎮守将軍を兼任するが、この行政官と軍政官の兼任というパターンも最初から制度化されていたわけではなく、結果としてそのようになったものである。[注42]

出羽は越後国出羽郡を核に設置された国であるが、最上・置賜は陸奥から割譲した地域であり、按察使制度の創設期には陸奥・出羽をひとつの行政区とすることに問題はなかった。しかし、現在の秋田市付近の地域が組み込まれることで状況は大きく変わる。天平五年に出羽柵が秋田村高清水岡に移転すると、秋田を掌握するために多賀柵から秋田までの内陸路の確保が喫緊の課題となった。この内陸路の開通のために、天平九年、陸奥按察使・大野東人は大規模な軍事行動を起こした。しかし、この計画は雄勝に入る地で中止され、天平宝字三年、藤原朝獦が按察使のとき、雄勝・平鹿二郡の設置とともに、ようやく開通した。城柵の設置が先行する形で国・郡の整備が行われたのである[注43]。

出羽柵の秋田移転の理由については、神亀四年の渤海使来日の際のトラブルが背景にあったものと考えられる。第一回目の渤海使は出羽国の蝦夷境に到着した。この使節は二十四人のうち高官ら十六人が殺害され、下級役人らがかろうじて入京した[注44]。これは重大な外交問題である。儀礼上・国防上ないがしろにできない。天平五年十二月、出羽柵を秋田村高清水岡に遷置する[注45]。出羽国府がこのとき移転したのかということについては、国府移転を示す文献史料がないことから、国府が秋田に置かれた時期はなかったという見解もある[注46]。そのような秋田城非出羽国府論をふまえても秋田出羽柵・秋田城が国府機能をもっていたことに疑義を挟む余地はない。漆紙文書などの出土文字資料は秋田城に出羽国府が置かれたことを裏付ける有力な根拠となるが、ここでは文献史料の解釈から秋田城と出羽国府の関係について考えてみたい。

出羽国府の所在地が記される文献史料は『日本三代実録』仁和三年五月癸巳条である。国府が置かれた出羽郡井口の地は山形県酒田市城輪柵跡に比定される。移転を命じられた旧国府の近くの高台は酒田市八森遺跡に比定する説が有力である。ただし、国府はこの後、城輪に再移転したようである。「先レ是、出羽守従五位下坂上大宿禰茂樹上言、国府在二出羽郡井口地一。即是去延暦年中、陸奥守従五位上小野朝臣岑守、拠二大将軍従三位坂上大宿禰田村麻呂論奏一所レ建也。去嘉祥三年地大震動（下略）」は出羽国府の移転について審議し、旧国府の近くの地に移すことを命じたものであるが、移転場所の決定には紆余曲折があった。

井口の出羽国府の建議者の一人である小野朝臣岑守が陸奥守・従五位上であった期間は弘仁六年から弘仁十年であり、延暦年間とするのは誤りであるが、この史料から弘仁六年以降は出羽国府が庄内にあったことは確かである。ただし、それ以前については慎重に考えなければならない。出羽国府の所在地、出羽国府の移転に関して検討しなければならない史料として『続日本紀』宝亀六年十月癸酉条、宝亀十一年八月乙卯条があげられる。宝亀六年紀は「出羽国言、蝦夷余燼、猶未㆓平殄㆒。三年之間、請㆓鎮兵九百九十六人㆒、且鎮㆓要害㆒、且遷㆓国府㆒。勅、差㆓相摸・武蔵・上野・下野四国兵士㆒、発遣」というもので、政府は出羽国の要請どおりに鎮兵を派遣しているが、国府移転の是非については記されない。要害の地を鎮めることと国府移転が同時に計画されていることから、国府は反乱蝦夷の残党がいる位置にあると考えられる。蝦夷の余塵の活動がおさまらないために国府の移転が取り沙汰されているが、国府が庄内にあれば、このようなことは起きないのではないかと推測される。仮に庄内にあったとして、国府をどこへ移転すればよいのか、庄内地域内では移転の意味を見出すことができない。宝亀十一年紀からは、鎮狄将軍安倍朝臣家麻呂の、狄・志良須、俘囚・宇奈古らが秋田城は永く棄てられようとしているのか、それとも旧のように保たれるのかという問いがあったという言上に対して、政府は秋田城に再び兵士を配置することを命じたこと、宝亀の初めに国司は秋田は保ち難く河辺は治めやすいと言上し、当時の決定で河辺を治めることになったことがわかる。

八世紀前半の段階で出羽国府が秋田に置かれたことを否定する根拠は見当たらず、八世紀後半の宝亀年間の史料も秋田城出羽国府存置という解釈で矛盾がないと考えられる。

さて、出羽の国支配は郡制をともなわない地域に及ぶことがある。延暦六年に、太政官から陸奥按察使に対して、その管轄地域において王臣・百姓が蝦夷と私的に交易することを禁ずる命令が出された。違反した百姓は故按察使・大野東人の定めた法によって処罰するとあることから、八世紀前半に禁令が出されていたことがわかる。[注47]そして、延暦二十一年には狄の地の物品を私的に交易することを禁ずる命令が下された。「渡嶋の蝦夷が朝貢する際に献上する特産物は動物の毛皮であるが、都の王臣たちは品質のよいものを競って買うため、残ったものを政府に納めようとする。かなり以前にも禁止したことがあったけれども出羽国司は命令に従わず、目こぼししている。役人としてあってはならないことである。以後、厳禁する。もしこの命令に違反したならば重罪に処す」という内容のものである。[注48] また、弘仁元年には陸奥国司から、渡嶋の狄二百余人が気仙郡に来着したが、渡嶋は陸奥国所管ではないので帰らせるという報告があった。[注49] 出羽国司が渡嶋などの北方地域と恒常的にかかわっていたのである。

次に越後との関係であるが、按察使制による広域行政区画とは無関係に、連携体制がとられた。たとえば、延暦二十一年、越後国の米と佐渡国の塩を、毎年、出羽国雄勝城に運び、鎮兵の食糧に充てることとした。[注50] 出羽の城柵経営を越後・佐渡が支援していたのである。また、新潟市的場遺跡から出土した八世紀後半から九世紀にかけての時期のものと推測される習書木簡に「狄食」という文字が見られることが注目される。[注51] この木簡から越後国で蝦夷の饗給を行っていた可能性が示唆される。

外交問題においても越後の果たした役割は大きい。延暦五年、渤海使六十五人が出羽国の管内に漂着し蝦夷のために十二人が殺害されるという事件が起きたが、この使節団の帰国の際には越後国に船などの用意を命じている。[注52] 延暦十四年に志理波村に漂着し蝦夷に襲われた渤海使も、越後国に遷して食糧や衣服を与えた。[注53]

和銅五年の出羽国の設置によって越後国の北境界線が定められ、行政区画としては切り離した北辺の防備は出羽国内の城柵で処理できる体制を整えた。しかし、越後国には引き続き防衛基地としての役割が求められていたものと考えられる。

元慶四年八月十二日太政官符が引く越後国解に「此国東有二夷狄之危一。北伺二海外之賊一。防レ敵之兵。弩是為レ勝」とある。[注54] 「海外之賊」は大陸の地域を指すものと考えられる。越後国の史生一人を削減して弩師一人を置くことにした。渤海使が本州北部に到着しトラブルになり、出羽国そして越後国が対応したことが記録として残される最後のものは『類聚国史』延暦十四年十一月丙申条であるが、このときから一世紀近く経っているにもかかわらず、越後国には夷狄や海外の賊に対する備えが求められていた。

「夷狄之危」と「海外之賊」の活動の場は列島北部の海上という点で共通する。越後と出羽とその北方を海路で結んだとき、律令制下の陸路中心の交通体系では掌握しきれない交易路が想定される。大宝令制下で国郡制の整備が行われ、支配地域の面的拡大が図られたが、七世紀の阿倍比羅夫北征時の航路も続いていたのである。

辺境という点で特殊性をもつ出羽地域における律令国家地方支配機構の成立・展開の諸相をみてみると、八世紀、大宝律令制定・施行段階の「ひとつの基準で日本列島を区分、支配」する「理想」型を基軸に、七世紀から九世紀までの変化が図式化できる。七世紀代から続く「現実」に人為的に変更を加えた結果、形が整えられた側面がある一方で、「理想」型の影響を受けた現実型が定着したのである。

むすびにかえて

律令制の時代、情報伝達は人の移動によるところが大きかった。王権の支配が全国津津浦浦まで同じように及ぶことを目指し、ひとつの基準で日本列島を区分した国に、中央官人を常駐させて統治するが、このことは文化の波及にもつながった。

日本海側最北の拠点である秋田城でも和歌が詠まれていた。秋田城跡第五四次調査（一九八九年）で外郭東門跡の外側から「はるなれば木簡」が出土した（第一七九号木簡[注55]）。この木簡には年紀が記されないが、伴出した木簡が延暦十年～十四年であることから同じころのものと考えられる。この木簡について栄原永遠男氏は全国各地の遺跡から出土した歌木簡の分析とともに詳細に検討を加えた。[注56]

・□　　　　　□□
　波流奈礼波伊万志□□□□　　□
・由米余伊母波夜久伊□□奴□止利阿波志□

両面とも万葉仮名で表記した和歌が記される。栄原氏は「歌木簡」の出土地点が都宮、畿内中心部のほか畿外諸国にも及ぶ点を重視し、「歌木簡」を用いる風習が全国で広く行われていたと指摘する。国府と関連する遺跡で「歌木簡」が出土したのは秋田城跡と観音寺遺跡である。

国司を介した情報・文化の伝播は都→地方だけではなく、地方→都の場合もあった。養老元年、元正天皇の美濃行幸の際、往きは近江国で山陰・山陽・南海の国司が行在所に詣でて土風の歌舞を奏し、美濃国に着いてからは東山・東海・北陸の国司が行在所に詣でて風俗の雑伎を奏した。[注57]ヤマト王権以来の服属儀礼を継いだものとも思えるが、国司たちは所管国の郡司から情報を得て奏上したものと推測される。

情報・文化の交流は都と地方の間で双方向的に行われていたものと考えられる。

国司・郡司は律令国家の地方行政機構の基軸となる制度であり、長期にわたって多面的な検討が加えられてきたが、都と地方を結ぶ情報や文化の交流のコアとなる側面に注目することで、地方社会における律令制採用の意味、国司・郡司の実態がより明瞭になると考える。今後の課題としたい。

注

1　岸俊男「律令制下の豪族と農民」（岩波講座一九六二年版『日本歴史』3）

2　国司と郡司の職務について原秀三郎氏は、「郡司は司法と行政、とりわけ徴税と勧農を中心としたいわゆる民政を担当する点で国司と共通性をもちつつも、軍事と宗教（祀社・僧尼）には関与していない」という。民政を担当するという点で国司と共通性をもつといっても、一〇〇％オーバーラップしていたのでなければ、国司のみに課せられた任務は何であり、郡司はどこまで関与していたのかということを明確にする必要がある。（原秀三郎「郡司と地方豪族」〔岩波講座一九七六年版『日本歴史』3〕）

3　岸俊男氏は、国の成立を京の成立との関連において位置づけた（岸俊男「日本都城制総論」〔『日本の古代9　都城の生態』中央公論社、一九八七年〕）。

4　大町健「律令的国郡制の成立とその特質」（『日本史研究』二〇八、一九七九年）

5　吉村茂樹『国司制度崩壊に関する研究』（東京大学出版会、一九五七年）

6　佐藤信『古代の地方官衙と社会』（山川出版社、二〇〇七年）

7　『古代地方行政単位の成立と在地社会』（独立行政法人国立文化財機構奈良文化財研究所、二〇〇九年）、「特輯　古代国府の成立をめぐる諸問題（上）」（『古代文化』第六三巻第三号、二〇一一年）、「特輯　古代国府の成立をめぐる諸問題（下）」（『古代文化』第六三巻第四号、二〇一二年）

8　厩牧令1厩細馬条に「周三尺を囲とせよ」とある。

9　渡部育子「『続日本紀』にみえる遣使記事」（『律令国司制の成立』同成社、二〇一五年、初出一九八〇年）

10　『日本書紀』斉明天皇四年七月辛巳朔甲申条

11　『日本書紀』斉明天皇六年三月条

12　鐘江宏之「七世紀の地方社会と木簡」（『日本の時代史』3倭国から日本へ、吉川弘文館、二〇〇二年）、森公章「評制下の地方支配と令制国の成立時期」（『日本歴史』六五七、二〇〇三年）、森公章「国宰、国司制の成立をめぐる問題――徳島県観音寺遺跡出土木簡に接して――」（『歴史評論』六四三、二〇〇三年）、亀谷弘明「七世紀の飛鳥京木簡と地域支配」（『歴史評論』六五五、二〇〇四年）

13　『奈良文化財研究所紀要　二〇〇三』、『奈良文化財研究所紀要　二〇〇四』。石神遺跡第十五・十六次調査で出土した木簡のなかで、乙丑（天智天皇四年、六六五）の年紀をもつものは一点だけで、他は乙亥（天武天皇四年、六七五）から壬辰（持統天皇六年、六九二）の時期のものである。石神遺跡出土の木簡については市大樹「石神遺跡（第一五次）の調査4木簡」（『奈良文化財研究所紀要　二〇〇三』）による。市大樹『飛鳥の木簡――古代史の新たな解明』（中公新書、二〇一二年）も詳しい。

14　直木孝次郎「五十戸造と五十戸一里制」（竹内理三編『伊場木簡の研究』東京堂出版、一九八一年）

15　鎌田元一『律令公民制の研究』（塙書房、二〇〇一年）

16　領域的編戸と族制的編戸については岸俊男『日本古代籍帳の研究』（塙書房、一九七三年）、鎌田元一、注15掲載書に詳しい。

17　吉川真司「律令体制の形成」（日本史講座1『東アジアにおける国家の形成』東京大学出版会、二〇〇四年）

18　森公章「評制下の地方支配と令制国の成立時期」（『日本歴史』六五七、二〇〇三年）

19　田中卓「常道頭」（『続日本紀研究』一―三、一九五四年）、東野治之「四等官制成立以前における我が国の職官制度」（『長屋王家木簡の研究』塙書房、一九九六年、初出一九七一年）

20　井上薫「トネリ制度の一考察」（『日本古代の政治と宗教』吉川弘文館、一九六〇年）

21　『日本書紀』天武天皇二年五月乙酉朔条

22　『大日本古文書』三―一四九、一五〇

23　延喜式部式、『続日本紀』文武天皇二年三月庚午条

24　郡司任用政策において譜第と対になる概念は才用である。今泉隆雄氏は、中央官人が徳行才用主義を標榜しながらも官人内部の諸階層が固定的に再生産されたのと同じように、郡司の譜第と才用も複合的にとらえるべきであると指摘した。今泉論文以降、譜第・才用の概念に具体的に検討が加えられるようになった（今泉隆雄「八世紀郡領の任用と出自」（『史学雑誌』八一―一二、一九七二年））。最近の研究では須原祥二『古代地方制度形成過程の研究』（吉川弘文館、二〇一一年）、磐下徹「譜第郡司考」（『日本古代の郡司と天皇』吉川弘文館、二〇一六年、初出二〇一一年）があげられる。

25　坂本太郎氏は郡司の非律令的性質について指摘したが、それは国司と対峙させてみた場合に導き出される結論であると考えられる（坂本太郎「郡司の非律令的性質」（『日本古代史の基礎的研究』下、東京大学出版会、一九六四年、初出一九二九年））。

26　『日本書紀』天武天皇五年八月辛亥条「詔曰、四方為大解除。用物則国別国造輸秡柱。馬一匹。布一常。以外郡司各刀一口。鹿皮一張。钁一口。刀子一口。鎌一口。矢一具。稲一束。且毎戸麻一条」。天武天皇五年詔には「郡司」とあるが、令制では

「郡」単位となっていることに注目したい。

27 『万葉集』巻二・九十五

28 軍防令兵衛条義解に郡領とある。

29 軍防令内六位条

30 後宮職員令氏女采女条

31 兵衛・采女貢進を郡領の特権とみなす見解がある。磯貝正義氏はその論拠として、采女を貢進した豪族がその中央での活躍の恩恵によって改賜姓される場合があったことをあげるが、それは、貢進された采女全体の割合からみると非常に少ないと考えられ、また、貢進した豪族に恩恵があるとはいっても、結果としてそのようになったというだけのことであって、大宝令制定時に想定していたものではない（磯貝正義「采女制度の一研究」〔『郡司及び采女制度の研究』吉川弘文館、一九七八年、初出一九五八年〕）。今泉隆雄氏は兵衛貢進について、兵衛貢進は中央における蔭位の制度と同じように、地方において郡領氏族がその地位を維持するための出身法上の特権であるとする（今泉隆雄　注24掲載論文）。たしかに、トネリとして出仕した者が郡司に任命されることはありうるが、氏が論拠とする軍防令兵衛考満条ではそこまで想定していないと考える。この規定は兵衛が六十歳の停年に満たないうちに退く例として、郡司に任ぜられた時の処置について述べるもので、軍防令兵衛条に定められた兵衛貢進とストレートに結びつくものではない。したがって、兵衛貢進を郡領の特権とする理由は、大宝・養老令のなかには認められないと考える。

32 『続日本紀』和銅六年四月乙未条

33 『続日本紀』大宝二年三月甲申条

34 養老六年の陸奥按察使管内（石城・石背・陸奥・出羽）の調・庸を停止して新たな税制によって徴税することを定めた太政官奏で、兵衛・采女を放還してもとの身分にするよう命じている（『続日本紀』養老六年閏四月乙丑条）。

35 『続日本紀』天平勝宝七年六月壬子条

36 九世紀末には采女の国別定員が定められる（寛平九年正月二十五日太政官符〔『類聚三代格』巻四〕）。

37 渡部育子「律令国家と越・越後」（『越と古代の北陸』名著出版、一九九六年）

38 今泉隆雄「多賀城の創建――郡山遺跡から多賀城へ――」（『条里制・古代都市研究』一七号、二〇〇一年）

39 渡部育子「七・八世紀における越後と出羽」(『日本歴史』五八一、一九九六年)
40 『続日本紀』養老三年七月庚子条、養老五年八月癸巳条
41 『日本後紀』弘仁二年正月丙午条、鐘江宏之「八・九世紀における陸奥・出羽国域と北方管轄についての覚書――津軽地方の位置づけを中心に――」(『市史研究あおもり』五、二〇〇二年)
42 渡部育子「律令制下における陸奥・出羽への遣使について――鎮守将軍と征東使――」(『東北古代史の研究』吉川弘文館、一九八六年)
43 渡部育子「『続日本紀』天平九年正月丙申条・四月戊午条管見」(『続日本紀研究』三〇〇、一九九六年)、渡部育子「藤原仲麻呂の東北経営と藤原朝獦」(『藤原仲麻呂のその時代』、岩田書院、二〇一三年)
44 『続日本紀』神亀四年九月庚寅条、十二月丙申条、
45 『続日本紀』天平五年十二月己未条
46 小口雅史編『北方世界と秋田城』(考古学リーダー25、六一書房、二〇一六年)
47 『類聚三代格』巻十九、延暦六年正月二十一日太政官符
48 『類聚三代格』巻十九　延暦二十一年六月二十四日太政官符
49 『日本後紀』弘仁元年十月甲午条
50 『日本紀略』延暦二十一年正月庚午条
51 「一九九〇年出土の木簡」(『木簡研究』第一三号、一九九一年)
52 『続日本紀』延暦五年九月甲辰条、同六年二月甲戌条
53 『類聚国史』延暦十四年十一月丙申条
54 『類聚三代格』巻十八
55 秋田城跡調査事務所『平成二年度秋田城跡調査概報』(一九九一年)、秋田城跡調査事務所研究紀要Ⅱ『秋田城出土文字資料集Ⅱ』(一九九二年)、『秋田市史　第七巻　古代　史料編』(秋田市、二〇〇一年)
56 栄原永遠男「歌木簡の実態とその機能」(『木簡研究』三〇、二〇〇八年)、栄原永遠男『万葉歌木簡を追う』(和泉書院、二〇一一年)
57 『続日本紀』養老元年九月甲寅条

Ⅲ　税金と役制

戸籍と土地制度
――班田収授法の実態――

服部　一隆

はじめに

戸籍と土地制度といってまず思い浮かべるのは、大化改新詔（『日本書紀』大化二年〔六四六〕正月甲子朔条）のいわゆる「公地公民制」（第一条）と「初めて戸籍・計帳・班田収授之法を造れ」（第三条）という一節だろう。その中核となる班田収授法とは、一昔前まで、公地公民制に基づく条里制という方形の区画によって造られた水田が、戸籍に登録された六歳以上の男女に配られたというイメージで語られてきており、現在でもその影響は強い。[注1]このうち、①班田収授法の内容はいかなるものであったか、②その成立時期はいつかという二つの問題には疑問が呈されており、さらには近年、日本令が手本とした唐令に準ずる天聖令や出土文字資料の発見などもあり、新たな知見も加わっている。そこで小稿では、班田収授法を中心として戸籍と土地制度に関する近年の成果をまとめることとする。

一　律令にみる戸籍と班田のしくみ

現存する養老令からその手本である唐令との比較をふまえて戸籍と班田のしくみをまとめる。まず養老令の戸令からその前提となる行政単位の規定を挙げる。

戸令1凡戸、以二五十戸一為レ里。毎レ里置二長一人一。〈掌、検二校戸口一、課二殖農桑一、禁二察非違一、催二駆賦役一。〉若山谷阻険、地遠人稀之処、随レ便量置。[注2]

五十戸を一里とし、それぞれ里長一人を置く。峻険・遠方・人口希少の地は便宜によってよいとする。唐と比較すると、日本では里長の権限が弱く、里は徴税単位としての性格が強いとされる。[注3]

戸令2凡郡、以二廿里以下十六里以上一、為二大郡一。十二里以上為二上郡一。八里以上為二中郡一。四里以上為二下郡一。二里以上為二小郡一。

行政単位としての郡は、里数によって大郡〜小郡までの等級を付けられる。唐と比較して日本では郡司の力が強いとされ、郡司は在地首長を編成したものであるとする説が有力である。[注4]郡を管轄するのは国で、職員令に大国・上国・中国・下国の四つの等級があり、太政官によって統括されていたが、財源や建物などについての明確な規定はない。

上記を考古資料から確認すると、七世紀木簡において里は「五十戸」（七世紀末から里）、郡は「評」として確認できる。[注5]上記木簡の多くは税物に付された荷札であることから、七世紀において「五十戸」「評」は少なくとも徴税単位として機能していたことがわかる。行政機関と考えられる建物については、里の建物が一貫して確認できないのに対し、七世紀第Ⅳ四半期からのちの郡庁にあたるもの（後期評家）が、八世紀前半から郡より大型の定型国庁が確認できる。[注6]

つまり、大宝令制定時において、地方官衙としての郡（評）および徴税単位としての里が全国的に存在し、郡より大型の国の建物はまだできていなかったと考えられる。大宝令から養老令への大幅な変更は確認できないので、養老令の解釈にはこれらを前提とする必要がある。

五十戸は『万葉集』[注7]にも実例がある。貧窮問答歌（五―八九二）に「五十戸良」とあり「さとをさ」と読んだと考えられるが、「五十戸」を「いへ」としたものもある（四―六七四、九―一七九〇）[注8]。これだけの例があることから、「五十戸」という表記は八世紀にもかなり一般的だったことが知られる。

つぎに具体的な戸籍の規定を揚げる。

戸令19凡戸籍、六年一造。起二十一月上旬一、依レ式勘造。里別為レ巻。惣写二三通一。其縫皆注二其国・其郡・其里・其年籍一。五月卅一日内訖。二通申二送太政官一、一通留レ国。〈其雑戸・陵戸籍、則更写二一通一、各送二本司一。〉所レ須紙筆等調度、皆出二当戸一。国司勘二量所レ須多少一、臨時斟酌。不レ得レ侵二損百姓一。其籍至レ官、並即先納後勘。若有二増減隠没不同一、随レ状下推。国承二錯失一、即於二省籍一、具注二事由一。国亦注二帳籍一。

戸籍は六年に一度、式（戸籍の様式）によって作成し、里ごとに一巻とする。前述の通り、里とは五十戸をまとめた徴税単位であり、その上に行政機構としての郡がある。計三通を写し、二通を太政官に送り、一通を国に留める。太政官は国政一般や国を管轄する中央官庁、国は郡を管轄する地方官庁であり、太政官の戸籍は民部省（民政用）と中務省（天皇の御覧用）にまわされる（職員令）。『令集解』古記（大宝令の注釈書）に「依式勘造」とあることから、大宝令にも同様の規定が確認できる。戸籍は、租税台帳である計帳と同様に所部（管内）の手実によって作成されている。『令集解』戸令18計帳条古記には、手実が「戸主造る所の計帳[注9]」とあるが、戸主が皆文字を書けたかは疑問である。戸籍の作成は、唐が三年に一度であるのに対し[注10]、日本では六年に一度に変更されている。次に班田収授法に関する規定を挙げる[注11]。

田令21凡田、六年一班。〈神田・寺田、不レ在二此限一。〉若以二身死一、応レ退レ田者、毎レ至二班年一、即従二収授一。

班田は六年に一度とされ、受田者が死んだ場合も六年に一度の班年に田を返すとする。六年という班年は六年に一度という戸籍の作成に対応している。本条は従来日本の独自条文と言われていたが、天聖令の発見によって手本とした唐令があったことが明らかとなった[注12]。筆者は「田、六年一班」の字句が養老令段階で作成された、田の「収授」（田をとること）を規定した条文と考えている。

田令23凡応レ班レ田者、毎二班年一、正月三十日内、申二太政官一。起二十月一日一、京国官司、預校勘造レ簿。至二十一月一日一、摠二集応レ受之人一、対共給授。二月卅日内使レ訖。

班田は班年の正月に事前に太政官に報告し、十一月より京職・国司が予め校勘して簿を造り、十一月から二月の間に受ける人を集めて田を授けるとする。班田の担当者は、七道諸国は国司であるのに対し、畿内は京職・国司であり、畿内班田使が派遣されるという違いがある。

本条は大宝令において班田（田をわかつこと）を規定した条文と位置づけられ、前掲21条が収授なので、合わせて「班田収授」という構成になっていると考えられる。改新詔の班田収授法は、この段階の認識であり、大宝令による修飾と考えられる。

班田手続きについては、『令集解』同条古記によれば、戸籍によって田文（簿の現地における呼称）を作成するため、班田は翌年になるとしている。具体的には、造籍が十一月から翌年五月までで、十月から十一月までに田文（簿）を造り、翌年二月までに班田を実施することとなる。戸籍から田文を作るという手続き上、班田の結果を戸籍に記すことはできないことになる。また、唐では毎年収授（田を収り授ける）であるのに対し、日本では六年に一度の班田にしている。

田令22凡応レ還レ公田、皆令下主自量、為二一段一退上。不レ得二零畳割退一。先有レ零者聴。

とあるように、田は戸主が一段（ひとまとまり）にして返還することになっており、『令集解』田令24授田条古記に「無き人の分を取り、有る人に給ふ。然らば則ち抄給して総て収授すべからず」とあることから、戸ごとに死者・生者の数を数えて、増減分のみの調整をする（総ての割り替えをしない）というのが法意と考えられる。

田令3凡給二口分田一者、男二段。〈女減二三分之一一。〉五年以下不レ給。其地有二寛狭一者、従二郷土法一。易田倍給。給訖、具録二町段及四至一。

口分田の支給額を、男性は二段、女性は三分の一を減じる、すなわち一段百二十歩としている。「其地寛狭有らば、郷土法に従へ」という部分について『令集解』古記に「二段を給ふを寛と謂ひ、二段に足らざるを狭と謂ふ」とあるように、二段は上限で不足してもかまわないことになっている。これを郷土法（大宝令では郷法）と呼んでいる。また易田（瘠せた隔年耕作の田）は口分田の額を二倍にし、その支給後に町段（面積）と四至（東西南北の堺）を記録するとある。四至については古記に引用されていないことから大宝令には存在しなかった可能性がある。また「五年以下不給」の字句については、五歳以下には班田しないととって、六歳授田説の根拠となっているが、[注13]筆者は唐令の毎年収授する規定を「田、六年一班」としたため、六年に一度の造籍年に達していない人（五年以下）には給田しないという意とし、ともに養老令において規定されたと考えている。つまり戸籍記載の有無が問題になっているだけで、受田年齢の資格はないということになる。

二　戸籍の成立過程と実例

まず戸籍の成立過程と七世紀の関連木簡を挙げる。最初の本格的な戸籍は天智九年（六七〇）の庚午年籍とされ、全国的な作成が確認されている。[注14] 次いで持統三年（六八九）閏八月に諸国司へ戸籍作成と四分の一を兵士にする命令が発せられた後、持統四年（六九〇）に浄御原令戸令に基づいた庚寅年籍が作成される。
ここで近年発見された福岡県太宰府市国分松本遺跡出土の戸口変動木簡（一号木簡）を掲げる。[注15] 本遺跡は三号木簡に「竺志前国」とあり筑前国府の近くであったと考えられる。

国分松本遺跡出土木簡

・「嶋評　戸主建ア身麻呂戸又附去。建□〔アカ〕×
　　　政丁。次得□□〔万呂カ〕、兵士。次伊支麻呂、政丁。次×
『嶋□□〔戸カ〕　占ア恵［　　］、川ア里占ア赤足戸有。□□×
　　　小子。之母、占ア真□〔廣カ〕女、老女。之子、得×
□□□』　穴凡ア加奈代戸有。附□□□□□□〔建ア万呂戸カ〕。占ア×
　　　□□

・「并十一人、同里人進大弐建ア成戸有。　戸主□〔建カ〕ア×
　同里人建ア咋戸有。戸主妹夜乎女、同戸□□〔有カ〕×
　麻呂。損戸。　又依去。同ア得麻女、丁女、同里□□〔人カ〕×
　白髪ア伊止布。損戸。二戸別本戸主建ア小麻呂□×
　　　　　　　　　　　　　　　（307）×（80）×9　081

木簡は中央部で四つに折られていることから、原型は約四倍の大きさであり、嶋評（のちの嶋郡）全体における戸口の変動を記したものとされる。また「進大弐」という位階（爵位）は天武十四年（六八五）に定められ、「評」は大宝令施行以前の表記であるため、木簡の年代は六八五～七〇一年のものである可能性が高い。後述の御野国戸籍とは、戸口の記載方法（人名・続柄・年齢区分）と親族呼称に「次」を使用する点が類似しており、大宝令では「正丁」とあるところが「政丁」となっており、「政戸」との関連も指摘されている。政戸とは租税等の負担をする戸という意味である。[注16]

これらの記載方法については、朝鮮諸国の木簡に四行書の戸籍（百済・陵山里廃寺跡出土木簡）や年齢区分としての丁中制（新羅・伏岩里遺跡木簡）が記されたものが報告されており、その関連性が注目されている。[注17] 国分松本遺跡出土木簡は、前述の近江令もしくは浄御原令期のもので、大宝令の「正丁」は当初「政丁」と「兵士」という区分であった可能性が高い。

それでは、現存する戸籍はどのようなものだろうか。主要なものとして、奈良東大寺に伝来した正倉院文書に大宝二年（七〇二）の御野（美濃）国戸籍、筑前・豊前・豊後国戸籍（西海道戸籍と総称）、養老五年（七二一）の下総国戸籍の三種類がある。[注18] まず最も古い形式が遺っていると考えられる御野国戸籍から県造荒嶋の戸を挙げる。[注19]

大宝二年御野国加毛郡半布里戸籍（続修二）

中政戸県造荒嶋戸口十三 正丁三 兵士一　小子三 并七　正女三 小女一　小女一 并五　正奴一

下中戸主荒嶋 年廿六 正丁　嫡子知国 年六 小子　戸主弟大嶋 年廿二 正丁

戸主同党黒猪 年卅九 兵士　嫡子黒麻呂 年十四 小子　次赤麻呂 年七 小子

戸主同党尾治国造族伊加都知 年廿四 正丁　戸主母大伴部首姉売 年卌七 正女　児高嶋売 年廿 少女

戸主妻秦人広庭売年廿五正女　黒猪妹嶋弥売年卅三正女　伊加都知妹意弥奈売年十四小女
戸主奴麻呂年廿五正奴

一行目は戸全体の集計、二行目からは戸口の歴名（戸に所属する人々の名前の一覧）である。中政戸は租税を負担する成人男性（課丁）の数による上中下の三等戸の二番目であり、戸主名（県造荒嶋）の下に戸口の人数（十三）とその内訳が男女奴婢別に割書で記されている。下中戸は財産を基準とした九等戸（上々～下々）の八番目であり、戸主名をはじめとした戸口が一行に三名ずつ、戸主との続柄と名前（同姓は省略）、割書で年齢とその区分が記される。年齢区分は下記の規定によっている。

戸令6凡男女、三歳以下為レ黄。十六以下為レ小。廿以下為レ中。其男廿一為レ丁。六十一為レ老。六十六為レ耆。無レ夫者、為二寡妻妾一。

戸籍の記載から大宝令では、「黄」が「緑」、「中」が「少」であったと推定されている。

戸令5凡戸主、皆以二家長一為之。戸内有二課口一者、為二課戸一。無二課口一者、為二不課戸一。〈不課、謂、皇親及八位以上、男年十六以下并蔭子・耆・癈疾・篤疾・妻・妾・女・家人・奴婢。〉
戸令8凡老残、並為二次丁一。

などの規定からは、男性の一七〜二〇歳（少丁）、二一〜六〇（正丁）、六一〜六五（老）および残疾（軽度の身体障害者）が、課口であることがわかる。男子が「子」、長男が「嫡子」であるのに対し、女子は「児」とされ名の末尾に「売」が付される。弟妹は「次」と記され、「同党」はイトコであるとされる。夫婦別姓であるので、戸主母は「大伴部」、妻は「秦人」となっている。御野国戸籍の特徴として、不課戸が存在しないことが挙げられ、戸が租税負担のための単位であるという要素が強いことになる。

次に新しい書式の戸籍として、大宝二年の西海道戸籍から大神部荒人の戸を挙げる。

大宝二年筑前国嶋郡川辺里戸籍（正集三十九）

戸主大神部荒人　年伍拾漆歳　正丁　課戸
妻中臣部与利売　年陸拾漆歳　耆妻
男大神部伊止甫　年弐拾陸歳　兵士　嫡子
女大神部妹津売　年拾陸歳　小女　嫡女
女大神部嶋垂売　年弐歳　緑女　先妾女
従子大神部赤麻呂　年肆拾歳　正丁
妻吉備部岐多奈売　年伍拾歳　丁妻
男大神部広国　年陸歳　小子　嫡子
女大神部広国売　年玖歳　小女　嫡女
弟大神部志非　年参拾伍歳　正丁

妻宗我部牛売　年参拾参歳　丁妻
妹大神部赤根売　年参拾陸歳　丁女
男大神部泥麻呂　年拾参歳　小子
妹大神部古婆売　年拾陸歳　小女
卜部比佐豆売　年弐拾参歳　丁女
娣卜部伊佐売　年拾陸歳　小女　上件二口、支多奈売先夫女

凡口壱拾陸
口拾弐不課
口二小子
口四丁女
口四小女
口一緑女
口一耆女
口肆課
口一兵士
口三正丁

受田弐町壱段弐佰肆拾歩

前半が歴名、後半が集計であり、御野国とは逆になっている。歴名は一行一人、それぞれに姓名・年齢・年齢区分が記される。順番は戸主・戸主妻・戸主の子（男女）から始まり、その他の親族に及ぶ。集計は総口数を租

税を負担しない不課口数と負担する課口数に分け、その年齢区分の内訳を記している。男女別に集計している御野国とはこの点も異なる。

さらに末尾には口分田の受田数が記されており、これは他の現存戸籍にない西海道だけの特徴である。戸籍に記載された全員に対して班田されていることから、浄御原令による一歳受田の規定に基づいているという考え方もあるが[注20]、大宝令にはそもそも受田資格の規定がないとする私見によれば、簡明に説明できる。

田令3口分条には口分田の支給に際し「具に町段及び四至を録せ」とあり、『令集解』古記には大宝令文として「具録町段」が確認できる。残存する唐戸籍には田積が記載され、同じく古記に「歩数も亦録す」とあることが西海道戸籍の記載に一致することから、戸籍への記載を意識した規定である可能性が高い[注21]。ただし唐では手実に田積と四至が記載されているのに対して、日本の手実には同様の記載がないため、田積は別に調査されたと考えられる。西海道戸籍の場合は、筑前・豊前・豊後という国ごとに男女奴婢一人あたりの口分田の面積を決定し、それを合計して各戸の受田額を記載している可能性が極めて高い。具体的には、大神部荒人の戸は、男性六名、女性十名がいるので、六〇〇歩×六＋四二〇歩×一〇＝七八〇〇歩となり、三六〇歩一段、三六〇〇歩一町で換算すると、二町一段二四〇歩（弐町壱段弐佰肆拾歩）となる。男女奴婢の受田額がそれぞれ等しいという仮定で計算してみると[注22]、筑前国の場合、男六〇〇歩（一段二四〇歩）、女四二〇歩（一段六〇歩）、奴一八〇歩、婢一二〇歩となる。田令の規定通りだと、男：女＝三：二、男：奴＝三：一、奴：婢＝三：二となるはずであるが、実際はやや異なっており、男：女＝一〇：七、男：奴＝一〇：三、女：婢＝三：一，女：婢＝七：二、奴：婢＝三：二となっている。これらの値は各国によって異なることが証明されており[注23]、国ごとに特定の値が出ることから、各国の総田積を調査し、そこから一人あたりの口分田を計算していることが想定できる。

前述したように、通常の戸籍作成の手順からすると、戸籍に班田の結果を記載することはできないが、本戸籍については作成が大宝四年までかかっており、最初の班田であったために記載されたという有力な説がある。[注24]班田の実施については、『日本書紀』持統六年（六九二）九月辛丑条に「班田大夫等を四畿内に遣す」[注25]という記事があるだけなので、筆者は七道諸国の最初の班田は大宝令施行時ではないかと考えている。

以上から、御野国戸籍と西海道戸籍の書式には大きな相違があり、前者が浄御原令、後者が大宝令によるものであるとの通説は妥当であったといえる。これは近年有力となった大宝令画期説とも合致するといえよう。[注26]

三　町の規定とその成立

前章で班田収授法が大宝令の認識であり、実際は戸ごとの班田額の調整にすぎず、その全国的な実施は大宝令施行時であるということを述べた。それでは、土地自体はどのように管理されていたのだろうか。田令の規定を確認する。[注27]

田令1凡田、長三十歩、広十二歩為レ段。十段為レ町。〈段租稲二束二把。町租稲廿二束。〉

まず前半の規定は、三〇歩×一二歩の長方形を一段、一〇段を一町とする面積規定とされる。ただし、一段の長方形を二×五の形で並べると、一辺六〇歩の正方形となり、これが現存している一辺約一〇九メートルの条里地割と一致するため、正方形の区画もしくは地割も示しているとすべきであろう。二×五の形も半折《はおり》型という一町（のちの坪）内の地割と一致する。ちなみに唐令では、一歩×二四〇歩という細長い「畝」を百並べて「頃」とし、長方形となるというように、かなり異なっている。

従来大化改新によって条里地割をもとに班田を実施したという通説があったが、以下の点が問題とされる。第一に、現状では七世紀における一辺一〇九メートルの埋没地割は河内・大倭などの畿内近辺にしか確認されていないため、大化改新どころか大宝律令施行時にも全国的には存在していない可能性が高い。従って条里地割によって班田が実施されたという枠組み自体に問題があり、特定の地割によらない場合はかなりあったと考えるべきである。第二に、「条里」という字句が一次史料において確認できるのは、八世紀中頃以後であり、[注28]七世紀の地割を五十年も後から使用される「条里」と呼ぶことは問題である。大宝令に規定されている「町」地割と呼ぶべきというのが筆者の意見である。

つぎに後半には、一段の租稲が二束二把、一町の租稲が廿二束と、租の額が規定されている。十段が一町なので、一町の租はその十倍に決まっているのだが、改めて記されていることは、「町」を重視していることの現れといえる。租は次条にも規定がある。

田令2凡田租、准二国土収獲早晩一、九月中旬起輸。十一月三十日以前納畢。其舂レ米運レ京者、正月起運。八月卅日以前納畢。

租の輸納規定である。九月から十一月までに国に納めることとしており、都には舂《つ》いて米にして正月から八月までに送ることとしている。上記二条を唐令と比較すると、まず、唐では「田」は耕地一般のことで、日本でいうハタケを中心として水田も含んでいる。それに対し、日本令は租を稲としていることから「田」を「水田」（稲作地）と読みかえていることがわかる。つぎに唐では租は賦役令に規定されている。それは、田令が土地に関するもの、賦役令が租税と労役に関するものと、編目ごとに区別されていたからである。それに対して、日本令では租を田令に配置し直している。

「田」を水田とし、租を田令に規定した理由として、七世紀後半の日本では、土地管理と稲の収取が密接に結びついていたということが挙げられる。唐令は日本の実情に合わせて改変されているのである。

それでは大宝令制定前後の実態はどうだったのであろうか。町段歩以前に、一束の稲が収穫できる面積として「代《しろ》」が使用されていた。『令集解』の注釈（令釈）や『延喜式』では、一町から五百束の稲が収穫できるとされていることから、一町は五百代ということになる。『日本書紀』には「頃」に「しろ」の古訓がついているものがあり、「しろ」がある程度通用していたことがわかる。

租については、『令集解』田令1田長条古記所引の慶雲三年（七〇六）九月十日格に大宝令とそれ以前の令前租法が比較されている。以下に両者を併記する。

田租一段、租稲二束二把〈以二方五尺一為レ歩、歩之内得二米一升一〉、一町租稲廿二束。

熟田百代、租稲三束〈以二方六尺一為レ歩、歩之内得二米一升一〉、一町租稲一十五束。

大宝令は一段につき租が二束二把、令前租法は熟田百代につき租が三束としている。これについて「右件の二種の租法、束数多少と雖も、輸実猶ほ異ならず」とあり、五尺平方を歩とするか六尺平方を歩とするかという歩・升の計算の違いであって、納入額は同一であるとしている。一見令前租法から大宝令制へと変化したようであるが、実例を見ると一町の租が十五束というものしかなく、大宝令制の二束二把の実施は確認できない。つまり、令前租法による一町十五束が実施されていたということになる。

また租は令の規定では、束単位であることから穎稲（穂がついた稲）とされているが、実際は「穀」（脱穀した籾）として保存されている。穀は建物の端だけでなく中心部にも柱がある総柱の倉にバラ積みにされ、満倉になると鍵をかけて不動穀とされ、飢饉の際の賑給（食料支給）など限られたときにしか使用できない。[注29]

つまり、大宝令の規定は、町の区画を前提として、口分田一段につき二束二把の穎稲を租として徴収するということになっているのだが、実際の運用にあたり、町の区画は必ずしも存在せず、一段につき一束五把の租を徴収した上で、穀として保存したことになる。

それでは、上記を表す大宝令制定前後の一次史料は残存しているのだろうか。大宝令の町・段・歩など、土地制度を直接示したものは未確認である。しかし、稲一束が収穫できる面積の「束代」を表す「代」木簡、のちの出挙（稲を貸与して利息を徴収する）に関わる「貸稲」、稲を「斤」（一束の重量を斤とする）と記した木簡が出土しており、これらは七世紀後半から八世紀初頭まで共通しており、一連のものと解釈することができる。

その他『万葉集』には、天平十一年（七三九）九月に大伴坂上郎女が竹田庄で作った歌として「然不レ有《しかとあらぬ》 五百代小田乎《いほしろをだを》 苅乱《かりみだり》 田廬尓居者《たぶせにをれば》 京師所レ念《みやこしおもほゆ》」（巻八―一五九二）とある。これは平城京に居住していた大伴家持の姑《おば》坂上郎女が耳成山北東の竹田庄（現奈良県橿原市東竹田町）にあった仮小屋（田廬）で九月にそれほど広くない一町の田（五百代小田）の稲刈りをすると都（平城京）のことが思われるというものであり、長屋王家などとともに平城遷都後も藤原京近辺に所領が遺っていた例とされている。[注30] ここから町の地割がその表記とともに存在したと考えられる天平期の大倭国においても「いほしろ（五百代）」という和語が使用されていたことがわかる。和歌故に古い表記が残存した可能性もあるが、「しろ」「いほしろ」が同国ではかなり広汎に使用されていたことが想定できるだろう。

以上をまとめると、七世紀段階では、「町」の地割が畿内の一部しかなく、「代」「貸稲」「斤」の木簡から稲の収取によって間接的に土地を管理するしくみであった。したがって大宝令は唐令のように土地と租税を完全に分離することができず、田を水田とよみかえ、そこから収取する稲を合わせて、田令に規定したのである。その際、畿内の一部に存在した一辺一〇九メートルの地割を念頭に「町」の区画を定めたということになる。大宝田令は七世紀の実態にかなり規制されていたといえよう。

四　天平元年の班田と条里制

それでは、日本的な土地管理はどのように進んでいったのだろうか。八世紀前半の帳簿は以下のようなものである。

和銅二年弘福寺田記[注31]
　弘福寺川原
　　田壱伯伍拾捌町肆段壱伯弐拾壱歩
　陸田肆拾玖町漆段参歩

大倭国広瀬郡大豆村田弐拾町玖段弐拾壱歩
山辺郡石上村田弐拾捌町肆段壱伯肆拾陸歩
葛木下郡成相村田壱町弐段漆拾弐歩
高市郡寺辺田参町参段参拾玖歩
陸田壱拾壱町玖段壱伯弐歩
内郡二見村陸田六段
河内国若江郡田壱拾弐町陸段
壱伯肆拾歩
山背国久勢郡田壱拾町弐伯参拾捌歩
陸田参拾漆町壱段弐伯陸拾壱歩
尾張国仲嶋郡田壱拾町肆段弐伯捌拾壱歩
尓波郡田壱拾町
近江国依智郡田壱拾壱町壱段参拾陸歩
伊香郡田壱拾町弐段弐伯弐拾捌歩
美濃国多芸郡田捌町
味蜂間郡田壱拾弐町
讃岐国山田郡田弐拾町

和銅二年歳次己酉十月廿五日正七位下守民部大録兼行陰陽暦博士山口伊美吉田主

（以下署名略）

ここでは、弘福寺の田と陸田が国ごとに、郡もしくは郡・村とその面積が記されている。つまり田の位置は郡もしくは村までしか記されていないことになる。当時の村は位置を示す表記と考えられ、行政区画ではない。[注32]田記は全国的に作成された寺田の目録であると考えられており、当時は現地を把握していた郡司（在地首長）に頼らなければ位置が確認できないという段階であった。

このような土地支配を変化させたのは、条里による土地管理である。近年では、厳密な史料調査により、八世紀中頃に成立した一町方格の条里地割と条里坪などの呼称法からなるシステムが「条里プラン」と呼ばれており、班田制とは切り離すことが通説となっている（小稿では「条里プラン」を条里制として扱う）[注33]。条里の特徴は位置表示機能であり、具体的には、国・郡・条・里・坪で全国における坪（一辺一〇九メートルの方形区画…町の後の呼称）の位置がわかるというしくみである[注34]。条里制の前提には条里地割と対応した全国的な班田図の存在があるとされる。班田図は郡ごとに一条一巻とされ、一巻の中に複数の里があり、里は一～三六までの番号を振られた六×六＝三六の方眼を描かれた地図（田図）となっている。その方眼の一つ一つが坪の地割と対応しており、田主（田の持ち主）・田積（田の面積）が記されていて、田積は里ごと条ごとに集計されている。具体例を挙げると、天長五年（八二八）山城国葛野郡班田図[注35]によれば、「山城国葛野郡一条小倉里八（坪）」という表記で、どこに位置するか表記できるのである。以前は郡・村レベルでしかわからなかったのと比較すると、その下の条里坪まで表記できるのは土地管理法として大きな進歩であるといえる。

それでは班田図はいつごろできたのであろうか。田図は「天平元年図[注36]」（七二九年）、田籍は「天平十四年寺田籍[注37]」（七四二年）がそれぞれ初例である。田籍が律令制当初から存在するという説[注38]もあるが、上記初例からみると確実ではない。公式令66公文条には「凡公文悉作二真書一。凡是簿帳・科罪・計贓・過所・抄牓之類、有レ数者、為二大字一」とあり、公文書は楷書体で記し、大字（壱・弐・参などの数字）を使用する「簿帳」について『令集解』古記には「大税帳・計帳・田籍等の類」としている。公式令83文案条には「凡文案、詔勅奏案及考案・補官解官案・祥瑞・財物・婚・田・良賤・市估案、如レ此之類常留。」とあり、常留する文案のうち「田」について『令集解』古記では「田図」とする。『令集解』に引用された大宝令の注釈書である古記は天平十年（七三八）頃に成立したとされているため[注39]、天平期頃には律令制的な公文書として田図・田籍が使用されていたことがわかる。それ以前は、前述のとおり『令集解』田令23班田条古記に戸籍から「田文」という事務帳簿が作成されたとある。ついで田図・田籍の性格を示す史料を掲げる。

太政官符
応下留二田図一除中田籍上事
右得二民部省解一偁。格云、天平十四年・勝宝七歳・宝亀四年・延暦五年四度図籍、皆為二証験一。（公式令83の引用略）今検二諸国田籍一、偏注二戸頭姓名・口分町段一、一班之後、不二必相同一。但図者、公私有レ用、永存可レ見。望請、内外田図、悉置擬二備比校一。畿内田籍、除二証年一外、毎レ経二一班一、為レ例除棄。其庫内先有二墾田籍一、亦従二簡留一。又有二七道諸国、進レ籍不レ進レ図。自今以後、下二知諸国一、停レ籍進レ図者。大納言正三位兼行左近衛大将陸奥出羽按察使藤原朝臣冬嗣宣、奉レ勅依レ請。
弘仁十一年十二月廿六日[注40]

まず、天平十四年（七四二）・勝宝七歳（七五五）・宝亀四年（七七三）・延暦五年（七八六）の図籍を証験と為すとあり、これらが四証図と呼ばれている。ついで、田籍には戸主の姓名と口分田の面積を記しており、一たび班田を行うと田主と口分田が必ずしも一致しなくなるとする。ここで田図は田籍と対比されており、班田を行っても田主とその口分田が確認できるということになるだろう。ただし、町（坪）ごとに田主・田積を名寄せした文書であるという点は共通しており、両者の違いは、それをそのままつなげたか、里別に並べたかと考えることも可能である。したがって、田主・田積を記した事務帳簿である田文に集計部分を付けて公文として作成し直したのが田籍・田図であり、これが天平期に成立したとすべきであろう。

上記のような条里制に基づく土地管理方法成立の画期となるのは、天平元年（七二九）の班田である。天平元年三月には「口分田を班つに、令に依り収授するは、事に於いて便ならず。請ふ悉く収りて更に班たん」（『続日本紀』同年三月癸丑条）という太政官奏が裁可されている。前述のとおり大宝令の規定では、死者・生者の増減分のみを部分的に調整するのに対し、全面的な収公と班田を実施している。[注41] このためには、個々の口分田の面積と位置が把握されていることが前提となる。この班田の方針を示したのが以下の史料である。

『続日本紀』天平元年十一月癸巳条（丸数字は筆者挿入）

任㆓京及畿内班田司㆒。太政官奏、①親王及五位已上諸王臣等位田・功田・賜田、并寺家・神家地者、不㆑須㆓改易㆒。便給㆓本地㆒。②其位田者、如有㆘情㆓願以㆑上易㆑上者㆖、計㆓本田数㆒、任聴㆑給之。以㆑中換㆑上者、不㆑合㆓与理㆒。縦有㆓聴許㆒、為㆓民要須㆒者、先給㆓貧家㆒。③其賜田人先入㆓賜例㆒。見無㆓実地㆒者、所司即与処分。位田亦同。余依㆓令条㆒。④其職田者、民部預計㆓合㆑給田数㆒、随㆓地寛狭㆒、取㆓中・上田㆒、一分畿内、一分外国、随㆑闕収授、勿㆑使㆑争㆓求膏腴之地㆒。⑤又諸国司等前任之日、開㆓墾水田㆒者、従㆓養老七年㆒以来、不㆑論㆓本加㆑功人、転買得家㆒、皆咸還収、便給㆓土人㆒。若有㆘其身未㆑得㆓遷替㆒者㆖、依㆑常聴㆑佃。自余開墾者、一依㆓養老七年格㆒。⑥又阿波国・山背国陸田者、不㆑問㆓高下㆒、皆悉還㆑公、即給㆓当土百姓㆒。但在㆓山背国㆒三位已上陸田者、具録㆓町段㆒、附㆑使上奏。以外尽収。開㆑荒為㆑熟、両国並聴。其勅賜及功者、不㆑入㆓還収之限㆒。並許之。

まず京畿内班田司の任命について、七道諸国の班田は国司が担当するのに対し、京・畿内は臨時に任命された班田司が行った。人口稠密な京内には班田がなされないため、京畿内班田司は京戸籍に登録された京戸と畿内諸国の戸籍に登録された土戸の両者に畿内諸国の希少な口分田などを班田するという業務がある。[注42]

太政官奏の主な内容は、①畿内における親王・五位以上の位田・功田・賜田および寺家地・神家地の改易禁止、②民要地の妨げにならないことを前提にして、位田のうち上田どうしの交換を許可、③新たな賜田・位田は優先的に支給し、現地に土地のない場合は所司（京職・国司・班田司等）が処分する、④職田は民部省が給田数を計算して、畿内と外国へ半分ずつ配分する、⑤国司が任期中に開発した水田には三世一身法を適用する、⑥阿波国・山背国の陸田を収公して現地の百姓に班田する、ただし三位以上・勅賜・功の陸田、荒地を開墾した陸田の保有を認めるということである。

まず土地管理上注目すべきは、a位田の交換・配分に関する田品規定（②）、b畿内と外国における職田の配分（④）があることである。これが可能となるためには、c交換・配分対象の口分田を始めとした諸田が国ごとに面積と位置・田品を把握されている必要がある。その前提として班田図もしくはそれと同様の機能を持つ帳簿の存在が想定される。

また⑤⑥で「田」に水田・陸田が含まれるという認識ができたのは、「田」が稲作地から方格地割を指すことになっており、陸田の面積が把握されていることを示す。

前述のように、班田図には一町ごとに田の面積と田主が記されていたと考えられる。つまり国司は一町単位で田主・田積を把握できるようになったのであり、ここに至って中央による土地の一元的管理・把握が始まる。ただし四証図の最初が天平十四年であることを考えると、天平元年図は以後のものとはやや異なった、過渡的形態であった可能性はあるだろう。

次に注目すべきは、a畿内にある親王・五位以上の田（位田・功田・賜田）の改易を禁止し（①）、山背の三位以上の陸田保有を認める（⑥）という皇族・貴族層による土地所有の認証、b寺家地・神家地の改易禁止、c畿内における新たな位田・賜田支給の制限（③）、職田額の削減（④）、d国司開発田の厳密な収公（⑤）、阿波・山背の陸田の口分田化（⑥）という点である。これらは、貴族の土地保有を保証するとともに、新たな官人の土地保有を制限することによって、百姓の口分田を確保するという方針であるといえる。つまり、藤原京・平城京とともに成立した京戸と畿内諸国の土戸（諸国現地の戸）の口分田確保というのが緊急の課題であったと考えられる。

天平元年班田に関しては、『万葉集』（巻三―四四三）に下記のものがある。注43

天平元年己巳、摂津国班田史生丈部龍麻呂自経死之時、判官大伴宿祢三中作歌一首〈并二短歌一〉

天雲之《あまくもの》　向伏国《むかぶすくにの》　武士登《もののふと》　所レ云人者《いはるるひとは》　皇祖《すめろきの》　神之御門尓《かみのみかどに》　外重尓《とのへに》　立候《たちさもらひ》　内重尓《うちのへに》　仕奉《つかへまつりて》　玉葛《たまかづら》
弥遠長《いやとほながく》　祖名文《おやのなも》　継往物与《つぎゆくものと》　母父尓《おもちちに》　妻尓子等尓《つまにこどもに》　語而《かたらひて》　立西日従《たちにしひより》　帯乳根乃《たらちねの》　母命者《ははのみことは》　斎忌戸乎《いはひへを》
前坐置而《まへにすゑおきて》　一手者《かたてには》　木綿取持《ゆふとりもち》　一手者《かたてには》　和細布奉《にきたへまつり》　平《たひらけく》　間幸座与《まさきくませと》　天地乃《あめつちの》　神祇乞禱《かみをこひのみ》　何在《いかにあらむ》　歳月日香《としつきひにか》
茵花《つつじはな》　香君之《にほへるきみが》　牛留鳥《にほどりの》　名津匝来与《なづきひこむと》　立居而《たちてゐて》　待監人者《まちけむひとは》　王之《おほきみの》　命恐《みことかしこみ》　押光《おしてる》　難波国尓《なにはのくにに》　荒玉之《あらたまの》
年経左右二《としふるまでに》　白栲《しろたへの》　衣不レ干《ころもほさず》　朝夕《あさよひに》　在鶴公者《ありつるきみは》　何方尓《いかさまに》　念座可《おもひいませか》　鬱蝉乃《うつせみの》　惜此世乎《をしきこのよを》　露霜《つゆしもの》　置而往監《おきていにけむ》
時尓不レ在之天《ときにあらずして》

題詞では、天平元年（七二九）に摂津国の班田使の史生丈部龍麻呂が自経して死んだ時に（班田使の）判官大伴宿祢三中が作った歌とある。丈部龍麻呂は「天雲之《あまくもの》　向伏国《むかぶすくにの》　武士登《もののふと》」あるように東国の武人出身で、郡司一族から兵衛として「皇祖《すめろぎの》　神之御門尓《かみのみかどに》　外重尓《とのへに》　立候《たちさもらひ》　内重尓《うちのへに》　仕奉《つかへまつりて》」と皇宮の警備担当を経て、班田司に任官したと考えられ、田令に二月までとあるように「難波国尓《なにはのくにに》　荒玉之《あらたまの》　年経左右二《としふるまでに》」と年明けまで作業は続いたようである。京畿内班田司は、大倭・河内・摂津・山背の四国に発遣され、それぞれ長官・次官・判官・准判官（五人）・算師（四人）・史生（十人）であったと考えられる。四等官にあたる判官までが管理職であるのに対し、算師は測量・計算、史生は文書行政の担当であり、ともに実際の業務に当たったと想定できる。班田は通常でも多忙であるが、とくに畿内の場合前述のように貴族層を相手とした位田の交換や土地が少ない地区での新規位田・賜田の調整があり、大変神経を使ったであろうし、自殺の原因もこのあたりにあったのではないだろうか。

『万葉集』巻二十—四四五五

天平元年班田之時、使葛城王従㆓山背国㆒贈㆓薩妙観命婦等所㆒歌一首〈副㆓芹子裹㆒〉

安可祢左須《あかねさす》　比流波多々婢弖《ひるはたたびて》　奴婆多麻乃《ぬばたまの》　欲流乃伊刀末仁《よるのいとまに》　都売流芹子許礼《つめるせりこれ》

これも天平元年の班田に関するもので、山背国の班田使長官であったと考えられる当時左中弁であった葛城王（のちの橘諸兄）から芹の包みに副えて薩妙観命婦等に贈った歌で、「比流波多々婢弖《ひるはたたびて》」とあるように、昼は班田の業務で多忙であり、その合間の夜に芹を摘んでいたという班田作業の様子がわかる。

以上のように天平元年の班田は、『続日本紀』に大きく取り上げられているとともに、『万葉集』にも二箇所に記されている。これは実施時に大きな意味を持ち、貴族・官人層にも認識されていた証左となるであろう。それに比して大宝令施行時の大宝元・二年（七〇一・二）にはとりたてて大きな班田の記事はない。さらに天平元年図の存在が確認できることから班田図が使用された可能性は高い。ただし同図は過渡的なもので、前述のように四証図の最初である天平十四年図で完成を見たということになるだろう。

前述のように条里の基準となった班田図には位置特定機能があり、未墾地の管理が可能となった。これによって天平十五年（七四三）の墾田永年私財法、天平勝宝元年（七四九）の寺院墾田地許可令が発令され、開発予定地としての未墾地を占定して申請することが可能となり、初期荘園につながっていくのである。

おわりに

近年の考古学研究によって、七世紀後半には評（のちの郡）を拠点として五十戸（のちの里）を単位とした徴税が可能となっており、庚午年籍・庚寅年籍などによって戸を単位としてヒトを管理しモノを収取する体制が成立していた。これは八世紀初頭の戸籍などによっても明らかである。

それに対して土地制度の成立は遅れ、五百代（町）の地割は畿内の一部にしか存在せず、七世紀後半から八世紀初頭までは、ヒトを媒介とした稲というモノの管理による間接的な土地管理が行われていた。大宝令の施行による国司権力の強化をふまえて、八世紀前半の天平期頃になると、全国に大型の国庁が成立しはじめ、班田図が整備されてゆく。その画期となったのが天平元年の班田である。これと合わせて町の地割も拡大してゆき、墾田永年私財法を経て、八世紀中頃には条里によって土地を管理するしくみが完成する。律令制の進展に関連づけると、七世紀は朝鮮半島からの影響が強い「プレ律令制」の時代で、大宝律令によって日本列島の実情や「プレ律令制」にあわせた唐令の体系的な継受を実施し、八世紀中頃には中国にない条里というしくみによって土地支配を進化させてゆくということになろう。

平安時代になると、戸籍は偽籍などにより機能しなくなり、[注44]それに基づいた班田制も延喜年間ごろには実施されなくなる。[注45]それに伴って調庸などの租税も未納が増加してゆく。これに対して、土地支配は進化してゆき、「公家の口分田を班つ所以は、調庸を収め、正税を挙せむが為なり」(三善清行「意見十二箇条」[注46])という口分田と調庸・出挙を直接関連づける意識もできてきた。このような変化を前提に調庸・出挙の地税化や公田官物率法など、在地において条里地割上の公田を単位にした徴税が広まってゆき、荘園における免除領田制も条里坪付を基準とするようになる。これらの変化には八世紀における土地管理とくに条里制の整備が大きな要因となったといえよう。

注

1 研究史は、村山光一『研究史班田収授』(吉川弘文館、一九七八年)など。
2 養老令と条文番号は『日本思想大系 律令』(岩波書店、一九七六年)による。令の本注は〈 〉内に入れる。
3 佐々木恵介「律令里制の特質について」(『史学雑誌』九五—二、一九八六年)。
4 石母田正『日本の古代国家』(岩波文庫、二〇一七年、初版一九七一年)
5 市大樹「飛鳥藤原出土の評制下荷札木簡」(『飛鳥藤原木簡の研究』塙書房、二〇一〇年)。
6 山中敏史『古代地方官衙遺跡の研究』(塙書房、一九九四年)、同「評制の成立過程と領域区分」『考古学の学際的研究』(岸和田市、二〇〇一年)。七世紀末に郡庁と同規模の初期国庁が成立するが(大橋泰夫『古代国府の成立と国郡制』吉川弘文館、二〇一八年)、定型国庁とは規模が違うため区別すべきと考える。

7　「五十戸長」（十六―三八四七）とされるものもあるが、写本の「弖戸等」を意改しており問題がある。万葉集は、佐竹昭広ほか『万葉集一～四』（岩波文庫、二〇一三～一五年）、同『原文万葉集上・下』（岩波文庫、二〇一五・一六年）を使用する。

8　「守部乃五十戸」（十―二二五一）は「さと」とするものが多いが、「門田早稲」と続くので「いへ」とすることも可能である。「五十戸」を確実に「さと」とする例は少ない。

9　令集解は『新訂増補国史大系 令集解』（吉川弘文館）による。

10　以下唐戸籍については、池田温『中国古代籍帳研究』（東京大学出版会、一九七九年）を参照。

11　以下の班田収授法に関する記載は、服部一隆『班田収授法の復原的研究』（吉川弘文館、二〇一二年）による。班田手続きの詳細とその変遷については、三谷芳幸『律令国家と土地支配』（吉川弘文館、二〇一三年）を参照。

12　天聖令については、天一閣博物館ほか『天一閣蔵明鈔本天聖令校証』（中華書局、二〇〇六年）を参照。

13　虎尾俊哉「大宝令に於ける班田収授法関係条文の検討」（『班田収授法の研究』吉川弘文館、一九六一年）など。

14　井上光貞「庚午年籍と対氏族策」（『井上光貞著作集四 大化前代の国家と社会』岩波書店、一九八五年）。

15　以下、国分松本遺跡出土木簡については、坂上康俊「嶋評戸口変動記録木簡をめぐる諸問題」・髙橋学「福岡・国分松本遺跡」（『木簡研究』三五、二〇一三年）による。木簡釈文は坂上論文の資料1を使用した。

16　吉村武彦「律令制国家と百姓支配」（『日本古代の社会と国家』岩波書店、一九九六年）。

17　国立歴史民俗博物館ほか編『古代日本と古代朝鮮の文字文化交流』（大修館書店、二〇一四年）。

18　戸籍についての概要は、杉本一樹「戸籍制度と家族」（『日本の古代一一 ウヂとイエ』中公文庫、一九九六年、初版一九八七年）、南部昇『日本古代戸籍の研究』（吉川弘文館、一九九二年）を参照。

19　以下戸籍の翻刻は、『大日本古文書（編年文書）』（東京大学出版会）および『続日本紀史料』（皇學館大学出版部）により、『正倉院古文書影印集成』（八木書店）で確認した。

20　虎尾俊哉「浄御原令に於ける班田収授法の推定」（『班田収授法の研究』前掲）。

21　杉本一樹「絵図と文書」（平川南ほか編『文字と古代日本2 文字による交流』吉川弘文館、二〇〇五年）。

22　口分田を男X、女Y、奴Z、婢αと置き、連立方程式として解けば、それぞれの値が明らかになる。

23　虎尾俊哉「浄御原令に於ける班田収授法の推定」（『班田収授法の研究』前掲）。詳細な計算法については、水野柳太郎「西海道

24 戸籍の再検討」(『日本古代の食封と出挙』吉川弘文館、二〇〇二年、初出一九七二年)。
25 鎌田元一「大宝二年西海道戸籍と班田」(『律令公民制の研究』塙書房、二〇〇一年、初出一九九七年)。
26 日本書紀は、『日本古典文学大系 日本書紀 下』(岩波書店、一九六五年)による。
27 大隅清陽「大宝律令の歴史的位相」(大津透編『日唐律令比較研究の新段階』山川出版社、二〇〇八年)。
28 以下の記述は、服部一隆「班田収授法と条里地割の形成」(『条里制・古代都市研究』三一、二〇一六年)を参照。
29 金田章裕『条里と村落の歴史地理学研究』(大明堂、一九八五年)。
30 稲の収取については、渡辺晃宏「律令国家の稲穀蓄積の成立と展開」(『日本律令制論集 下』吉川弘文館、一九九三年)、同「平安時代の不動穀」(『史学雑誌』九八―一二、一九八九年)を参照。
31 森公章「長屋王家木簡と田庄の経営」(『長屋王家木簡の基礎的研究』吉川弘文館、二〇〇〇年、初出一九九八年)。
32 石上英一「讃岐国山田郡田図の史料学的分析」『古代荘園史料の基礎的研究 上』(塙書房、一九九七年)。
33 平川南「古代における里と村」(『律令国郡制の実像 下』吉川弘文館、二〇一四年、初出二〇〇三年)。
34 金田章裕『条里と村落の歴史地理学研究』(前掲)など。
35 班田図のしくみについては、三河雅弘「班田図と古代荘園図の役割」(『歴史地理学』五二―一、二〇一〇年)を参照。
36 宮本救『律令田制と班田図』(吉川弘文館、一九九八年)。
37 「天平神護二年十二月五日伊賀国司解案」(『大日本古文書 東南院文書之二』三―二)に引用される。
38 鎌田元一「律令制的土地制度と田籍・田図」(『律令公民制の研究』前掲、初出一九九六年)および、東寺宝物館『東寺文書とそのかたちを読む』(東寺宝物館、二〇〇二年)を参照。
39 鎌田元一「律令制的土地制度と田籍・田図」(前掲)。
40 井上光貞「日本律令の成立とその注釈書」(『日本思想大系 律令』岩波書店、一九七六年)。
41 『類聚三代格』巻一五校班田事。『類聚三代格』は新訂増補国史大系本による。
42 この記載によって、令意が全面的な田の割替でないこともわかる。
43 浅野充「律令国家における京戸支配の特質」(『日本古代の国家形成と都市』校倉書房、二〇〇七年、初出一九八六年)。
本歌については、滝川政次郎「班田史生丈部龍麻呂の死」(『万葉律令考』東京堂出版、一九七四年)に詳しい。丈部については、

44 岸俊男「稲荷山鉄剣銘と丈部」(『日本古代文物の研究』塙書房、一九八八年、初出一九八〇年)を参照。
45 平田耿二「平安時代の戸籍について」(『日本古代籍帳制度論』吉川弘文館、一九八六年、初出一九七三年)。
46 虎尾俊哉「班田収授法の施行とその崩壊」(『班田収授法の研究』前掲)。
『日本思想大系 古代政治社会思想』(岩波書店、一九七九年)。

〔付記〕本稿に関わる七世紀史については、服部一隆「大宝令にみえる公民制の日本独自規定」(『日本歴史』八三八、二〇一八年)を参照。

唐賦役令の受容

神戸　航介

序

檀越や然もな言いそ五十戸長が課役徴らば汝も泣かむ

右は『万葉集』巻十六・三八四七番「法師報歌一首」である。俗人にからかわれた僧侶が読んだ歌で、「里長が課役を徴収しにきたらあなたも泣くだろう」と、課役を免除されている僧侶の立場から相手の泣き所をとりあげている。山上憶良の貧窮問答歌のイメージもあり、この歌を読むと、里長が民衆一人一人のもとにやってきて調庸を搾取していた、との印象を受けるだろう。しかし現在の日本古代史研究における調庸制の理解は、このようなイメージとは少し異なっているようである。

この歌に出てくる「課役」という律令用語は、具体的には調庸および雑徭を意味し、賦役令という篇目に規定された、律令制下の公民が負担した基本的租税である。本稿に与えられた「唐賦役令の受容」という課題については、財政制度の国家史における重要性もあり研究史が厚い。青木和夫氏[注1]や吉田孝氏[注2]の研究などが日唐律令比較研究の先駆けとして発表され、その後石上英一氏[注3]や大津透氏により比較研究の手法が確立され[注4]、天聖令発見後も大津透氏によって早くに基礎的検討が行なわれている。[注5]本稿ではこれらの成果に依拠しつつ、新出の北宋天聖令を踏まえて基本的な条文の理解を示し、日本古代における唐賦役令の受容のあり方を考えてみたい。

一　唐日賦役令の構成

日本令が唐の賦役制度のうち何を継承し、どの部分を改変したかという問題を考える上で、両者の条文配列の比較がまずは必要となる。唐日賦役令の構成については、吉田孝・石上英一両氏が早くに配列の論理を検討し、さらに天聖令の発見を受けて大津透氏が、両氏の案を継承して以下の四部に整理している。[注6]すなわち、Ⅰ課役の基本原則および全国的予算編成についての規定、Ⅱ課役の免除および特例規定、Ⅲ力役の徴発方法に関する規定、Ⅳその他、である。

別表を参照しつつ、日唐賦役令の配列の相違を整理しよう。[注7]まずⅠ部では、予算編成を規定した計帳条が、唐令では日本令よりかなり前に配置されていること、課役の輸送や予算の調整についての規定の多くを日本令が削除していることが注目される。唐では計帳条に規定された度支という財政官司による予算編成がきわめて大きな意義を有し、度支は全国から提出される計帳から算出される税額を元に全土にわたる規模の予算を編成し、度支奏抄により各州の税物を軍費等として京以外の別所へ送納すること（「外配」という）が行なわれていた。[注8]これに

表　唐日賦役令対照一覧

復原排列	分類	天聖令 宋令	天聖令 不行唐令	天聖令条文名	天聖賦役令の各条文の内容	唐令拾遺補	養老令	養老令の条文名	継受状況
1	Ⅰ課役の原則	1		課戸条	課役の税額および合成・題記	1・2	1・2	調絹絁条・調皆随近条	☆
2			1	計帳条	度支による予算編成	8	5	計帳条	☆
3			2	庸調物条	調庸の輸納期限	3	3	調庸物条	○
4			3	租条	租の納入期限、輸送の基本原則	補1	田令2	（田租条）	☆
5		2		貯米条	租粟を米・雑物で折納する場合	補1	7	土毛条	☆
6			4	租運送条	租の輸送費用				×
7			5	輸租調庸条	租調庸輸送の役人による部領				×
8		3		諸州条	租調庸の送納・折納完了時の報告				×
9			6	課役条	課役の破除・見在・帳後附の報告				×
10			7	食実封条	実封支給の原則	10	8	封戸条	○
11	Ⅱ課役の免除・特例規定		8	水旱条	自然災害時の課役免除	11	9	水旱条	◎
12		4		諸州豊倹条	収穫状況・課役免除状況の報告				×
13		5		辺遠州条	辺境州の課役の特例	12	10	辺遠国条	◎
14		6		蠲符条	課役免除の手続き	13	11	蠲符条	◎
15			9	春季条	課役徴収・免除の季節ごとの扱い	14	12	春季条	◎
16			10	口及給侍条	死亡による課役徴収・免除の報告		13	口及給侍条	○
17			11	居狭郷条	狭郷から寛郷へ移住した人への課役免除	15	14	人在狭郷条	○
18			12	没落外蕃条	外国に没落した者の帰国、外国人の帰化の場合の課役免除	16・17・18	15	没落外蕃条	○
19			13	公役使還条	遠距離の公使から帰還した場合の課役免除		16	外蕃還条	○
20		7		孝子順孫条	孝子・順孫・義夫・節婦への課役免除	19	17	孝子順孫条	◎
21		8		皇宗条	皇族・外戚の課役免除	20			×
22			14	職事官三品条	高位者親族への課役免除	20	18	三位以上条	○
23			15	正義常平倉督条	雑任などへの課役免除	21	19	舎人史生条	○
24			16	職事六品条	品子・高齢者等に対する実役免除	23	20	除名未叙条	○

25			17	蔭親属条	散官・守官の親族への課役免除の扱い				×
26			18	漏刻生条	特定の雑任への雑徭免除		19	舎人史生条	○
27			19	父母喪条	喪中の力役免除	補2	21	免朞年徭役条	○
28	Ⅲ労働力の徴発		20	応役丁条	役丁徴発の予算編成	24・26	22	雇役丁条	☆
29			21	州丁支配条	役丁の不足時の報告				×
30		9		戸等条	戸等にもとづく差科	24・25	22・23	雇役丁条・差科条	☆
31			22	歳役条	丁匠の歳役の徴発、発遣、代役	4・5	4	歳役条	☆
32		10		丁匠上役条	丁匠の歳役の私粮準備	5			×
33			23	丁匠赴役条	丁匠の赴任の手続き		24	丁匠赴役条	○
34			24	庸条	丁匠が歳役実役につかない場合の庸の徴収	4	4	歳役条	☆
35		11		有事故条	丁匠が事故あり赴任しない場合の規定		25	有事故条	○
36		12		科喚条	丁匠の移動方法				×
37		13		役丁匠条	丁匠の労働条件		26	役丁匠条	○
38		14		大営造条	在京の大営造における警備		27	営造条	○
39		15		在役遭父母喪条	在役中の丁匠が父母喪により帰還する場合		28	丁匠在役遭父母喪条	○
40		16		貯藁条	畿内に藁を科す		29	藁藍条	☆
41		17		粟草等条	頓・役に粟草等を備蓄する				×
42		18		斟量功力条	丁匠の労働量の管理		30	斟酌功力条	◎
43		19		丁匠往来条	丁匠が往来時に病気になった場合		31	丁匠往来条	○
44		20		丁匠身死条	丁匠が往来時に死亡した場合		32	赴役身死条	○
45		21		昼作夜止条	丁匠の一日の労働時間		33	昼作夜止条	○
46			25	応入京条	租調庸・丁匠の輸送の期限				×
47			26	丁営造条	役丁を用いた営造の時期				×
48		22		車牛人力条	車牛・人力による伝送		34	車牛人力条	◎
49	Ⅳその他		27	朝集使貢献条	朝集使の貢献物	27	35	貢献物条	○
50		23		庸調物雑税条	税額の周知	補3	36	調物条	○

＊排列・条文名等は大津D論文による。
＊「継受状況」は、◎はほぼ引き写し、○は日本の実態に合わせた改変が認められるもの、☆は唐令と本質的に異なる改変を加えたもの、×は継受しなかったもの。

対し日本の場合、計帳条は全国家財政の予算編成ではなく、中央で消費される庸のみの分配規定に縮小され、外配規定と予算調整に関わる規定を全面的に改変・削除している。これは日本では租は京進されず地方にとどめられ、調庸は天皇への貢納物として基本的に京にのみ送られ得るものと認識されていたことによるもので、日本の財政官司である民部省・主計寮は唐の度支のように全国規模の予算を作成することはなく、国司から献上される税物の計算と中央官司内での分配を行なうのみであったという背景がある。

Ⅱ部については、細部に相違はあるものの、ほぼ唐令の枠組みを忠実に継承している。特に辺遠州条や孝子順孫条など、中華思想や儒教といった支配イデオロギーと密接に関わる条文を引き写している点は、課役免除の本質を考える上で重要であろう。継受しなかった二条について説明を加えると、蔭親属条は、散官は職事官の例に準じ、守官は本品により親族の課役を免除する規定であるが、位階が官人本人のランクを示す日本の位階制[注9]のもとでは不要なので削除されている。もう一つ、皇族の外戚の課役免除を規定した皇宗条を日本令は削除したが、これは日本の王権の特色を反映している可能性があり、今後の検討課題である。

Ⅲ部はかなり大きな変更が加えられている。まず注目すべきは唐22・24で、年間二十日の歳役徴発規定と、実役につかない場合の庸の収取規定が二条に分かれてⅢ部にあったことが判明し、日本では両者を合成した上でⅠ部の計帳条の前に移していたことがわかった。この点については第三章で詳述するが、日本令は歳役条を労働力徴発規定ではなく庸の収取に主眼をおいたためⅠ部に置いたと解釈できる。さらに唐20の冒頭「応役丁」を「雇役丁」に変更し、その他のⅢ部の条文の随所に確認されるように、日本令はⅢ部全体を、庸を対価として支給することで労働者を確保する雇役制の条文群に変更した。このようにかなり大きな条文構成の論理の改変が見られるものの、労働者の待遇などは唐令をかなり忠実に継承している。いくつかの継受しなかった条文が、いずれも

I部で継受しなかったものと同じく丁匠の差発計画（予算編成）や赴任（輸送）に関するものである点も注目され、これも主計寮の位置づけの相違が背景にあると思われる。

最後にⅣ部では、日本令は唐令をもとに立条した貢献物条・調物条の後ろに、独自条文として37雑徭条・38仕丁条・39斐陀国条を設けた。特に雑徭条が唐令に存在しなかったのは重大な発見で、大津透氏は唐の雑徭は戸等に応じた差科の一環で義務日数が存在しなかったのに対し、日本では雑徭は人頭税である課役に含まれることを意味するとし、日本の雑徭が天皇やクニノミコトモチへの奉仕に由来する中央財政的性格を持つものだとする吉田孝氏の説を裏づける結果になったとする。[注10] 雑徭が実際の地方社会においてどのように認識されていたかはなお検討すべきだが、石母田正氏が述べるように、[注11] 雑徭制成立以前は在地首長層が領域内の民衆に徭役労働を課していたと考えられ、日本賦役令があえて雑徭条を設けたことは、在地首長層の徭役徴発権を国家に回収し、地方公共事業のための徭役として組織したという意義がある。さらに仕丁条・斐陀国条は律令制以前の日本固有の労力徴発制度に起源を持つものである。[注12] 仕丁は五十戸ごとに二人の正丁と一人の廝（カシワデ＝給仕役）を徴発し中央官司の雑用に使役する制度で、大化改新詔にもみえている。斐陀国条は優秀な木工が育った飛驒国のみの特殊規定で、調庸を免除するかわりに里ごとに十人の匠丁を徴発して中央の造営に充て、国に残った者からは匠丁の食米を徴収する制度である。したがってこれらが唐令に存在しないのは当然だが、それでもあえて賦役令の体系に組み込んだ点に日本令の特徴がある。日本賦役令は唐賦役令の基本構造を継承することで中央集権的租税制度を導入しつつ、日本独自の条文を末尾に配置することで従来の慣行を律令制に取り込んだのである。

二　律令調制の特質

ここでは調の基本原則を規定した養老賦役令1調絹絁条をとりあげたい（正調の基本原則のみをとりあげる。同条にはこの他、付加税としての調副物の規定と、京畿内の特殊規定がある）。

凡調絹・絁・糸・綿・布、並随二郷土所レ出。正丁一人、絹・絁八尺五寸、六丁成レ疋〈長五丈一尺、広二尺二寸〉。美濃絁六尺五寸、八丁成レ匹〈長五丈二尺、広同二絹・絁一〉。糸八両、綿一斤、布二丈六尺。並二丁成二約・屯・端一〈端長五丈二尺、広二尺四寸〉。其望陀布、四丁成レ端〈長五丈二尺、広二尺八寸〉。若輸二雑物一者、鉄十斤、鍬三口〈毎レ口三斤〉、塩三斗、鰒十八斤、堅魚卅五斤、烏賊卅斤、螺卅二斤、熬海鼠廿六斤、雑魚楚割五十斤、雑腊一百斤、紫菜卌八斤、雑海菜一百六十斤、海藻一百卅斤、滑海藻二百六十斤、海松一百卅斤、凝海菜一百廿斤、雑腊六斗、海藻根八斗、未滑海藻一石、沢蒜一石二斗、島蒜一石二斗、鰒鮓二斗、貽貝鮓三斗、白貝葅三斗、辛螺頭打六斗、貽貝後折六斗、海細螺一石、棘甲蠃六斗、甲蠃六斗、雑鮨五斗、近江鮒五斗、煮塩年魚四斗、煮堅魚廿五斤、堅魚煎汁四升。次丁二人、中男四人、並准二正丁一人一。（後略）

本条では正調として絹・絁・糸・綿・布をその土地の物産に合わせて納めるとし、一正丁ごとの納入額と、これを複数人で合成したときの一単位の規格を定める。さらに「もし雑物を輸さば」として、三十四種類の鉱産物・海産物の一人分の納入量を列挙している。

本条のもとになった唐令を継承した天聖令の条文は宋1で、

諸税戸並随二郷土所一レ出。紬・絁・布等若当戸不レ充二匹端一者、皆随レ近合充。並於二布帛両頭一各令三戸人具二注州県郷里・戸主姓名及某年月・某色税物一。受訖、以二本司本印一印記之。其許下以二零税一納上レ銭者、従二別勅一。

とある。天聖令は唐令をもとにして作られた宋代の令であるため、宋令の字句が唐代に遡るかの考証を行なう必要があるが、本条は調庸制が解体した後の両税法による改変を強く受けており、その結果唐令本来の形態から大きく変化している。そのため、唐令のあり方を考える上では『唐令拾遺補』の復原が今なお大きな意味を持つことになるが、『唐令拾遺補』で不明だった事実も新たに明らかになった。養老賦役令2調皆随近条には、

凡調、皆随レ近合成。絹・絁・布両頭、及糸・綿嚢、具注二国郡里戸主姓名年月日一、各以二国印一印之。

と、調として納入する繊維品に貢納者等を題記する規定があるが、唐令にも同様の規定の存在が確認され、しかもこれが『唐令拾遺補』復旧一条と同一条文だったことが判明したのである。『唐令拾遺』でも『唐六典』巻三戸部郎中員外郎条の記述から、賦役令二条として「其調、皆書印」とのみ復旧し、また吐魯番出土庸調布の実例からも日本令と同様に調庸墨書銘に関する規定が存在したことは推測されていたが[注13]、天聖令によって題記規定は課役賦課の原則規定とともに一条を構成していたことが判明した。逆に日本令はこれを二つの条文に分割したこ

とになる。

一つ問題となるのは、天聖令に「令戸人」とある字句、すなわち題記を納税者側で入れるとする規定が唐令に遡るかである。なお断言できないが、吉川真司氏は戸税の実例から唐代でも納税者自らが題記する規定だったと見てよいとする。[注14] これが認められるなら、日本令が「令戸人」（「受訖」も）を削除したのは、日本の場合墨書銘の題記や付札木簡の添付が納税者側ではなく地方行政機構で行なわれることによるだろう。[注15] また「某色税物」も唐令に遡るか判断が難しいが、この文言が品目名及び庸調の別を明記することを意味するとすれば、吐魯番出土庸調布の実例とも合致し、日本令で削除されたのは本条を調のみの規定としたことと関連することになろう。なお、「其許下以二零税一納上レ銭者従二別勅一」は、零税（匹端にならない端数部分）を銭納することを別勅により許可する規定である。一般的に別勅規定は宋代の追加であること、[注16]「零税」の語が唐代に見られないことなどから、唐令には遡らないとみるのが妥当である。

以上の検討と『唐令拾遺補』の復原をふまえ、次のような復原案を示しておく。[注17]

諸課戸、毎レ丁租粟二石。其調（綾）絹絁布、並随二郷土所一レ出。絹絁各二丈、布則二丈五尺。輸二（綾）絹絁一者（兼調）綿三両、輸レ布者麻三斤。其（綾）絹絁為レ匹、布為レ端、綿為レ屯、麻為レ綟。若当戸不レ成二匹端屯綟一者、皆随レ近合成。並於二布帛両頭（及綿麻嚢）一（各令二戸人）具注二州県郷里・戸主姓名及某年月（某色税物一）。（受訖）以二本司印一印記之。其調麻毎年支料有レ余、折二一斤一輸二粟一斗一、与レ租同受。（其江南諸州租、並廻造納レ布。）

これと養老令を比較すると、まず唐では調だけでなく田租も人身賦課の「課」に含まれるが、日本令では田租が「課役」の概念に含まれず、賦役令から削除されており、田令に規定されている。日本の田租は田一段につき稲二束二把という、田地面積ごとに賦課され、また唐では原則京進されるが日本では地方に留めて貯蓄される、という相違がある。これは、律令制導入以前の日本では、共同体首長に対して収穫をささげる初穂儀礼があり、これが律令制の田租に転化したことによると考えられる。

調制については、養老令は唐令と異なり、繊維品以外にも海産物・鉱産物など多種多様な物品を調品目として規定している点が特徴的である。大津透氏は、ここに列挙された品目は律令制成立当初実際に貢納された物品の全てを網羅したものであり、基本的に延喜式まで変更はなかったとする。[注18]貢納物付札の木簡によれば実際には調絹絁条から外れるものもあり、この見解には若干の修正を要するが、「近江鮒」など特定の地域のみの貢納品も載せることからすれば、調絹絁条が全品目の網羅を志向していたことは認めてよいと思う。このように多様な物品を全ていちいち列挙しているのは、地域によって異なる律令制以前の服属集団による貢納物を引き継いでいるためであり、繊維品についても美濃絁や望陀布など地域性を残している。調の性格について石上英一氏は、調雑物は日本が範とした唐令には全く見えず、令制以前からの服属儀礼に伴う貢納品目を引き継いでいると考えられ、複数人で生産する調副物があること、国衙・郡衙における首長層の経営・労働力編成のもとでの大規模生産、共同体的協業を前提とした租税制度であるとした。[注19]日本の律令租税制度の本質に、令制以前の首長制の生産関係があるとする重要な指摘である。

前述のように日本では賦役令2調皆随近条の合成規定及び題記規定が、唐令では課役附課の原則規定と合わせて一つの条文であり、逆に日本令は唐令を分割し、合成・題記規定を別に立条した。さらにその内容も「若当戸不レ成二匹端屯緜一者」を削除し、必ず近隣と合成するとしているように、戸内合成の可能性を削除し、戸を越えた集団による貢納を前提に字句を変更している。これらは日本の調制における徴税単位としての戸の性格が希薄であることを示している。唐令本条は全体として課の負担原則と戸の責任、及び現地における税物の受領方法を規定したものであった。これに対し日本では調絹絁条は税品目と請負課丁数ごとの数量を規定し、調皆随近条は国郡の責任において貢納物としての体裁を整えることを規定したものであり、日本と唐では条文構成上の論理転換がある。これらはいずれも公民一人一人の負担を定めたものというより、課丁数に応じた税数を請け負う国郡の責任を定めたものであった。

　では、実際に在地社会ではどのように調が租税として徴収されていたのであろうか。日本賦役令の中で現地における徴収に関連するのは36調物条で、

凡調物及地租雑税、皆明写二応レ輸物数一、立二牓坊里一、使二衆庶同知一。

と、納めるべき物品の種類・数量を牓示して周知させる規定がある。本条に対応する唐令については、『唐令拾遺補』では『新唐書』巻五十一食貨志の「税斂之数、書二于県門村坊一、与レ衆知レ之」という記述からその存在が想定されていたが、新たに天聖賦役令宋23に、

諸有二雑物科税一、皆明写二所レ須物数及応レ出之戸一、印書、牓二県門及村坊一、使二衆庶同知一。

とあるのによって全体像を知ることができるようになった。このうち、「雑物科税」はやはり両税法による改変と思われ、『唐律疏議』戸婚律25輸課税物違期条の疏に「輸課税之物。謂租調及庸地租雑税之類」とあるのが養老令の冒頭と類似していることから、唐令では「租調及庸地租雑税」であった可能性があるが、それ以外はほぼ唐令でも同様だっただろう。このような想定のもと、唐令の「応レ出之戸」を日本令が削除したとすれば[注20]、この改変は前述の題記規定の改変と同様、日本の在地における収取が戸ごとに個別人身的に行なわれたものではなかったことを反映している。

近年、出土資料の研究から、在地における税物生産の構造が解明されてきている。特に重要なのは東村純子氏による紡績具の研究[注21]で、これにより地方官衙における繊維品の生産体系が明らかにされた。東村氏によると、地方官衙での繊維品織成には周辺集落で製糸した糸を郡衙工房で製織する分業型と、製糸から製織までを郡衙工房で行なう集約型があり、前者は中央の政策を受けて分業が進んだものとする。また長野県屋代遺跡（郡家関連遺跡）から出土した布手歴名木簡[注22]により、郡家に繊維製品の工房が存在し、「布手」を動員して集団的生産を行っていたことが指摘されている[注23]。賦役令の規定はこうした生産体制を基礎に置くことを前提に立条されているため、戸ごとの収取としての性格が希薄で、課丁数に基づく国郡の請負的な収取制度となっているのである。

このような日本における調制の歴史的前提としては、国造による服属儀礼に伴う貢納物に起源を持ち、律令制下もその構造をそのまま引き継いでいるとするのが通説である。これに対し今津勝紀氏は、木簡から調雑物貢進国は少数に限られること、若狭国遠敷郡青郷の贄は公民負担の調や雑徭を振り替えていることを実証した上で、ミツキの語は王権に奉仕する進上物全てを意味し、そのうち律令調制の前提となったのは部から貢納される固有税制としてのミツキであるとし[注24]、通説的見解と鋭い対立がみられる[注25]。

今津説については、部民制に基づく貢納と国造制との関係を十分に説明しきれていない点に問題を残し、初出直後から大津透氏による批判があるように、[注26]「部民制は国造制に包摂されていた」と見ることで通説に包摂されてしまう可能性がある。[注27]しかしそう考えるにしても、根拠となる『日本書紀』大化元年（六四五）九月甲申条は多様な解釈が可能であり、[注28]部民制の収取形態を残すとされる封戸制の理解[注29]にしても長屋王木簡等により再検討の余地があるなど、[注30]放置されている課題も多い。志摩など御食国の食料貢納は伴造―部の構造を踏襲しており、[注31]畿内の調も部民制的収取を引き継いだものであることは明白である。[注32]調制の歴史的前提となる生産構造は地域によって異なる様相が想定されるのであり、これらが全て国造制に包摂されていたかは疑問があるものの、その一方で特に正調である繊維品については国造を主体とする貢納の系譜を引き継いだと考えられるものが多いことも確かなのである。[注33]現時点では国造制・部民制両方が律令調制につながると評価でき、両者の関係がいかなるものだったかを個別に検討していく必要があるだろう。

三　力役徴発規定をめぐる諸問題

律令賦役制度の特色として、人身賦課の物納租税である調とともに、力役徴発とその代納物の徴収があげられる。ここでは賦役令の力役規定の継受の様相を概観する。まず取り上げるのは養老賦役令4歳役条である。

凡正丁歳役十日。若須レ収レ庸者、布二丈六尺〈一日二尺六寸〉。須二留役一者、満二卅日一、租調倶免〈役日少者、計二見役日一折免〉。通二正役一並不レ得レ過二卌日一。次丁二人同二一正丁一。中男及京畿内、不レ在二収レ庸之例一。其丁赴レ役之日、長官親自点検、并閲二衣粮周備一、然後発遣。若欲下雇二当国郡人一、及遣二家人一代上レ役者聴之。劣弱者不レ合。即於二送簿名下一、具注二代人貫属姓名一。其匠欲下当色雇二巧人一代上レ役者、亦聴之。

正丁一人につき年間十日の無償労働が義務づけられ、庸で代納する場合は布二丈六尺とされた。後段は実際に役務にあたる場合の規定で、十日を超える徴発（留役）は最大四十日まで継続することが認められ、三十日で租と調を免除された。さらに役務にあたる人が任地へ出発する際には、現地の国司長官が点検し、生活の必要物を自備しているかを確認した上で派遣すること、代理人を雇って代役させる際の細則が規定されている。

養老令の建前では庸は歳役十日の代納物なのだが、青木和夫氏は大宝令では実役規定が存在せず、実際には全員から庸を取る規定だったとし、以下のような復原案を提示した。

凡正丁歳役十《？》日《？》、皆収二庸布二丈六尺一。次丁二人同二一正丁一。少丁及京畿内不レ在二収レ庸之例一。

天聖令によって、歳役条に対応する唐令は、日本令とは異なって後半のⅢ部に配置され、しかも実役規定と庸収取規定は別の条文だったことが判明したのである。天聖賦役令唐22・唐24を次に掲げよう。

〔唐22〕諸丁匠歳役功二十日。有レ閏之年加二二日一。須二留役一者、満二十五日一免レ調、三十日租調倶免〈役日少者、計二見役日一折免〉。通二正役一並不レ得レ過二五十日一。其在二路遠之処一須二相資一者、聴二臨時処分一。其丁赴レ役之日、長官親自点検、並閲二衣粮周備一、然後発遣。若欲下雇二当州県人一及遣二部曲一代上レ役者、聴之。

劣弱者不レ合。即於二送簿名下一各注二代人貫属姓名一。其匠欲下当色雇二巧人一代上レ役者、亦聴之。
〔唐24〕諸丁匠不レ役者、収レ庸。無レ絹之郷、絁布参受〈日別絁絹各三尺、布則三尺七寸五分〉。

養老令は唐22を軸に、唐24の庸収取規定を合成させ、課役の基本原則を規定したI部に移動させたのである。これは実質的には力役義務とは切り離された庸収取を行なったためである。日本の庸は律令制以前の部民制の伝統を継承し、共同体の成員から一定人数を労働力として中央に提供する仕丁や衛士の資養物を収取する制度に、唐令の庸の制度をかぶせたものであった。これが養老令にいたって実役規定が加わった背景には、慶雲三年（七〇六）二月十六日勅（『類聚三代格』蠲免事所収）による百姓身役制の成立がある。

勅。凡百姓身役十日以上免レ庸、廿日以上庸調倶免。役日雖レ多、不レ得レ過二卅日一。其役廿日、乃給二公粮一。即筑紫之役十九日。即廿日以上、皆同二上文一。若応レ役二匠丁一者、国司預点二定匠丁一、以二十丁一為二一火一、給二廨（廝カ）一丁一。上レ役之日、乃給二公粮一。還レ国之時、当酬二功直一。其一番役日雖レ多、不レ得レ過二五十日一。

これは『続日本紀』同日条の「制七条事」によると、庸の半減による労働力財源の不足を補う目的で採用された制度で、庸の免除と引き替えに十日の無償労働の徴発を可能とし、さらに調を免除することで二十日以上四十日以下の労働力を徴発できるようにした。これに伴い、十日を超える力役を「留役」として、歳役条の実役部分を唐令から継受したのである。日本では人身賦課でない租を留役の際に免除されるとするのは、唐令を引き写したことによる不備であろう。

ただし唐令の文言のうち百姓身役制と矛盾する箇所は改変・削除されている。唐令の「五十日」は四十日に減らされているし、閏年に二日を加える規定を削除しているのは、義務日数をもった労働としての歳役の実態が存在しないためだろう（日本では閏年でも庸は布二丈六尺である）。さらに唐令の「其在二路遠之処一須二相資一者、聴二臨時処分一」とは、任地が遠距離で特別な旅費の補助が必要な場合はそのつど処分するという内容で、広大な支配領域をもつ唐特有の規定であり、西海道以外では京における造営しか想定されなかった雇役制・百姓身役制には合わないので削除されている。つまり完全な引き写しではなく、百姓身役制の導入にともなう令文の補訂として唐令が継受されているのである。

しかし、大宝令における歳役実役の有無は前述の調制の歴史的前提とともに、長く議論されてきた論点であり、天聖令公刊後も大宝令の歳役実役を認める研究者も存在する。[注34] そこでここでは歳役実役の有無と関連する養老賦役令20除名未叙条に検討を加えてみよう。

凡除名未レ叙人、免レ役輸レ庸〈願レ役レ身者、聴之〉。其応レ収レ庸者、亦不レ在二雑徭及点防之限一。

これは除名、すなわち罪を犯して官位・勲位を剥奪された者でまだ再叙任されない者に対する特殊規定であり、役を免じて全て庸で代納させる規定である。本条に対応する天聖賦役令唐16は以下のとおり。

諸文武職事六品以下九品以上・勲官三品以下五品以上父子、若除名未レ叙人及庶人年五十以上、若宗姓、並免レ役輸レ庸〈願レ役レ身者聴之〉。其応レ輸レ庸者、亦不レ在二雑徭及点防之限一。其皇宗七廟子孫、雖二蔭尽一、亦免レ入レ軍。

日本令と比較すると、唐令では除名未叙者以外に、免課役の恩典に預からない六品以下職事官等の父子や五十歳以上の庶人、宗姓（王族の者）に対しても免役輸庸の特権が与えられ、さらに蔭の範囲に入らない皇宗七廟子孫の入軍を免ずる規定が存在したことがわかる。高齢者の実役免除は隋代の制度を継承したものであり、宗姓については武徳二年以降制度化されたらしい。[注35] この制度は遡れば『周礼』の施捨に淵源を求めることが可能である。施捨とは飢饉の際や、貴人・賢者・公事に服する者・老人・病人などを力役に充てないとする理念で、[注36] こうした理念を背景に成立したのが唐16の規定である。本条については「力役義務の有無をもって士と庶を分かつ理念」が反映された条文と評価されてきたが、それだけでなく施捨の理念に基づく儒教的理念の強い条文なのである。

このように理解すると、日本令がなぜ除名未叙者の規定として限定的に継受したのかという疑問が生じよう。賦役令は17孝子順孫条のように儒教思想が色濃く反映した条文もそのまま継受しており、理念的背景の相違は上記の疑問の解答とはなりえない。そこで注目すべきは、『続日本紀』慶雲三年（七〇六）二月庚寅条の「制七条事」其三である。

准二律令一、於レ律雖レ有二除名之人六載之後聴レ叙之文一、令内未レ載二除名之罪限満以後応レ叙之式一。宜三議作二応レ叙之条一。〈其三〉

ここでは律においては除名された人が六年後に再叙任されることを許す条文がある（名例律21除名者条）にも

かかわらず、令には規定がないので条文を作成するよう命じている。この令は具体的には大宝選任令・軍防令で、この制の結果養老令で選叙令37除名応叙条と軍防令35犯除名条が立条されたと考えられている。[注37] しかし再叙任規定が令文にないのに力役免除規定だけが存在するとは考えがたいし、『令集解』本条には大宝令の注釈である古記が全く引用されていない。とすれば、大宝賦役令には除名未叙条は存在せず、制七条事によって除名者再叙任規定を作成することになった際、唐令から除名未叙者に関する賦役令本条を新たに追加することになったと考えられる。[注38]

ではなぜ大宝令ではこの条文を継受しなかったのか。それは大宝令では歳役の実役が存在せず、全員が庸を納める規定であったため、実役免除の特権が意味をなさなかったからにほかならない。養老令で歳役実役規定が追加されたことで除名未叙条も形式上は成立可能となったが、これが実際には空文だったことはいうまでもない。大宝令で「歳役十日」と、実役がないのに力役と結びつけた規定は一見不自然にもみえるだろうが、仮に名目だけでも庸を歳役の代納物として設定しなければ、唐令の枠組みを大きく変えなければならず（例えば「課役」という律令用語が使えなくなる）、他の条文にも影響がある。実際には存在しない歳役を規定したのは、唐賦役令の体系的継受を可能にするという側面があったのである。

一方で、中央における労働力徴発は歳役ではなく、賦役令22雇役丁条に規定された雇役が担った（『唐令拾遺補』により大宝令の字句を傍注する）。

凡雇二役丁一者、本司預計二当年所レ作色目多少一、申レ官。録付二主《民部?》計一、覆審支配、七月卅日以前奏訖。自二十月一日一至二二月卅日内一、均分上役。一番不レ得レ過二五十日一。若要月者、不レ得レ過二卅日一。其人限外上役、欲レ取レ直者聴。国司皆須下親知二貧富強弱一、因対二戸口一、即作二九等一定上レ簿。預為二次第一、依レ次赴《差》レ役《使》。取家有多丁

22雇役丁条では、国司が戸ごとの貧富強弱に応じて九等の等級を定め、十月から二月までに正丁を「雇役」するという力役徴発方式が定められている。雇役とは、歳役条により徴収した庸を代価として支払う代わりに力役に差発する制度である。対応する天聖令条文は以下の二条である。

〔唐20〕諸応レ役レ丁者、毎年予料二来年所レ役色目多少一、二月上旬申二本司一校量、四月上旬録二送度支一、覆審支配総奏。其在京諸司権時須二丁役一者、皆申二戸部一、於二見役丁内一量レ事抽配。若当処役丁有レ賸、不レ得二輒将廻役一。其非二年常支料一、別有二営作一、卒須丁多、不レ可二抽減一者、並申二度支一処分。

〔宋9〕諸県令須三親知二所部富貧・丁中多少・人身強弱一。毎因二升降戸口一、即作二五等一定レ簿、連署印記。若遭二災蝗旱澇一之処、任随二貧富一為二等級一。差科・賦役、皆拠二此簿一。凡差科、先富強、後貧弱。先多丁、後少丁〈凡丁分番上役者、家有二兼丁一者、要月、家貧単身者、閑月〉。其賦役軽重・送納遠近、皆依レ此以為二等差一。予為二次第一、務令二均済一。簿定以後、依レ次差科。若有二増減一、随即注記。里正唯得二依レ符催督一、不レ得レ干二予差科一。若県令不レ在、佐官亦准二此法一。

まず宋令である宋9の唐令の復原について若干検討を加えておきたい。本条は県令が自ら部内の戸口を検分して戸の等級を作り、この戸等に基づき様々な負担を課す差科について規定する。[注39] 県令による定戸（戸の等級の設定）や差科については『唐六典』巻三十に県令の職掌として本条と共通の字句がみえており、天聖令の条文の枠組

みは唐令に遡るとみてよい。ただし天聖令で戸等を「五等」とするのは宋代の改変で、[注40] 唐代の戸等は上上から下下までの九等である。この部分は『令集解』賦役令22雇役丁条穴記に「唐令云、収㆓手実㆒之際、作㆓九等㆒定㆑簿者是」とあるのを唐令として採用すべきで、天聖令にはない「収手実之際」の字句が唐令には存在した。なお同じ唐令の文が讃記にも引用されているが、そこには「唐令云、収㆓手実㆒之際、降作㆓九等㆒定㆑簿者是」とあり、穴記にはない「降」の字がある。この一字は写本によっては存在しないものもあるようで、字形が類似する「際」の衍字と考えるのが穏当なのだが、天聖令に「升降戸口」の字があったことを知った上で見ると、脱落した「升降戸口」の一字が残った可能性も疑われることを指摘しておきたい。本条に対応する日本の雇役丁条を見ると、後段「国司皆須㆔親知㆓貧富強弱㆒。因対㆓戸口㆒、即作㆓九等㆒定㆑簿。預為㆓次第㆒、依㆑次赴㆑役」は宋9を参照して立文されており、問題の箇所は「因対戸口」とあって、天聖令の字句に近い。これらを考慮すると、唐令の字句は「収㆓手実㆒之際、毎因升㆓降戸口㆒、作㆓九等㆒定㆑簿」であった可能性がある。

ほかに日宋で共通する字句である「須親知貧富」「預為次第」はそのまま唐令に復原可能である。最後の里正は差科に関与してはならないとする規定については唐令に遡るか明証がないが、里正は貌閲において不正を行なう者として処罰の対象とされているし、里正自身も差科によって戸等の高い者から任命されていることから、里正が差科に主体的に関与できないことは唐代のあり方と見てよかろう。さらに養老令の「依次赴役」は、大宝令では「依次差使」であり、「取家有多丁」が本注として存在した。日本は唐令の「差科」を大宝令で「差使」に改変し、唐令の差科の原則を縮小して正丁の多い戸を優先する規定を付し、養老令ではこれを削除し「赴役」と改変したことになる。

天聖令に「凡差科、先富強、後貧弱、先多丁、後少丁〈凡丁分番上役者、家有㆓兼丁㆒者、要月、家貧単身

者、閑月〉」とある部分については、『唐律疏議』戸婚律24差科賦役違法条が引用する「令」や擅興律22丁夫差遣不平条の疏の記述と一致し、そのまま唐令に遡る。『唐令拾遺』では前者を採用し賦役令二五条として復原されていたが、養老賦役令23差科条に、

　凡差科、先富強、後貧弱、先多丁、後少丁。其分番上役者、家有二兼丁一者、要月、家貧単身者、閑月。

とあるのとほぼ一致することから、『唐令拾遺補』では後者も踏まえて修正された。ところが天聖令により、差科条は独立した一条ではなく、県令による戸等の設定や差科の手続きなどを規定した条文の一部だったことが判明した。青木和夫氏は差科条は大宝令にはなかったと主張したが、雇役丁条の「依レ次差科」の改変も青木の理解を是とすれば整合的に理解できる。すなわち、大宝令は唐令の戸等条を、雇役制の条文に改変して継受し、唐の差科制自体は導入しなかった。そのため「差科」の語を「差使」に改め、養老令ではより適切な「赴役」に修正し、さらに養老令で新たに作成した歳役の実役・留役規定や雑徭など、雇役に限らない労働力の徴発基準として、唐賦役令戸等条の差科規定部分をそのまま引き写し別条として立てたわけである。

　以上、宋9がほぼ唐令に遡ることを確認した。日本の雇役丁条は、前掲唐20の労働力の予算編成規定と、宋9の徴発方法の規定を合成することで雇役制を創出し、さらに賦役令のⅢ部全体をほぼ雇役制のみの規定に改変するという、かなり大きな変更を加えたことがわかるだろう。さらに注目すべきは、日本令では唐令に全くみられない、十月一日から二月三十日までの農閑期を中心に均等に分担して上役する規定、一番で五十日以内、農繁期は三十日以内の上番とし、雇直を得るための残業を認める規定を設けた。これは瀧浪（加藤）貞子氏が述べるよ

うに、各国が番をなして役に赴く日本特有の番上雇役制というあり方であり[注41]、律令制以前の国造が部内の民衆を率いて中央の役務に奉仕するエダチという労働力徴発を継承したものである。律令制以前の無償のエダチは、国造など在地首長層が徴発される民衆の資養を担っていた。これを雇役制として、国家財源である庸を財源に、国家機構である民部省による予算編成のもとに民衆を雇用する形へと構造化した。さらに詳細は別に論じようと思うが、雇役丁条以外の具体的な労働力の運用規定のほとんどを唐令から忠実に継承しているのも、エダチの律令制への構造化の手段であり、この点に唐賦役令の受容の意義があるといえよう。

結語

以上、賦役令の規定内容を理解する上で重要な条文をとりあげ、天聖令を用いた日唐比較のモデルケースを提示した。日本の賦役令は、律令制以前の在地首長層を主体とするミツキ・エダチといった貢納・奉仕の形態を温存しつつ、唐賦役令の枠組みをかぶせることで、調庸・雑徭・雇役制として律令制の中に構造化されていた。そのため、唐賦役令ではそれぞれの戸のレベルにおける租税・力役負担を規定しているのに対し、日本賦役令は計帳に記載された戸口数の納税と雇役を請け負う郡と、その検査・引率の責任を負う国のレベルを規定した構造になっているのである[注42]。日本令が唐令を改変せずにそのまま引き写した条文にも、こうした前代的貢納制の構造化という意義があり、こうした視点からの逐条的比較研究が今後は深められるべきであろう。

注

1　青木和夫「雇役制の成立」（『日本律令国家論攷』岩波書店、一九九二年、初出一九五八年）。以下、青木氏の説は全てこれによる。

2　吉田孝「日本における唐賦役令の継受」（唐代史研究会編『中国律令制とその展開』一九七九年）、後に『律令国家と古代の社会』（岩波書店、一九八三年）Ⅶ章「雑徭制の展開過程」。

3　石上英一「日本古代における調庸制の特質」（『歴史学研究』一九七三年別冊特集号）。

4　大津透「律令国家と畿内」（『律令国家支配構造の研究』岩波書店、一九九三年、初出一九八五年、以下大津A論文）、同「律令収取制度の特質」（同書、初出一九八九年、以下大津B論文）、同「唐律令国家の予算について」（『日唐律令制の財政構造』岩波書店、二〇〇六年、初出一九八六年、以下大津C論文）など。

5　大津透「唐日賦役令の構造と特色」（『日唐律令制の財政構造』岩波書店、二〇〇六年、初出二〇〇二年、以下大津D論文）。

6　井上光貞ほか『律令』（岩波書店、一九七六年）賦役令補注（吉田孝執筆）、五八〇頁。石上英一「日本賦役令における法と経済についての二、三の問題」（『歴史学研究』四八四、一九八〇年）一～二頁。大津D論文、一九八頁。

7　天聖賦役令によって唐賦役令の構成を復原する際、『唐令拾遺』において『唐六典』巻三戸部郎中員外郎条を根拠に復原されていた六条（蕃戸内附条）・七条（嶺南諸州条）・九条（義倉条）が、天聖賦役令中に対応する条文がないという問題がある。特に日本令に明らかに継受関係が見いだせる義倉条がないのは、どう理解すべきか難しい。開元七年令までは存在し開元二十五年令で削除されたと考えるのが最も矛盾がないが、賦役令以外の篇目に存在した可能性や、唐の格式を参照した可能性もある。

8　大津C論文。渡辺信一郎「唐代前期律令制下の財政的物流と帝国編成」（『中国古代の財政と国家』汲古書院、二〇一〇年、初出二〇〇九年）。

9　時野谷滋「日唐に於ける官と位」（『律令封禄制度史の研究』吉川弘文館、一九七七年、初出一九五三年）。

10　大津透「唐日律令制下の雑徭について」（『日唐律令制の財政構造』岩波書店、二〇〇六年、初出二〇〇五年）。

11　石母田正『日本の古代国家』（岩波文庫、二〇一七年、初出一九七一年）二六二頁。

12　彌永貞三「仕丁の研究」（『日本古代社会経済史研究』岩波書店、一九八〇年、初出一九五一年）、同「飛驒工」（同書、初出一九七一年）。

13　吐魯番出土の実例については王炳華「吐魯番出土唐代庸調布研究」（『絲綢之路考古研究』新疆人民出版社、一九九三年、初出一九八一年）などを参照。なお、天聖令では「年月」のみで「日」が抜けている。唐代の実例では「日」部分を書かない例が多いが、その場合でも書くためのスペースを空けていて、規定としては「日」まで書く原則だったのではなかろうか。日本令も参照すれば「日」は書写の際の脱字も考慮する必要がある。

14 吉川真司「税の貢進」（平川南ほか編『文字と古代日本3　流通と文字』吉川弘文館、二〇〇五年）四六～四八頁。

15 今津勝紀「調庸墨書銘と荷札木簡」（『日本古代の税制と社会』塙書房、二〇一二年、初出一九八九年）。

16 黄正建（山口正晃翻訳）「天聖令における律令格式勅」（大津透編『日唐律令比較研究の新段階』山川出版社、二〇〇八年）六二～六八頁。

17 本論の検討に『唐令拾遺補』の復原を踏まえて作成し、注意を要する字句に括弧を付した。補足すると、開元二十五年令では、それまで存在した綾が調品目から外されている。後段の江南諸州の租布は開元二十五年令での追加（濱口重國「唐の玄宗期に於ける江淮上供米と地税との関係」『秦漢隋唐史の研究』下、東京大学出版会、一九六六年、初出一九三四年）で、それ以前の唐令には存在しなかった可能性が高い。

18 大津透B論文、一六一～一七二頁。

19 石上英一前掲注3論文。

20 「印書」を日本が削除したのは、唐と異なり牓示の際に紙ではなく木そのものに文字を書いた立て札を立てるのが一般的であるためである。

21 東村純子「古代日本の紡織体制」（『史林』八七―五、二〇〇四年）。

22 『木簡研究』一八、一一二頁。

23 平川南「古代木簡からみた地方豪族」（『古代地方木簡の研究』吉川弘文館、二〇〇三年、初出一九九九年）、一〇六～一一〇頁。また、吉川真司前掲注14論文、四八～五一頁も参照。

24 今津勝紀「律令調制の構造とその歴史的前提」（『日本古代の税制と社会』塙書房、二〇一二年、初出一九九二年）。

25 吉川真司「律令体制の形成」（『日本史講座一　東アジアにおける国家の形成』東京大学出版会、二〇〇四年）も参照。

26 大津透「「律令調制の構造とその歴史的前提」随感」（『日本史研究』三五七、一九九二年）。

27 武井紀子「律令財政と貢納制」（『岩波講座日本歴史　古代3』岩波書店、二〇一四年）一三四頁注7など。

28 「其臣連等、伴造、国造、各置己民、恣情駈使。又割国県山海林野池田、以為己財、争戦不已。（中略）進調賦時、其臣連、伴造等、先自収斂、然後分進」とあり、大津透B論文、一六〇頁は、「先自収斂」する者として国造のみ現れないことから、国造はミツキを進める主体であって、部民からの収取物を国造がとりまとめて中央に送り、自らの部民の分を分配する構造だったと説明される。しかしこの史料のみからそうした構造を確定させるのは限界があり、今津勝紀前掲注24論文、七一頁のように「部は臣・連・伴造を媒介として「調賦」を進上していた」と読むことも十分可能である。

29 大津透B論文、一五五～一六一頁。

30 山下信一郎「長屋王家木簡と食封制」（『日本古代の国家と給与制』吉川弘文館、二〇一二年、初出二〇〇一年）を参照。封戸制から部民制下の収取形態を抽出する試みは現在も低調であるが、木簡や天聖令を踏まえたさらなる研究が必要である。

31 狩野久「御食国と膳氏」（『日本古代の国家と都城』東京大学出版会、一九九〇年、初出一九七〇年）。

32 薗田香融「畿内の調」（有坂隆道先生古稀記念会編『日本文化史論集』同朋舎、一九九一年）。

33 美濃絁と美濃国造、望陀布と馬木田国造など。武井紀子前掲注27論文、一一三頁。

34 吉野秋二「大宝令賦役令歳役条再考」（『日本古代社会編成の研究』塙書房、二〇一〇年、初出二〇〇五年）。

35 『隋書』巻二十四食貨志、開皇十年（五九〇）五月条。『唐大詔令集』巻四十睦親族所収武徳二年正月「宗姓官在同列之上詔」。

36 曽我部静雄「力役制度における日中関係」（『律令を中心とした日中関係史の研究』吉川弘文館、一九六八年）。

37 岩波新日本古典文学大系『続日本紀』一、三七三～三七四頁（補注三―六六）。

38 吉田孝「律令における雑徭の規定とその解釈」（『続　律令国家と古代の社会』岩波書店、二〇一八年、初出一九六二年）二六五頁に、青木和夫説として同様の指摘がある。

39 大津透「課役制と差科制」（『日唐律令制の財政構造』岩波書店、二〇〇六年、初出一九九二年）。

40 宋代の五等戸制については柳田節子『宋元郷村制の研究』（創文社、一九八六年）などを参照。

41 瀧浪（加藤）貞子「造宮官と造宮役夫」（『日本古代宮廷社会の研究』思文閣出版、一九九一年、原形初出一九七六年）。

42 これが最も顕著にあらわれているのは養老賦役令7土毛条で、唐令では田租の折納規定だったのが、郡司の管理下にある郡稲を財源に朝廷の必要物を進上する規定に改変されている。

〔付記〕入稿後、大津透「唐令復原と天聖令」（佐藤信編『律令制と古代国家』吉川弘文館、二〇一八年）が発表された。この中で大津氏は唐賦役令の復原排列を修正しているが、本稿ではその成果を反映させることができなかった。合わせて参照されたい。

「営繕令」の解読と官司の職務について

牛　来穎
〈戸川貴行訳〉

「営繕令」研究の現状

寧波天一閣蔵明抄本『天聖令』の発見と整理・研究から、すでに十数年をへたが、このうち、「営繕令」は、唐宋における都城・器物の新造・修理、工程の管理などに関する規定であり、唐代の営繕体系のおおよその構造と特徴をそなえている。そればかりでなく、他史料に引用されている令文以外に、こうした唐宋時代の規定が、周辺国の都城制度と法制構築に大きな影響を与えたことを示す史料でもある。かかる「営繕令」の内容と構造の復原は、唐代の都城をはじめとする公共事業と工程管理だけでなく、担当部局および各部局間の統属・関係の解明にも資するものである。

ここ十数年で、「天聖令」の研究は、単なる特定の巻のみを整理・復原したものから、あるテーマのもとに全体を包括するものへと展開していった。すなわち、各巻を有機的に結びつけ、個々の事柄を比較して総体的に関連づけようとする研究へと広がっていったのである。例えば、「営繕令」との関係が密切なのは、「賦役令」、「関市令」、「獄官令」、「雑令」等であるが、そこに共通して見られる丁匠の徴発、労働の種類、途上の食糧、水利の規定、財政の予算といった社会経済関連の事柄が論じられるのみならず、法典編纂の形式や令文のロジックまでもが検討されるようになった。

筆者と服部一隆氏は「中日学者「天聖令」研究論著目録（1999-2017）」[注1]を共同執筆したが、そこに見られる「天聖令」の研究成果には、目を見張るものがある。このうち「営繕令」の研究成果は四〇篇前後であるが、その内容は水利施設の工事と規定に集中しており、「水部式」をはじめとする律・令・格・式との比較検討のほか、都城施設（橋道・官衙・家屋・陵寝・倉庫）・手工製品の新造・修理・管理に関する規定の考察がある。

この目録では、公共事業および資材・労働力に関する研究成果を経常と臨時のものに分けた。ここでいう経常とは、河川堤防・橋梁道路の建設工程、その製作に必要な資材・労働力など、計画的なものを論じた研究成果とした。一方、臨時とは、河川橋梁・宮殿施設などが、損壊・別勅によって新造される場合の緊急的なものを論じた研究成果とした。それに合わせ、財政予算についても、経常の賦役徴発と臨時の徴発・和雇の二種に分類した。

このように、「営繕令」は、唐代の都城および地方の橋梁道路などの公共施設・手工器物の新造・修理を研究する上で不可欠の史料である。新造・修理は土木事業と器物製作に関わるので、主に将作監と少府監の職務と対応するものであるが、これまでの研究では、前者に関する研究が多く、後者に関する研究は少なかった。ごく簡単に分類すると、建物は将作監に、器物（軍器監製作の武器を含む）は少府監に帰すことができる。その一端は、杜佑が職務を元来の官司に帰すべしとした際、「営繕を以て将作に還し、木炭は司農に帰し、湅染は少府に還せば、職務簡修たり。[注2]」としたことからも窺えるところである。

「営繕令」の条目（軍器・制雑・染色を含む）に関する研究が、将作監の職務に集中しているのは、将作監およびその他の寺監による建設が、後世の規範ともなった壮麗たる唐代都城に深く関わるからであろう。かかる都城施設の建設について、その全貌までは究明できないまでも、これまで見られなかった原文が、天聖令「営繕令」に保存されていたのである。そこで多くの研究が歴史学、建築学など多角的な視野から展開され、少しずつではあるが、その全貌を知るための重要な手がかりが得られてきている。それだけでなく、官府における手工業の形態についても、「営繕令」には貴重な史料が見られ、とくに丁匠に関する史料からは、多くの新知見が得られている。

今のところ、「営繕令」原文の復原がいまだ進行中なこともあって、関連条文の判断については、研究者間でなお不一致が存在する。「営繕令」の構造と内容の分類にも、多くの異なる見解がある。例えば経常と臨時に分けるといっても、そこに見解の不一致がある。官司間のおおよその権限の別についても、互いに重複するところがある。おおまかに区別しようとするだけでも、一定の限界が存在するのである。目下、重要なのは、これまで通り、もっとも基本となる原文の釈読であり、開かれた討論と学際的な連携であって、結論を急ぐことではない。「天聖令研読班」は、二〇一八年一月に「営繕令」の釈読を終えたばかりであるが、そこに参加していた筆者も啓発されるところが多かった。以下、そのうちの個別の問題について紹介し、具体的に見てみたい。

軍器を修造する官司の職務と重複

「営繕令」は、公共事業による新造と修理に関する規定である。「営繕」の営とは、建のことである。一方、繕とは、例えば「甲を繕ひ兵を治む。」というように、修繕のことであり、『華厳経音義』に引く「珠叢」にも、

「凡そ故きを治め新しきを造るは、皆な之を繕と謂ふなり。[注3]」と記されている。具体的に言えば、「宮室・城郭・橋梁・舟車の営繕」である。唐代の営繕制度は、「凡そ京師・東都に営繕有れば、皆な少府・将作に下す。」とあることからも窺えるように、主に将作監と少府監およびその関連官司を通じて運用された。また、少府監から分離した軍器監については、「甲弩を繕造し、時を以て武庫に納るるを掌る。[注4]」とある。この他にも、営繕に携わる別の官司があり、例えば東宮の官司である家令寺の司蔵署については、庫蔵の財貨出納・営繕を掌り、「宮・朝・坊・府の土木営繕、則ち司蔵に下す。[注5]」とあって、地方には別の営繕に関わる機構と制度があった。

将作監の職務については、「職官志」(「百官志」)と「営繕令」から、その具体像が明らかになる。論の展開の都合上、その前に『咸淳臨安志』巻八「行在所録」から見てみよう。そこに、

将作の名は官の古きなるも、軍器は古きに非ざるなり。周に六職有り、百工一に居るなり。漢少府を以て九卿に列し、其れ考工に属し専ら器械を主る。軍器は古に非ざるも、其の職は古なり。有唐の設官、軍器と将作と並びに列せらるるなり。国朝具官に員無くして、其の職掌、三司に隷す。熙寧制更まり、然る後ち軍器に監有り、監に長有り、貳有り、丞・簿有り、属を率ゐ合治すること、唐六典の建官と殊ならず。[注6]

とあり、「軍器と将作と並びに列せらるるなり」とあることから、軍器を造る機構(軍器監)と将作監が並列的な関係にあった点が窺える。この軍器監の廃置については、『唐会要』軍器監に、

武徳元年置く。貞観元年三月十日廃し、少府監に併入す。開元三年十二月二十四日、軍器使を以て監と為

し、弩・甲二坊を領せしむ。十一年十月二十五日罷め、少府監に隷入し、甲弩坊と為し、少監一員を加へ以て之を統べしむ。天宝六載五月二十八日、復た置く。[注7]

とある。また、『新唐書』百官志に、「開元以前、軍器皆な右尚署に出づ。」とあるように、軍器を造る機構には、右尚方もあったが、この軍器監、右尚方はともに少府に属していた。

かかる将作監と少府監の関係如何という点については、「営繕令」に、その理解に資する以下の令文がある。

唐1条　諸そ軍器の宿衛に供する者、毎年二時、衛尉卿巡検せよ。其れ甲の番別は少府監と相ひ知り、匠をして金吾と共に仗鋪に就きて同検せしめ、縫連を指授し訖はらば、仍りて御史臺をして重覆せしめよ。餘に不調及び損破有れば、随ひて即ち料理せよ。若し理に非ずして損壊し、及び巡る所の匠壊るるを知り言はざれば、並びに主司をして推罪せしめよ。其れ任えざる有れば、各々本衛より所司に申し、在府監に送り修理し、武庫に於いて給替せよ。若し諸処の送る所の器仗等須らく修理すべければ、亦た此に准へよ。其れ金銀装刀、若し理に非ずして損失有れば、用人を追服せよ。研耗なれば、官修理を為せ。[注8]

「天聖令」に唐令として附載されているものは、宋代になって変化が生じたために廃されたものである。唐1条は、衛尉卿の職務のうち、宿衛の武器の点検と修理に関するものである。唐制によれば、衛尉寺は、宮殿・京城の諸門禁の他に、武器および宮廷の儀仗を保管する武器庫を掌っていた。長官の衛尉卿は、邦国の器械・文物の政令を掌り、武庫・武器・守宮三署の官属を総べ、「凡そ天下の兵器の京師に入る者、皆な其の名数を籍して之を蔵む。凡そ大祭祀・大朝会には、則ち其の羽儀・節鉞・金鼓・帷帟・茵席の属を供す。[注9]」という。

令文には、衛尉寺および関連する官司の職務が規定されている。第一に、仗鋪にある武器の検査である。兵器の出入を掌る衛尉卿は、毎年二回、宿衛における武器の定例検査を行う。ともに検査するのは武器を使用する金吾衛の長官であり、製造・修理の技術をもつ匠人とともに、少府監に通達し甲冑の順番の別を掌り、その後、御史臺がチェックを行った。このように、武器の検査は衛尉寺・金吾衛・少府監・御史台の四官司によって、春秋二回、定例の検査が行われていた。金吾衛が仗鋪の武器を検査するのは、京城の警備と宮中の宿衛を担当するという、その職務に関連してのことであろう。第二に、武器の修理・交換である。修理・交換が必要な武器は、専門の匠人による認定を経た後、関連部門に出されて修理・交換された。

ただし、この令文の理解には、二つの問題とすべき箇所がある。

【問題一】武器の製造については、『唐六典』に「軍器監甲弩の属を繕造するを掌り、其の名物を辨け、其の制度を審らかにし、時を以て武庫に納る。少監之が貳を為すなり。丞判監の事を掌る。凡そ材革出納の数、工徒衆寡の役、皆な焉を督課す。」「甲坊令・弩坊令各々其の修むる所の物を掌り、其の繕造を督し、其の粗良を辨く。丞之が貳を為す。凡そ財物の出納、庫蔵の儲備、必ず謹みて之を守る。[注10]」とある。軍器監は少府監に属しているので、少府監管轄の職務を行っているのであるが、一方、将作監にも、これと関連する職務があった。すなわち、『唐六典』に、

凡そ営造修理、土木瓦石所司に出でざれば、其の数を総料し、尚書省に上れ。凡そ軍器を営めば、皆な年月及び工人の姓名を鐫題し、其の名物を辨けて、其の虚実を閲せよ。[注11]

とあり、軍器の題名のことが述べられている。「其の名物を辨けて、其の虚実を閲せよ」とは、将作監の職務に武器への関与があったことを示している。将作監は左校署を管轄しており、その長官である左校令については、営構梓匠を供する事を掌り、「凡そ宮室の楽懸簨簴、兵仗器械、喪葬の須ゐる所、皆な之を供す。[注12]」とある。同じく中校署の長官については、「中校令、舟車兵仗・廐牧雑作の器用を供するの事を掌る。[注13]」とある。従って、前引の武器を検査するという令文に、将作監の存在を窺わせる記述がないのは、正確でないようであり、理解に誤りがあるのかも知れない。「其の名物を辨け、其の制度を審らかにす」る少府監と、「其の名物を辨けて、其の虚実を閲」する将作監には、その官僚機構における役割から、軍用器物に関わる職務にも、互いに重複するところがあったと考えられる。いまこの点をより明確にするために、両官司における属官の転属について見てみよう。

将作監に属する左校署の諸司は、もともと少府監に属していた。すなわち、『後漢書』に「左校令一人、六百石。本注に曰はく、左工徒を掌る、と。丞一人。右校令一人、六百石。本注に曰はく、右工徒を掌る、と。丞一人。右、将作大匠に属す。[注14]」とあり、「魏左校を材官に并す。晋過江、将作大匠を省きて、左・右校、少府に隷す。又た材官校尉を改め将軍と為し、左校令を罷む。[注15]」とある。材官校尉は、材木を掌り、少府に属した。左校は「営構・木作・採材等の事を掌[注16]」り、材官の職務と重複するところがあったため、曹魏以後、材官と合併し、少府に属することになったのである。右校もまた同じであるが、ただし常置されたわけではなかった。例えば、晋の少府に左校はあるけれども、右校はなく、宋斉梁陳も同様であり、隋になって置かれることとなる。

すなわち、諸史の官志、例えば『晋書』巻二四職官志に「少府、材官校尉・中左右三尚方・中黄左右蔵・左校・甄官・平準・奚官等の令、左校坊・鄴中黄左右蔵・油官等の丞を統ぶ。渡江するに及び、哀帝省き丹楊尹に并せ、孝武復た置く。渡江より唯だ一尚方を置くのみにして、又た御府を省く。将作大匠、事有れば則ち置き、事無ければ則ち罷む。[注17]」とあり、『宋書』巻三九百官上に「材官将軍、一人。司馬一人。工匠土木の事を主る。漢左右校令、其の任なり。魏右校又た材官、校尉を置き、天下の材木の事を主る。晋江左材官校尉を改め材官将軍と曰ひ、又た左校令を罷む。今ま材官、尚書起部及び領軍に隷す。[注18]」とあり、北斉でも少府にあたる太府寺について、「金帛府庫、営造器物を掌る。左・中・右三尚方、左蔵・司染・諸冶東西道署・黄蔵・右蔵・細作・左校・甄官等の署の令・丞を統ぶ。[注19]」とある。一方、隋は左右校を置き、将作寺に属させ[注20]、唐は隋制に因り、さらに中校署の令・丞を置いた。従って、一般に、将作監は木土事業、少府監は器物製作を掌るとされてはいるが、そうした区別は簡略に失するところがあるかも知れないのである。

【問題二】続いて、「其れ任えざる有れば、各々本衛より所司に申し、在府監に送り修理し、武庫に於いて給替せよ」の理解についてである。第一に「不任」とは使用に堪えないことであるが、「其れ任えざる有れば、各々本衛より所司に申し」の所司については、これを兵部と理解すべきか否かが問題となる。なぜなら、前文に見える衛尉寺・金吾衛・少府監・御史台の四官司は、平行の関係にあり、検査後、使用に堪えない軍用器物がわかれば、「所司」に上申する必要があるが、「衛」より上行する関係にあるのは、上級の官司たる尚書省兵部から都省までしかないからである。この問題について、『新唐書』巻四六百官一に、兵部の庫部郎中・員外郎の職務を載せて、「戎器・鹵簿儀仗を掌る。元日・冬至の陳設・祠祀・喪葬、其の名数を辨けて焉を供す。」とあり、尚書兵部の職務を載せて、「武庫の器仗、則ち兵部の長官其の修完に涖む。」とあるのは、私見を支えるものである。第二に、「在府監に送り修理し」であるが、この句には、「在」を「少」に改め、少府監に送って修理すると理解すべきであるという意見がある。『新唐書』巻四八百官三にも、衞尉寺について「凡そ宮衛に供する者、歳ごとに再閲し、敝有れば則ち少府に修む。」とあるので、少府監に送り修理するというのは、制度として問題なく、唐1条の内容とも矛盾しない。では、少府監以外に、他の官僚機構の関与はないのであろうか。例えば、『唐六典』に「其れ応に宿衛に供すべき者、毎歳二時之を閲し、其れ損弊有れば、則ち少府監及び金吾に移し之を修む。」とあり、金吾衛も修理を分担することが述べられている。とすれば、「在府監」には、金吾衛も含まれており、少府監とともに修理を分担していたことになろう。前掲の『新唐書』に、少府監が言及されるのみで、金吾衛による修理の記事がないのは、金吾衛の職務が唐の後期に変化したためであろう。この制度は、宋代になると、少府監と軍器監による分担となった。すなわち、『宋史』巻一六四職官四に、衛尉寺について、

凡そ内外の作坊兵器を輸納すれば、則ち其の名数を辨け、其の良窳を験し以て武庫に帰し、式の如くせざれば之を罰す。時に其れ曝涼して其の数を封籍し、若し進御し及び頒給すれば、則ち籍を按じて之を出だす。毎季官に委ね検視し、歳終に計帳を兵部に上る。凡そ幄帟の事を掌り、大禮は帷宮を設け、大次・小次を張り、鹵簿の儀仗を陳ぬ。長・貳は昼夜巡徼し、其の儀の如くせざる者を察る。押仗官は則ち期に前んじ稟差す。凡そ仗衛、羽儀・節鉞・金鼓・棨戟を供し、朝宴も亦た之の如くす。賓客を宴享するに、幕帟・茵席を供し、其の敝るる者を視れば、少府・軍器監に移し焉を修む。注21

とある。

上記と【問題一】（将作監と少府監の職務の重複）を合わせ考えると、唐1条の府監が将作監を含む可能性も完全には捨てきれないであろう。こうした見地から、筆者は「在府監」を「少府監」に改めようとするのであれ

ば、令文が「所」字を脱している可能性を考え、原文を「所在府監」とした方がよいと考えるものである。

この他に、複数の官司が、軍器の製造・修理に関わっていたことが窺える条文として、「営繕令」には以下がある。

（1）宋8条「諸そ営造の軍器、皆な須らく様に依り、年月及び工匠・官典姓名及び造る所の州監を鐫題すべし。（角弓は則ち角面に題し、甲は則ち身・裙・覆膊に題し、並びに行鏁数を注せよ。）其の題並びに朱漆を用ひよ。鐫題すべからざれば、此の令を用ひざれ。[注22]」このうち、「官典姓名及び造る所の州監」については、唐代に同様の条文を載せた史料がなく、注も含めて、いまだ復原できない。とはいえ、ここにいう「州監」の語は、宋代の地方行政区画のみでなく、唐代の州の作坊あるいは諸監を指すと理解すべきであろう。

（2）宋15条「三京及び州鎮等の貯庫器仗、生渋綻断する有れば、毎年一たび修理せよ。若し出給を経て破壊すれば、並びに事に随ひ料理し、各々長官に委ね親自ら対料せしめよ。在京なれば、須ゐる所の調度人功、三司に申し処分せしめよ。其れ大作を須ゐれば、司に送り修理せしめよ。在外なれば、当処の鎮遏の兵防を役せよ。調度は当州の官物を出だし供せよ。若し兵防及び調度無ければ、三司に申し処分し、官物を用ひ、及び工匠を役するを聴し、当州に無ければ、比州より出だせ。[注23]」宋15条によれば、毎年一回の庫内における武器修理は、在京と地方という両方の武庫等で行われるだけに、多くの官僚機構が携わっていた。ここにいう在京における「其れ大作を須ゐれば、司に送り修理せしめよ。」の「司」もまた、唐1条と同様、やはり複数の官司であったと考えられる。

（3）宋16条「諸そ鍪甲具装、若し綻断有り、応に修理・縫連を須ゐるべかれば、各々本色に依り、参雑するを得ざれ。[注24]」年月と工匠・官典姓名を鐫題するのは、「物は工名を勒す。」という秦漢以来の伝統であり、品質検査と責任追及のためのものである。張籍「廃瑟詞」に「古瑟匣に在り誰か復た識らん、玉柱朱絃を黒に顚倒するを。千年曲譜は分明ならず、楽府に人の正聲を傳ふる無し。秋蟲暗に穿ち塵色を作し、腹中工人の名を辯かたず。幾時か天下古楽を復し、此の瑟重ねて雲門の曲を奏でん。[注25]」とある。文中の「腹中工人の名を辯かたず」とは、楽器に工匠の姓名が刻まれていることを指し、「辯」は「辨」に通ず。「物は工名を勒す」る制度は、漢代から武器にも適用され、工匠の所属・年代・番号などが刻まれた。漢代の未央宮武庫から出土した骨簽には、弩機をはじめとする武器の名称・略号・数量・強度が刻まれている。唐代でも韋皋が蜀を統治したとき、兵器に匠人の名前を刻んだ。すなわち、

皐蜀を治むること二十一年、数々師を出だし、凡そ吐蕃四十八萬を破り、節度・都督・城主・籠官千五百を禽殺し、五萬餘級を斬首し、牛羊二十五萬を獲、器械六百三十萬を収め、其の功烈西南の劇為り。善く士を拊で、昏嫁と雖も皆な厚く之に資し、婿は錦衣を給ひ、女は銀塗衣を給ひ、賜ふこと各々萬銭にして、死喪する者是と称するに至る。其の僚掾、官は顕なりと雖も、朝に還らしめず、即ち属州刺史に署し、自ら侈横たるを以て、務めて之を蓋蔵す。故に劉闢其の厲しきに階り、卒に以て叛く。朝廷其の咎を追縄せんと欲して、皐に与せざる者進むる所の兵皆な定秦の字を鏤るを詆るも、陸暢なる者有り上言すらく、臣向に蜀に在り、定秦なる者、匠名なるを知るなり、と。是に繇り議息む。暢は字達夫、皐の雅だ厚禮する所なり。始

め、天宝の時、李白、蜀道難篇を為り以て厳武を斥し、暢吏に蜀道易を為り以て皋を美するなり。[注26]

とある。武器の検査に関わるのは、「匠者は材を度り、以て衆徒を指す。藝者は思いを運らし、以て衆技を役す。[注27]」とあるような、専門技術をもつ将作監と少府監の上級工人であった。

柳宗元の筆になる梓人楊氏は「蓋し古の曲面勢を審らかにする者にして、今ま謂ふこころは之れ都料匠なりと云ふ[注28]」。こうした直司の技術官は、一般の工人と異なり、技術と資歴によって最終的に散官を獲得できた。[注29]前引の唐1条の四司による巡検に関わった匠人は、こうした身分の人々であったのである。

街道司と都城橋道の営繕

続いて、宋18条について見てみよう。この条文では、令文、『養老令』、『唐会要』の三者間における字句の相違が問題となる。令文に「京城内の諸橋及び道、当城門街は、並びに分作司修営し、自餘は州県料理せよ。[注30]」とあり、この条に対応する『養老令』第11「京内大橋条」に、「凡そ京内の大橋、及び宮城門の前の橋は、並びに木工寮修営し、自餘は京内の人夫を役せよ。」とあることから、筆者は復原唐令を「京城内の諸橋及び道、当城門街は、並びに将作修営し、自餘は州県料理せよ。[注31]」とすべきであると考える。橋道に関する他の令文、例えば宋19「津橋道路条」は、『養老令』第12「津橋道路条」に対応しているが、仁井田陞『唐令拾遺』の復原営繕令には、この条文がない。池田温『唐令拾遺補』は、『唐会要』巻八六橋梁、開元十九年（七三一）六月勅にもとづき、『養老令』も参照しつつ、開元七年（七一九）令を補3として「諸そ両京城内の諸橋、及び当城門街は、並びに将作修営し、餘は州県料理せよ。」と復原している。

冒頭部分について、宋令の当該条文では、「諸橋及び道」が対象となっている。一方、日本令では、橋の中でも特殊な宮城門前の橋が対象となっており、『唐会要』開元十九年（七三一）六月勅でも、「道」については言及していない。従って、復原唐令については、宋令の「道」字を如何に反映させるべきかということが問題となろう。

筆者は、この問題を解く鍵になるのが、『唐会要』の「諸そ両京城内の諸橋、及び当城門街は」の部分であると考える。この点については、かつて拙稿で取り上げたことがあり、重複になるが、論の展開の都合上、いま関連する三史料を掲げて見てみたい。

①玄宗「街衢坊市を修調する詔」：

京洛両都、是れ唯だ帝宅にして、街衢坊市、固より須らく修整すべし。比ろ土を取り穿掘し、因りて穢汙の坑塹を作ると聞く。四方遠近、何を以て瞻矚せんや。頃ろ処分すと雖も、仍ほ或いは違ふ有り。宜しく所司をして、前敕を申明し、更に街巷に於いて穿坑し及び土を取るを得ざらしむべし。其れ旧との溝渠、当界をして閑に乗じ整頓疏決せしめよ。牆宇橋道も、亦た当界漸く修め、広く労役有るを得ざれ。[注32]

②P.2507『開元水部式残巻』：

一一〇行　皇城内、溝渠の壅塞停水の処及び道の損壊、皆な
一一一行　当処の諸司をして修理せしめよ。其の橋、将作修造せよ。十字街側、当
一一二行　鋪の衛士をして修理せしめよ。其れ京城内及び羅郭の牆各々地に依りて分け、当坊
一一三行　修理せよ。（下省[注33]）

③『唐会要』巻八六橋梁：

大暦五年（七七〇）五月敕すらく、承前の府県並びに百姓を差はし橋梁を修理せしむるも、旬月を逾えず、即し毀拆せられ、又た更に差勒し修造せしむれば、百姓の労煩にして、常に以て弊と為す。宜しく左右街使に委ね捉搦を勾当し、違犯せしむる勿かれ。如し歳月深久にして、橋木爛壊し、修理を要すれば、左右街使と京兆府と其の事を計会し、中書門下に申報し計料して処置せよ。其れ坊市の橋は当界をして修理せしめ、諸橋街は京兆府、当府の利銭を以て修造に充てよ、と。

其の年八月敕すらく、其れ坊市内に橋有れば、大小を問はず、各々本街の曲当界に仰ぎ共に修め、仍りて京兆府をして各々本界の官及び当坊市の由る所を差はし勾当せしめ、毎年正月十五日内を限り畢はらしめよ。如し違へば、百姓決すること二十にして、仍ほ勒して前に依り修めしめ、文武官は一切具名聞奏し、節級ごとに科貶せよ。如し後に続き破壊有れば、仍りて由る所をして時に功用の多少を看、定数を計り修理し、輒ち料率を賸らせ、及び隠欺有るを得ざらすめよ、と。[注34]

この三史料から、第一に、両京城内・街衢坊市の溝渠・房屋墻垣・橋梁道路は、みな当界すなわち所在地が、修理を担当するのであり、それ以外の地にも及ぶ大規模な労働力徴発は、必ずしも行われなかったことが指摘できる。第二に、「水部式」では、皇城内、十字街、京城内で、それぞれ修理の担当者が分かれていたことが指摘できる。すなわち、皇城内の溝渠および道の損壊は当処の諸司が、十字街は当鋪の衛士が、京城内および羅郭の牆は所在地の坊が、それぞれ修理を担当するというように、すべての街道・溝渠・圜牆に当処修理の原則が貫徹されていた。

このうち、本稿との関わりで重要なのは、将作監が皇城内の橋の修理を担当していたことである。「天聖令研読班」では、「道」を衍字ではないかとする見解が出され、それに関連して、『唐会要』にもとづく「道」字のない復原がなされている問題、さらには「当城門街」とは具体的に何を指しているのかという問題などが議論された。私見によれば、復原唐令に「道」字は必要である。なぜなら、筆者は、もともと唐令に『天聖令』宋令のように「道」字があったが、『唐会要』が「道」字を删去してしまったために、『唐令拾遺補』が補3「諸そ両京城内の諸橋、及び当城門街は、並びに将作修営し、餘は州県料理せよ」のごとき復原を行ったと考えるからである。先述したように、相当の部分の橋が、当処によって修理されていたのであり、将作監の担当は、京城内のあらゆる橋の修理でなく、そのうちの重要なもののみであった。従って、「道」字を補い「京城内の諸橋及び道、当城門街は、並びに将作修営し、自餘は州県料理せよ」と復原し、京城内における当城門街の橋と道のような重要なもののみ、将作監が修理を担当していたと考えれば、先に掲げた関連史料とも符合することになろう。

なお、宋18条から唐令を復原する際、残された問題として検討しなければならないのは、分作司を八作司とすべきか否かである。この点について、筆者は唐令が宋令に改められるとき、将作監をどの官司にあてるのが合理的であるかという見地から考えてみたい。

宋18条をめぐっては、宋の分作司、唐の将作監、日本の木工寮というように、異なる時代・国家における中央官司の機構と職務が問題となる。宋制では、『宋会要』に「東西八作司旧と両使に分かれ止だ一司のみなるも、太平興国二年両司に分け、景徳四年一司に併せ監官通掌す。[注35]」とあり、実質的に両司であったが、時期によっては長官が統摂していたことが示されている。その名称の類似からみて、分作司は東西八作司のことを指すと考えられる。

重要なのは、宋代には、ほかに道路に関する事柄を掌る名称をもつ街道司という官司が存在したことである。この街道司については、景徳四年、「一司に併せ監官通掌す」るようになった際、「東西八作司・街道司を幷せて一司と為す。[注36]」、「東西八作司・街道司を以て併せて東西八作一司と為す。[注37]」とあるように、街道司も東西八作司に合併された。これによって、東西八作司は、元来の職務に加え、街道司の職務も掌るようになった。一方、天聖元年（一〇二三）、街道司は、東西八作司から分離され、官司として復活するが[注38]、仁宗の宝元二年（一〇三九）、「街道司を罷め、東西八作司をして之を領せしむ。」とあるように、再び廃された。すなわち、街道司と東西八作司の廃置という点からみると、『天聖令』が仁宗の天聖十年（一〇三二）三月に「唐令を取り本と為し、先に見行する者を挙げ、其の旧文に因り、参ふるに新制を以て之を定め、其れ今ま行はざる者も亦た随ひて焉を存せよ。[注39]」として頒布されたのは、街道司が東西八作司から分離・復置された時期にあたっていたのである。

『宋史』職官志に「街道司、道路の人兵を轄治するを掌り、若し車駕行幸すれば、則ち期に前んじ修治し、積水有れば則ち之を疏導す。」、「嘉祐三年、始めて（都水）監を専置し以て之を領せしむ。[注40]」とあるように、その後、街道司は都水監に属することになった。

龔延明『宋史職官志補正』都水監では、街道司と溝河司が、都水監に属したことを考証して、以下のようにある。

> 街道司、道路の人兵を轄治するを掌る。（三九二二頁下から三行目）
>
> 都水監の属下になお溝河司があり、『宋史』兵志に「河清司」という（思うに、「河清司」とは、「溝河司」のことかも知れない）。
>
> 『宋会要』職官三〇之一八溝河司に「『宋会要』〔層〕寄案ずるに、徐輯『永楽大典』本『会要』都水監を缺

き、其の属官此に見ゆ。溝河司　天聖四年、閤門祗候・府界提點公事張君平、擘畫して司を置く。仍りて専差官一員、府界提點官と同共に府界幷びに南京・宿・亳等の州軍の溝洫河道を管勾す。……熙寧九年五月十七日、詔して開封府界溝河司を罷む。河道を開浚すること已に成るを以て、故に専官を省きて、都水提挙に隷するなり。」とある。

『宋史』兵志三に「河清・街道司、都水監に隷す。」とある。

『考正』巻五之九都水監に「史志にみえる都水監属下の官司は、わずかに街道一司のみである。しかし、調べてみると『会要』都水監門は殘缺して十全でないものの、なお溝河司および街道司の二者が挙がっている（職官三〇之一八）。また、『通考』職官考十一都水監条に『隷する所に、東西排岸司有り、監官各々京朝官・閤門祗候以上及び三班使臣を以て充つ。水運綱船輸納雇直の事を掌る。』」とある。[注41]

金代の街道司も、また同様に「川澤・津梁・舟楫・河渠の事を掌る」都水監に属し、「街道を洒掃し、溝渠を修治するを掌」っていた。[注42]

唐代からの時代の変化を踏まえると、令文の字句を単に改訂するのみでは、宋代の制度運用の実態と乖離するところもあっただろう。その過程と結果を考察した研究成果も漸増し、『天聖令』の性質および編纂について、新たな知見が得られてきている。拙稿「「天聖令」唐宋令の関係と編纂の特徴」[注43]では、近年の戴建国「宋「天聖令」の「因其旧文、参以新制定之」再考」[注44]が提起した宋令の「具文」問題、すなわち旧令を改めて新制をまじえた際に生じる問題のほか、新制にもとづき適用できない部分を削った際に生じる問題についても検討した。そこでは、令文における橋道の修理について、宋令では将作監が東西八作司に対応するとして書き換えられてはいるが、実際は制度運用を離れた名称上の操作に過ぎなかったことを述べた。拙稿が当を得たものであるとすれば、『天聖令』宋令の内容は、当時の制度運用の実態を踏まえてこそ、はじめて理解できるのであり、単なる令文の字面のみからの憶測には慎重であるべしということになろう。

今回、改めて『営繕令』を釈読してみて、幸いにも新たな発見があり、関連史料の収集と釈読をさらに充実させ、復原令文について、より多くの知見を得ることができた。こうした研究の積み重ねこそ、さらなる成果を生む原動力となるであろう。

注

1 中国社会科学院歴史所隋唐宋遼金元史研究室編『隋唐遼宋金元史論叢』第八輯（上海古籍出版社、二〇一八年刊行予定）。

2 『新唐書』巻一六六杜佑伝、中華書局、一九七五年、五〇八八頁。

3 〔清〕孫詒譲撰、王文錦・陳玉霞点校『周礼正義』夏官司馬第四上・叙官、中華書局、二〇一三年、二二六四頁。「繕も亦た精治の義なり。」は〔清〕郝懿行著、呉慶峰・張金霞・叢培卿・王其和点校『爾雅義疏』上之又一　釈詁弟一に見える。斉魯書社、二〇一〇年、二九三〇頁。

4 『旧唐書』巻四四職官三・少府監、中華書局、一九七五年、一八九四頁。

5 『新唐書』巻四九上百官四上・東宮官、一二九七頁。

6 『咸淳臨安志』巻八、『宋元方志叢刊』第四冊、中華書局、一九九〇年、三四二八頁。

7 『唐会要』巻六六軍器監、上海古籍出版社、一九九一年、一三七六頁。

8 天一閣博物館・中国社会科学院歴史研究所天聖令整理課題組校証『天一閣藏明鈔本天聖令校証』中華書局、二〇〇六年、四二三頁。このうち「甲番」の理解には異なる見解がある。その一は、甲札が裏返ったり、綻んだりするというものである。その二は、宿衛者が輪番するため、その当番のこととするものである。その三は、甲の順番の別を指すとするものである。筆者もこの見解に賛同するものであり、唐代の甲は「凡そ戎器、色別にして処を異にす。」とあるように、色によって分かれており、衛尉卿属下の兵士が日干しを担当していた。従って、甲の順番の別を指すと考えられる。

9 『旧唐書』巻四四職官志、一八七九頁。

10 『唐六典』巻二二少府軍器監・北都軍器監、中華書局、一九九二年、五七七・五七八頁。

11 『唐六典』巻二三将作監、五九五頁。

12 『旧唐書』巻四四職官志、一八九六頁。

13 同上。『通典』巻二七職官九・将作監には「舟車・雑兵仗・厩牧を掌る」に作る。中華書局、一九八八年、七六二頁。

14 『後漢書』巻二七百官志、中華書局、一九六五年、三六一〇頁。

15 『唐六典』巻二三将作監、五九五頁。

16 『通典』巻二七職官九・将作監、七六二頁。

17 『晋書』巻二四職官志、中華書局、一九七四年、七三七頁。

18 『宋書』巻三九百官上、中華書局、一九七四年、一二三八頁。

19 『隋書』巻二七百官中、中華書局、一九七三年、七五七頁。

20 『隋書』巻二八百官下、七七七頁。

21 『宋史』巻一六四職官四・衛尉寺、中華書局、一九八五年、三八九二頁。

22 『天一閣藏明鈔本天聖令校証』四二一頁。復原唐令「諸そ営造の軍器、皆な須らく様に依り、年月及び工匠の姓名を鐫題すべし。若し鐫題すべからざるあれば、此の令を用ひざれ。」

23 『天一閣藏明鈔本天聖令校証』四二二頁。復原唐令「諸そ貯庫器仗、生渋綻断する有れば、毎年一たび修理せよ。若し出給を経て破壊すれば、並びに事に随ひ料理せよ。在京なれば、須ゐる所の調度人功、尚書省に申し処分せしめよ。在外なれば、当処の兵士及び防人を役し、調度は当州の官物を用ひよ。」

24 同上。

25 〔唐〕張籍撰、徐禮節・余恕誠校注『張籍集繋年校注』巻七拾遺、楽府三十三首・廃瑟詞、中華書局、二〇一一年、八四七頁。

26 『新唐書』巻一五八韋皋伝、四九三六頁。

27 〔唐〕劉禹錫撰『劉禹錫集』整理組点校、卞孝萱校訂『劉禹錫集』巻四碑下・成都府新修福成寺記、中華書局、一九九〇年、六二頁。

28 〔唐〕柳宗元撰、尹占華・韓文奇校注『柳宗元集校注』巻十七伝・梓人伝、中華書局、二〇一三年、一一九一頁。

29 李錦繡氏は、直官に関する研究の中で、新資料を博捜し、将作と少府をはじめとする各司の直官を補足している（「唐代直官補考（下）――墓誌を中心として」〔『隋唐遼宋金元史論叢』第五輯、上海古籍出版社、二〇一五年、五二～七二頁〕）。

30 『天一閣明鈔本天聖令校証　附唐令復原研究』四二二頁。

31 『天一閣明鈔本天聖令校証　附唐令復原研究』六七三頁。本書では、清本を復原する際、「道」字を脱してしまっている。また、復原営繕令の冒頭にある「諸」字は、删去すべきである。拙稿「「営繕令」橋道営令文と諸司の職掌」（『中日學者論中國古代城市社會』三秦出版社、二〇〇七年）一七八～一九七頁参照。

32 『全唐文』巻三〇、中華書局、一九八三年、三三九～三四〇頁。

33 劉俊文『敦煌吐魯番唐代法制文書考釈』中華書局、一九八九年、三三三頁。

34 『唐会要』巻八六橋梁、一八六九～一八七〇頁。

35 『宋会要輯稿』職官三〇之七、中華書局、一九五七年、二九九五頁。

36 『続資治通鑑長編』巻六五真宗景徳四年、中華書局、二〇〇四年、一四六六頁。

37 同注35。

38 同注36。

39 宋会要輯稿刑法一之四。

40 『宋史』巻一六五職官五・都水監、三九二一～三九二二頁。

41 龔延明『宋史職官志補正』都水監、中華書局、二〇〇九年、三四〇頁。

42 『金史』巻五六百官志、中華書局、一九七五年、一二七七頁。

43 中国社会科学院歴史所隋唐宋遼金元史研究室編『隋唐遼宋金元史論叢』第一輯、紫禁城出版社、二〇一一年、一〇四～一一五頁。

44 『史学集刊』二〇一七年第五期、三〇～四二頁。

日本の都城制
――上閤門と閤門を通して――

吉田　歓

はじめに

日本の古代国家は、中国の先進的な文物を取り入れながら国家を形作っていった。本稿で取り上げる都城制もその一つである。日本の古代国家が国家としての体裁を整えていく上で、首都の建設も大きな課題であり、中国の都城制をモデルとして都の建設が進められたのである。そうして出来上がったのが藤原京や平城京をはじめとする都であった。しかし、中国の都城をモデルとしながらも、現実に形成された日本の都城は、中国のそれをそのまま模倣したものにはならず、日本の独自性が加味されたり、改変が加えられていた。こうした改変がなされているところに、日本の古代国家の性格がよく現れていると思われる。つまり、中国の都城制を導入する際に、日本の実情や事情に合うように改変したり、日本側の理解の範囲内で取り入れたりしたものと想像されることから、逆にそうした違いを分析することによって、日本の独自な性格を読み取ることができると考えられる。そこで本稿では日本の古代国家が中国の都城制をどのように取り入れていったのかを考えてみたい。ただし、すべての面については扱えないので、以下のような事例を通して検討していくこととする。

日本と中国の都城を比較検討する研究には、すでに長い歴史があり、多くの成果が積み重ねられてきた[注1]。その蓄積の上に、本稿では律令制度に注目して考えていくことにしたい。これまでの日中都城比較研究は、まずは都城の形を比べることを出発点として分析がなされてきたと言えよう。都全体の形の類似点や相違点を取り上げたり、宮殿の名称や配置・機能に着目したりといった研究が主だったものと見られる。だが、律令制度の中で、どのように受け入れていたのかを考えてみることも無意味ではなかろう。都城の形や設計図のようなものが律令条文に規定されているわけではないが[注2]、都城の具体的な形態に即した規定が存在する。中国の都城に関係する律令条文が日本の律令にどのように継受されていたのかを検討することは、日本の都城の実態を明らかにする上で参考になるものと思われる。

以上のような観点から、唐律には規定があるが、日本律では改変されている上閤門（上閤門[注3]）について取り上げて、日本と中国の都城制の比較検討を行い、日本の都城の特質を明らかにしてみたい。

一　東西上閤門と日本

1　隋唐代の東西上閤門

唐代長安城に東上閤門・西上閤門という門があった。この東西上閤門は、太極宮についてはその設置場所に問題があるが、後述するように太極殿の東西廊に設けられていたと考えられ、大明宮の場合は宣政殿の東西廊に置かれていたと復元されている。つまり、太極殿や宣政殿の両側に配置された門であった。しかし、日本では大極殿は平安宮を除いて単独で存在しており、東西上閤門に相当する門は付設されてはいなかった。そして、ただ設けなかっただけではなく、意識的に継受しなかった可能性がある。それは後に詳しく見ていくことになるが、唐律では東西上閤門をめぐる規定が存在しているのに対して、日本律ではその規定を大きく変更していることからうかがえる。この改変の背景に日本と中国の都城制の性格の違いが横たわっているものと考えられる。そこで東西上閤門の継受をめぐる問題を検討して日本の都城制の本質の一端に迫ることとしたい。

まず唐の東西上閤門とはどのような門なのかを整理しておく。東西上閤門の位置に関しては、先述のように問題が存在しているので、はじめにこの点について触れる。

唐代長安城の東西上閤門については、太極殿の両側とは別のところにあったとする見方がある。それは清の徐松の『唐両京城坊考』の説である。本書は唐代の長安・洛陽について詳細にまとめられた大著で、現在に至るまで基本文献として有用である。その中で太極殿の南の太極門の両廡に東西閤門があるとともに、太極殿の北の朱明門に東西上閤門があったと復元しているのである。このように太極宮については推定されてきたが、辛徳勇氏は関連する資料を整理し直すことによって『唐両京城坊考』の推測は誤りであり、正しくは太極殿の両側に東西上閤門が存在するのみであったことを明らかにした。[注4] 辛氏の指摘のように、『唐六典』巻七、尚書工部の記載や『両京新記』[注5] などから、そのように見るのが妥当であろう。さらに後で少し詳しく紹介する『唐律疏議』衛禁律二、闌入宮門条の疏でも「太極殿東為㆓左上閤㆒、殿西為㆓右上閤㆒」とあることから、太極殿の東西に左上閤・右上閤が存在したことが確かめられ、これらが東西上閤門に相当するのである。このように辛氏の指摘通り太極殿の両側に東西上閤門が位置していたと見るべきであろう（挿図1）。

次に大明宮内での位置であるが、『唐六典』巻七、尚書工部では、「宣政之左曰㆓東上閤㆒、右曰㆓西上閤㆒」とあ

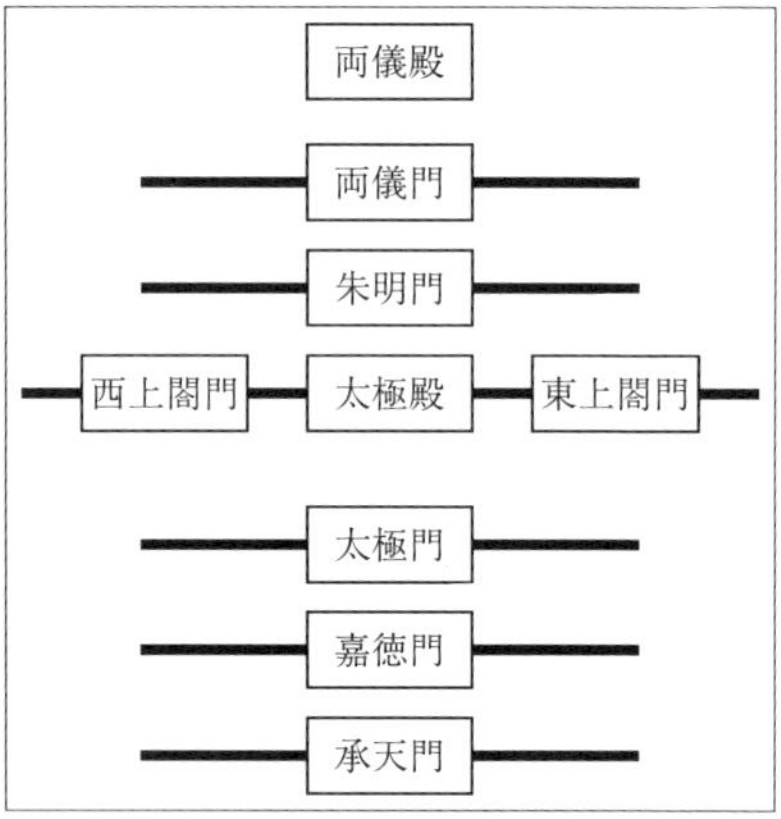

挿図１　太極殿と諸門

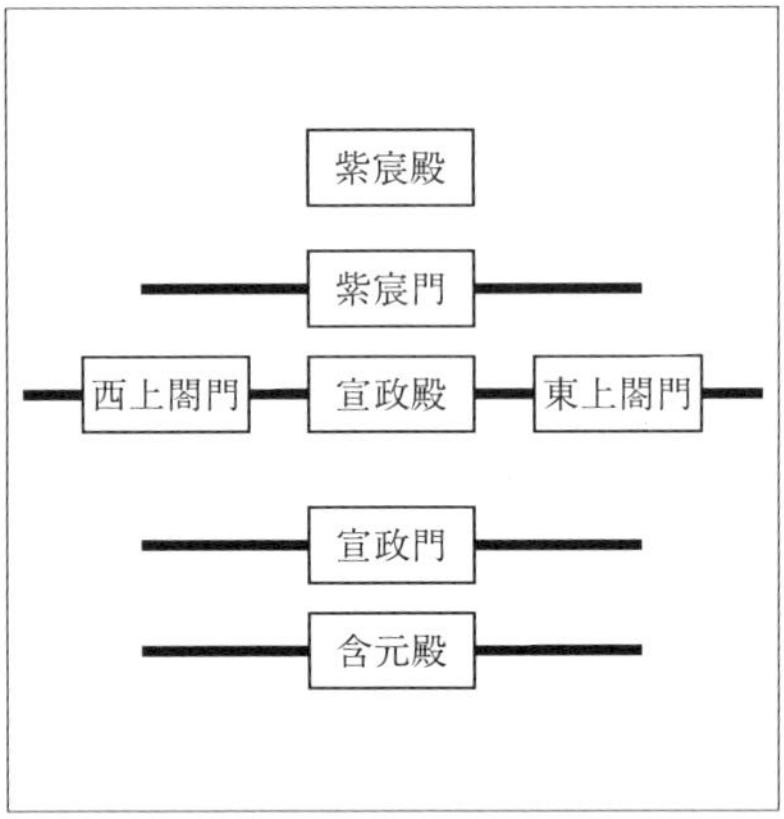

挿図２　宣政殿と諸門

ることから、宣政殿の両側に東西上閤門が存在したことが確認できる（挿図２）。

以上のことから太極殿と宣政殿の両側に東西上閤門があったことがわかる。太極殿も宣政殿も、三朝制のうちの中朝にあたり、機能的にも対応する殿舎であった。中国の宮殿には、いわゆる三朝制という理念型が存在した。これは、内朝・中朝・外朝の三つの空間から構成され、内朝が皇帝の私的な内向きの空間、中朝が朝参を受ける公的な空間、外朝がもっとも大規模な儀式などを行う空間という性格を持っていた。三朝のそれぞれの性格や機能は、時代によっても変化があり、その解釈も議論があるところである[注6]が、東西上閤門の位置については、少なくとも太極殿・宣政殿という中朝の正殿の両側にあったことは確認できる。

次に唐の前の隋について見ておきたい。周知のように唐代長安城は隋の大興城を引き継いだものであった。隋段階では全体はまだ完成していなかった可能性もあるが、基本的な形は継承していたと考えられる。唐代の太極殿は隋代の大興殿を改名したものであった。恐らく東西上閤門も隋の大興殿時代にもあったと推測されよう。そこで参考となるのが隋の煬帝が建設した東京（東都・洛陽）である。隋代の東京の様子は『大業雑記』[注7]に詳しく記されている。これによると、「乾陽殿東有二東上閤一」、「乾陽殿西有二西上閤一入二内宮一」とあり、東京の正殿である乾陽殿の両側に東西上閤門があったことがわかる。乾陽殿は唐の太極殿に相当する正殿である。ということは隋の大興殿に当たる殿舎でもある。つまり、逆に大興殿にも東西上閤門が付属していたことを推測できることになろう。以上のことから、隋代から唐代まで大興殿とそれを改称した太極殿、煬帝が建設した東京洛陽の乾陽殿、さらには唐代大明宮の宣政殿にも一貫して東西上閤門が付置されていたということになる。そして注目されるのは、「入内宮」と説明が付されていることである。すなわち、西上閤門、恐らく東上閤門も同様に、内宮に入る門として機能していたと考えられるのである。これは後にも見ていくように唐代にも同様であった。

以上にまとめてきたように、隋唐代には正殿の両側に東西上閤門が存在し、内宮に入る門としての役割を持っていたことが確認できた。

次に東西上閤門の宮殿制度における位置づけについて検討してみたい。東西上閤門の性格を考える上で参考となるのが『唐律疏議』衛禁律二、闌入宮門条である。この規定は、宮中などに許可無くみだりに進入した者に対する罰則を定めたものである。本条では、大きくまとめると以下のように規定している。まず宮門に闌入したなら徒二年、殿門の場合は徒二年半で、もし仗、つまり武器を持っていたなら、いずれの場合も罪二等を加える。また、上閤内に入ったなら絞とし、もし仗を持っていた場合と御在所に至ったなら斬とすると定めている。宮門とは疏によると嘉徳等門のことであるとしており、嘉徳門は太極宮の承天門を入ったところの門で、太極殿の南の太極門の南に位置している。殿門とは同じく疏によると太極等門のことである。上閤門については、「疏議曰、上閤之内、謂太極殿東為二左上閤一、殿西為二右上閤一、其門無レ籍、応レ入者準レ勅引入、闌入者絞、若有二仗衛一者、上閤之中不レ立二仗衛一、内坐喚仗、始有二仗入一」と解説されている。ここから三つのことが知られる。①すでに指摘したように太極殿の東西に上閤門が設置されていた。②東西上閤門には門籍がないので、門内に入る場合は勅に従って引き入れられることになっていた。③上閤門内は、仗衛が通常立つことはないが、皇帝が太極殿ではなく両儀殿に出御して仗衛を呼び込んだ場合には，はじめて仗衛が入ることになった。両儀殿に出御した場合を「内坐喚仗」と表現しているが、この形態については日本との対比の中で後に詳しく見ていくことになる。

以上の三点のうち②③について補足をすると、まず②の門籍であるが、官人たちはそれぞれ宮廷に入る際に決められた門から出入りすることになっていて、その出入りできる門に門籍があり、出入りする際はその門でチェックを受けていた。つまり、門籍がある門ではチェックさえ受ければ出入りが可能であったということになる。しかし、東西上閤門はその門籍がそもそもなかったのであり、入るためには皇帝の許しが必要であった。『大業雑記』に「入内宮」とあったように、この門以内は内廷（日本でいうところの内裏）にあたるため、自由に出入りすること自体ができなかったのである。③の内坐喚仗とは、資料上にまとまって見える大明宮の場合を例として説明すると、以下のようなものであった。[注8] 唐代の常朝は大明宮の宣政殿前に臣下たちが参集整列する宣政殿立班がなされ、その後、宣政殿ではなく内朝の紫宸殿に皇帝が出御するため仗衛を紫宸殿一郭内に呼び入れ、それとともに臣下たちも参入した。これを閤内に入ることから入閤と呼び、そうした儀を入閤儀と称した。ここで説明を行った場は大明宮であったが、太極宮においても同様のことが考えられ、常朝していた臣下たちは太極殿前に立班し、皇帝が両儀殿に出御し仗衛を閤内に呼び入れるとともに臣下たちも入閤したと思われる。

以上のように、太極宮の場合も東西上閤門は閤内と閤外を分ける門としての機能を果たしていた。そして、閤内では仗衛が立つことは基本的にはなく、皇帝が呼んだ場合に入ることができたのである。つまり、東西上閤門は仗衛の有無を分ける境界としての性格も持っていたと言える。これは隋代にも当てはまると推測される。隋代の東京洛陽について『大業雑記』では上閤門が内宮に入る門であると説明していた。以上から隋唐代の東西上閤門が閤内と閤外を分ける境界の門であったことが確かめられた。

2　日本の閤門

隋唐の東西上閤門が閤内と閤外を区分する境界の門として重要な意味を持っていたことを見てきたが、日本ではどのように継受されたのかを次に検討してみたい。結論を先に述べると、日本の都には東西上閤門に相当するものは受け継がれなかった。

まず唐の衛禁律二、闌入宮門条に当たる日本律を見てみたいが、残念ながらまとまった形では伝えられていない。しかし、『譯註日本律令』が可能な限り復元したものがあるので、ここではそれを参照することとする。[注9]その復元条文によると、宮門に闌入したなら徒一年、殿門の場合は徒一年半、閤門の場合は徒三年とし、仗を持って進入した場合はそれぞれ二等を加えると規定している。そして、殿門は「太極等門」のことであるとしている。殿門については唐と同じように大極殿院の門である大極殿門などを指すとしていて、基本的には唐律を継承しているものと思われる。[注10]

日本の衛禁律の闌入宮門条[注11]を、このように理解できるとした上で唐律との比較を行ってみたい。はじめに両者を比べてみると、日唐律全般に言えることであるが、日本の方が唐よりも罰則が少し軽減されている。宮門に闌入した場合、唐では徒二年となるのに対して日本では徒一年となり、殿門も唐では徒二年半であるが日本では徒一年半となる。そして唐では上閤門の場合は絞であるのに対して，日本では閤門に闌入すると徒三年となる。このようにいずれの門においても罰則が軽く設定されていたのである。

さらにもっとも注目すべき相違点は、唐では上閤門と規定しているが、日本では閤門と改変している点である。まず唐律の「上閤」が日本では「閤門」に変更されている点が重要である。このように書き改めた背景には、日本の都城には上閤門が存在しなかったことがあると考えられる。この上閤門の有無の違いは日唐の都城制の性格の相違を如実に示していると思われることから、後に詳しく触れることとしたい。

もう一点、注目されるのは、唐律では宮門と殿門に闌入した場合と上閤門に入った場合の二通りを明確に分けているが、日本律は宮門・殿門・閤門を並列的に規定していると見られることである。それは、仗を持って入る場合の扱いについても言える。唐律では仗を持って入る場合は宮門・殿門については各二等を加えるという形で規定しているが、日本律では閤門は宮門・殿門と同じように各二等を加えると規定していたと復元される。このことから唐律では上閤門は宮門・殿門とは区別して扱われていたのに対して、日本律では閤門も宮門・殿門と同列的に扱われていたということになる。しかも唐律では上閤門に入るだけでも絞となったのに、日本律では閤門に入っても徒三年ということになり、両者の刑の軽重には大きな差があった。以上のように、日本律では唐の上閤門を閤門に変更するとともに刑罰を軽くし扱い方も宮門・殿門と同じ形に改変していたのである。この改変は単に日本の実情に合わせたと見ることもできるが、実は日本と唐の都城の構造的な違いをよく表しているものと思われる。そうした根本的な相違については、最後にまとめることとするが、まずは上閤門をそのままの形では継受せず、閤門という形に改変していたことに関係することをいくつか確認しておく。

はじめに日本では上閤門をどのように認識していたのかを考えてみたい。『令集解』職員令左兵衛府条の左兵衛督の職掌として「分配閤門」が規定されている。これに対して穴記は、「穴云、閤門之掖門及殿門等兵衛亦合二禁衛一、為レ有レ害故也、令釈云、大極殿東西小門、是謂二閤門一、謂取二本律心一説耳、言大極殿之後、有二御在院一、副殿之後垣有二東西小門一耳、爾雅、小闈謂二之閤一、但於二此令一兵衛禁衛門、此閤門耳」と注解を加えている。これによると閤門について令釈は大極殿の東西の小門のことであると解釈しているのに対して、穴記はこれは本律の心、つまり唐律に従った説であり、実際には大極殿の後方に御在院、すなわち内裏があって副殿、すなわち大極殿後殿の背後の垣に東西小門があるのみであるというのである。[注12] 令釈は閤門を大極殿東西の小門のことであると解釈したが、それは唐律の上閤門のことを念頭に置いた説でしかなく、現実にはそうした小門は存在しなかったということがうかがえる。[注13]

　右のような議論を参照すると、日本でも唐の上閤門が太極殿の東西にあったことを認識していたことが知られるとともに、日本の大極殿には現実にはそれに相当する門はそもそも存在しなかったことも理解されていたことが明らかであろう。令釈の理解を平城宮や藤原宮建設時点まで遡らせることには慎重であるべきではあろうが、恐らく唐の東西上閤門についてある程度理解を持っていて、その上で日本律では閤門に置き換えるとともに、それに相当する門は建設しなかったと推測される。ここに日本の都城の特質が見出せるものと考える。唐の東西上閤門が果たしていた閤内と閤外を分ける機能は、日本では大極殿閤門とも史料上見える大極殿門が担っていたのである。その意味は後述するが、結論を先に示すと、閤内と閤外を分ける境界が、唐と日本で若干ずれていたのであり、このずれが空間を構成する上で大きな意味を持っていたと思われる。

　さて、ここまで闌入宮門条を中心に検討をしてきたが、唐律には他にも東西上閤門に関連する規定がある。そこで他の条文が日本律ではどのように受け継がれていたのかも確認しておきたい。まず東西上閤門が見える、『唐律疏議』衛禁律一六、向宮殿射条、同二〇、行宮営門条、闘訟律一〇、宮内忿争条の三つを確認する。

向宮殿射条は、宮殿に向けて箭を射たり弾丸を発したり瓦石を投じた者に対する罰則を定めている。具体的には、宮垣の場合は徒二年、殿垣では一等を加え、箭が入ったならそれぞれ一等を加える。そして、箭が上閤門に入ったら絞、御在所に入ったら斬とすると規定している。さらに弾丸や瓦石の場合は、それぞれ一等を減刑するとする。これに対して日本律の条文は残っていないが、『譯註日本律令』の復元によると、宮垣では徒一年、殿垣では一等を加え、箭が入ったらそれぞれ一等を加える。そして、箭が閤内に入ったら徒三年、御在所に入ったら絞とする。弾丸や瓦石の場合はそれぞれ二等を減刑すると規定している。両者を比べると、やはり日本律の方が全体として刑が軽くなっていると同時に、唐律で上閤門に関わるところを日本律では閤門に改変し、刑も絞から徒三年に軽減している。本条でも闌入宮門条と同様に上閤門を閤門に書き換えており、日本の場合は東西上閤門がないことを前提として条文が作り替えられていることが確認できる。

行宮営門条は、皇帝が行幸した先の行宮の諸門が宮門・殿門などに相当するものとして規定し、それらに関わる法令も準用されることを定めている。具体的には、外営門・次営門が宮門と同じで、内営の牙帳門が殿門と同じで、御幕門が上閤と同じで、御在所については上条（闌入宮門条）により処置するとしている。この条文に相当する日本律は伝えられている。それによると日本の場合は、外営門・次営門が宮門と同じで、牙帳門が殿門と、御幕門が閤門と同じとされ、御在所は上条に従うと規定されている。この条文においても唐律の上閤門を日本律では閤門に書き換えていることがわかる。

次の宮内忿争条でも同じことが確認できる。本条は、これまで見てきたものとは異なり、律本文に上閤門が出てくるわけではなく、疏の中に出てくる。内容は宮内で忿争を起こした者は笞五十とし、その声が皇帝の御所に聞こえ、互いに殴打した者は徒一年、刃物を手に互いに向かい合ったら徒二年とする。殿内では一等ずつ遞加し、傷の重さによっても刑を加重すると定めている。以上のように律本文では大きく宮内の場合と殿内の場合の二通りのみを想定している。宮内は疏に「嘉徳等門以内為㆓宮内㆒」とあるように宮門の嘉徳等門以内を指し、殿内も疏に「謂太極等門」とあるように太極等門以内を指すことも前に見た通りである。しかし、本条には上閤門が本文中に規定されず，殿内の一等ずつ遞加するという規定に含まれている。そこで疏に「若上閤内、忿争杖七十、声徹御所、及相殴者、徒二年」と説明が加えられているのである。律本文には組み込まれてはいなかったが、疏の中で補われていたわけである。それでは日本律について見てみたいが、本条に相当するものはやはり残されていないため、『譯註日本律令』で復元されたものを参照したい。[注14] それによると、宮内で忿争した者は笞五十とし、声が御所に聞こえたり殴打し合ったなら杖一百、刃物を持って向かい合ったなら徒二年とする。殿内の場合はそれぞれ一等を加え、傷の重さによっても加重されると定めている。そして、上閤内については、やはり閤内と書き換えた上で、忿争は杖七十、声が御所に聞こえたり殴打し合ったなら徒一年半、刃物を持って向かい合ったなら徒三年に処するとしている。刑の重さは、ほとんど変更がないが、ここでも「上閤内」が「閤内」に書き換えられていることがわかる。

　次に注目すべき律として、『唐律疏議』衛禁律三、闌入踰閾為限条を見てみたい。この条文も本文中に上閤門は出てこないが、疏の中に現れている。さらに日本律と比較すると、これまで見てきた条文とは異なった点がある。まず内容をまとめると、宮中に闌入しようとする場合、門の閾、つまり門の境の横木が境界線となるが、閾まで来て越えなければ、宮内の場合は杖八十に処し、殿門以内は一等ずつ遞加するとし、上閤門については本文には明示しないで殿門以内の規定に含まれるようになっている。そして、疏で「殿内宿衛人、至㆓上閤閾㆒未㆑踰者、杖一百」と注解している。ついで宮廷や都の垣を越えた際の規定があり、殿垣を越えた場合は絞となり、宮垣は流三千里、皇城は宮垣より一等を減じ、京城はさらに一等を減じた刑とすると定めている。隋唐の都城では、皇帝の居住と政治・儀礼の空間である宮城と官庁を集めた皇城とに明確に分離しており、これが前代までの都城と大きく異なる特徴である。本条に見える皇城は、その官庁を集めた皇城の垣を指している。ここで注目されるのは、殿垣と宮垣を超えた場合については規定がなされているのに、上閤門の垣に関して見えないことである。この垣をめぐる規定が日本律では変えられていて、重要な意味を持っている。

本条に相当する日本律は、やはり伝えられていないので『譯註日本律令』の復元を参照したい。門の閾まで来て越えなかったなら、宮門の場合は杖六十、殿門以内は一等ずつ遞加[注15]するとし、垣を越えた罪については、閤垣なら絞、殿垣なら遠流、宮垣なら近流、宮城垣なら徒三年、京城垣なら一年と規定している。日本の都城では隋唐のように皇城を分離して設けることはせず、官庁も宮城の中に含めて配置していた。このため唐律の皇城が宮城垣に変更されている。そして、本条で重要なのは唐律には見えない閤垣を越えた場合の罰則が日本律で加えられていることである。唐律では殿垣に含まれているのかもしれないが、本条前半や闘訟律一〇、宮内忿争条のように殿内について「遞加一等」とは明記されていないことから、上閤門の垣は含まれていない可能性が高く、そうすると上閤門の垣を越えた場合については少なくとも本条では問題としてはいなかったということになろう。それに対して日本律では、独自に閤垣を追加しているのである。字句の変更はある程度容易になされるであろうが、新たに加えることは一定の意志を持って行われたことを示していよう。つまり、本条に閤垣の規定を加えたことには、それだけの理由があったと予想される。それは閤垣・殿垣・宮垣・宮城垣・京城垣と、重層的に構成される垣の中でもっとも中心に位置し、かつ重要な垣が閤垣であったということであろう。閤垣とは内裏の垣であり、それに開く閤門は兵衛府が警護する門であり天皇に密着した空間を区画するものであった。すなわち日本では天皇の居住空間である内裏の閤門と閤垣がもっとも重要視されていたということが言える。唐では上閤門の闌入や闕を越えたかどうかは重要な問題ととらえられていたが、その垣（実際は廊である）については表面的には特に取り上げられることはなかったのである。そこで日本では、独自に閤垣を越えた場合の罰則を加えたものと推測される。

閤垣をめぐる日唐間の違いの背景には、日本で言うところの内裏という空間の存在の仕方の相違があると考えられる。日本の場合は、内裏という一郭が内裏外郭の中に明確に設けられている。例えば挿図3は奈良時代後半の平城宮東区をもとにモデル化した図である。内裏が大きな外郭に包摂されているが、内裏自体も一つの独立した一郭として存在している。こうしたあり方はまだ内裏部分が確認できない宮もあるものの、他の宮でも基本的には同様と考えられ、内裏の垣が閤垣で閤門を開いていた。このように日本では、内裏が独立した一郭として存在していたが、対する唐の場合は太極宮や大明宮ではいくつかのブロックに区画されているところもあるが、日本の内裏のような独立した一郭は見られない。太極宮の内部は、南半部に太極殿や門下省・中書省など皇帝の政治的な機能を果たす公的な空間があり、北半部は一部公的な性格を持ちながらも基本的には生活の場としての私的な空間となっていた。皇帝の私的な生活空間ということでは、この北半部が日本の内裏に相当するわけであるが、日本のように回廊などで囲まれた独立した区画があるわけではなく、太極宮の北半部全体

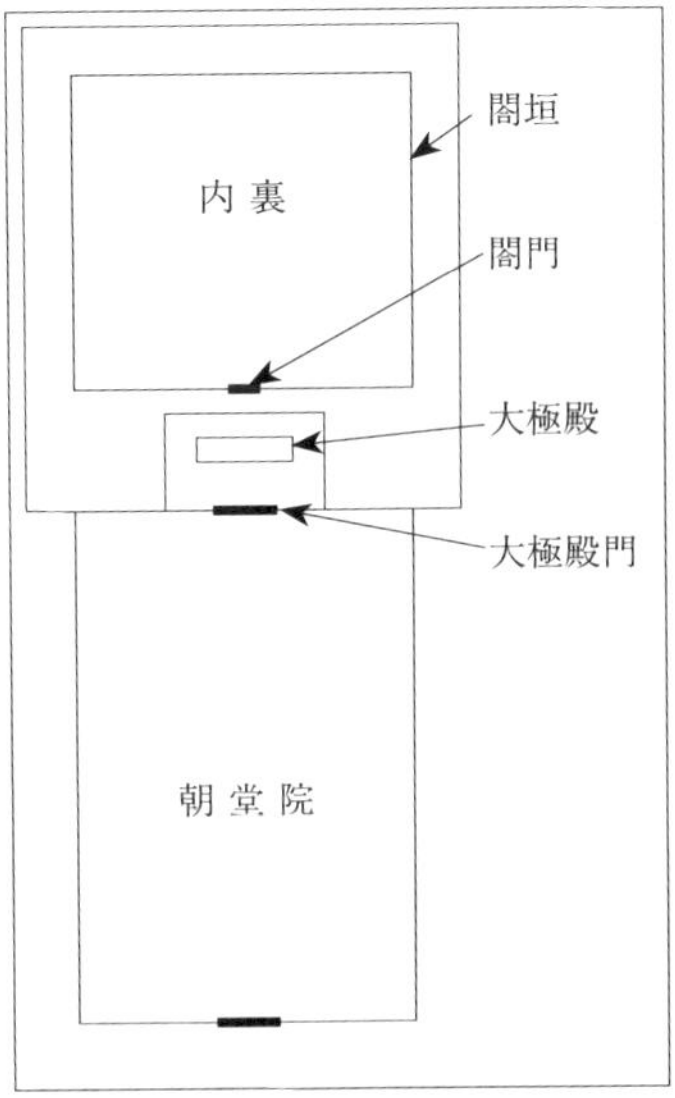

挿図3
日本の内裏・大極殿・朝堂院模式図

が謂わば皇帝の私的な空間となっていたのである。この構造は大明宮についても同様で、南半部は宣政殿以下、公的な機能を担う空間となっている一方、北半部が皇帝の私的な空間となっていた。やはり日本の内裏のような一郭が内部にあるわけではないのである。しかも太極宮も大明宮も、その北半部内には苑池まで備えた広大な空間となっていた点も、日本の小さくまとまった内裏とは大きく異なっている。このように比較してみると、唐の場合は太極宮などの北半部全体が日本の内裏そのものに当たると見ることができよう。ということは、日本の内裏のように閤垣が別にあるわけではなかったということにもなり、全体を区画する宮垣が存在しているだけという構造であったと理解される。その内側に日本の内裏に相当する一郭があったわけではないのである。そのため唐律の闌入踰閾為限条では宮垣を越えた場合の規定はあっても日本の閤垣の場合に相当する規定は存在しなかったのであろう。つまり、唐では宮城の北半部全体が私的空間であったのに対して、日本では宮城内に内裏という一郭を設けていたという違いがあり、この差があるため日本の場合は区画が一重多くなり内裏を囲む閤垣の規定を付け加えたのである。この違いについては後にあらためてまとめのところで言及するが、両者の大きな相違点の一つと言えよう。恐らく隋唐の都城制を取り入れるわけであるが、日本では天皇の宮、つまり内裏がすでに存在していたため、これを核として、あるいは前提条件として都づくりが出発したのであろう。そのため隋唐のように宮城の北半部全体を内裏とする形態は採用せず、宮城内部に内裏をそのまま包含させる形を選択したものと臆測される。

ここまで日唐の律で都城の構造に関わる条文のうち上閤門に関するものについて見てきた。そこで取り上げた日本律は養老律と考えられるものである。その前の大宝律についてはもちろん不明なのであるが、宮城内の門については、大宝律では名称が異なっていたと考えられる。岸俊男氏は、養老令の閤門・宮門・宮城門は大宝令では内門・中門・外門となっていたことを指摘された。[注16] また、大宝律については『譯註日本律令』が闌入踰閾為限条の復元をする中で宮門・閤門が大宝律では中門・内門であったことを推測している。[注17] 宮城門についても大宝律では外門となっていたと推測されよう。以上のことから大宝律令では、内門・中門・外門と呼ばれていたものが、養老律令では閤門・宮門・宮城門に改められたということになる。

このように大宝律令から養老律令への変更があったとすると、唐律の上閤門を日本ではまず大宝律で内門と改変し、さらに養老律で閤門に変更したということになる。大宝律編纂段階で唐の上閤門を内門に書き換えていたということになる。このことから日本側では、唐の上閤門と同じものを作るつもりがなかったことがうかがえる。そこには明確な意志があったと推測されよう。それではどうして日本では上閤門を模倣したりしなかったのであろうか。次にこの問題を取り上げてみたい。

二　上閤門から見た日唐都城

1　上閤門から閤門へ

前章では、唐律の上閤門に関わる規定を、大宝律では内門に、養老律では閤門に改変していたことを確認した。その結果、これまで律令のうちの特に律は、あまり唐律を変更しない形で継受されていたととらえられてきたが、上閤門をめぐっては明確な意図をもって書き換えられていたということが見えてきた。そして、それは律文上の改変というだけではなく、実際にも日本の都城では上閤門を設けるつもりもなかったのである。中国の都城制を導入し、具体的には唐代長安城を模範として都城の造営を進めた日本ではあったが、上閤門については受け入れることをしなかったわけである。全体としては模倣しながらも現実的には日本の独自の形を混合していたのである。この上閤門をめぐる相違に両者の都城の性格の違いが現れていると思われる。そこで次にその違いを通して日中都城の比較を行いたい。

はじめに唐の上閤門の性格について整理すると、前にも見たように閤内と閤外の境界に位置し、両者の結節点という性格を持っていた。唐では常参官による朝参が基本的には毎日行われていた。臣下たちはまず太極殿院内に参入して太極殿の前庭に列立した。そして皇帝が両儀殿に出御するというので、仗衛が呼び入れられることになり、臣下たちも一緒に両儀殿一郭に参入することになった。その際に東西上閤門を通って入閤したのである（挿図4）。簡単にまとめると、a太極殿前庭に臣下たちが参集し、b内坐喚仗ということになると、東西上閤門を通って入閤し両儀殿前庭に参入して拝朝を行ったということになる。つまり、上閤門はaからbへ移る際の通過点となっていたのである。ただし、閤内に入るための門は上閤門だけではなかった。それ以外にも閤内に入れる門は存在し、通内門と称された[注18]。その意味では、上閤門は主に太極殿一郭から入閤する際に機能していたと見ることができる。

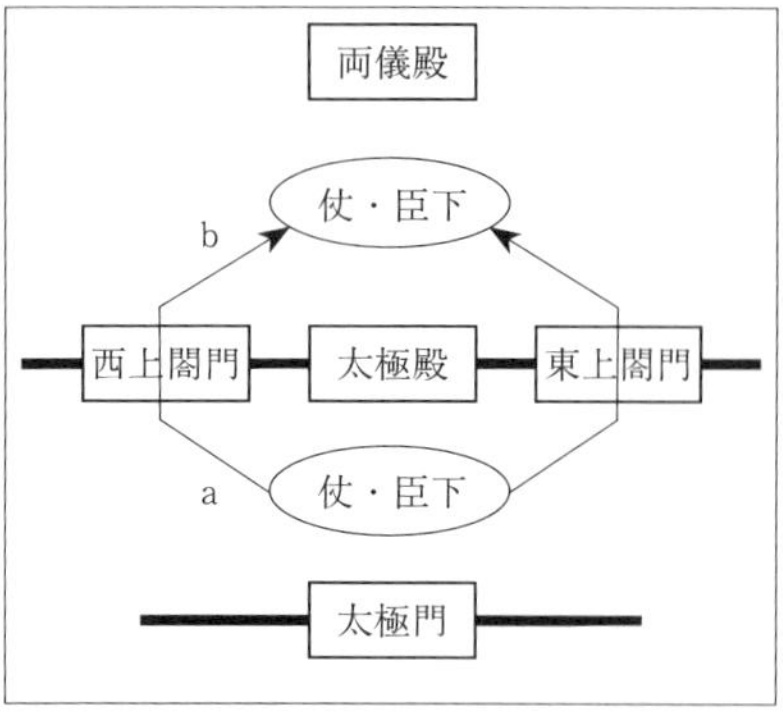

挿図4　入閤儀

次に一方の日本ではどうであったかを見てみたい。日本の朝参についても多くの研究があり、ここではそれらの成果の上で検討を試みる[注19]。日本では、朝堂に朝座を持つ者は、毎日朝堂院に朝参をしていた。実際には朝参をしないでも良い日や月なども出てくるようになるが、基本的には毎日朝参することとなっていた。また、朝庭に列立するのは、告朔にともなう朔日朝参など限られたようでもあるが、まずは朝参すること自体は変わらなかった。いずれにしても朝堂院に参集するのであるが、ここで注目されるのは大極殿院には参入しないことである。唐では太極門内に参入して太極殿前庭に立班していたのに対して、日本では大極殿門内に参入することはなかったのである。ここに両者の大きな違いが存在している。また、日本では内坐喚仗に相当する儀は行われなかった。朝堂院に朝参した後、天皇が内裏正殿に出御するからといって仗衛が呼び入れられたり、それにともなって臣下たちが閤内に召し入れられるようなことはなかったと思われる。朝堂院に朝参した臣下たちは、天皇の動向とは関係なく自分の朝座のある朝堂に着いて、それぞれの政務である朝政を行ったのである。天皇が内裏正殿にいるからといって、彼らを呼び入れたり全員で内裏に向かうということはなかったのである。日本では内坐喚仗という儀そのものがなかったのであり、そうした儀を受け入れることもしなかった。唐のシステムと対比的に整理すると、唐のａ太極殿前庭への参集に相当する大極殿院内への参集は行われなかったし、ｂ内坐喚仗から入閤という儀もあり得なかったということになる。すなわち、一見同じように朝参が行われていても、両者には根本的な違いがあったということである。そこで次に両者の違いが生じた背景について推論も交えて考えてみたい。

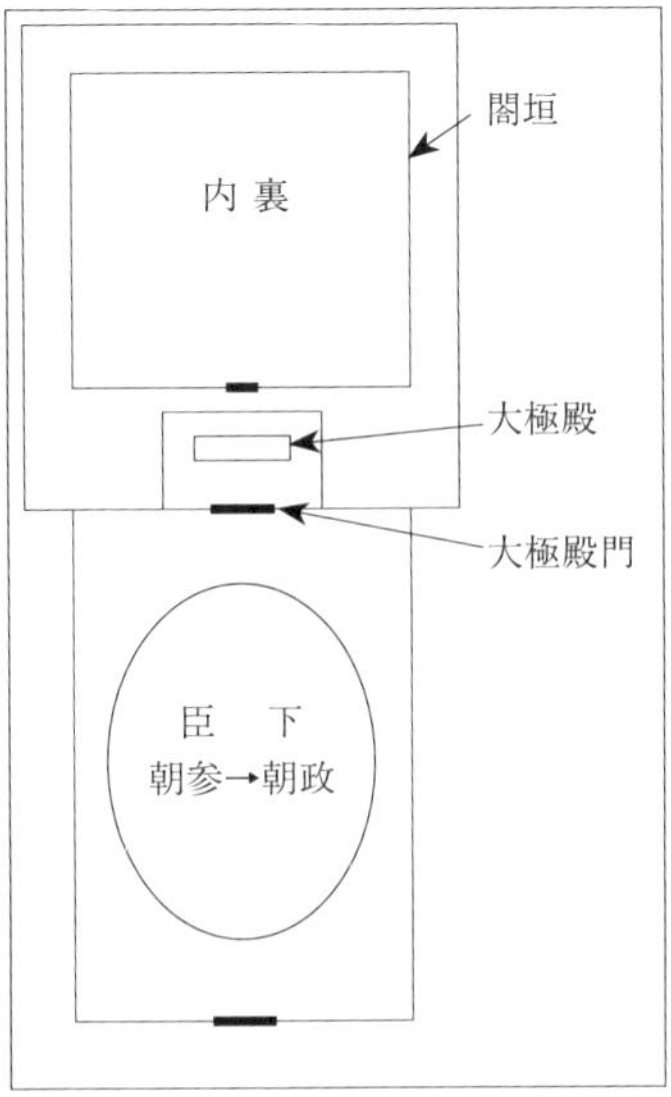

挿図５　日本の朝参

はじめに日本の朝参のあり方を図示すると、挿図5のようになる。この図と唐の場合を対比して、唐のａ・ｂを軸に検討していく。

唐のａについて日本の朝参と比較してみると、唐では太極門の内側に臣下たちが参入しているのに対して、日本では朝堂院に臣下たちは参入している。ということは日本の場合には、大極殿門の外側に参集していて大極殿院内へは立ち入ることはなかったということになる。ここに日唐間の大きな違いがあったことがわかる。この違いは言い換えるなら、唐の場合は太極門、日本の場合は大極殿門を挟んで、外側にいるか内側にいるかということである。そして、これは太極殿に唐の皇帝が出御し、大極殿に日本の天皇が出御した場合、唐においては皇帝と臣下たちが門を隔てないで直接対面することになるが、日本では大極殿門を間に挟んでいるため、天皇は臣下たちと直接対面するわけではなかったということになろう。同じく朝参といっても日唐間にはこのような大きな相違点があったのである。それではなぜ日本の場合は、大極殿門を間に挟む間接的な対面方式になったのであろうか。結論的には確かなことはわからないが、以下のように推論してみたい。

　見通しを先に示すと、天皇と門を間に挟んで間接的に対面する形態は、恐らく大王の宮室時代からの伝統的なスタイルを継承したものと推測される。岸俊男氏が推古天皇の小墾田宮を復元した際に明らかにされたように、『日本書紀』推古一六年（六〇八）八月壬子条によると、隋使裴世清らは朝庭に召され、信物を庭中に置いて国書を読み上げて使いの旨を言上し、その国書を大夫の阿部臣鳥が受け、さらに大伴連囓が受け取って大門の前の机の上に置いて天皇に奏した様子がうかがえる。[注20] つまり、恐らく大門の内側の大殿にいる推古天皇に対して国書の奏上が行われたことになり、推古天皇とは大門を間に挟んで対していたことがわかる。このように小墾田宮の段階では大王と直接対面することは基本的になかったものと思われる。ただし、これも岸氏がすでに指摘しているように、許可を得て召された場合は、大門の中に入ることもできた。舒明天皇即位前紀によると、推古天皇が病気になったと聞いて山背大兄王が小墾田宮に参り、まず門下に侍ると中臣連弥気から天皇がお呼びであると言われて閤門に参進し、さらに栗隅采女黒女が庭中に迎えて大殿に引き入れたという様子が知られる。この閤門が大門に当たり後の内裏の門、閤門に受け継がれていくものと考えられる。このように召されれば大門（閤門）の中に入ることはできるが、基本的には大門の外から対面するというのが通常のあり方であったと思われる。[注21]

以上のような小墾田宮のあり方を念頭に置くと、大極殿門が閤門としての性格も持っていたことに注目されよう。大極殿門が「大極殿閤門」とも呼ばれ、内裏の閤門と同じく兵衛が警護していたことから閤門と同じ扱いを受けるものであったということは、すでに先行研究の指摘するところであり、ここであらためて言及する必要はなかろう。[注22]だが、この点こそが日本の宮室構造の性格を考える上で、もっとも重要な問題なのである。唐の都城をモデルにしながら、唐とは異なった独自性を持つことになる根源が、大極殿門の閤門としての性格にあったと考えられる。どうして大極殿門が閤門としての性格を持っていたのか。唐では太極門は殿門という位置づけがなされていた。この制度を日本でも導入して大極殿門を殿門とし、閤門とは明確に区別していたはずであった。それにもかかわらず閤門と同じように兵衛が警護し、史料上にも閤門として登場しているのである。

右のような問題についても、すでにさまざまな検討がなされていて、ここで新しいことを述べることはできないが、以下、唐との比較を一視点としてまとめてみたい。

大極殿門が閤門としての性格を持っていたことは、その内側の大極殿そのものの性格とも密接に関係していると思われる。日本における大極殿の成立や性格をめぐっても多くの研究が積み重ねられてきており、そのすべてを紹介することはできないが、大極殿の閤内としての側面に関しては、直木孝次郎・石川千恵子両氏の見解は特に注目される。[注23]両氏によると、大極殿はいわゆる内裏の正殿から発展してきたと考えられ、具体的には前期難波宮の内裏正殿ＳＢ一八〇一が大極殿の前身として登場して、後に大極殿へと展開していったとされる。大極殿が成立した段階でも内裏的な性格が保持されていて、大極殿門も閤門としての性格を持つこととなったという理解である。こうした理解は基本的に妥当なものと思われ、大極殿院も内裏と同様の空間であったということになる。

以上のことを踏まえて、改めて唐と比較すると両者の空間構成原理の違いが浮かび上がってくる。すなわち、唐では上閤門が閤内と閤外を分ける境界であったが、それと同時に太極殿自体も閤内と閤外の結節点であった。一方、日本は大極殿門が閤内と閤外との結節点であって大極殿はそうではなかった。つまり、唐の太極殿は殿舎そのものが境界に位置していたが、日本の大極殿自体は境界上になく大極殿門内という一定の空間に包摂されていたのである。言い換えると、唐に対して日本は大極殿がむき出しで閤外に対していたのではなく、一定の空間を介していたわけであり、天皇の宮殿を囲む空間そのものが排他的な性格を持っていたと見ることができよう。これは唐の皇帝を取り巻く空間構成とは大きく異なる日本独自のものである。このように天皇を取り巻く空間が一種の隔絶性を持つのは、先に見た小墾田宮とも通じるものであり、日本の伝統的な空間構成でもあったと思われる。逆に言うと唐の太極殿を模倣して大極殿を建設したものの、日本独自の天皇を取り巻く空間構成原理から脱却できなかったとも言える。そのため大極殿の東西に上閤門を作らなかったものと推測される。

次にbの内坐喚仗について検討したい。先述のように日本では内坐喚仗に当たる儀は存在しなかった。あらためて振り返ると、唐では一旦、臣下たちが太極殿前庭に立班し、その後に皇帝の召しによって仗衛と一緒に東西上閤門を入って閤内に参入した。それに対して日本では、そうしたことは行われなかった。天皇が内裏正殿に出御していたとしても朝堂院から内裏正殿前庭に召し入れることはしなかったのである。これも日唐間の大きな違いである。日本ではあえて内坐喚仗という儀を導入しなかったのである。

内坐喚仗という儀を導入しなかったことから、以下のようなことが推測される。まず天皇が内裏正殿にいても朝堂院に朝参した臣下たちは入閤してまで拝礼を行わなかったということになる。逆に言うと天皇も閤内に呼んでまで拝礼することを求めていなかったということでもある。恐らく臣下たちは朝堂院に朝参し、引き続いて朝堂での朝政を行うため、朝堂院から内裏に移動することができない、あるいは必要性がなかったのかもしれない。つまり、朝参から朝政へという一連の動きが朝堂院内で完結していたのである。このように理解できるとするなら、入閤させてまで拝礼を求めていた唐の皇帝に対して、日本の天皇はそこまでは要求していなかったということになり、その意味では朝参における天皇の存在感は唐の皇帝より希薄であったと考えられる。本来的には大極殿に天皇がいることを前提として朝堂院に朝参しているのであろうが、実際には生身の天皇自身は必須ではなかったとも言える。

また、宮殿構造からも内坐喚仗を最初から想定していなかったと考えられる。日本の場合、臣下たちは大極殿門前に朝参していたのであるが、そうすると内裏に向かう際、大極殿門を入り大極殿院を通り抜けていくというのは考えにくい。実際にも内坐喚仗という儀は行われなかったので、朝堂院に朝参した臣下たちが大極殿門を通って内裏に向かうこともなかったであろう。このことからも唐の上閤門に相当する門を設ける必要がなかったことがうかがえる。はじめから内坐喚仗という儀を導入することを考えていなかったのである。

以上のように内坐喚仗は日本に取り入れられなかったのであるが、その背景を整理すると、一つには朝参をさせても天皇自身に拝礼することを必ずしも要求していなかったことがあった。それは朝堂院への朝参で十分とされていたとも言える。二つには、大極殿院内に朝参をさせるわけではなかったことである。つまり、大極殿が閤内と閤外の結節点として機能したわけではなく、大極殿前庭から閤内に入ることを想定していなかったということである。そのため上閤門は作られなかったわけである。

2　唐風化と独自性の間で

上閤門の有無をめぐって、日唐間の違いについて検討してきた。その結果、大きくは唐を模倣して日本の大極殿などが建設されたものの、上閤門は受け継がれず、ここに空間構成原理の独自性があったことが明らかになった。唐の都城をモデルとしながらも独自性を温存させていたのである。その唐風化への志向と独自性との間で、実際に日本の都がどのように作られていったのかを次に概観してみたい。

上閤門の継受の問題の一つの焦点は、簡単に言うと正殿（唐の太極殿、日本の大極殿）の前庭に臣下たちを参集させるかどうかということである。唐の場合は参集させ、日本の場合はさせない。このことを視点にまとめると以下のようにとらえられる。

先に見たように小墾田宮は大門の内側は閉鎖的な空間であって、臣下たちが参集するような場ではなかった。それに対して大化の改新後に遷った難波では、白雉を孝徳天皇に献上する儀式で、百官や朝鮮半島諸国の人たちが殿前の中庭に参入して孝徳天皇と門を隔てずに対している。[注24]このことから直木氏は改新後、それ以前とは異なって百官人たちが入れるように変化したと推測している。[注25]その意味では唐のあり方に近付いたということになり、恐らく改新後、難波遷都を機に唐の形式を採用したと思われる。その後、もどった飛鳥や近江大津宮はよくわからないが、飛鳥浄御原宮では大極殿前庭に召し入れている事例が見える。[注26]朝参を大極殿前庭で行っていたかは不明ではあるが、少なくとも召し入れることは行われていたと言え、閉鎖的な空間ではなくなっていたのである。しかし、一般的には藤原宮大極殿の段階で臣下たちに対して排他的になったとされる。[注27]ただし、筆者は飛鳥浄御原宮の途中、具体的には飛鳥浄御原令制定を画期として大極殿一郭が排他的な空間に変わったと推測しているが[注28]、いずれにしても大極殿一郭は排他的な空間、天皇を取り囲む閤内にもどったととらえられる。さらに平城宮に遷都すると、中央区の巨大な大極殿院が建設される。一段高い壇上に大極殿が建ち、壇下に広い前庭が広がり、ここに臣下たちが参入する形が想定される。つまり、大極殿と臣下たちの場の間に門などがない形態が復活し、もう一度、唐風化が図られたと見ることができる[注29]。だが、恭仁京遷都によって中央区大極殿は移築され、平城京にもどった後、東区に大極殿が建設されるが、今度は大極殿門を挟む形態に回帰する[注30]。これを長岡宮も継承するが、最後の平安宮では大極殿門がなくなり、朝堂院と合体し朝参の場と大極殿が直接つながって、唐の形態がまた採用されたと見ることができる。

以上のように、唐風化と独自の形との間を何度も揺れ動いていたことがうかがえよう。唐の皇帝のように天皇が臣下たちと直接対面するスタイルを目指した時期と、逆に閤門を挟んで対する伝統的なスタイルにもどった時期が交互に現れていたのである。そこには唐の皇帝のような振る舞い方を志向しつつも、結局はそうなりきれなかった天皇の姿を見ることができる。唐の都城制を導入し宮殿スタイルも模倣し、それを現実に実現したとしても強固に残る伝統がまた復活してしまうのである。唐の都を理想としながらも本質的なところに独自性が残ってしまうという現実があった。

そして、内坐喚仗という儀も導入しなかった。日本では唐のように内裏正殿にまで臣下たちを入れて拝礼を受けようとはしなかったのである。それはやはり天皇が直接臣下たちと対面しようとする意志が弱く、そこまで必要とはしていなかったということであろう。

以上のように、唐をモデルとしながらも伝統的な独自性から抜け出すことができずに試行錯誤を繰り返してきたのである。そして、最後の平安宮ではついに大極殿と朝堂院が合体し、ある意味では唐風化が実現したのであるが、天皇自身はこれ以降、内裏を主たる活動の中心的な場とする傾向が強まっていってしまう。結局はまた閤内に閉じこもる方向へと進むのである。

本稿では唐代の上閤門について取り上げてきたが、これはすでに触れたように隋代にも遡る宮殿スタイルであった。そして、郭湖生氏によると、東晋の建康にまで遡ることができる。[注31] 魏晋南北朝時代の太極殿は、隋唐代と異なって、太極殿の東西に東堂・西堂が付属していた。東晋の建康の太極殿も同様であったが、太極殿と東堂・西堂それぞれとの間に「東西上閤」があり、[注32] これを入ると皇帝の私的空間の後宮になると指摘されている。これに従うと太極殿が閤内と閤外の境界に位置することは少なくとも東晋代まで遡ることになる。恐らく東堂・西堂をともなう太極殿が生まれた曹魏時代までも遡ることができよう。

また、村元健一氏は東魏・北斉の鄴城を復元する中で、昭陽殿の両側に東閤・西閤が付属していたことを明らかにされた。[注33] 一方で、昭陽殿の南に太極殿・東堂・西堂があり、ここにも東西上閤門が存在したことが推測されることから、昭陽殿の東閤・西閤との関係が問題となる。閤門が二重になっていたということになり、そのため太極殿両側のものに「上」を付けて上閤門と呼んで区別していたと考えられる。[注34]

ここまで述べてきたように、中国では、どこまで遡ることができるかは現時点では未確認であるが、隋唐代以前から公的な空間と私的な空間の境界に位置する宮殿の東西に閤門が付属しており、隋唐代の上閤門もこうした伝統の中で生まれてきたものと推測される。そして、注目されるのは上閤門は太極殿などの正殿の東西にあって、その南門が上閤門になることはなかった点である。つまり、日本のように大極殿を取り囲む一定の空間が閤内になることはなく、正殿そのものが結節点となっていたのである。やはり日本とは異なる伝統を中国は持っていたことになる。

おわりに

唐の制度をモデルとして日本の古代国家が律令制度を整えていく過程で、都についても唐の都城制を一つの理想型として日本の都を造営していった。しかし、現実にはすべての面で中国の都城制を受け継いでいたわけではなかった。本来であれば、そうしたいくつかの側面を総合的に取り上げるべきであったかもしれないが、筆者の力量不足から唐の上閤門をめぐる問題しか扱うことができないまま紙数も尽きてしまった。宮廷部分だけではなく京域についても言及するべきであったが、京域については先行研究も多く存在し、筆者も検討したことがあるので、本稿では重複を避けて省略させていただく。[注35]

本稿では、唐の上閤門をめぐって検討してきたが、その結果、唐律の上閤門の規定を日本では閤門の規定に置き換えていたことが明らかになった。これは偶然ではなく意図的な変更であった。そして、その背景には、日本と唐との間に宮殿を構成する原理に大きな差異があったと推測された。つまり、唐では太極殿はそのものが閤内と閤外の結節点に位置し、皇帝は直接臣下たちと対面していたのに対して、日本では大極殿はむき出しで存在せず閤内という一定の空間に包まれるように存在しており、その空間の南門が殿門ではあるが閤門としての性格も持っていた。その結果、天皇は直接臣下たちと対面するのではなく、この大極殿門を挟んで対していたのである。このように日唐間では空間構成原理がまったく異なっており、そのため日本には上閤門が作られることはなかったのである。その代わりに日本の閤内である内裏そのものの門、すなわち閤門の規定に置き換えられたと考えられる。

このように唐のモデルを導入する際には、そのままの形で取り入れるわけではなく、日本の独自性に合わせて適宜改変を加えていたことがわかる。本稿は法制度の中で、どのように都城制が受け継がれていたかを明らかにすることを念頭に置いて検討してきたが、上閤門を閤門に書き換えていたことは、実際に都を造営する際に現実に合わせて変更したというレベルではなく、法制度の中で意図を持って改変していたことを意味しよう。これは逆に言うと、律令を継受した日本側が唐とは異なる自らの独自性を自覚していたということでもあろう。理想と現実といった場合、理想を目指しながらも現実にはその通りにならなかったというパターンと、理想とは合わないものはあらかじめ実態に合わせて改変するというパターンがあるが、上閤門から閤門への書き換えは後者のパターンということになる。

以上のように上閤門を取り入れなかったのは、すでに述べたように臣下たちと直接対面することをしなかった天皇の特性によるものと思われる。ではどうして直接対面しないのか。既述の通り直接対面するスタイルを採用した時期もあったが、また対面しないスタイルにもどってしまった。すなわち、何回か両者の間を揺れ動いていたのである。この直接対面しない天皇の特性については、日本の天皇制や王権論とも関わる問題であり、別途検討が必要である。この問題について、ここで論じることはできないが、今後の課題としたい。また、都城制に関しては日中ともに多くの研究があることから、先行研究の見落としや誤りなどもあるのではないかと恐れている。諸賢のご叱正を請いつつ筆を擱きたい。

注

1 関野貞『平城京及大内裏考』(『東京帝国大学紀要』工科第三冊、一九〇七年。同著・太田博太郎編『日本の建築と美術』下〈岩波書店、一九九九年〉所収)、岸俊男『日本古代宮都の研究』(岩波書店、一九八八年)、北村優季『平城京成立史論』(吉川弘文館、二〇一三年)他。

2 平安京については『延喜式』巻四二、左京職京程条に規定されている。

3 「閤」と「閣」は本来意味が異なるが、史料上では混用されている場合が多い。厳密には原文に従うべきであるが、読みにくくなるため本文中では「閤」に統一し、原文を引用したりする場合には「 」内に入れて「閣」のまま表記する。

4 辛徳勇「太極宮東西上閤門位置」(同『隋唐両京叢考』三秦出版社、一九九一年)。

5 辛徳勇輯校「両京新記輯校」(同氏輯校『両京新記輯校 大業雑記輯校』三秦出版社、二〇〇六年)。

6 吉田歓「隋唐長安宮城中枢部の展開」(同『日中宮城の比較研究』吉川弘文館、二〇〇二年。初出は一九九八年)と松本保宣a「唐代常朝制度試論」(同『唐王朝の宮城と御前会議――唐代聴政制度の展開――』晃洋書房、二〇〇六年。初出は二〇〇三年)、b「唐代前半期の常朝――太極宮を中心として――」(『東洋史研究』六五―二、二〇〇六年)の間でとらえ方に違いがある。

7 辛徳勇輯校「大業雑記輯校」(同氏注5輯校本)、中村裕一『大業雑記の研究』(汲古書院、二〇〇五年)。

8 松本氏注6論文a・b。

9 律令研究会編『譯註日本律令二 律令本文篇』上巻(東京堂出版、一九七五年)。

10 ただし、日本の場合、「太極等門」の「等」として具体的にいずれの門を指すかは検討が必要である。

11 後に大宝律との関係は述べるが、以下の検討では養老律について見ていく。

12 本史料の解釈に当たっては馬場基氏のご教示を得た。

13 大極殿院の後に御在院、つまり内裏があるという注釈がいずれの宮を念頭に置いているのかは、近年指摘されている長岡宮の西宮の位置を考える上で注目される。

14 注9書。

15 「遞加」の校訂は注9書の衛禁律三、闌入踰閾為限条の日本律の復元案に従った。

16 岸俊男「都城と律令国家」(注1著書。初出は一九七五年)。

17　注9書の衛禁律三、闌入踰閾為限条（大宝律）d。利光三津夫『律の研究』第2章大宝律考（明治書院、一九六一年）の復元考証も参照。
18　松本氏注6a論文、「唐代の閤門の様相について――唐代宮城における情報伝達の一齣　その二――」（『立命館文学』六〇八、二〇〇八年）。
19　岸俊男「朝堂の初歩的考察」（注1著書。初出は一九七五年）以降、近年の志村佳名子「日本古代の朝参制度と政務形態」（同『日本古代の王宮構造と政務・儀礼』塙書房、二〇一五年。初出は二〇一三年）などがある。
20　岸俊男注19論文。
21　吉川真司「律令国家と女官」（同『律令官僚制の研究』塙書房、一九九八年。初出は一九九〇年）は内裏内が女性だけの空間であった様子を明らかにしている。
22　岸俊男注16論文、直木孝次郎「大極殿の門」（同『飛鳥奈良時代の研究』塙書房、一九七五年。初出は一九六七年）。
23　直木孝次郎「大極殿の起源についての一考察――前期難波宮をめぐって――」（直木注22著書。初出は一九七三年）、石川千恵子「古代『大殿祭』考」（同『律令国家と古代宮都の形成』勉誠出版、二〇一〇年。初出は一九九〇年）。
24　『日本書紀』白雉元年（六五〇）二月甲申条。
25　直木孝次郎「孝徳朝の難波宮」（同『難波宮と難波津の研究』吉川弘文館、一九九四年。初出は一九七七年）。浅野充「古代天皇制国家の成立と宮都の門」（同『日本古代の国家形成と都市』校倉書房、二〇〇七年。初出は一九九〇年）。
26　『日本書紀』天武一二年（六八三）正月乙未条、朱鳥元年（六八六）正月癸卯条。
27　狩野久「律令国家と都市」（同『日本古代の国家と都城』東京大学出版会、一九九〇年。初出は一九七五年）。
28　吉田歓「天皇聴政と大極殿」（吉田注6著書。初出は一九九九年）。
29　狩野氏注27論文。
30　浅野氏注25論文。
31　郭湖生「魏晋南北朝至隋唐宮室制度沿革兼論日本平城京的宮室制度」（山田慶兒・田中淡編『中国古代科学史論〈続篇〉』京都大学人文学研究所、一九九一年）。
32　『景定建康志』巻二一、城闕志二、古宮殿。顧炎武『日知録』巻二四、閤下もこの理解を継承している。

33　村元健一「北朝鄴城の復原研究」（同『漢魏晋南北朝時代の都城と陵墓の研究』汲古書院、二〇一六年。初出は二〇〇七年）。

34　昭陽殿の東閤・西閤と太極殿の東西上閤門の機能的な差異については、具体的にはよくわからない。また、小林聡「晋南朝における宮城の構造と政治空間」（森田武教授退官記念会編『近世・近代日本社会の展開と社会諸科学の現在』新泉社、二〇〇七年）は、省閤・斎閤の存在を明らかにされている。松本氏注6a論文も唐代に複数の閤門が存在し、それらと区別するために太極殿の閤門に「上」を付けていたと指摘されている。これらの関係については今後の課題としたい。

35　吉田歓「東アジアにおける都市造営と平泉の比較研究」（同『日中古代都城と中世都市平泉』汲古書院、二〇一四年。初出は二〇一一年）。

軍防令と軍事制度

――差兵条をめぐって――

吉永　匡史

国家による軍事力の統制は、いくつかの手法・形態を想定しうる。例えば、①軍事組織の新規編成、②既存の軍事組織の解体・再編成、③武器・防具保有の制限、④軍兵の保有・動員数の制限、などを挙げることができる。このうち、特に③と④は密接に連動し、③は種類と数量によってさらに細分化することも可能であろう。

右の①～④を念頭におきつつ、これまで筆者は平時の軍事体制に力点をおいて検討を行ってきた。[注1] なかでも④は〝法による兵士の保有・動員の制限〟と言い換えられるが、中央・地方を問わず、国家（為政者）による軍事力統制を論じるにあたり重要な問題である。しかし従前の検討では、④の根幹となる軍防令差兵条についての私見を公にしないままであった。

そこで本稿では、軍防令差兵条の検討を通じて、この課題に取り組みたい。本条については、日本思想大系『律令』において、当該条の注釈・解説を担当した笹山晴生氏によって基本的な解釈と位置づけが為されているほか、松本政春氏による専論がある。[注2] 両氏の研究に導かれつつ、特に日本律令の母法である唐律令との比較検討を主軸に据えて、考察を進めていきたい。

一　奈良時代における軍防令差兵条の運用と有効性

兵士差発の手続きについて、養老軍防令17差兵条は次のように規定する。[注3]

凡差二兵廿人以上一者、須二契勅一、始合二差発一。

本条から、「廿人以上」の「兵」を差発するにあたっては「契勅」が必要であったことが知られる。契は、律令諸条文に「契」「関契」「契勅」「鈴契」などとみえ、[注4]かつて勝浦令子氏が明らかにしたように、唐制を継受・改変した割符の制度である。[注5]契を適切に取り扱わなかった場合は、養老擅興律不給契条の規定に従い、徒一年以下の刑が科された。[注6]

凡応レ給レ契而不レ給、応レ下レ契而不レ下、若下レ契違レ式、及不下以二契合一従上レ事、或契不レ合、不二速以聞一、各徒一年。随身符、各減二二等一。其駅鈴違レ限不レ納者、笞四十。伝符減二二等一。

右の養老律逸文は、次の唐擅興律3不給発兵条を継受したものである。

諸応レ給二発兵符一而不レ給、応レ下二発兵符一而不レ下、若下レ符違レ式、〈謂下違二令式一、不レ得二承用一者上〉及

不㆘以㆓符合㆒従㆖㆑事、或符不㆑合、不㆓速以聞㆒、各徒二年。其違㆑限不㆓即還㆑符者、徒一年。餘符、各減㆓二等㆒。〈凡言㆓餘符㆒者、契亦同。即契応㆑発㆑兵者、同㆓発兵符法㆒〉

唐擅興律3条疏文は唐公式令（『唐令拾遺』では第二二条として復旧される）を引用して、この「発兵符」が銅魚符（挿図1）であることを注釈する。[注7]唐律の「発兵符」（銅魚符）を、日本では「契」に改変したことがわかるのである。

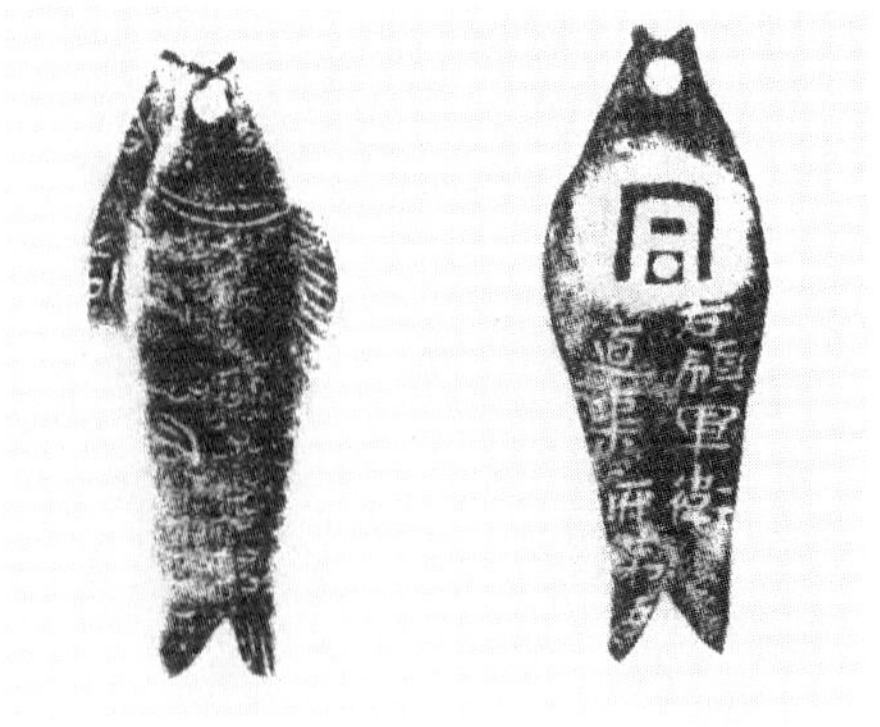

挿図1　唐道渠府魚符

さて、『令義解』は差兵条の「契勅」について「有㆑関国須㆑契。餘国待㆓勅符㆒」と注釈し、「契」による確認を行ったのは三関国のみであり、[注8]他国については勅符を待つと公定解釈を示している。ただ問題となるのは、九世紀に成立した『令義解』のこの解釈が、どの段階まで遡るのか、そしてそもそも令意を反映している解釈なのか、という点である。

三関国の国司に対する契の支給は、養老公式令43諸国給鈴条に「（前略）其三関国、各給㆓関契二枚㆒。（後略）」と定められている。この「関契」について『令集解』同条所引古記が「問、三関国各給㆓契二枚㆒。未㆑知、契状。答、木契也。（下略）」と注釈することから、大宝令にも三関国の国司に契を給う規定が存在したことがわかる。[注9]また同条所引穴記には「三関国、謂古令云三国関与㆑今无㆑別也。依㆑文除㆓三関々々国《（ママ）》㆒之外、不㆑合㆑有㆑契也」とあり、三関以外の関を有する国司は契を保有しないものと解釈する。北條秀樹氏の検討によると、この記載型式は原穴記と判断され、延暦年間半ばの注釈と判断できる。[注10]よって『令義解』の解釈自体は、八世紀、さらには大宝令制下まで遡る可能性がある。

しかし、勝浦氏が既に指摘するように[注11]、これが令意を反映しているかについては疑問がある。先に引用した穴記には、引き続いて次のようにある（傍線は筆者。以下同じ）。

新令問答軍防令云、諸国々別有レ契者、不レ依二令条一、別生レ文也。

私見では、『新令問答』の軍防令についての注釈が、諸国にそれぞれ発兵用の契が備えられていたとする点を重視したい。『新令問答』は、天平宝字元年（七五七）の新令講書の際に作成された、個人の問答私記であると考えられる[注12]。穴記は『新令問答』の注釈が公式令43条を踏まえていないとして批判するが、これは〝契＝関契〟を前提にした理解であり、律令条文に複数の契がみえる以上、穴記の批判はさして有効性をもたない。『新令問答』では、軍防令差兵条の「契勅」の契を、関契とは別個のものとしてとらえている点が特徴的なのである。

そこで注目したいのは、天徳四年（九六〇）の平安宮内裏焼亡の際に、温明殿に安置されたまま焼損した大刀契である[注13]。温明殿の焼け跡からは、鏡二面・大刀四口のほか、総計七四枚の「金銀銅魚符契」が拾い挙げられた。『小右記』寛弘二年（一〇〇五）十一月十七日条に引用された『村上天皇御記』には、次のようにある。

村上御記云、天徳四季九月廿四〔三〕日焼亡云々。廿四日、重光朝臣申云、罷二到温明殿一、所二求見一、瓦上在二鏡一面一（細字双行注省略）。又求二得大刀双等一云々。又以所二求得一大銅魚形二隻〈女官等或偁、是亦神也。然而未レ知二真偽一〉、大刀四柄〈室握並焼失。只遺二種々小調度一〉、金銀銅魚符契合卌九隻〈或銘発兵解兵符其

国。或銘（ママ）其官。契皆作二魚形一、相合如二木契之趣一。又有二片ゝ不レ合者一。又有二鍾占〔古カ〕合不レ離者一。此焼損之所レ致〉云ゝ。廿五日、清遠・伊陟等令レ申、又求得焼鏡一面、銅魚契卅余枚、合レ前惣七十四枚、雑釼卌柄〈之中可レ有二節刀一。又加二金銀銅等小調度一〉云ゝ。

拾得の報告を村上天皇に行った大江重光は、魚形の金属製品を木契のような割符と見た上で、「魚符契」（魚符契）であると認識している。これに、「発兵解兵符其国」や「（ママ）其官」（脱字が想定される）などと刻銘されていたのである。あわせて、出征将軍に仮授される節刀とみられる刀剣が拾得されたことにも留意したい。

ほかにも『日本紀略』天徳四年十月三日己巳条には、「（前略）太刀卌八柄之中、四柄自二清涼殿一求二出之一、卌四柄自二温明殿一求二出之一。其中有二節刀契七十四枚一。皆魚形也。自二背中一別レ両。各有レ銘。併全不レ損、長各二寸餘許。八枚金、十四枚銀、五十枚銀塗物。（後略）」とみえる。魚符は金・銀・銅（銀塗物）製の長さ二寸ほどであり、魚の背から二つに割れることは、挿図1に掲げた唐代の銅魚符と同様であった。『日本紀略』では「節刀契」と表記しており、出征将軍との関係を意識してとらえているようである。注14

このように、温明殿に安置されていた契の具体像がうかがえるのであるが、銘文に関する情報は断片的であり、銘文の「発兵解兵符其国」が果たして一つの魚符に記されたものであるのかなど、不明瞭な点が多い。仮に上記の銘文が一つの魚符に記されていたとすると、「発兵・解兵を其国に符す」と読み下せ、諸国における発兵・解兵を許可する割符であると理解できる。この場合、発兵・解兵はともに国司だけでなく、出征将軍も行使し得た可能性のある権限である点に注意する必要がある。注15

勝浦氏は、総計七四枚の「魚符契」を、七世紀後半に唐制をそのまま取り入れて使用されていた銅魚符であるとし、壬申の乱終結後に大海人皇子によって各国の銅魚符は回収され、宮中に安置されて神宝化されたとみる。[注16]一つの仮説であると思うが、史料の制約もあり、七世紀後半だけに限定してとらえるのは不安が残る。金・銀・銅（銀塗物）の三種に素材を分けることは、魚符の等級（すなわち委譲された発兵権の強弱）を示すものと推測され、例えば出征将軍と国司のような、発兵主体の差異を想定できる。また割符によって兵卒の動員を管理することは、この方式に違反した者を罰することと表裏一体である。八世紀以降の律令制下においては、天皇の許可無く「廿人以上」の「兵」を差発した場合、養老擅興律擅発兵条に、

凡擅発㆑兵、廿人以上、杖一百。五十人、徒一年。五十人、加㆓一等㆒。（下略）

とある規定によって罰せられた。また契の適切な取扱いは、前掲の擅興律応給契条に定めている。しかし七世紀には律は施行されず、単行法で対応したとみられることからすれば、[注17]発兵システムの構築という点から、七世紀後半に限定することはやや躊躇される。私見でも断案は無いが、「魚符契」が宮中に節刀などとともに安置され、宝器としての大刀契を形成していたことをふまえると、『新令問答』の説を一蹴して否定することはできないと考える。よって、令意としては、発兵に使用される割符である契が、関契とは別に設定されていたとみておきたい。

一方、「契勅」の「勅」については、『令義解』職員令24兵部省条に、兵部省が差発すべき国・人数を「勘録」して太政官に申上し、太政官がこれを奏聞して天皇の許可を請い、勅符の作成を行うとある。兵部省は全国の軍団の兵士数を把握したことからすれば、上記『令義解』が示す手続きは妥当であるとみられる。犯罪者の追捕に際しての発兵手続きは、旧稿で既に明らかにした通りである。[注18]

こうした差兵条を基本とした発兵システムが官人に強く意識されていたことは、養老律令施行後に勃発した恵美押勝の乱に顕著に示されている。『続日本紀』天平宝字八年（七六四）九月壬子条には、次のようにある。

（前略）、時道鏡、常侍二禁掖一、甚被二寵愛一。押勝患レ之、懐不二自安一。乃諷二高野天皇一、為二都督使一、掌レ兵自衛。准二拠諸国試兵之法一、管内兵士毎レ国廿人、五日為レ番、集二都督衙一、簡二閲武藝一。奏聞畢後、私益二其数一、用二太政官印一而行下之。大外記高岡比良麻呂、懼二禍及レ己、密奏二其事一。及レ収二中宮院鈴・印一、遂起レ兵反。（後略）

恵美押勝は都督使（都督四畿内三関近江丹波播磨等国兵事使）に任じられて防備を固めていたが[注19]、「諸国試兵之法」に準拠して国ごとに二〇人の兵士を都督衙に集めて武藝訓練を行うことを孝謙太上天皇に要請し、認可された。しかし勅許の後、勝手に動員人数を増やした官文書を作成し、太政官印を捺して対象諸国に下したため、禍が己に及ぶことを恐れた大外記高岡比良麻呂が密告したのである。大外記はその職掌に「勘二詔奏一、及読二申公文一、勘二署文案一、検二出稽失一」（養老職員令2太政官条）とあり[注20]、高岡比良麻呂はその職務上、押勝の不正を真っ先に知ることとなった。禍が自らに及ぶと判断した根拠としては、既に山田英雄・梅村恵子・松本政春各氏によって、前引の擅興律擅発兵条および軍防令差兵条が指摘されている[注21]。しかしそれ以前の問題として、官文書の数値を恣意的に増して偽ったことの罪が、養老詐欺律詐為官文書条などに基づいて問われるはずである[注22]。これに加え、偽った内容が先の二条に抵触することから、高岡比良麻呂は自らが関わった事態の危険性を重くみて、押勝の所為を密告したのであろう。この経緯からは、当時権勢を極めた押勝でさえ、太政官印を不正利用せねば、差兵条と擅発兵条の法的規制力を超越できなかったといえるのである。

さらに、差兵条が定める動員制限は、橘奈良麻呂の変勃発直前の天平勝宝九載（七五七）に出された、「勅五条」にも見出すことができる。[注23]

制二勅五条一、諸氏長等、或不レ預二公事一、恣集二己族一。自レ今以後、不レ得二更然一。〈其一〉王臣馬数、依レ格有レ限。過レ此以外、不レ得レ蓄レ馬。〈其二〉依レ令、随身之兵、各有二儲法一。過レ此以外、亦不レ得レ蓄。〈其三〉除二武官一以外、不レ得二京裏持レ兵、前已禁断。然猶不レ止。宜下告二所司一固加中禁断上。〈其四〉京裏廿騎已上、不レ得二集行一。〈其五〉宜下告二所司一厳加中禁断上。若有二犯者一、科二違勅罪一。

第五条で京師における二〇騎以上の群行を禁じており、「廿」という数の一致から、差兵条の動員制限を前提としていることが知られる。本事例から、差兵条の「兵」には、武装した貴族やその従者も含むものと考えられよう。

この「勅五条」のうち、第一・四・五条は次のように『類聚三代格』巻十九に収載され、あわせて『弘仁格抄』の弾正台の項にみえることから、弘仁弾正格に採られたことが確認できる。

勅

一、諸氏長等或不レ預二公事一恣集二己族一。自今以後不レ得二更然一。

一、除二武官一以外不レ得二京裏持レ兵。　勅旨前已施行。然猶不レ止。宜下告二所司一固加中禁断上。

一、京裏廿騎以上、不レ得二集行一。

右三条事、宜下告二所司一厳加中禁断上。若有レ犯者科二違　勅罪一。主者施行。

天平勝宝九年六月九日

ここに現れない第二・三条は、それぞれ延喜弾正台式143王臣馬数条に「凡王臣馬数、依レ格有レ限。過レ此以外、不レ聴レ蓄レ馬」、同式144随身兵条に「凡随身之兵、各有二儲法一。過レ此以外、不レ聴二貯蓄一」とみえる。よって全五条のうち、格や令の規定を遵守することを命じた第二・三条については、[注24]一段下げて式として位置付けられたものと考えられる。第一・四・五条が弘仁格であることから、延喜弾正台式の二つの条文も、弘仁式まで遡る可能性が高いと判断されよう。[注25]

恒常的規定として格に採用されるには、制定の契機は臨時的なものであっても、令の原則と共通性をもつことが求められる。ここでは、政治的緊張下にあっても、禁制の数量基準は差兵条と同じ「廿」であって、新たな制限を加えていない点を重視したい。これはすなわち、律令体制下の軍事動員については、差兵条および擅発兵条の規定が大原則であったことを明示することに他ならないと言えよう。

以上、本章では奈良時代において差兵条が軍事動員の基準となったことを確認した。それでは、立法意図は何処に求められるのだろうか。

二　差兵条の立法意図――日唐律令の比較検討を通じて――

本条の立法意図を考えるにあたって、はじめに前提となる三つの基本的事項を確認しておきたい。まず、

「兵」の内実である。かつて筆者は、養老捕亡令3追捕罪人条の「人兵」を検討した際に、追捕罪人条の「兵」は「武装した人員を指す一般的称呼」であると結論した。[注26] この理解が差兵条にも適用できるのかであるが、前章の「勅五条」の第五条の検討において、武装した貴族やその従者がこれに含まれることを指摘した。周知のように軍防令は『令集解』該当巻が散逸しており、明法家の解釈をうかがい知れないものの、差兵条の「兵」も、身分を問わず武装した人員を指す一般的称呼であるとみて問題ないと考える。

次に、「廿人以上」が具体的に二〇人を含むのか否かである。青木和夫氏によれば、日本・中国を問わず古代の文献には、「以上」の〝以（已）〟がその時点を含む場合と含まない場合との区別無く使用されているとされる。[注27] ゆえに本条も個別に考えねばならないが、前引の天平宝字八年九月壬子条では、「諸国試兵之法」に倣って兵士二〇人の武藝を簡試したとあるので、二〇人は許容範囲であると考える。よって本条は、二一人以上の「兵」を差発する際の規定と理解する。

最後に、大宝令の状態である。『令集解』の軍防令が散逸しており古記からの復原が出来ず、また条文の存在や内容を直接示す史料を見出せないため、復原は困難である。しかし松本政春氏は、養老五年（七二一）の蓄馬制限政策における最大限度数が「依二官品之次一、定二畜レ馬之限一。親王及大臣不レ得レ過二廿疋一」とあり二〇疋であったことや、[注28] 国司の日別の兵士射藝訓練数を二〇人と規定する延喜兵部省式60大宰府射田条が天平宝字八年九月壬子条の「諸国試兵之法」を下敷きにしていると判断し、大宝令にも同様の規定があったと推測する。[注29] 既に別稿で明らかにしたように、毎郡一町の割合で諸国に置かれた射田は大宝令制下に遡るのであり、[注30] 国司による軍団兵士の射藝訓練が、何の規制もなく行われたとは考えにくい。[注31] よって、本稿でも直接的な根拠を明示できないのであるが、松本氏と同じく大宝軍防令にも同内容の条文が存在したという前提で、検討を進めることとしたい。

右の基本的認識を前提として、対応する唐軍防令条文との比較検討を行う。『唐令拾遺』『唐令拾遺補』では、『故唐律疏議』擅興律1擅発兵条の疏文を根拠に、開元二十五年令として次のように復原する（復旧第一〇条）。

諸差二兵十人以上一、並須二銅魚勅書一勘同、始合二差発一。若急須レ兵処、准レ程不レ得二奏聞一者、聴二便差発一。即須二言上一。

一〇人以上の兵を差発するには、銅魚符と勅書を必要とする。しかし急を要する事態において、京師から遠隔に過ぎ、奏聞に長時間を要して時宜を逸する場合は、皇帝の許可を待たずに差発することが可能であった。唐の銅魚符は、『唐六典』巻八門下省符寶郎に、

凡国有二大事一則出二納符節一。辨二其左右之異一、蔵二其左一而班二其右一、以レ合二中外之契一焉。一曰銅魚符。所以起二軍旅一、易二守長一。〈両京留守、若諸州・諸軍・折衝府・諸処捉兵鎮守之所及宮総監、皆給二銅魚符一〉…（中略）…、魚符之制、王畿之内、左三右一。王畿之外、左五右一。〈左者在レ内、右者在レ外。行用之日、従二第一一為レ首。後事須レ用、以レ次発レ之。周而復始〉大事兼二勅書一、〈替二代留守軍将一及軍発後更添二兵馬一、新授二都督・刺史一及改二替追喚別使一、若禁推、請二仮勅許一及別勅解任者、皆須レ得二勅書一〉小事但降レ符函封、遣レ使合而行レ之。〈応下用二魚符一行上者、尚書省録レ勅牒、門下省奏請。仍預遣二官典一就二門下一対封、封内連二写勅書一、与二左魚一同レ函封、上用二門下省印一。若追二右符一、函盛二封印一亦准レ此〉（下略）

とあり、畿内と畿外とで左魚の数が異なるものの、左魚は門下省符寳郎が集中管掌し、右魚は留守官をはじめとした有事の際に軍隊指揮官となり得る官庁の長官が保持した。銅魚符の合符は、差兵のみならず、上記の官人が交替する際などにも行われた。[注32] 勅書の有無は事案の大小によったものの、唐軍防令差兵条の規定から、差兵にあたっては左符だけでなく必ず勅書も下されたことがわかる。

　復旧第一〇条は開元二十五年令として復原されているが、大宝令が藍本とした永徽令ではどのような規定だったのだろうか。内容を直接に示す史料を見出せないため、字句を復原することは困難を極める。とは言え、軍防令差兵条と表裏一体の関係にある擅興律擅発兵条は、擅興律の首条かつ基本条文であることから、永徽擅興律にも当然存在したはずである。そのため、永徽軍防令にも差兵条は規定されていたとみるのが穏当であろう。[注33] 不安は残るが、永徽令と開元二十五年令に大きな差異は無いとの前提で論を進めたい。

　さて、日唐の差兵条を比較すると、いくつかの重要な相違点に気付く。それは、①唐令の基準「十人以上」を日本令では「廿人以上」に変更した点、②唐令の「魚符」を日本では「契」に変更した点、③唐令の緊急時における即時発兵の許可文言を日本令では削除した点、以上の三点である。②は符節および「契」についての総合的な検討を行う必要があるため、紙数の都合上、機会を改めて論じることとし、今回は①と③について考察を行う。

　まず①であるが、『故唐律疏議』擅興律1擅発兵条に、

　　諸擅発レ兵、十人以上、徒一年。百人、徒一年半。百人、加二一等一。千人絞。（下略）

とあり、唐の「十人以上」という制限の基準は、律・令ともに一致する。また同条疏文には「其擅発二九人以下一、律令無レ文。当二不応為従レ重一」とみえ、擅に発兵した人数が九人以下の場合は本律が適用されないものの、事由を勘案して雑律62不応得為条に基づき罰せられた。[注34] なおここから、唐制では「十人以上」に一〇人を含み、実際には一〇人未満を指すことがわかる。

この「十人」という人数は、復旧唐軍防令第三条（『唐令拾遺』）に、

諸衛士十人為レ火、火有二六駄馬一。〈若無レ馬郷、任備二驢騾及牛一〉

とある。[注35] 軍府の最小基本単位である「火」の人数と同じである。よって唐では、軍事単位を形成し得るか否かを基準にしていたと考えられる。それでは、なぜ日本令では倍の「廿人以上」に改変したのか。松本氏は「廿」の持つ意味について詳細な検討を行ったが、日本の軍事組織も唐と同様に〝十人＝「火」〟であり、軍事組織という観点からは、日唐間の相違を見出せなかった。そこで氏は相違点③も併せて考察を進め、改変の原因として、〔a〕唐令の「十」を前提として、臨時発兵規定を削除したことの代替措置として倍加した、〔b〕唐の兵士は高性能の武装を帯びていることから、その一〇人の軍事力に相当する日本の兵士数を二〇人と判断した、という二つの可能性を提示している。[注36]

日本においても「火」の構成人数は一〇人であり（養老軍防令5兵士為火条）、亀田隆之氏が大宝律令施行以前からの固有編成であるとした天平六年度出雲国計会帳の「五十長」・「百長」・「二百長」も、五および十を基準とした倍数であって、「廿」を基準としたものではない。[注37] そのため松本氏が指摘するように、軍事組織からの検

討は厳しく、視点を変える必要があろう。日本固有の組織に二〇人を基準としたものを見出せない以上、唐の一〇人を倍加したものと考えざるを得ないからである。松本氏が提示した可能性のうち、特に〔a〕は説得力があると考える。ただ、唐制は軍事単位を形成し得るか否かを基準として「十人以上」を規定したことからすれば、その唐制の原理と代替しうる他の原理が必要になるだろう。そこで、別の角度から新たな可能性を提示したい。

『故唐律疏議』賊盗律4謀叛条は、謀叛発覚後の科刑について、次のように規定する。

> 諸謀叛者絞。已上道者、皆斬。〈謂二協同謀計乃坐一。被二駆率一者非。餘条被二駆率一者準レ此〉妻子流二千里。若率二部衆一百人以上、父母妻子流三千里。所レ率雖レ不レ満二百人一、以故為レ害者、以二百人以上一論。〈害、謂下有レ所二攻撃虜掠一者上〉（下略）

連座する父母妻子に科される流刑の等級は、首謀者が一〇〇人以上の衆徒を率いて謀叛を図ったかどうかが判断の基準となる。つまり、発覚時の謀叛の規模によって、親族に対する罪刑が決定されるのである。これに対して日本律は、次のようにある（養老賊盗律謀叛条）。

> 凡謀叛者絞。已上道者、皆斬。〈謂二協同謀計乃坐一。被二駆率一者非。餘条被二駆率一者準レ此〉子中流。若率二部衆一十人以上、父子配二遠流一。所レ率雖レ不レ満二十人一、以故為レ害者、以二十人以上一論。〈害、謂下有レ所二攻撃虜掠一者上〉（下略）

ここで、唐律で「百人以上」とあったのを日本律では十分の一である「十人」に改変している点に注目したい。日唐の律文を通覧すると、日本律は唐律の規定を増減するにあたっては倍加・半減が多く、十分の一に設定しているのは稀である。唐律の三千里は日本律の遠流に相当するから、ここでは唐律より日本律がはるかに厳しい基準となっている。[注38]

そもそも「謀叛」とは、『故唐律疏議』名例律6謀叛条に「謂、謀二背レ国従レ偽一」とあるように、正統な現王朝から離脱し、異国もしくは偽政権の側に寝返ることをいう。注意しなければならないのは、唐の十悪を構成する「謀反」と「謀叛」は、それぞれ内実を異にするという点である。[注39]「謀反」は皇帝を直接殺害しようとするなど、「朝廷に面を向けての攻撃」であり、「謀叛」は「朝廷に背を向けての離脱」であると位置づけられる。[注40]ただ、『故唐律疏議』賊盗律4謀叛条の疏文には「其攻二撃城隍一、因即拒守、自依二反法一」とあり、「謀叛」の過程で城を攻撃して籠城し、追討軍に抵抗するような行為を行った場合は、「謀反」と同一視された。以上は唐の十悪の「謀叛」についての理解であるが、日本の八虐の「謀叛」も、先に引用した律文・疏文の対応箇所は同文であり、同様に理解して差し支えない。[注41]

「部衆」人数の基準の減額は、日本と唐の氏族（宗族）構成人数という要素は排除できないものの、律条には「部衆」とあって親族に限定するものではないから、血縁集団の規模をことさら重視する必要はない。本律条が謀叛についての科刑規定であることを考慮すると、むしろ別の解釈が可能であろう。すなわち、謀反・謀叛に関する律規定は、現政権への反逆・離反に対処する法であることから、このような行為に対する為政者の厳格な姿勢を示すものに他ならないと考えられる。白村江の敗戦以後の国際的危機意識を前提としつつ、壬申の乱という皇位継承の内乱を経て成立した天武系皇統からすれば、謀反は論じるまでもなく、蕃国への亡命や偽政権への荷担という謀叛行為も許されざる行為である。[注42] このような認識に基づき賊盗律謀叛条で「部衆」の判断基準を「十人」に設定したところ、規模が拡大しないうちに迅速かつ確実に謀叛人一党を捕縛するには、唐令の一〇人未満という規定のままでは不充分の恐れがあり、倍の人数が必要であると大宝律令選定者が判断したのではないだろうか。一つの試案として提示したい。

このように相違点①を考えてみると、③についても自ずと一つの解答を与えられる。日本思想大系『律令』の笹山晴生氏による軍防令補注17では、日唐令間の相違は国土の広狭の差に由来するとみる。しかし、唐軍防令差兵条（復旧第一〇条）の臨時発兵規定は、他篇目の規定と連関している点に注意される。例えば、罪人の追捕手続きを規定する復原唐捕亡令3追捕罪人条には、

諸追二捕罪人一、合レ発人兵者、皆随レ事斟酌。用二多少一堪レ済。其当界有二軍府一、即与相知、随即討捕。若力不レ能レ制者、即告二比州比県一。得レ告之処、審知二是実一、先須二発レ兵、相知除剪一。仍馳駅申奏。若其遅緩逗留、不レ赴二警急一、致レ使三賊得二鈔掠一、及追討不レ獲者、当処録レ状奏聞。其得レ賊不レ得レ賊、州・県・軍府皆附レ考。

とあり、[注43] 事件が発生した州単独で追捕できない場合、近隣の州県に援助を要請し、発兵して共に追捕することを規定する。その際に馳駅申奏することもあわせて義務づけているが、この発兵行為は、当該州の位置によっては差兵条の臨時発兵規定と密接に関連してこよう。これは、条文の構造を同じくする養老捕亡令3追捕罪人条でも同様である。

凡追二捕罪人一、所レ発人兵、皆随レ事斟酌。使二多少堪一レ済。其当界有二軍団一、即与相知、随即討撲。若力不レ能レ制者、即告二比国比郡一。得レ告之処、審知二事実一、先須二発レ兵、相知除翦一。仍馳駅申奏。若其遅緩逗留、不レ赴二機急一、致レ使三賊得二逃亡一、及追討不レ獲者、当処録レ状奏聞。其得レ賊不レ得レ賊、国郡軍団、皆附レ考。

日本令で臨時発兵規定を削除してしまうと、京師からの距離に応じて、危急の救援要請を受けた国司の即時発兵を正当化する根拠となる令条が無くなり、本条のように追捕活動に限定されることになる。大宝律令選定者は、このような制約が生じるにもかかわらず、臨時発兵規定を削除したのである。

それでは、なぜ削除したのか。臨時発兵規定は、発兵の判断を官人に委ねる状況が発生するため、為政者にとってはクーデターを誘発しかねない諸刃の剣である。私見では、日本の為政者はこのような権限を、軍事力を規定する軍防令の条文内に明記することを忌避したのではないかと考える。日本律令は、軍事力にかんする唐律令の規定を削除する傾向にあり、[注44]また五衛府の長官を唐の左右十二衛のように将軍号を帯びさせることなく「督」と表記し、[注45]将軍は出征将軍に限定するなど、兵権の所在に神経を尖らせている印象を受ける。こうしたあり方は、壬申の乱の経験をふまえ、複数の軍事動員権を律令法規上に明記することを極力避け、これを保有する官人を極力限定しようとしたことの表れではないか、と位置づけられるのである。

軍防令差兵条は、七世紀後半における列島内外の要因を背景として、現政権の支配体制の保持を最優先課題に設定し、唐令を改変して立条されたのである。

むすび

本稿では国家の軍事力統制規定の一つである軍防令差兵条について、日唐律令の比較検討を通じてその立法意図を探った。発兵の際に下される「契勅」について、令意としては関契とは別個に各国に割符である契が配備され、発兵の際には天皇から勘合のための契と勅が下されたのであり、『令義解』や穴記の所説は後に変化した形であるとみた。そして奈良時代において、差兵条は軍事動員の厳格な基準となっていたことを確認した。

以上をふまえて日唐の差兵条を比較したところ、①基準となる発兵数、②割符の内実、③臨時発兵規定の有無、という相違点を指摘した。このうち①と③について今回は検討を行い、賊盗律謀叛条との関係でとらえる視角を提示した。科刑の基準となる、謀叛人が率いた部衆の数に着目し、日本律が大幅に厳しくしていることを、現政権への反逆・離反に対する厳しい姿勢の表れであると考えたのである。これは七世紀後半における国際的要因と列島内要因を背景としており、謀叛人一党の迅速かつ確実な捕縛を期して、唐軍防令差兵条の一〇人という数を倍加したのではないかと推測した。また③についても、兵権の所在を律令法規上に明記することに神経を尖らせた結果ではないか、と試案を示した。

今回は①と③の考察にとどまり、②に指摘した割符の総合的検討は割愛せざるを得なかった。考証できなかった他の問題とあわせて、機会を改めて論じることとし、ひとまず擱筆したい。

注

1 拙稿「古代国家の軍事組織とその変質」（大津透ほか編『岩波講座日本歴史 第4巻 古代4』岩波書店、二〇一五年）、拙著『律令国家の軍事構造』（同成社、二〇一六年）。

2 井上光貞ほか編『日本思想大系3 律令』（岩波書店、一九七六年）、松本政春「軍防令差兵条に関する二、三の考察」（『律令兵制史の研究』清文堂出版、二〇〇二年。初発表一九八五年）。

3 史料の引用にあたり、細字注は山括弧で表記する。各史料の出典は、下記の通りである。養老令およびその条文番号は『日本思想大系3 律令』、唐令は仁井田陞『唐令拾遺』（東京大学出版会、一九六四年。初版は東方文化學院、一九三三年）および池田温編集代表『唐令拾遺補』（東京大学出版会、一九九七年）、日唐律は律令研究会編『譯註日本律令』律本文篇（東京堂出版、一九七五年）、延喜式は、虎尾俊哉編『訳注日本史料 延喜式 下』（集英社、二〇一七年）、『続日本紀』は新日本古典文学大系（岩波書店）、『小右記』は大日本古記録（岩波書店）、その他は基本的に新訂増補国史大系（吉川弘文館）に拠る。中国史の諸史料については、特に断らない限り中華書局標点本を使用する。

4 列記順に、養老擅興律不給契条・養老公式令43諸国給鈴条・養老軍防令17差兵条・養老公式令44車駕巡行条に確認される。

5 勝浦令子「日本古代の割符「契」について」（『史学論叢』一〇号、一九八二年）。

6 『令集解』公式令45給随身符条所引穴記私案に逸文が確認できる。なお穴記私案は「廐庫律云」として引くが、佐藤進一氏が考察するように、これは擅興律の誤りであると判断する。佐藤進一「律逸拾遺」（『史学雑誌』五八編四号、一九四九年）、六〇～六一頁参照。

7 唐代の銅魚符の実例は、羅振玉編『歴代符牌図録』（中国書店、一九九八年。序は一九一四年）の三九～四七頁にまとめられている。挿図1は『歴代符牌図録』四七頁収録の「唐道渠府魚符　左」である。魚符左片の内側に「右領軍衛道渠府第五」とある。唐代の符制については、布目潮渢「唐代符制考――唐律研究（二）――」（『立命館文学』二〇七号、一九六二年）、井口大介「虎符の変遷と唐代の符節制度について」（『城西人文研究』三号、一九七五年）、姚晶晶「『諸道勘文　神鏡』所引『唐暦』新出逸文の紹介と検討――唐代の銅魚符制度を中心に――」（『関西大学東西学術研究所紀要』五〇号、二〇一七年）を参照。

8 律令関制度の概要は、前注1拙著の第六章「律令制下における関剗の機能」（初発表二〇一二年）を参照。

9 ただ大宝令の字句については、養老令のように「関契」とあったのか、「契」とのみあったのか断定しかねる。『令集解』後宮職員令5蔵司条の「関契」に附された古記には、「関契、官員令大国条注云、三関国、又掌二関剗木契事一。知二以レ木作一レ之。但如二随身符一。左右在耳。不レ合レ欲レ知二子細一也」とある。ここから、大宝令の蔵司条には「関契」とあったことが知られるが、三関国司が契を保有することを規定する大宝官員令大国条の注には「木契」とあり、養老令のように「関契」（養老職員令70大国条注「三関国、又掌二関剗及関契事一」）ではなかった。つまり大宝令では、同一の契を「関契」と「木契」の二様で表記していたことになる。

本文で引用した古記の問答からすれば、少なくとも「木契」ではなかったと考えるのが穏当である。勝浦氏は「契」と復原するが、現時点では判断を留保しておきたい。勝浦氏前注5論文の三三～三四頁を参照。

10 北條秀樹「令集解「穴記」の成立」（『日本古代国家の地方支配』吉川弘文館、二〇〇〇年。初発表一九七八年）参照。

11 勝浦氏前注5論文、三六～三八頁。

12 早川庄八「新令私記・新令説・新令問答・新令釈――天平宝字元年新令講書についての覚えがき――」（『日本古代の文書と典籍』吉川弘文館、一九九七年。初発表一九八一年）、五四一～五四二頁参照。

13 大刀契については、大石良材「大刀契――平安時代における神器観――」（『平安博物館研究紀要』四輯、一九七一年）を参照。

14 なお、出征将軍の交代時に用いられた割符については、瀧川政次郎「軍将交代符考」（日本大学法学会編『法哲学と法史学の諸問題――會田博士喜寿記念論文――』日本大学法学会、一九五七年）を参照。

15 出征将軍の徴兵権については、北啓太「律令国家における将軍について」（笹山晴生先生還暦記念会編『日本律令制論集』上巻、吉川弘文館、一九九三年）の五〇八～五一五頁を参照。

16 勝浦氏前注5論文、三九～四二頁。

17 小林宏「日本律の成立に関する一考察」（『日本における立法と法解釈の史的研究　古代・中世』汲古書院、二〇〇九年。初発表一九八〇年）参照。

18 前注1拙著の第八章「律令国家と追捕制度」（初発表二〇〇八年）参照。

19 恵美押勝が「都督四畿内三関近江丹波播磨等国兵事使」に任じられたことは、『続日本紀』天平宝字八年九月丙申条にみえる。

20 外記の職掌の変遷については、黒滝哲哉「八世紀から「摂関期」にかけての外記職掌の変遷」（『史叢』五四・五五合併号、一九九五年）を参照。

21 山田英雄「奈良時代における律の適用」（『日本古代史攷』岩波書店、一九八七年。初発表一九六三年）、梅村恵子「六国史にみえたる官人の犯罪」（『お茶の水史学』二〇号、一九七六年）、松本氏前注2論文を参照。

22 養老律の当該条は、『法曹至要抄』などによって部分的に復原される（『譯註日本律令』律本文篇下巻の六九七～六九九頁を参照）。対応する唐律は、『故唐律疏議』詐欺律8詐為官文書増減条である。

23 『続日本紀』天平宝字元年（七五七）六月乙酉条。

24 第二条が依拠する「格」とは『続日本紀』養老五年三月乙卯条の制を、第三条の「令」とは養老軍防令44私家鼓鉦条を指すと考えられる。奈良時代の格については、川尻秋生「奈良時代の格とその特質」（『日本古代の格と資財帳』吉川弘文館、二〇〇三年）を参照。

25 森田悌氏は「しかし重要性において『類聚三代格』にとられていない条文が劣るわけではなく、恐らく②（筆者注：「其二」を指す）に基くものとして延喜弾正台式車馬従者条があり③（筆者注：「其三」を指す）に基くものとして同刀子刃条があるので『類聚三代格』では省いたのであろう」とするが、私見のように考える。森田悌「平安前期を中心とした貴族の私的武力について」（『史元』十五号、一九七二年）、七八頁。

26 前注18拙稿の二四一頁。

27 青木和夫「律令国家の権力構造」（『日本律令国家論攷』岩波書店、一九九二年。初発表一九七六年）、二七八頁の注（13）を参照。

28 『続日本紀』養老五年三月乙卯条。

29 詳細は、松本氏前注2論文の五四～五八頁を参照。

30 前注1拙著の第二章「射田と軍団」を参照。

31 国司と軍団の関係については、前注1拙著の第一章「律令軍団制の成立と構造」（初発表二〇〇七年）を参照。

32 銅魚符の用途については、さらに布目氏前注7論文の五～一三頁を参照。

33 また、発兵にあたり割符（魚符）と皇帝の命令（勅書）の双方が必要であるという意識は、開元年間に初めて生まれたのではないと考える。古く前漢において、発兵に虎符（発兵符は秦漢以来虎符であったが、唐朝は魚符に改めた）と詔書の双方が必要であると観念されていたことが、呉楚七国の乱における漢の将軍弓高侯頽當の発言「（前略）、及レ未レ有二詔・虎符一、擅発兵撃二義国一。以レ此観レ之、意非二徒欲レ誅レ錯也」からうかがえる（『漢書』巻三五、荊燕呉伝第五）。頽當の言は膠西王劉卬に対して為されたものであり、官人と同列に論じることはできないが、当時の一般的認識をある程度反映しているとみることは許されるだろう。

34 『故唐律疏議』雑律62不応得為条は「諸不レ応レ得為而為レ之者、笞四十。〈謂二律令無レ条、理不レ可レ為者一〉事理重者、杖八十」と規定する。

35 『唐六典』巻五兵部郎中および『通典』巻二九職官十一武官下折衝府条を根拠とし、開元七年令および開元二十五年令として復原される。「火」は最小の軍事基本単位であり、令の撰定のたびに変更することは考えにくく、永徽令まで遡って考えてよかろう。

36 松本氏前注2論文、六二～七一頁参照。

37 亀田隆之「大宝軍防令」（『日本古代制度史論』吉川弘文館、一九八〇年。初発表一九七〇年）、七六～七七頁参照。出雲国計会帳の記事は、『大日本古文書』巻一、五九九～六〇〇頁。

38 この点は、鄭顕文『唐代律令制研究』（北京大学出版社、二〇〇四年）の第二章「中日律令制比較研究」、七四～七六頁に指摘がある。

39 唐の十悪と日本の八虐の関係については、曾我部静雄「十悪と八虐」（『日本歴史』三四二号、一九七六年）を参照。

40 前文の謀叛の基本的理解を含め、律令研究会編『譯註日本律令 五』唐律疏議譯註篇一（東京堂出版、一九七九年）の滋賀秀三氏執筆による名例律4謀叛条の解説に拠る。

41 日本律令の謀反・謀叛規定とその実例については、梅村氏前注21論文を参照。

42 こうした対外的要因と対内的要因の双方への対応として律令軍事体制が成立したことは、前注1の拙稿・拙著を参照。

43 唐捕亡令追捕罪人条の復原については、孟彦弘「唐捕亡令復原研究」（天一閣博物館・中国社会科学院歴史研究所天聖令整理課題組校証『天一閣蔵明鈔本天聖令校証　附唐令復原研究』下冊、中華書局、二〇〇六年）の五四五・五四六頁、および前注18拙稿を参照。

44 前注1拙著の終章「律令国家と軍事」を参照。

45 左右十二衛の長官はすべて「大将軍」である。『唐六典』巻二四・二五の各衛府の項を参照。

Ⅳ 律令諸制度と古代の文化

厩牧令からみた日本律令国家の馬牛政策

市　大樹

はじめに

「馬牛者、軍国之資、不レ可二暫無一」（『類聚三代格』延暦八年九月四日太政官符）、「馬牛軍国所レ用。故与二余畜一不レ同」（養老賊盗律32条）とあるように、馬と牛は軍事的に極めて重要であった。特に馬は重視され、「其良馬者、国家之資、機急之要」（『類聚三代格』弘仁二年五月二十二日太政官符）、「夫馬者、軍国之用、非常之備、掌守之司、不レ可レ無レ備」（『令集解』職員令63条所引弘仁四年三月十三日太政官符）などといわれた。国家の馬牛政策をまとめたものに、令の篇目のひとつ厩牧令がある。日本の厩牧令が、養老令（七一八年頃制定、七五七年施行）の注釈書『令義解』『令集解』の形で完全に伝わるのに対し、唐の厩牧令は一部の逸文が知られるのみであった。

ところが、北宋天聖令（一〇二九年）が新たに発見され、厩牧令を含むことから状況は一変した。[注1]

天聖令は唐開元二十五年令（七三七年）をもとに編纂され、まず宋代に有効なものを選んで修訂した条文（宋令）を掲げ、ついで宋代には継承されなかった唐令条文（不行唐令）をそのまま載せる。天聖厩牧令は宋令一五ヵ条、不行唐令三五ヵ条（以下、各条文は宋○、唐○のように記す）の全五〇ヵ条からなる。天聖令の整理にあたった宋家鈺氏が、唐厩牧令の復原案を全体にわたって示し、[注2]侯振兵氏や河野保博氏が一部修正案を出している。[注3]いまだ検討の余地も残されているが、復原条文の骨格はほぼ明らかになったといってよい。

表は日唐厩牧令の条文対応関係を示したものである。[注4]唐厩牧令の排列案は宋・侯・河野の三氏が提示しており、私見は河野氏の見解に最も近い。宋氏の場合、天聖厩牧令で大きく二ヵ所に分断された駅伝制度関係条文を、一括して規定された養老厩牧令（以下、各条文は養○のように記す）に則る形で配列し直し、侯氏もそれを踏襲している。しかし、中大輔・永田英明両氏が批判を加え、[注5]河野氏も同調するように、唐令の駅伝関係条文の分断には意味があり、まずは不行唐令の排列を尊重し、宋令を内容に応じて適宜挿入すべきである。表はこの原則によったが、侯氏の提言を受けて、唐3・4のみ唐1・2の前に移動させた。[注6]宋氏のあげた根拠は、宋1～5に由来する復原唐令条文が、唐3・4と相関関係にあるというものである。これに加えて筆者は、①唐令推定復原条文1～16条（表の私案による。以下、推1～16のように記す）の冒頭部が、「諸繋飼」（推1～7）[注7]と「諸牧」（「諸在レ牧」の一点も含む。推8～16）に綺麗に分かれること、②唐令の牧関係条文の論理構成が明快になること（第二節）、③養1は推1～3・7に由来し、この四ヵ条は一連とみられることを根拠にあげたい。

表によれば、唐厩牧令は、(Ⅰ)繋飼諸畜（推1～7）、(Ⅱ)牧諸畜（推8～16）、(Ⅲ)諸畜焼印（推17～22）、(Ⅳ)牧細則（推23～27）、(Ⅴ)折衝府官馬・伝送馬驢（推28～36、50）、(Ⅵ)諸畜細則（推37～43）、(Ⅶ)駅の維持・管理（推44～49）に七分類できるが、[注8]養老厩牧令は、(i)厩（養1～3）、(ii)牧（養4～13）、(iii)駅伝（養14～22。養19のみ軍団官馬）、(iv)馬牛細則（養23～28）の四分類に収斂される。日本律令国家は、唐厩牧令を参照しつつも、大幅な取捨選択を

表　唐開元25年令・養老令の厩牧令条文対応関係

分類	復原唐令配列案 私案	復原唐令配列案 宋案	復原唐令配列案 侯案	復原唐令配列案 河野案	天聖令 宋令	天聖令 不行唐令	復原唐令の主な内容	唐令拾遺	分類（養老令）	養老令	養老令の主な内容
(I) 繫飼諸畜	1	1	1	1	1		繫飼雑畜への丁の支給	1	(i) 厩	1	厩馬への丁・穀類・乾草・木葉・青草の支給、乳牛への雑穀の支給
	2	2	2	2	2		繫飼雑畜への藁・青草の支給	2			
	3	3	3	3	3		繫飼雑畜への穀類の支給	3			
	4	4	4	4	4		繫飼官畜への草の支給手続き			2	馬戸の番役・調草輸進
	5	5	5	5	5		官畜への脂・薬・糠蜜の支給手続き			3	官畜への脂・薬の支給手続き
	6	8	6	8		3	繫飼雑畜・州軍鎮の官畜への獣医の支給				
	7	9	7	9		4	繫飼雑畜への乾草・青草の支給切り替え時期			1	(厩馬への丁・穀類・乾草・木葉・青草の支給、乳牛への雑穀の支給)
(II) 牧諸畜	8	6	8	6		1	牧雑畜の群の規模、牧子の配置	4	(ii) 牧	5	牧長・牧帳の設置、牧子の配置、牧馬牛の群の規模
	9	7	9	7		2	牧尉・牧長の任用基準			4	牧長・牧帳の任用基準
	10	10	10	10		5	牧牝駒・牡駒・犢の別群年齢	5甲			
	11	12	11	12	6		牧雑畜の牝牡同群、牝馬驢の三月遊牝、冬における収飼	5乙			
	12	11	12	11		6	牧雑畜の遊牝年齢・責課年齢	5乙		6	牧馬牛の遊牝年齢・責課年齢・責課数
	13	13	13	13		7	牧雑畜の責課数				
	14	14	14	14		8	牧雑畜が責課数を超えて増殖した場合の褒賞	6		7	牧馬牛が責課数を超えて増殖した場合の褒賞
	15	15	15	15		9	牧雑畜が死亡した際の許容数	7		8	牧馬牛が死亡した際の許容数
	16	16	16	16		10	官雑畜を亡失・不当に死損させた場合の弁償	8		9	官馬牛を亡失・不当に死損させた場合の弁償
(III) 諸畜焼印	17	17	17	17		11	牧雑畜への押印	9		10	牧駒犢への押印、登録帳簿の作成
	18	18	18	18		12	折衝府官馬への押印				
	19	19	19	19		13	駅馬・伝送馬・官馬・屯監牛・諸営鎮戍営田牛・互市馬への押印				
	20	20	20	20		14	諸雑畜印の所在・送付・鋳造				
	21	21	21	21		15	牧駒・犢・羔への押印、登録帳簿の作成			10	(牧駒犢への押印、登録帳簿の作成)
	22	22	22	22	7		祭祀に供する羊への押印禁止				

分類	復原唐令配列案 私案	復原唐令配列案 宋案	復原唐令配列案 侯案	復原唐令配列案 河野案	天聖令 宋令	天聖令 不行唐令	復原唐令の主な内容	唐令拾遺
(IV) 牧細則	23	25	23	25		16	牧子として十年勤めた官戸・官奴の処遇	
	24	26	24	26		17	牧周辺に住む人の木材伐採	
	25	27	25	27		18	牧の設置・等級・名称	
	26	28	26	28		19	奴による虎・狼の駆除	
	27	29	27	29	8		牧地の火入	
(V) 折衝府官馬・伝送馬驢	28	30	28	30		20	折衝府における官馬の飼育	
	29	36	33	31		21	駅・伝送馬驢の配備・飼養	13
	30	39	36	32		22	折衝府官馬・伝送馬驢の利用規制・調習・補充	17
	31	40	38	33		23	折衝府官馬・伝送馬驢の検簡・処分	18
	32	42 41	39	35 34	9		伝送馬の支給数、伝送馬が不足した際の私馬投入	15
	33	43	41	36		24	折衝府官馬の検校・専知	
	34	44	42	37		25	従軍した折衝府官馬・伝送馬驢の取り扱い	
	35	45	43	38		26	伝送馬驢・官馬の利用者への供給	
	36	46	44	39		27	伝送馬の承直と給地	
(VI) 諸畜細則	37	47	45	40	10		闌畜の処理	19
	38	48	46	41		28	贓畜の処理	20
	39	49	47	42		29	官畜帳・私馬帳の提出	
	40	50	48	43		30	私馬への押印	
	41	51	49	44		31	雑畜の死体処理	
	42	52	50	45	13		公使が官私馬を死亡させた場合の処置	21
	43	53	51	46	14		官畜が道中で病み疲れた場合の処置	23
維持・管理	44	31	29	47		32	駅の設置	10
	45	32	30	48		33	駅長の配置、駅馬の設置数	11〜13

分類	養老令	養老令の主な内容
(ii) 牧	11	牧地の火入
	12	牧馬を校印する際の人手の調達
	13	牧馬の軍団における飼育
(iii) 駅伝	16	駅伝馬の配置・補充・飼育
	19	軍団官馬の調習・補充
	20	駅伝馬の検簡・処分
	公式令42	駅鈴・伝符による駅伝馬の支給、駅鈴・伝符の送納
	21	駅伝馬が不足した際の私馬投入
	22	伝馬利用者・駅使への供給
(iv) 馬牛細則	23	闌畜の処理
	24	闌遺物の届け出、贓畜の処理
	25	官私馬牛帳の提出
	26	官馬牛の死体処理
	27	公用で官私馬牛を死亡させた場合の処置
	28	官畜が道中で病み疲れた場合の処置
駅伝	14	駅の配置・備品
	15	駅長の任用・交替
	16	（駅伝馬の配置・補充・飼育）

分類	復原唐令配列案 私案	宋案	侯案	河野案	天聖令 宋令	不行唐令	復原唐令の主な内容	唐令拾遺
(Ⅶ) 駅の	46	33	32	49		34	駅丁の徴発	
	47	37	31	50	11		水駅の設備・駅長	14
	48	38	35	51	12		駅馬の乗り継ぎ	
	49	35	34	52	15		駅における藁・粮の支給	
(Ⅴ)	50	34	37	53		35	伝馬の利用対象	

分類	養老令	養老令の主な内容
(iii)	17	水駅の設備・駅長
	18	駅馬・伝馬の乗り継ぎ

【備考】網掛けは唐令と日本令が対応するもの。唐令は天聖令から復原できるもののみを取り上げた。

おこなっており、独自の馬牛政策を推進する意図があったと予想される。

本稿では、いかなる点に日本律令国家の馬牛政策の特徴があるのか、日唐厩牧令全体の比較検討を通じて考えてみたい。牧制度・焼印制度・駅伝制度など個別分野の比較研究はあるが、全体を通したものはなく、見過ごされてきた問題も少なくないからである。以下、主に養老令と復原開元二十五年令を取り上げるが、大宝令（七〇一年）とそれが藍本とした永徽令（六五一年）も根本的に違わないことを申し添えておく。

一　厩・繋飼の規定

諸畜の飼養方法は、厩舎などに繋いで飼料を与える繋飼、牧などに放つ放飼に大別される。このうち前者については、(Ⅰ)繋飼諸畜（推1〜7）、(i)厩（養1〜3）の諸条文に規定される。中央の厩舎が対象となり、主要な担当官司は、日本では左右馬寮、唐では殿中省尚乗局、太僕寺典厩署となる。[注9] 尚乗局は天子の厩である閑厩の馬を、典厩署は馬牛や雑畜を飼養した。以下、(i)を中心に関係条文を検討しよう。

【養1】凡厩、細馬一疋、中馬二疋、駑馬三疋、各給二丁一人一。穫丁毎レ馬一人。日給二細馬、粟一升、稲三升、豆二升、塩二勺一。中馬、稲若豆二升、塩一勺。駑馬、稲一升。乾草各五囲。木葉二囲。周三尺為レ囲。青草倍之。皆起二十一月上旬一飼レ乾。四月上旬給レ青。其乳牛、給二豆二升、稲二把一。取レ乳日給。

養1は厩馬・乳牛への支給規定である。これに対応する唐令は、推1～3・7の四ヵ条に及ぶ。推1～3は「諸繫飼」で始まる宋1～3をもとに、主に次の『唐六典』巻十七典厩令の規定①～③を使って復原されている。

①凡象一給二一丁一。細馬一、中馬二、駑馬三、駝・牛・騾各四、驢及純犢各六、羊二十各給二一丁一。純謂二色不レ雑者一。若飼二黄禾及青草一、各準二運処遠近一、臨時加給也。乳駒・乳犢十給二一丁一。②凡象日給二藁六囲一。馬・驢・牛各一囲。羊十一共二一囲一。毎レ囲以二三尺一為レ限也。蜀馬与レ騾各八二分其囲一。驢四二分其囲一。乳駒・乳犢五共二一囲一。青芻倍之。③凡象日給二稲・菽各三斗、塩一升一。馬、粟一斗、塩六勺。乳者倍之。駝及牛之乳者、運者各以二斗菽一。田牛半之。駝、塩三合。牛、塩二合。羊、粟・菽各升有二四合一、塩六勺。象・馬・騾・牛・駝飼二青草一日、粟・豆各減レ半。塩則恒給。飼二禾及青苴一者、粟・豆全断。若無二青可レ飼者、粟・豆依レ旧給。其象至レ冬、給二羊皮及故氈一作レ衣也。

これらは繫飼雑畜に対する、推1（①）は丁、推2（②）は藁（乾草）・青草、推3（③）は穀類の各支給について定める。また、推7（唐4）には「諸繫飼、雑畜皆起二十月一日一、羊起二十一月一日一、飼レ乾、四月一日給レ青」とあり、乾草・青草の支給時期について定める。養1はこれらを合体させ、大幅な改変を加えている。

改変の第一は、養1の冒頭部を「凡繫飼」ではなく「凡廐」としたことである。これについて、『令集解』廐牧令1条穴記は「案二本令一、於レ廐繫飼、故云二繫飼一。粟草並於レ廐所二貯積一使レ供。今改二繫飼一称レ廐。既知、律云二繫飼一、云二廐馬一耳」と注釈する。これによると、日本・唐ともに廐で繫飼されるので、いずれの語を使ってもよかったが、日本では粟草が貯積される施設に着目して「廐」に改めたようである。[注10]

しかし、この穴記の注釈は十分な説明とはいいがたい。筆者は次のように推測する。「廐」は一般に馬舎を指す。唐では馬以外にも多彩な諸畜を飼養することもあって、飼養形態を示す「繫飼」の語を採用することにした。これに対して日本では、主に馬を飼養するため、「廐」の語を使っても問題はない。しかも「廐牧令」という篇目にもふさわしい、と考えたのではないか。『令集解』廐牧令の冒頭部をみると、廐牧令の篇目に対して、廐＝馬舎、牧＝畜園であることを、前者は『説文解字』、後者は顧野王の『玉篇』に依拠して述べている。

第二に、上記の点とも関わるが、養1では馬（細馬、中馬、駑馬）と乳牛に限定している。しかも乳牛の場合、搾乳日に豆・稲を支給することを定めるが、丁・乾草・木葉・青草の支給に関しては特に述べていない（『令義解』および『令集解』令釈は、草の支給方法は式処分を待つと述べる）。つまり養1は主に馬の規定といえる。これに対して唐令では、繫飼の対象は馬・牛にとどまらず、象・駝・騾・驢・羊も含まれる（推1～3・6）。

さらに養1では、牛一般ではなく、乳牛に限定した点も注目に値する。唐令は乳牛のほかに、田牛や運搬に従事する牛についても規定する（推3）。しかも、日本で乳牛を飼養したのは典薬寮であった。『延喜式』左右馬式7条によると、左右馬寮でも各五頭の牛（乳牛ではない）を飼養するが、特に令文には規定されていない。令文における牛の利用規定に養老田令36条があり、畿内に設置された官田（大宝令では屯田）を耕作するために、田二町あたり牛一頭を配当し、中々以上（大宝令では中以上）の戸に一頭ずつ飼養させることを定める。官田は全部で一〇〇町あるので、五〇頭の牛が畿内の各戸で飼養されたことになる。

くわえて、乳牛の飼養方法も日唐間で違っていた。すなわち、『和名類聚抄』巻十一牛馬部牛馬類乳牛に「唐厩牧令云、乳牛・犢十頭給㆓丁一人㆒牧飼㆒」とあり、また、『令集解』厩牧令1条令釈に「唐令牧飼」とあるように、唐令には乳牛を牧飼する規定があった。一方、養1には「牧飼」の語は存在しない。

第三に、飼料の品目と数量が異なる。最上級の細馬を例にとると、一頭あたり一日分の飼料は、養1では乾草五囲・木葉二囲もしくは青草一〇囲、および粟一升・稲三升・豆二升・塩二勺であるが、推2・3では藁一囲・粟一斗・塩六勺、あるいは青芻二囲・粟五升・塩六勺となっている。もっとも、『令集解』厩牧令1条古記に「今行事、粟已下、塩已上不㆑給。乾草日二囲已上、三囲已下充」とあるように（『令集解』職員令63条古記条も参照）、実際の支給物はかなり少なかったようである。また『延喜式』左右馬式7条では馬一頭あたり、青草もしくは乾草二束半、冬の秣は細馬が米三升・大豆二升、中馬・下馬は米一升・大豆一升であり、夏の秣は細馬が米二升、中馬が米一升となっている（下馬は米の支給なし）。これは古記の記す天平十年（七三八）頃の今行事とも異なり、時代的変遷があったことを示す。なかでも、唐では主要な飼料であった粟が日本では除外された点は注目される。これに関しては、霊亀元年（七一五）に飢饉対策として粟栽培が奨励されたように（『続日本紀』同年十月乙卯条）、粟が備荒作物としての性格を強めたことが指摘されている。[注11] 中国でも推2・3と宋2・3で相違があり、国家財政・税制や食料問題とも連動して、飼料の品目と数量は変動しやすかったといえる。

第四は、乾草・青草の支給開始時期である。推7では乾草が十月一日（羊のみ十一月一日）、青草が四月一日とするが、養1では乾草が十一月上旬、青草が四月上旬に改変されている。なお『延喜式』左右馬式7条には、乾草は十月十一日、青草は四月十一日から支給するとあり、乾草の支給開始時期が約一ヵ月早まっている。

第五に、養1では細馬一頭・中馬二頭・駑馬三頭に一人ずつ支給される丁とは別に、十一月上旬から翌年の四月上旬までの間に限られるが、青草を刈るための獲丁が馬の頭数だけ設定されている。これに対して推1は、丁に「若飼二黄禾及青草一、各準二運処遠近一、臨時加給也」という注を付けるが、青草の刈り取りについて述べておらず、人数も固定していない。唐の丁は黄禾・青草の運搬に従事したようで、日本の獲丁とは性格を異にする。
ところで、日本の馬に支給される丁とは、左右馬寮に所属した「飼丁」（養老職員令63条、同考課令28条、同厩牧令9条）のことである。その出身母体となったのが「馬戸」で、次に掲げる養2に規定されている。

【養2】凡馬戸、分番上下。其調草、正丁二百囲、次丁一百囲、中男五十囲。

養2は対応する唐令は存在せず、日本独自の規定である。まず前半で馬戸が分番で（左右馬寮に飼丁として）出仕することを定める。『令集解』によれば、正丁・次丁とする見解がやや有力のようであるが（義解、令釈、古記一云、跡記）、中男（大宝令では少丁）も含むとする見解もある（古記、穴記）。後半では、馬戸の正丁・次丁・中男がそれぞれ調草を負担することを定める。また、同条の『令義解』・『令集解』朱説によれば、獲丁も馬戸の丁をもって充てることになっていた。
よく知られているように、馬戸は大化前代における馬飼部の後身である。『令集解』職員令63条古記・令釈所引別記によれば、左馬寮に三〇二戸、右馬寮に二六〇戸の「馬甘」（馬飼）が所属し、雑戸として調・雑徭が免除された。『延喜式』左右馬式60条によれば、「飼戸」は右京および山城・大和・河内・摂津・美濃・尾張の各国に分布し、河内国が半数以上を占め、大和国がそれに続く。河内馬飼・倭馬飼に代表される大化前代から存在した馬飼を、馬戸・飼丁として令文上に明確に位置づけたわけである。

ちなみに、養1の乳牛に関しても、『令集解』厩牧令1条穴記が「此是典薬乳戸牛也」と注釈するように、典薬寮に所属する乳戸（養老職員令44条）が飼養にあたった。『令集解』職員令44条古記・令釈所引別記によれば、典薬寮の乳戸は五〇戸からなり、品部として調・雑徭が免除された。[注12]

このように日本では、大化前代以来の伝統をもつ馬戸・飼丁が、左右馬寮の馬を飼養するとともに、馬の飼料である草を負担することになっていた。[注13]また、季節限定ではあるが、青草を刈るための獲丁にもなった。これに対して唐では、『唐六典』巻七虞部郎中員外郎に「凡殿中・太僕所レ管閑厩馬、両都皆五百里供二其芻藁一。（後略）」とあるように、芻藁は両都（長安、洛陽）の五〇〇里内から調達することになっており、[注14]その負担者が飼養者と一致するわけではなかった。また、獲丁のようなものも特に設定されなかった。

【養3】凡官畜応下請二脂薬一療上レ病者、所司預料二須数一、毎レ季一給。

養3は官畜への脂・薬の支給に関する規定である。『令義解』厩牧令3条に「謂、官畜者、馬寮之畜也」とあるように、左右馬寮の官畜が対象となった。これに対応する推5は、『令集解』厩牧令3条穴記に「依二本令一、繋飼幷牧同給」とあるように、繋飼に加えて牧の官畜を対象とした。宋家鈺氏は推5を養3にほぼ則る形で条文を復原しているが、次掲の宋5をみると、次のように後半部に「度支処分」とある点は見逃せない。

諸官畜応下請二脂薬・糠蜜等物一療上レ病者、毎レ年所司予料二一年須数一、申二三司一勘校、度支処分、監官封掌、以レ時給レ散。

唐では度支による国家規模の予算指示がなされたことはよく知られ、[注15] 推46（唐34）にも「其丁（駅丁――筆者注）、仰二管レ駅州一、毎レ年七月三十日以前、予勘二来年須丁数一、申二駕部一勘同、関二度支一、量二遠近一支配」とある。宋5には「三司」のような宋代の官司名もみられ、そのまま唐令として復原できないが、「度支処分」の規定はあったはずである。日本はそのような体制にはなく、「度支処分」の規定が削除されたと考えられる。

同じことは、日本令に継承されなかった推4に関してもいえる。これに対応する宋4は次のとおりである。

諸繋飼、官畜応レ請二草豆一者、毎レ年所司予料二一年須数一、申二三司一勘校、度支処分、並於レ廐所二貯積一、用二供周年以上一。其州鎮有二官畜草豆一、応レ出二当処一者、依レ例貯飼。

傍線部は宋5とまったく同文で、「度支処分」の規定もある。細部はともあれ、推4も宋4に近い形に復原してよかろう。推4が日本令に継承されなかったのは、唐のような予算指示をしなかったためと考えられる。

推4・5の条文構造はよく似ており、推4の冒頭部が「諸繋飼、官畜」となっている点に注目したい。現在提示されている推5の冒頭部は「諸官畜」であるが、「諸繋飼、官畜」であった可能性が出てくる。もしそうであれば、先述のとおり、推5は繋飼と牧の二つに関わるため、末尾に「牧飼亦同」のような一文が想定できよう。

もうひとつ日本令に継承されなかったのが、推6（唐3）の獣医支給規定である。「諸繋飼、馬・駝・騾・牛・驢一百以上、各給二獣医一人一。毎二五百一加二一人一。（後略）」とあり、五〇〇頭あたり一人の割合で獣医を支給するように定める。唐の殿中省尚乗局には獣医七〇人（『唐六典』巻十一尚乗局）、太僕寺には獣医六〇〇人（同巻十七太僕寺）が所属した。[注16]太僕寺獣医は地方諸畜の医療にもあたるので、尚乗局を取り上げると、獣医は四番交替（天聖雑令不行唐令8条）であるため、閑厩馬八七五〇頭という数が導き出せる。[注17]これに対して日本では、左右馬寮の厩ではそれぞれ馬八〇頭、牛五頭を飼養するにすぎず（『延喜式』左右馬式7条）、馬医は二名ずつ置けば済んだ（養老職員令63条）。こうした背景もあって、日本では諸畜別の獣医支給規定は特に必要なかったと考えられる。なお、馬医に名称を変更したのは、左右馬寮の厩では主に馬を飼養したからであろう。

このほか、繫飼・厩関係条文として、(Ⅱ)牧諸畜、(ⅱ)牧の規定のなかに、厩の官雑畜を亡失した場合の主帥・飼丁の賠償方法は牧長・牧子に準じるとした推16（唐10）・養9があり、日唐間で共通する。また、日本令では厩の馬の供給源について何ら触れないが、唐令では(Ⅲ)諸畜焼印の規定のなかに、中央へ進上する牧馬の焼印を定めた推17（唐11）があり、これによって主要な供給源が示されている。[注18]もっとも日本の場合にも、令文こそないが、実態としては早くから牧馬牛を中央に進上しており（『続日本紀』天平四年八月壬辰条、『令集解』厩牧令13条古記など）、『延喜式』にも関係規定が複数みられる（兵部式70条、左右馬式1・3・4・5・50条など）。

二　牧の規定

厩牧令では、厩・繫飼関係の規定について、牧に放って飼養する牧飼関係の規定が並ぶ。養老厩牧令では(ⅱ)牧（養4～13）が該当するが、その母法となった唐厩牧令は、(Ⅱ)牧諸畜（推8～16）、(Ⅳ)牧細則（推23～27）だけでなく、(Ⅲ)諸畜焼印（推17～22）、(Ⅴ)折衝府官馬・伝送馬驢（推28～36、50）の一部も含まれる。古怡青・佐藤健太郎の両氏による牧制に関する日唐令文の比較研究[注19]を適宜参照しながら、各条文を順次検討していこう。

【養4】凡牧馬長帳者、取㆘庶人清幹、堪㆓検校㆒者㆖為之。其外六位及勲位、亦聴㆓通取㆒。

【養5】凡牧、毎㆑牧置㆓長一人、帳一人㆒。毎㆑群牧子二人。其牧馬牛、皆以㆑百為㆑群。

日本令では、養4で牧長・牧帳の任用を定め、養5で牧ごとに牧長・牧帳を一人ずつ置くこと、群ごとに牧子二人を置くこと、馬ないし牛一〇〇頭ごとに一群をなすことを定める。これらに対応する唐令をみると、まず推8（唐1）で一群あたりの諸畜数（馬牛は一二〇頭で一群）を示した上で、各群に牧子四名を配すること、諸畜が一群あたりの数より少ない場合でも牧長を置くことを定め[注20]、ついで推9（唐2）で各群に牧長一人を置くこと、牧長一五人に対して牧尉・牧史を一人ずつ置くこと、牧尉・牧長の任用・考選などを定める。

このように唐令では群を出発点とする条文構造をとるが、日本令では一群の馬牛数は一番最後に示される。それは日唐における牧の規模の違いが関係する。日本令に継受されなかった条文に、次の推25（唐18）がある。

諸牧、細馬・次馬監称㆓左監㆒、麤馬監称㆓右監㆒。仍各起㆑第、一以㆑次為㆑名。馬満㆓五千匹以上㆒為㆑上。数外㆓孳生㆒、計㆓草父三歳以上㆒。満㆓五千匹㆒、即申㆓所司㆒、別置㆑監。三千匹以上為㆑中。不㆑満㆓三千匹㆒為㆑下。其雑畜牧、皆同㆓下監㆒。其監仍以㆓土地㆒為㆑名。（後略）

唐の牧は左監と右監に分かれ、左監には細馬・次馬を収容し、右監には麤馬とその他の諸畜を収容した。それぞれの監牧は、馬五〇〇〇頭以上であれば上監、三〇〇〇頭以上であれば中監、三〇〇〇頭未満であれば下監に分類された。馬三六〇〇頭を収容する中監の場合、牧長は三〇人にも及び、牧長を統括する牧尉・牧史が二名ずつ配置された。その上位には、監牧の管理・運営にあたる監官もいた（『唐六典』巻十七諸牧監）。一方、日本の牧長は一牧に一人いるだけである。佐藤氏も指摘するように、日本の牧の規模が小さかったことを示す。[注21]

このように唐では牧が巨大なこともあり、その最小単位の群から積み上げ式で規定するのが便利であったが、日本の牧は小規模であったため、牧の責任者である牧長を先に規定する方法をとったと考えられる。

さらに唐厩牧令では、推10（唐5）・推11（宋6）が続くが、ともに日本令では削除された。それは推10・11が群に関わる規定であったためと考える。まず推10からみてみよう。

諸牧、牡駒犢毎二三歳一別レ群、准レ例置二尉長一、給二牧人一。其二歳以下并三歳牝駒犢、並共二本群一同レ牧、不レ須三別給二牧人一。

推10に関しては、『令集解』厩牧令5条古記が「案二本令一、至二四歳一為二別群一也。開元令、牡馬・牡牛毎二三歳一別レ群、准レ例置二尉長一給二牧人一」と言及している。坂上康俊氏によれば、古記の引用する「本令」は永徽令（六五一年）、「開元令」は開元三年令（七一五年）を指すという。[注22] 古記所引「開元令」つまり開元三年令は、開元二十五年令にもとづく唐5（推10）と一部表現は異なるが、条文の中身は完全に一致する。牡の駒（子馬）・犢（子牛）が別群に移される年齢について、当初は四歳であったが、後に三歳に変更されたわけである（推25〈唐18〉も「数外二孳生一、計二草父三歳以上一」とする）。一方、日本の場合、『令義解』厩牧令5条に「謂、凡駒犢至二二歳一校印。即校印之年、亦為二別群一。其未レ別間、猶従二本群一」とあるように、校印がなされる二歳（養10）で別群に移されたようであるが、これは令文上に明記されることはなかった。

つぎに推11について。これは次に掲げる宋6と同文と推測されており、筆者もそれに賛同する。

諸牧、馬・駝・騾・牛・驢・羊、牝牡常同レ群。其牝馬驢、毎レ年三月遊牝。応二収飼一者、至レ冬収飼之。

推11は、諸畜は牡と牝によって群を構成すること、毎年三月に遊牝（交尾）させることなどを定める。

以上のように、推8～11は群に重点を置いた規定となっている。こうしたまとまりが看取される点からも、「はじめに」で述べたように、繋飼に関する唐3・4は唐1・2の前に移動させるのが妥当と考える。

養5に戻り、推8と比較してみよう。まず、一群あたりの馬牛数について、養5は一〇〇頭、推8は一二〇頭とするが、牡駒・牡犢は別群に移されるまで本群にいるので、実数はもう少し多くなろう。特に唐の場合、日本よりも別群に移されるまでの年齢が高く、より多くの馬牛がいたと考えられる。こうした状況を反映してか、一群あたりの牧子数について、唐では日本の二倍の四人となっている。また推8によれば、唐の牧子四人のうち、二人は日本と同じ良民身分の白丁であったが、残り二人は賤民身分の官戸と官奴であった。

【養6】凡牧牝馬、四歳遊牝。五歳責レ課。牝牛三歳遊牝。四歳責レ課。各一百毎レ年課二駒犢各六十一。其馬三歳遊牝而生レ駒者、仍別簿申。

養6は牧馬・牧牛の遊牝年齢・責課（繁殖義務）年齢・責課数を定める。一年ごとの責課数は牝馬・牝牛一〇〇頭あたり駒・犢六〇頭であった。これに対して唐では、牧諸畜の種類が豊富なこともあって、推12・13（唐6・7）の二ヵ条に分かれる。馬牛に関していえば、日唐間で基本的に同内容である。ただし、養6の「其馬三歳遊牝而生レ駒者、仍別簿申」という規定が、推13では「其二十歳以上、不レ在二課限一。三歳遊牝而生レ駒者、仍別簿申レ省」という本注であったこと、なかでも二〇歳以上を責課の対象外とする規定があったことは、大きな違いである。これらは牧馬・牧牛の死耗（通常の死亡）数などを定めた養8もあわせて検討する必要がある。

【養8】凡牧馬牛死耗者、毎レ年率二百頭一論除レ十。其疫死者、与二牧側私畜一相准、死数同者、聴二以レ疫除一。

養8は、死耗は一〇〇頭あたり一〇頭とすること、疫死（疫病による死亡）の場合、牧付近の私畜に準拠することを定める。同様の規定は推15（唐9）にもある。ただし推15では、馬牛以外の諸畜にも及ぶこと、外来の諸畜に対する特例を定めること、「①馬不レ在二疫除之限一。②即馬牛二十一歳以上、不レ入二耗限一。③若非時霜雪、縁レ此死多者、録奏」という本注があることが異なる。本注の①は、馬の疫除を認めないという厳しい内容である。②は推13の「其廿歳以上、不レ在二課限一」とも連動する。現に『令集解』厩牧令8条令釈も、この二つの規定を念頭に「案二唐令一、廿歳以上不レ責レ課、又不レ入二耗限一」と述べ、続けて「但此令既无二此文一。則可レ有二別式一也」と記し、日本令にはこれらの条文はないが別式があるとする。たしかに『延喜式』には、二〇歳以上の牝馬・牝牛は責課の対象外にするという規定がある（兵部式71条、左右馬式2条）。『令集解』厩牧令8条古記も、やはり別式にあるとした上で、「但本令、其馬廿歳以上、不レ在二課レ駒限一。牛以下不レ言レ文」と述べる。これによって、推13本注の「其廿歳以上、不レ在二課限一」は馬のみを対象としたことが判明する。

【養7】凡牧馬牛、毎レ乗二駒二疋、犢三頭一、各賞二牧子稲廿束一。其牧長帳、各通二計所レ管群一賞之。

養7は責課数を超えて牧の馬牛を増殖させた場合の褒賞を定める。推14（唐8）も類似するが、相違点も少なくない。まず、推14では馬牛以外も対象としている。つぎに、賞物の品目・対象者・配分比が異なっている。すなわち、推14では駒一頭（犢三頭）あたり絹一疋の割合で、三分の二が牧長に、三分の一が牧子に支給されるが、養7では駒二頭（犢三頭）あたり稲二〇束が牧子に支給される。また、管轄する群の数に応じて、推14では牧尉・監官に支給されるが、養7では牧長・牧帳に支給される。しかも、これら管轄者への賞物の中身について、推14では本注で具体的に示されているのに対し、養7では特に明示されていない。[注23]

さらに推14の後半部には、養7では削除された「①物出二随近州一。若無、出二京庫一。②応レ賞者、皆準二印後定数一、先塡二死耗一足外、然後計レ酬」という規定がある。まず、①では随近の州→京庫という優先順位を付けて賞物の財源を定めるが、養7では特に財源に言及していない（おそらく郡稲などの官稲であろうが）。つぎに②の「印後定数」（焼印の押印後に確定した数）を基準とした点について。『令集解』厩牧令7条令釈は、推14の該当部分を引用した上で、「此令既除下准二印後定数一之文上故、雖レ未レ至二校印之歳一、毎二責課年一、乗者酬賞、不レ足科罰」と対比的に述べている。後述するように、日本では牧の駒・犢は二歳になるまで押印されないが、唐では毎年八月に生後間もなく押印された。こうした違いもあって、日本では「校印之歳」に責課数を把握できないとの判断が働き、「印後定数」の規定を削除したと考えられる。

【養9】凡在レ牧失二官馬牛一者、並給二百日一訪覓。限満不レ獲、各准二失処当時估価一、十分論。七分徴二牧子一。三分徴二長帳一。如有レ闕及身死、唯徴二見在人分一。其在レ厩失者、主帥准二牧長一。飼丁准二牧子一。失而復得、追直還之。其非理死損、准二本畜一徴塡。

養9は、前半部は牧において、後半部は厩において、馬牛を亡失したり、不当に死損させたりした場合の弁償法を定める。推16（唐10）を多く継承するが、牧長と牧子の弁償責任について、推16では一対一であったが、養9では三対七に改変しており、日本の牧子の方が負担が重くなっている。

【養10】凡在レ牧駒犢、至二二歳一者、毎レ年九月、国司共二牧長一対、以二官字印一、印二左髀上一、犢印二右髀上一。並印訖、具録二毛色・歯歳一、為二簿両通一。一通留レ国為レ案、一通附二朝集使一、申二太政官一。

【養12】凡須レ校二印牧馬一者、先尽二牧子一。不レ足、国司量二須多少一、取二随近者一充。

養10は、毎年九月に国司が牧長と現場に立ち会って、二歳になった牧の駒・犢に官字印の焼印を押すこと、登録帳簿を二通作成して、一通は国に案文として保管し、もう一通は朝集使に付して太政官へ申上することを定める。養12は、牧馬の校印（調査して焼印を押すこと）のための人手として、牧子が不足した際には、国司が随近の者を充てることを定める。養12は日本の独自条文で、一群あたりの牧子数が日本では少ないことが条文化の理由であろう。山口英男氏は、日本の牧の運営に関わる実務が牧長・牧帳・牧子だけで遂行可能であったとは考えがたく、牧の周辺には牧馬の飼育を主たる生業とする集団が居住し、その構成員が総体として牧の経営を担っていたとみる。[注24]前述した日本の牧子の負担の重さも、この点を念頭に置くと理解しやすい。

養老厩牧令の焼印規定は、右の養10・12の二ヵ条しかないが、唐厩牧令の場合、(Ⅲ)諸畜焼印（推17～22）の六ヵ条に加えて、先述の推14のほかに、推31（唐23）・推37（宋10）・推40（唐30）が関係する。詳細は省略するが、唐では焼印の制度が発達しており、諸畜の管理・識別に関わって各種の焼印を押印する仕組みがとられた。[注25]しかし、日本では官字印しか導入しなかったため、令文も養10・12条だけで済んだ。しかも、養10と養12は不可分の関係にありながら、牧地の火入れに関する養11を間に挟み、焼印規定群としてまとまらない。

さて、養10に対応するのは、推17・21（唐11・15）であるが、両者の違いは大きい。まず、養10では二歳の駒・犢だけを焼印の対象としたが、推17では生後間もなく押印され、さらに二歳時の体力測定や配属先などに応じて各種の焼印が次々に押される。焼印を一斉に押印する時期も、推21では毎年八月であるが、養10では毎年九月である。また、推21では使（複数の監牧を管轄する監牧使）が派遣され、牧監官司とともに押印に立ち会うが、養10では国司と牧長が校印をおこなう。これに関係して、唐では推20（唐14）で各種焼印の保管場所（大半は中央）を示し、押印のための使者派遣について述べるが、日本令にはそのような規定は必要がなかった。

二通作成される登録帳簿も日唐間で異なる。推21によると、駒・犢・羔（子羊）への押印が終わると（羔は耳も裂かれる）、牡・牝を述べて帳簿に記入する。さらに馬の場合には、毛色・歯歳・印記（焼印の文字）も帳簿に記載する。これに対して養10には、牡・牝の違いを帳簿に記入する規定はなく、[注26]馬に加えて牛も登録の対象となった。他方、日本では官字印しかないため、養10には印記を帳簿に記載する規定はない。また推21では、登録帳簿のうち一通は監（監牧）で案記し、もう一通は牧長・牧帳が自ら収め、校勘に擬されるが、養10では一通は国に保管され、もう一通は中央に送られる。つまり、養10では一通を中央に送ると明記されるが、推21ではそうなっていない。[注27]その代わりに推39（唐29）に、毎年「官畜及私馬帳」を朝集使に付して尚書省に送る規定を設けている。日本でも「官私馬牛帳」を朝集使に付して太政官へ送ることを規定した養25があるが、それにもかかわらず、養10で毛色・歯歳を記した登録帳簿を中央に送るように定めている。そこで、養10の登録帳簿と養25の官私馬牛帳の関係が問題になる。天平六年度（七三四）出雲国計会帳の実例から判断すれば、実際に中央に送られるのは官私馬牛帳だけで（第四節）、登録帳簿の内容はそこに組み込まれた可能性がある。

【養11】凡牧地、恒以二正月以後一、従二一面一以レ次漸焼。至二草生一使レ遍。其郷土異レ宜、及不レ須レ焼処、不レ用二此令一。

養11は牧地の火入れを定める。これに対応する唐厩牧令は、(Ⅳ)牧細則（推23～27）に分類した推27（宋8）であり、「不レ須レ焼処」の直前に「比境草短」の語がある点を除けば、ほぼ同文となっている。

さて、(Ⅳ)牧細則は全部で五ヵ条あるが、次の四ヵ条は日本令に継受されなかった。①牧子として十年勤めて褒賞に値する官戸を放良し、官奴を牧戸（官戸）に充てることを定めた推23（唐16）[注28]、②牧周辺に住む人の木材伐採を認めた推24（唐17）、③牧の設置・等級・名称を定めた推25（唐18）、④牧で騎射を解する官戸・官奴に虎・狼を駆除させ、褒賞することを定めた推26（唐19）である。これらが日本令に受容されなかったのは、推23は日本の牧子は白丁に限定されたこと、推26は猛獣被害[注29]が中国ほど深刻でなかったことが関係する。また、推25の内容は先述のとおりで、牧の管理体制の相違もあって、不必要であったと考えられる。一方、推24は受容されても不思議ではないが、そこまで踏み込む必要はないと判断されたのであろう。

【養13】凡牧馬、応レ堪二乗用一者、皆付二軍団一。於二当団兵士内一、簡二家富堪レ養者一充。免二其上番及雑駈使一。

養13は乗用に堪える牧馬を軍団で飼養することを定める。山口英男氏が指摘するように、これは牧馬を調良するための措置であり、必ずしも軍団で使用されたわけではない。[注30] 本条は次の推28（唐20）が対応する。

諸府内、皆量付二官馬一令レ養。其馬主、委二折衝・果毅等一。於二当府衛士及弩手内一、簡二家富堪レ養者一充。免二其番上・鎮防及雑役一。若従二征軍一還、不レ得レ留レ防。

これは折衝府内における官馬の飼養について規定する。「諸府内」で始まるように、折衝府に主眼を置いた規定で、(V)折衝府官馬・伝送馬驢の規定として位置づけられる。ところが、養13は冒頭部を「凡牧馬」に改変しており、あくまでも牧に関わる規定となっている。また、折衝府官馬に対応するのは軍団官馬であるが、別に養19しか存在しない。しかも養19は養13とは完全に切り離され、軍団官馬に関する一連の規定となっていない。

三　駅伝の規定

つづいて養老厩牧令では、次のとおり、(iii)駅伝関係の条文が排列される（養14～22。養19のみ軍団官馬）。

【養14】凡諸道須レ置レ駅者、毎二卅里一置二一駅一。若地勢阻険、及無二水草一処、随レ便安置。不レ限二里数一。其乗具及蓑笠等、各准二所レ置馬数一備之。

【養15】凡駅、各置二長一人一。取二駅戸内家口富幹レ事者一為之。一置以後、悉令二長仕一。若有二死老病、及家貧不レ堪レ任者、立替。其替代之日、馬及鞍具欠闕、並徴二前人一。若縁辺之処、被二蕃賊抄掠一、非二力制一者、不レ用二此令一。

【養16】凡諸道置二駅馬一、大路廿疋、中路十疋、小路五疋。使稀之処、国司量置。不二必須レ足。皆取二筋骨強壮者一充。毎レ馬各令二中中戸養飼一。若馬有二闕失一者、即以二駅稲一市替。其伝馬毎レ郡各五。皆用二官馬一。若無者、以二当処官物一市充。通取二家富兼丁者一付之。令三養以供二迎送一。

【養17】凡水駅不レ配レ馬処、量二閑繁一、駅別置二船四隻以下、二隻以上一。随レ船配レ丁。駅長准二陸路一置。

【養18】凡乗二駅及伝馬一、応下至二前所一替換上者、並不レ得二騰過一。其無レ馬之処、不レ用二此令一。

【養19】凡軍団官馬、本主欲下於二郷里側近十里内一調習上聴。在レ家非理死失者、六十日内備替。即身死、家貧不レ堪レ備者、不レ用二此令一。

【養20】凡駅伝馬、毎レ年国司検簡。其有二太老病、不レ堪二乗用一者、随レ便貨売。得直若少、駅馬添二駅稲一。伝馬以二官物一市替。

【養21】凡公使須レ乗二駅及伝馬一、若不レ足者、即以二私馬一充。其私馬因二公使一致レ死者、官為二酬替一。

【養22】凡官人乗二伝馬一出レ使者、所レ至之処、皆用二官物一、准レ位供給。其駅使者、毎二三駅一給。若山険闊遠之処、毎レ駅供之。

各条について別稿で唐令と詳細に比較検討したので、[注31]ここでは重要事項にしぼって述べよう。

まず、形式面から触れたい。唐厩牧令の駅伝関係条文は、(Ⅵ)諸畜細則(推37~43)を間に挟んで、(Ⅴ)折衝府官馬・伝送馬驢(推28~36、50)と(Ⅶ)駅の維持・管理(推44~49)が分離し、伝送制と駅制が別々に規定される。[注32]もっとも、(Ⅴ)のうち推50(唐35)のみ唐厩牧令の最末尾に排列されるが、中大輔氏が指摘するように、伝送馬の利用に関する雑多な内容の規定であり、開元二十五年令にいたるまでの途中段階で追加されたと推定される。[注33]

一方、養老厩牧令では、軍団官馬の調習・補充を定めた養19を例外として、養14~22は(ⅲ)駅伝関係条文としてまとまる。前半の養14~18は唐令の(Ⅶ)に関わる条文を継承し、後半の養19~22は主に(Ⅴ)に関わる条文を継承する。その際、養16・18は伝馬に関する規定を、[注34]養20~22は駅(馬)に関する規定を、新たに付け加えている。すなわち、唐令では伝送制もしくは駅制いずれかの規定であった条文を、日本令では駅伝制双方に関わる規定に改める場合が少なくなかった。このことは、駅伝馬の支給を定めた養老公式令42条に関してもいえる。その母法となった唐公式令(『唐令拾遺』公式令復旧二一条)は駅馬の支給規定であったが、伝送馬の支給規定である唐厩牧令の推32も一部取り入れ、内容的にも多くの改変をおこなって、養老公式令42条をつくりあげている。この種の改変の結果、日本令では駅馬の補充規定が重複する(養16・20)という編纂上のミスも生じている。

それでは、例外をなす養19はどのように説明できるのか。養19に対応する推30(唐22)をみると、日本の軍団官馬にあたる折衝府官馬のみならず、伝送馬・驢も対象となっている。(Ⅴ)では推30のほかに、推31・34・35(唐23・25・26)において、折衝府官馬と伝送馬・驢が一体的に定められている。[注35]唐では伝送馬驢と折衝府官馬の運用のあり方が近く、そのため一括されたのである。この唐令四ヵ条のうち、従軍した折衝府官馬と伝送馬・驢の取り扱いを定めた推34を除く三ヵ条は、日本に養19・20・22として受容された。ところが、その際に軍団官馬と伝馬のいずれかを削除し、養19の場合には軍団官馬のみの規定とした。それにもかかわらず、唐令の排列を踏襲したため、養19が駅伝関係条文のなかに紛れ込む形になったのである。

つぎに内容面について。日本の駅制で注目すべきは、専属の駅戸が置かれ、駅馬の飼養などの諸業務を担い（養16）、駅長も駅戸から選出されたことである（養15）。一方の唐では駅丁は固定化しておらず、駅のある州もしくは隣州から駅丁を四番交替で差発する必要があった。そのため、駅を管轄する州は来年必要な駅丁数を見積もり、中央の駕部と度支のチェックを受けることになっていた（以上、推44）。

日本の伝制で最も注目すべきは、全郡に一律五頭の割合で伝馬が常備され（養16）、そこが使者への供給地点ともなった（養22）ことである。これに対して唐では、伝送馬・驢は要路のある州県に置かれ（推29）、日常的に伝送馬・驢主の飼養に従事している本主が、馬・驢を引き連れて交替で承直する（推36）。また、国土が広い唐では逓送距離が長くなるため、伝の設置場所以外にも多数の供給地点が必要となり、道次駅ないし道次州県を使者への供給地点とすることが明示されている（推35）。だが日本令にはそのような規定はない。

もうひとつ日本の伝制で注目すべきは、軍事的性格が希薄な点である。唐では伝送馬・驢を折衝府官馬と併記した条文が複数あることに加え、従軍規定の条文もある（推34）ことと対照的である。

四　馬牛の細則

養老厩牧令の最後は、(iv)馬牛細則とでも称すべき条文が並ぶ（養23～28）。唐厩牧令の(VI)諸畜細則（推37～43）を基本的に継承するが、私馬への押印を定めた推40（唐30）は受容されなかった。第二節で述べたように、唐では各種の焼印を通じて諸畜が厳密に管理されたが、日本ではそうなっていないことが関係しよう。

【養23】凡国郡所レ得闌畜、皆仰二当界内一訪レ主。若経二二季一無二主識認一者、先充二伝馬一。若有レ余者出売。得価入レ官。其在京、経二二季一無二主識認一者、出売。得価送二贓贖司一。後有二主識認一者、勘当知レ実、還二其本価一。

養23は闌畜（闌遺畜）、つまり所有者の手から離れて拾得された畜産（日本の場合、馬と牛）の処理方法を定める。推37がこれに対応し、『宋刑統』雑律巻二十七所引厩牧令から、次の宋10とほぼ同文であったとされる。

諸官私闌馬・駝・騾・牛・驢・羊等、直有二官印一、更無二私記一者、送二官牧一。若無二官印一及雖レ有二官印一、復有二私記一者、経二一年一無二主識認一、即印入レ官、勿レ破二本印一、並送二随近牧一、別レ群放レ牧。若有レ失二雑畜一者、令レ赴レ牧識認、検レ実委無二詐妄一者、付レ主。其諸州鎮等所レ得闌畜、亦仰二当界内一訪レ主。若経二二季一無二主識認一者、並当処出売。先売二充伝駅一、得価入レ官。後有二主識認一、勘当知レ実、還二其本価一。

「其諸州鎮等」で始まる後半部との関係から、前半部は在京に関わる規定と判断される。養23は国郡→在京の順に規定しており、推37の規定の順番を変えたことが判明する。そして、内容もいくつか異なっている。

まず在京の場合、推37では官印のみ押印された闌畜は官牧に送り、官印のない闌畜、もしくは官印・私記の双方がある闌畜は、一年を経ても所有者が判明しなければ、押印して随近の牧に送る。対する養23では、二季（半年）を経ても所有者が現れなければ売却し、得た価を贓贖司に送る。日本では焼印制度が未発達なこともあり、官印・私記の有無は問題にされず、待機期間も一年から二季に縮小されている。また、贓贖司は贓贖物を扱う専門官司であるが、この種の専門官司は唐にはなかった。

つぎに、二季を経ても所有者が判明しない地方の闌畜について。推37では「伝駅」（主に伝送馬・驢、駅馬）に優先的に売り充てるが、養23では先に伝馬に充当し、余剰（伝馬は五頭という設置定数があった）があれば売却する。つまり日本では伝馬への充当が優先された。また、日本における売却価は、『令義解』厩牧令23条が「得価充二当所囚徒衣粮一」と注釈するように、獄囚関係に使用された。これらについて、日本では贓贖物やそれに準じる闌遺物への特別な意識が存在し、唐のように国家財政一般に解消できなかったことが指摘されている。注36

【養24】凡闌遺之物、五日内申二所司一。其贓畜、事未二分決一、在京者付二京職一。断定之日、若合二没官一出売。
在外者准二前条一。

養24は次の推38（唐28）と対応関係にある。

諸贓馬驢及雑畜、事未二分決一、在京者、付二太僕寺一、於二随近牧一放。在外者、於二推断之所一、随近牧放。断定之日、若合二没官一、在京者送レ牧。在外者準二前条一估。

養24の前半部は、「闌遺之物」を五日以内に所司（『令集解』令釈・朱説私案によれば、京職と国司）へ届け出る

ように定める。これは推38にはない規定である。「闌遺之物」とは、『令集解』厩牧令24条令釈に、

（前略）此条称二闌遺物一者、広及二財物一。何者、唐厩牧令及捕亡令、並无二送レ司日限一故。雑律義云、五日内未レ送レ官者、科二違令一者。即知、唐令意、得即申二所司一、不レ得レ経レ日。此間令、立下闌遺之物、五日内申二所司一之文上。即知、非三独為二闌畜一。（後略）

とあるように、闌畜と財物の双方を指す。その説明に際して、唐令の厩牧令と捕亡令を引き合いに出し、ともに所司へ届け出る日数がない（即座に届けるべきである）とする。ここでいう唐厩牧令は推38のことで、たしかに「五日内申二所司一」のような規定はない。もっとも、推38は「贓馬驢及雑畜」、つまり不正に入手された諸畜の取り扱いを問題にしており、「闌遺之物」の規定ではない。これに関わるのが唐捕亡令で、天聖捕亡令宋令9条や『宋刑統』雑律巻二十七所引捕亡令などから、「諸得二闌遺物一者、皆送二随近官司一。（後略）」と復原されている。つまり唐令では、闌遺物の届け出は捕亡令に、贓畜の届け出は厩牧令に、別々に規定されていたのである。

これに対して日本令では、唐捕亡令を継承する養老捕亡令15条「凡得二闌遺物一者、皆送二随近官司一。（後略）」に加えて、養24でも闌遺（之）物の届け出について規定した。しかも養24では、五日以内に随近所司へ届け出なければ亡失罪ないし坐贓罪を科すという雑律60条の内容を取り込み、五日以内という日数制限を設けている。

つぎに養24の後半部に目を転じよう。これは推38と直接対応するが、贓畜の表現が少し異なる。すなわち、推38は「贓馬驢及雑畜」と述べ、馬と驢を特別扱いしている。一方、日本では実質的に馬と牛しか対象とならないからであろう、簡潔に「贓畜」と表現している。

さらに、贓畜の行方も違った。これについては、①未決段階、②没官と断定された段階に分け、それぞれ在京と在外について規定している。まず在京の場合、推38では①は太僕寺に付けて随近の牧に放ち、②は牧（随近とは限らないであろう）に送るが、養24では①は太僕寺に相当する左右馬寮ではなく京職に付け、②は売却処分し、売却価は贓贖司に納めることになっている（『令義解』厩牧令24条）。つぎに在外の場合、推38では①は推断の所で随近の牧に放ち、②は前条（推37）に準じて売却するが、養24では①について明確に定めず、②は前条（養23）に準じて取り扱うことになっている。在外の②のみ日唐間で類似の対応がとられるが、養24に「估」字がない点は看過できず、養23にも規定されていたように、必ずしも売却されないことを示す。

【養25】凡官私馬牛帳、毎レ年附二朝集使一、送二太政官一。

養25は官私馬牛帳を朝集使に付して太政官へ送るように定める。同条の『令義解』に「謂、自二太政官一、更下二兵部一。即兵馬司職掌、云二公私馬牛一、是」とあるように、官私馬牛帳は太政官へ送られた後、兵部省に下され、その被管官司の兵馬司のもとへ渡った。「公私馬牛」を職掌のひとつとした兵馬司は、「征行大事」と「公私共（供）給」に備えて、全国すべての馬牛を把握したのである（『令義解』職員令25条）。

養25に対応する推39（唐29）は次のとおりである。

諸官畜及私馬帳、毎レ年附二朝集使一送レ省。其諸王府官馬、亦准レ此。太僕寺官畜帳、十一月上旬送レ省。其馬帳勘校、訖至二来年三月一。

推39の最初の一文は養25と類似するが、内容は少し異なる。注目すべきは私畜で、日本では私馬帳と私牛帳を送るが、唐では私馬帳だけしか送らない。これによって、日本の方が唐よりも私牛に対する規制が強く働いたことが判明する。養25が実際に守られたことは、天平六年度（七三四）出雲国計会帳に、「伯姓牛馬帳」を兵部省へ送る（最終的には兵馬司に下される）記載があることからわかる（日付から朝集使が持参したこともわかる）。同計会帳には、「伯姓牛馬帳」と並んで、「駅馬帳」「駅家鋪設帳」「伝馬帳」「種馬帳」「繋飼馬帳」「兵馬帳」を進上したこともみえ、いずれも兵馬司の職掌と密接に関わっている。

推39の後半部は、太僕寺官畜帳を十一月上旬に「省」（尚書省）へ送るように定める。『唐六典』巻十七太僕寺・諸牧監によれば、唐では毎年六月に監牧で馬籍を作成し、監牧を統括する群牧使（監牧使）が回収してひとつの帳簿にまとめて、八月に監牧を所管する太僕寺に届け、太僕寺が勘会して尚書賀部に上申する。尚書駕部のもとには、朝集使を介して官畜帳・私馬帳と諸王府官馬帳も集められており、十一月上旬から翌年三月にかけて、馬帳の勘校が実施されたのである。しかし、この推39後半部の規定は、養25には継承されなかった。

【養26】凡官馬牛死者、各収二皮脳角胆一。若得二牛黄一者、別進。

養26は、死亡した官馬・官牛の皮・脳・角・胆を収納すること、もし牛黄が得られた場合には別に進上することを定める。これに対応する推41（唐31）をみると、

諸官馬・騾・駝・牛死者、各収二筋五両、脳二両四銖一。驢、筋三両、脳一両十二銖。羊、筋・脳各一両。駒犢三歳以下、羊羔二歳以下者、筋・脳各減レ半。

とあり、その対象は官畜全般にわたっている。官馬・官牛に関していえば、推41では筋五両・脳二両四銖の収納を指示しており、養26と共通するのは脳だけである。また、養26では数量が記載されていない。同条の『令義解』・『令集解』令釈によれば、脳は馬脳、肝は牛肝のことである。特に注釈はないが、皮は馬皮・牛皮、角は牛角とみてよかろう。主として、皮は各種の皮革製品の材料となり、馬脳は皮鞣しの作業で使われ、牛角は弓の素材となり、牛肝（胆嚢）は薬物として用いられた。[注37]

もうひとつ注目すべきは、養26の牛黄別進の規定である。牛黄は肝石病にかかった病牛からしかとれず、極めて貴重であった。牛黄を広く論じた瀧川政次郎氏は、「『唐令拾遺』にも、その条文が見えないが、この条文（養26――筆者注）が日本の国情に従って設けられた条文であるなどとは、到底考えられない」としたが、[注38]復41には牛黄別進の規定はなく、日本独自規定とみるべきであろう。その際に注目すべきは、文武天皇二年（六九八）に土佐・下総の二国から牛黄が貢進された（『続日本紀』同年正月己巳条、同十一月乙酉条）後、諸国貢進の記録が途絶えることである。文武天皇二年の貢進について、浄御原令の規定にもとづく措置とも考えられるが、大宝元年（七〇一）施行の大宝令が編纂の大詰めを迎えていた時期にあたることを踏まえると、当該期における牛黄への関心の高さが、牛黄別進の規定を生み出したとみることもできる。

【養27】凡因二公事一、乗二官私馬牛一、以レ理致レ死、証見分明者、並免レ徴。其皮宍、所在官司出売。送レ価納二本司一。若非理死失者、徴陪。

養27は公事で官私馬牛を死亡させた場合の処置を定める。これに対応する推42（宋13と基本的に同じ）は冒頭が「諸因二公使一、乗二官私馬一」となっており、官私牛を含まない。前述の養10・25もあわせ、日本では諸畜の種類に乏しい分、牛の位置づけが相対的に高かったといえる。推42は「公使」が馬に騎乗する際の規定、養27は「公事」にともなう馬牛の乗用規定となっており、後者は人の騎乗に加え、物の運搬も想定されていると考えられる。このようにみたとき、養老賦役令34条「凡為二公事一、須二車牛人伝送一、（後略）」とも連関することになる。

ところで、『令集解』厩牧令27条古記に「此令文称レ皮不レ言レ宍」とあることから、養27の「皮宍」が大宝令では「皮」になっていたことが判明する。天平年間（七二九〜七四九）の諸国郡稲帳・正税帳をみると、死去した伝馬の皮を売却した際の記録は多数あるが、宍の売却は皆無である。当該期に施行されていたのは大宝令であり、その内容とも合致する。そこで問題となるのは、大宝令が宍を取り入れなかった理由である。これは難問であるが、天武天皇四年（六七五）に牛・馬・犬・猿・鶏の宍を食すことが禁じられた（『日本書紀』同年四月庚寅条）ように、日本古代には宍肉の忌避観念があったことが関係するのではないか。[注39] 養老令では唐令にならって「皮宍」に改められるが、短期間で宍肉に対する観念が変わったとは考えにくい。[注40] 前述の養26との整合性を図るために、脳・胆・牛黄を広義の宍と見立てて、「宍」を追加した可能性もあろう。

【養28】凡官畜、在レ道羸病、不レ堪二前進一者、留付二随近国郡一、養飼療救。草及薬官給。差日遣二専使一、送二還所司一。其死者、充二当処公用一。

養28は官畜が道中で病み疲れた場合の処置を定める。これに対応する推43（宋14と基本的に同じ）をみると、①「随近国郡」が「随近州県」となっている点、②草・薬に加えて粟の支給も定めている点、③「所司」が「本司」になっている点、④「其死者、充㆓当処公用㆒」が「其死者、並申㆓所司㆒、収㆓納皮角㆒」となっている点が異なる。①③は本質的な違いとはいいがたいが、②④には日唐間の違いがよく示されている。

まず②については、粟は唐では一般的な飼料であったが、日本ではそうでなかった（第一節）点が関係しよう。つぎに④の死亡した官畜について、養28では死亡地の公用に充てるのに対し、推43ではその官畜を管理する所司に上申しなければならない点が大きく異なる。このことは、唐の方が官畜を管理する諸司の権利が強かったことを物語る。なお、推43では皮・角を収納することを明記しているが、養28はそうなっていない。養28で死亡地の公用に充てることを規定する以上、死亡した官畜を解体処理して必要部位を回収したに違いないが、具体的なことは規定されていない。おそらく、養26・27の規定を適用することが前提になっているのであろう。

おわりに

本稿では、日本律令国家の馬牛政策の特徴を探るために、日唐厩牧令の全体にわたる比較検討を試みた。その結果、日本の厩牧令の編纂にあたり、唐令を大幅に改変したことが明らかとなった。その具体的な状況は関係箇所ですでに指摘しているので、ここでは二点について補足的に述べるにとどめておきたい。

第一に、左右馬寮の馬戸、典薬寮の乳戸、駅制の駅戸といった具合に、日本では特定の集団に専属的に業務を担わせようとする指向性が認められる。これは第一節で言及した畿内官田についてもいえる。これを規定した養老田令36条は、天聖田令不行唐令38・39条をもとに条文化されているが、「其牛令三一戸養二一頭一。謂、中々以上戸」という飼養規定は日本独自のものであった。この点について柳沢菜々氏は、王権の膝下で重要産業として整えられた馬牛の生産に、特定の渡来氏族が古墳時代以来関わり、律令制の導入後も生業の一部としたことから、彼らに引き続き担当させることを念頭に置いた規定であったと指摘する。[注41] 唐は北方系の王朝であり、長い牧畜の歴史を背景にもつが、日本に馬牛が大量移入されるのは五世紀以後のことである。日本では渡来人に大きく依存しながら馬牛生産・飼養をおこなわざるを得ず、そのノウハウをもつ集団は自ずと限られていた。こうした集団を国家が優先的に独占し、有効活用することが日本では目指されたと考える。[注42]

第二に、厩牧令の対象について、唐では象・馬・駝・牛・騾・驢・羊と多彩であったが、日本では馬と牛だけであった。しかし、日本では諸畜の種類に乏しい分、牛の位置づけが唐よりも相対的に高くなっている。それが明瞭に見て取れるのが、私牛の取り扱いである。日本厩牧令では、官私馬牛を対象にした条文が二ヵ条あるが（養25・27）、その母法となった唐厩牧令では私牛は除外されている（推39・42。推42は官牛も対象外）。唐で国家の規制が強く働いたのは、官畜と私馬であったのである。唐では、馬を除けば、私畜は基本的に規制の対象外であった。厩や監牧の規模からもわかるように、唐には膨大な数の官畜がいた。もちろん、私畜も膨大な数に及んだに違いない。すべての諸畜を国家的に掌握することは非現実的であり、特に重要な官畜と私馬にしぼって規制の対象にしたと考えられる。私畜のうち馬が対象となったのは、いうまでもなく馬が最も軍事的な意味合いが強かったからである。これに対して日本では、馬と牛だけしか規制の対象としなかったこともあり、唐では顧みられなかった私牛も重視することになったと考えられる。ただし、養1に中央における牛一般の飼育規定がなかったように、日本でも馬に比べれば牛に対する関心は劣る点は認めなければならない。

本稿でおこなったのは日唐令文の比較検討であり、実態については行論の必要がある部分に限って簡単に触れるにとどまった。制度面の変遷過程とあわせ、今後の検討課題としたい。

注

1 天一閣博物館・中国社会科学院歴史研究所天聖令整理課題組『天一閣蔵明鈔本天聖令校証 附唐令復原研究 上・下』（中華書局、二〇〇六年）。以下、天聖令の本文は基本的に本書の清本による。なお、天聖厩牧令の訳注として、中国社会科学院歴史研究所《天聖令》読書班「《天聖令・厩牧令》訳注稿」（徐世虹主編『中国古代法律文献研究』八、社会科学文献出版社、二〇一四年）がある。

2 宋家鈺ａ「唐開元厩牧令的復原研究」（注1書所収）、同ｂ「唐《厩牧令》駅伝条文的復原及与日本《令》、《式》的比較」（劉後濱・栄新江主編『唐研究』一四、二〇〇八年）。以下、宋氏の見解はこれらによる。

3 侯振兵「唐《厩牧令》復原研究的再探討」（杜文玉主編『唐史論叢』二二、三秦出版社、二〇一五年）、河野保博「唐代厩牧令の復原からみる唐代の交通体系」（『東洋文化研究』一九、二〇一七年）。

4 唐厩牧令は天聖令から窺われる開元二十五年令によった。このほか、『唐律疏議』厩庫律7条疏議所引「令云」から、殿中省尚乗局・東宮における馬の調習規定があったと推定されている（『唐令拾遺』厩牧令復旧一六条）。本条が唐厩牧令に所収されていた可能性は十分にあるが、天聖令に該当条文がないため、表には入れなかった。なお、宋家鈺注2ａ論文は、これに加えて、隴右諸牧の進上馬に関する条文も想定するが、侯振兵注3論文が批判するように、こちらは式の規定とみるべきであろう。

5 中大輔「北宋天聖令からみる唐の駅伝制」、永田英明「唐日伝馬制小考」（ともに鈴木靖民・荒井秀規編『古代東アジアの道路と交通』勉誠出版、二〇一一年）。以下、中氏の見解はこれによる。

6 その際、唐3・4が宋1〜3の後ろにくることは確実であるが、宋4・5との前後関係は不明とせざるを得ない。また、繋飼雑畜への乾草・青草の支給切り替え時期を定めた唐4は、乾草（藁）・青草の支給量を定めた推3（宋3に対応）と一体的な関係にあり、これに続けて排列したくなるが、その場合、唐3・4の前後関係が逆転する点に問題を残す。唐3・4と宋4・5の配列順序は不明瞭な点が多く、ここでは便宜的に宋4・5の直後に唐3・4を排列した。

7　現在提示されている推5の冒頭部は「諸官畜」であるが、第二節で述べるように「諸繫飼」となる可能性がある。仮に冒頭が「諸官畜」であったとしても、『令集解』廐牧令3条穴記が「依二本令一、繫飼幷牧同給」と注釈するように、復5条が繫飼について規定していることは動かない。

8　宋家鈺注2a論文は、①諸畜給丁飼養類、②諸畜管理責課類、③諸畜印字類、④諸牧置監与牧地管理類、⑤駅伝類、⑥蘭畜・贓畜・死病畜処理与官私畜帳類、の六つに分ける。このうち⑤は、養老令に則って駅伝関係条文をひとつにまとめたもので、二つに分ける必要がある。⑤を変更した上で宋論文の分類名称を踏襲することも考えたが、筆者とは区分の仕方が一部違うこと、視点を少し異にすることもあって、私見にもとづく分類名称を示すことにした。

9　唐の全体的な状況については、謝成侠（千田英二訳）『中国養馬史』（日本中央競馬会弘済会、一九七七年、原版一九五九年）、横山貞裕「唐代の馬政」（『国士舘大学人文学会紀要』三、一九七一年）、乜小紅『唐五代畜牧経済研究』（中華書局、二〇〇五年）など参照。

10　なお、穴記の「律云二繫飼一、云二廐馬一耳」に関して、日本の廐庫律1条は唐律と同じく「繫飼」の語を使っているが、それは「廐馬」に関わることを述べたものと考えられる。令の改変にともなって、本来であれば律の用語も変更すべきところ、そのまま唐律に従ったことを念頭に置いた注といえよう。

11　佐藤健太郎「日本古代の馬の飼育・管理体制について」（『古代学研究』二〇八、二〇一六年）。

12　『続日本紀』和銅六年（七一三）五月丁亥条に「始令三山背国点二乳牛戸五十戸一」とあり、別記の記す乳戸の戸数と合致する。しかし本条については、乳戸の創設を示すのか、山背国に初めて設定されたことを示すのか、その判断は難しい。

13　ただし『令集解』廐牧令2条古記に「今行事、調草輸停。官以レ銭仰買二畿内一充二馬寮一也」とあり、古記の編纂された天平十年（七三八）頃には調草の負担はなくなり、銭で畿内より購入するようになる（『令集解』職員令63条古記条も参照）。この銭は馬戸の負担する調銭とみられ、馬の飼養者が飼料も負担するという構図は変わらない。なお、別記によれば、雑戸である馬戸は調・雑徭が免除されるため、調草もしくは調銭を負担することに疑問を感じる向きもあるかもしれない。しかしこの点については、馬の食す調草（後にその代価となる調銭）を負担したからこそ、その代償として調が免除されたとみればよいのではないか。亀田隆之「獲丁」（『日本古代制度史論』吉川弘文館、一九八〇年、初出一九七六年）は、別記の最終的な成立時期を和銅・霊亀頃とし、これによって大宝令の定める調草の納入規定が免調規定に改められたとみたが、必ずしもそのように理解する必要はないと考える。

14 これを「税草」という。李錦繡『唐代財政稿　下第二分冊』（北京大学出版社、二〇〇一年）七一七～七二八頁参照。

15 大津透「唐律令国家の予算について」（『日唐律令制の財政構造』岩波書店、二〇〇六年、初出一九八六年）。

16 そのほか、厩牧署に獣医二〇人（『唐六典』巻二十七厩牧署）、司農寺に獣医五人（『新唐書』巻四十八百官志三司農寺・京都諸宮苑総監）もいた。

17 林美希「唐前半期の閑厩体制と北衙禁軍」（『東洋学報』九四―四、二〇一三年）によれば、閑厩馬は貞観年間（六二七～六四九）は三〇〇〇頭であったが、開元年間（七一三～七四一）には一万頭から数万頭に膨れあがったという。

18 唐では監牧の牧馬のほかに、外来馬も重要な供給源となっていたが、その全体に占める割合は牧馬に及ばない。林美希「唐前半期の厩馬と馬印」（『東方学』一二七、二〇一四年）参照。

19 古怡青「従《天聖・厩牧令》看唐宋監牧制度中畜牧業経営管理的変遷」（台師大歴史系・中国法制史学会・唐律研読会編『新史料・新観点・新視角《天聖令論集》上』元照出版公司、二〇一一年）、佐藤健太郎「古代日本と唐の牧制度」（『日本古代の牧と馬政官司』塙書房、二〇一六年）。以下、佐藤氏の見解はこれによる。

20 当該部の原文は「其有二数少不レ成レ群者、均入二諸長一」となっている。新訂増補国史大系本『令集解』をみると、厩牧令5条令釈一云に「不レ足レ群者、均入二諸群一、見二唐令一」とあり、同古記に「本令云、其有二数少不レ成レ群者、均入二諸群一」とある。これによると、「均入二諸長一」ではなく「均入二諸群一」が正しいことになる。しかし古記所引の「群」字は、新訂増補国史大系本の頭註にあるように、原作（底本）が「長」字としていたものを、上文（令釈一云）および宮本の傍書によって改めたものである。天聖令の発見により、「長」字をとるべきであろう。

21 一牧の具体数がわかるものとして、忽那島の牧馬牛各約三〇〇頭がある（『日本三代実録』貞観十八年十月二十三日条）。

22 坂上康俊a「『令集解』に引用された唐の令について」（『九州史学』八五、一九八六年）、同b「日本に舶載された唐令の年次比定について」（『史淵』一四六、二〇〇九年）など。

23 同条の『令集解』の諸説では、具体的な数字をあげながら注釈する。

24 山口英男「八・九世紀の牧について」（『史学雑誌』九五―一、一九八六年）。以下、山口氏の見解はこれによる。

25 羅豊「規矩或率意而為?」（『唐研究』一六、二〇一〇年）、ファム・レ・フイ「古代国家の公私馬管理について」（ハノイ国家大学附属人文社会科学大学東洋学部日本学科・ファン・ハイ・リン編『日本研究論文集　法制と社会』世界出版社（ハノイ）、二〇一一年）、林美希注18論文、佐藤健太郎「古代日本と唐の焼印制度」（注19著書所収）など。

26 そのため『令集解』厩牧令10条朱説は「毛色・歯歳、謂二一端一也。牝牡亦顕耳」と注釈する。

27 第四節で言及する『唐六典』巻十七太僕寺・諸牧監によれば、監牧は太僕寺に八月に馬籍を送ることになっている。これは推21の記す監牧で案記される登録帳簿のようにみえなくもない。しかし、推21のいう登録帳簿は押印の終わった八月以後に作成されたはずで、『唐六典』の記す馬籍とは時期的に合致しない。よって両者は別物とみられ、推21の記す登録帳簿は中央には送られなかったと考えられる。

28 本条の解釈は、速水大「唐代の身分と職務の関係」（『唐代史研究』一七、二〇一四年）を参照。

29 池田温「中国古代の猛獣対策法規」（瀧川政次郎博士米寿記念会編『律令制の諸問題』汲古書院、一九八四年）からは、中国の歴代王朝がいかに猛獣対策に意を尽くしていたのかがよくわかる。なお、推26（唐19）とは別に唐雑令にも、猛獣駆除の褒賞規定があったと推定されている（大津透注15論文）。

30 『令集解』厩牧令16条の諸説によく示されているように、牧馬は軍団で調良された後、駅馬・伝馬・兵馬に充てることになっていた。なお、牧馬は中央にも進上されるが、同じく軍団で調良されたと考えられる。

31 拙著『日本古代都鄙間交通の研究』（塙書房、二〇一七年）第一・二章、拙稿「日本古代交通制度の法的特徴」（鷹取祐司編『古代中世東アジアの関所と交通制度』立命館大学、二〇一七年）。

32 (V)のうち次掲の推29（唐21）は、駅馬についても規定しており、例外のようにみえなくもない。

①諸州有二要路一之処、応レ置二駅及伝送馬・驢一、皆取二官馬・驢五歳以上、十歳以下、筋骨強壮者一充。如無、以二当州応レ入レ京財物一市充。不レ充、申二所司一市給。②其伝送馬・驢主、於二白丁・雑色（邑士、駕士等色。）丁内一、取二家富兼丁者一、付之令レ養、以供二逓送一。若無二付者一、而中男豊有者、亦得二兼取一。傍折二一丁課役一資之、以供二養飼一。

本条は、諸州における駅馬ないし伝送馬・驢の設置を定めた①と、伝送馬・驢主について定めた②に大別される。①は駅馬に関する規定ともなっているが、その主眼は「官馬・驢」、つまり折衝府の官馬・驢を充当することにある。(V)の諸条文の冒頭部をみると、「諸府内」（推28）、「諸府官馬」（推30・31・33・34）など、折衝府が頭にくるものが目立つ。推29も同様に理解できよう。②も伝送馬・驢主の規定になっている。以上から、推29は折衝府官馬・伝送馬驢の規定とみても不都合はない。

33 ただし、ファム・レ・フイ「賦役令車牛人力条からみた逓送制度」（『日本歴史』七三六、二〇〇九年）が指摘するように、本条には「桂・広・交三府」の語が認められ、このうち交州都督府は六七九年に安南都護府に改名されているので、それ以前の条文ということになる。

34　表では養16に対応する唐令として、推29・45・46（唐21・33・34）の三ヵ条をあげたが、主流をなすのは、(Ⅶ)駅の維持・管理に含まれる推45・46である。また、養18に対応する唐令は推48で、これは宋12「諸乗レ逓、給二借差私馬一応下至二前所一替換上者、並不レ得二騰過一。其無レ馬之処、不レ用二此令一」からの復原如何にかかる。宋家鈺注2ａ論文は養18を大幅に踏襲する形で、「諸乗二駅及伝送馬・驢一、応下至二前所一替換上者、（後略）」と復原した。だが唐厩牧令は駅制と伝送制が別々の条文となっている点に特徴があり、この復原に疑問を抱かせる。注31拙著・拙稿では、唐令の伝送制の利用規定は厩牧令に、駅制の利用規定は公式令にあったことを指摘した中大輔注5論文の見解を念頭に置いて、推48は伝送制に関わる規定ではないかとした。しかし河野保博注3論文が明快に指摘したように、唐令条文の配列および『唐律疏議』職制律38条の解釈から、推48は駅制に関する規定とみるべきである。推48は駅制の利用規定という側面もあるが、駅の維持・管理という側面の方がより強い。

35　推35（唐26）は「諸官人乗二伝送馬・驢及官馬一出レ使者、（後略）」とあるが、「官馬」は「府官馬」の省略と判断した。

36　武井紀子「古代日本における贓贖物の特徴」（『東方学』一二五、二〇一三年）。

37　松井章「養老厩牧令の考古学的考察」（『信濃』三九―四、一九八七年）など。

38　瀧川政次郎「牛黄考」（『増補新版　日本社会経済史論考』名著普及会、一九八三年、初出一九六一年）。

39　この問題は死馬牛の解体処理に携わった人々に対する差別の問題とも密接に関わり、慎重な検討を要する問題である。詳細は今後の課題としたい。なお、法制の上で馬牛の食禁があったことと、実際に馬牛を食したかどうかは別問題である。養26の規定する部位を取り出す過程で馬牛が解体処理されたことは確実であり、実際に解体処理痕跡を示す事例も多く報告されている。宍を捨てたとは考えにくく、鷹などの餌にされるほか、実際には人間が口にすることも十分にあったと推定される。

40　『延喜式』主税下式1条の諸国正税帳の書式において、死駅馬皮・死伝馬皮・牧馬牛皮の売却は記載されるが、皮以外の部位の売却はみえず、天平年間と大きく変わっていない。

41　柳沢菜々「令制官田の特質」（続日本紀研究会編『続日本紀と古代社会』塙書房、二〇一四年）。

42　もっとも、このことがいえるのは馬戸・乳戸などであり、駅戸については少し違った事情を考える必要がある。駅制は緊急時における情報伝達に重点があり、その実現のためには、駅制に業務する人々を駅家に強く緊縛することが要請され、専属の駅戸が設定された可能性がある。

〔付記〕本稿はＪＳＰＳ科研費（17K03065）による研究成果の一部である。

「獄令」編纂と断罪制度

永井　瑞枝

はじめに

獄令とは、犯罪が起こった際に、その罪人に罪状審議や拘禁、刑罰執行を行うための行政法を収めた、律令中の一篇目である。

獄令に対する先行研究は、個々の条文内容を分析するものが多数を占め、それによって、獄令の言う「裁判」制度の構造が解明されてきた。だが一方で、律令の中に獄令という篇目が作られた歴史的意義は、未だに明らかにされていない。

獄令に含まれる条文は日本の養老令でも全六十三条あり、これは養老令として確認できる篇目の中では五番目の量を誇る。獄令より条文数が多い篇目には、各種文書形式の規定が四分の一を占める公式令や、官司の数の影響のためその条文数が大きい、職員令や考課令などがある。そのことを踏まえると、いかに律令の中で、獄令が豊富な規定を持つ篇目かが分かるだろう。

そこで本稿では、律令中における獄令の位置づけを分析することによって、この多量な内容の獄令を継受した当時の日本が、どのような断罪制度の理想像を描いたのかを解明したい。

律令の個々の条文内容だけでなく、各篇目の全体像を見渡す研究は、他篇目では既に進められている。特に二〇〇六年、中国寧波市天一閣博物館に収められていた宋代の令文である、天聖令の明代写本の全文が公開されたことにより、その研究が一段と推し進められてきている。天聖令は、北宋仁宗朝に制定された宋令で、唐令を基に改訂された宋代の現行令に加え、不行唐令を含んでいる。そのため、天聖令の発見によって、宋代史や唐代史の研究、そして唐令の復原に基づく、日唐令の比較研究が飛躍的に進むことになったのである。これまで、個々の唐令条文の復原作業は『唐令拾遺』と『唐令拾遺補』として成果がまとめられてきたが、その条文構成は主に、日本の養老令を参考にしたものであった。しかしながら、天聖令として、篇目ごとにまとまった条文が公開されたことにより、日唐宋間で、個々の条文に加えて、篇目ごとの全体像も比較研究することが可能となったのである。その点でも、天聖令発見の意義は大きい。

こうした重要な史料である天聖令として公開された篇目の中には、日本の獄令に対応する、宋の獄官令も含まれている。ところが、天聖獄官令の存在が明らかになって以降も、日本の獄令との比較研究は低調である。

そこで、日本の獄令の位置づけについて、天聖獄官令、そしてそこから復原できる唐の獄官令と比較することによって、その分析を行っていきたい。

なお、従来の獄令に関する研究では、罪状審議や刑罰執行といった一連の行為を、「裁判」と呼ぶことが多い。しかし、獄令に規定された各種制度は、近現代以降の司法制度とは著しく異なる。そのため、本稿では、こうした行為をあえて「断罪」と表現することとする。

一　篇次の日唐比較

1　獄令の篇次に関する先行研究

日本の獄令について、まずは律令中の篇次に見える特質を明らかにしたい。

表1は令篇目一覧である。これを見ると、日本の獄令が雑令の前、すなわち令全体の最後から二番目といった、末尾に限りなく近い位置にあることが分かる。これは獄令に対応する唐の獄官令の位置とやや異なる。令の中で、末尾に近い位置にある点は共通しているが、少なくとも獄官令は歴代の令の中で、喪葬令よりは手前に配置されている。また営繕令が新たに加えられてからは必ず、獄官令より後方に配列されている。このため、唐の獄官令より日本の獄令はその位置が後退している印象を受ける。

こうした獄令と獄官令との篇次の違いについては、池田温氏が既に指摘している。それによると、まず喪葬令と獄令・獄官令との関係について中国では、「喪葬を忌むべきものとし国制の中に位置付けるには末尾に配す他ない」のに対して、日本では「喪葬より獄のほうが末に配されるのを当然とした」[注1]とする。つまり、獄令と獄官令の位置が異なるのは、喪葬に対する観念の違いによるものとし、日本では喪葬令を上位の篇目として重要視したために、相対的に獄令が後方に配列されたと考えられている。

また、営繕令との関係については、池田氏は、中国では律令がおおよそ、吏・兵・礼・戸・刑・工といった六部の管掌に並行した配列であったという特徴をまず指摘している。[注2]そして、その特徴により、六部の中で工部が

表1　令篇目一覧

名称	晋・泰始令	梁・天監令	隋・開皇令	唐・開元七年令	唐・開元二十五年令	日本・養老令	宋・天聖令
篇目	戸	戸	官品上	官品上・下	官品	官位	官品
	学	学	官品下	三師三公台省職員	三師三公台省職員	職員	戸
	貢士	貢士贈官	諸省台職員	寺監職員	寺監職員	後宮職員	祠
	官品	官品	諸寺職員	衛府職員	衛府職員	東宮職員	選挙
	吏員	吏員	諸衛職員	東宮王府職員	東宮王府職員	家令職員	考課
	俸廩	服制	東宮職員	州県鎮戍嶽涜関津職員	州県鎮戍嶽涜関津職員	神祇	軍防
	服制	祠	行台諸監職員	内外命婦職員	内外命婦職員	僧尼	衣服
	祠	戸調	諸州郡県鎮戍職員	祠	祠	戸	儀制
	戸調	公田公用儀迎	命婦品員	戸	戸	田	鹵簿
	佃	医薬疾病	祠	選挙	学	賦役	公式
	復除	復除	戸	考課	選挙	学	田
	関市	関市	学	宮衛	封爵	選叙	賦役
	捕亡	劫賊水火	選挙	軍防	禄	継嗣	倉庫
	獄官	捕亡	封爵俸廩	衣服	考課	考課	厩牧
	鞭杖	**獄官**	考課	儀制	宮衛	禄	関市
	医薬疾病	鞭杖	宮衛軍防	鹵簿上・下	軍防	宮衛	附捕亡
	喪葬	喪葬	衣服	公式上・下	衣服	軍防	医疾
	雑上	雑上	鹵簿上	田	儀制	儀制	附仮寧
	雑中	雑中	鹵簿下	賦役	鹵簿	衣服	**獄官**
	雑下	雑下	儀制	倉庫	楽	営繕	営繕
	門下散騎中書	宮衛	公式上	厩牧	公式	公式	喪葬
	尚書	門下散騎中書	公式下	関市	田	倉庫	雑
	三台秘書	尚書	田	医疾	賦役	厩牧	
	王公侯	三台秘書	賦役	**獄官**	倉庫	医疾	
	軍吏員	王公侯	倉庫厩牧	営繕	厩牧	仮寧	
	選吏	選吏	関市	喪葬	関市	喪葬	

	選将	選将	假寧	雑	捕亡	関市	
	選雑士	選雑士	獄官		医疾	捕亡	
	宮衛	軍吏	喪葬		仮寧	獄	
	贖	軍賞	雑		獄官	雑	
	軍戦				営繕		
	軍水戦				喪葬		
	軍法				雑		
	雑法						
典拠	『唐六典』巻六	『唐六典』巻六	『唐六典』巻六	『唐六典』巻六	『唐令拾遺』『唐令拾遺補』及び、注1池田氏論文	日本思想大系『律令』	『郡斎読書誌』巻八。ただし、田令以下の篇目名、配列は天一閣蔵明鈔本による。

最後尾だった故に、営繕令が後方に配置されたのに対して、日本では国家的建築土木事業に優先的地位を付与して、営繕令の位置が定められたとする。[注3] 言い換えれば、中国の令の篇次は六部官制が基準であったが、日本ではその意識が薄弱で、営繕事業の重要性を考慮して、前に見たような篇次が作られたということになる。

このように、日本の獄令は、他篇目の重要性の高まりによって、結果的にその篇次が末尾に近くなったと説明されてきた。獄令の篇次が後退したことは、獄令自体の重要性が他篇目に比して低下したかのようである。しかし、果たして日本令の篇次は、ただ当時の重要性によってのみ決定されたのだろうか。

坂本太郎氏は、日本令で戸令・田令・賦役令がまとまって配列されていることを挙げて、公地公民制という班受体制のための「合理的」な配列がなされていたと指摘している。[注4] こうした合理性は母法たる唐令でも同様に見られ、池田氏が、令を「官人機構を媒介とする国家支配の綱領」[注5]と解く通り、官僚を育成・登用するための戸令・学令・選挙令がまとまって配列されている。篇次には、その国の施策方針に沿った合理性が備わっていたのである。

それでは、獄令の篇次には、その合理性が認められるのか、もしくは認められるとしたら何を目的にしたものかが問題となる。

2　獄令・獄官令――断獄律との補完関係

そこで考慮すべきが、断獄律の存在である。

断獄律とは、断罪行為上の不正に対する処罰を規定した、律の一篇目である。表2は律の篇目一覧であるが、これを見ると、断獄律は歴代の律の中にその名が継続的にあることが分かる。魏から北周にかけては、断獄律のほかに、繫訊律が存在する。表3で『故唐律疏義』の断獄律の内容を見ると、前半が拘束された囚の管理や訊問を行う際の規定で占められていることから、繫訊律の内容はその名称の通り、捕縛された囚の管理に関するものだった可能性がある。断獄律の後半にある、罪状審議や行刑の不正を禁止した条文が古来の断獄律で、それが繫訊律と一篇にまとめられたものが、隋以降の断獄律ではないだろうか。すなわち、罪を犯した者が囚として拘束され、罪状審議を経て行刑を受ける、一連の断罪過程に関する禁制が隋以降、断獄律として編まれ、日本にもその内容の断獄律が伝わったと考えられる。

こうした一連の断罪行為の禁制を規定した断獄律は、同様に断罪行為を規定している獄官令・獄令と強い補完関係にあった。

表2　律篇目一覧

名称	篇目	典拠
魏・大和律	刑名 盗 劫略 賊 囚 詐 毀亡 告劾 繋訊断獄 雑 請賕 興 具 興擅 乏留 警事 償贓 免坐	『晋書』刑法志（ただし、篇次は不明）
晋・泰始律	刑名 法例 盗 賊 詐偽 請賕 告劾 捕 繋訊 断獄 雑 戸 擅興 毀亡 衛宮 水火 厩 関市 違制 諸侯	『唐六典』巻六、『晋書』刑法志
梁・天監律	刑名 法例 盗劫 賊叛 詐偽 受賕 告劾 討捕 繋訊 断獄 雑 戸 擅興 毀亡 衛宮 水火 倉庫 厩 関市 違制	『唐六典』巻六、『隋書』刑法志
北斉・河清律	名例 禁衛 戸婚 擅興 違制 詐偽 闘訟 盗賊 捕断 毀損 厩牧 雑	『唐六典』巻六、『隋書』刑法志
北周・保定律	刑名 法例 祠享 朝会 婚姻 戸禁 水火 興繕 衛宮 市廛 闘競 劫盗 賊叛 毀亡 違制 関市 諸侯 厩牧 雑犯 詐偽 請求 告劾 逃亡 繋訊 断獄	『唐六典』巻六、『隋書』刑法志
隋・開皇律	名例 衛禁 職制 戸婚 厩庫 擅興 盗賊 闘訟 詐 雑律 捕亡 断獄	『隋書』刑法志
隋・大業律	名例 衛宮 違制 請求 戸 婚 擅興 告劾 賊 盗 闘 捕亡 倉庫 厩牧 関市 雑 詐偽 断獄	『唐六典』巻六、『隋書』刑法志
唐・開元七年律	名例 衛禁 職制 戸婚 厩庫 擅興 賊盗 闘訟 詐偽 雑 捕亡 断獄	『唐六典』巻六、『旧唐書』刑法志
唐・開元二十五年律	名例 衛禁 職制 戸婚 厩庫 擅興 賊盗 闘訟 詐偽 雑 捕亡 断獄	『故唐律疏義』
日本・養老律	名例 衛禁 職制 戸婚 厩庫 擅興 賊盗 闘訟 詐偽 雑 捕亡 断獄	『訳註日本律令』

表3『故唐律疏義』断獄律一覧

条文番号	内容	分類
1	囚の拘禁・拘禁具の着用違反	囚管理
2	逃走・殺傷する恐れのある物品を囚に与えた場合	
3	死罪の囚に依頼されて殺害した者への処罰	
4	獄吏が囚へ翻意を教唆及び情報を与えることを禁止	
5	囚への医薬・食糧支給を怠ることを禁止	
6	特定の者への拷問及び証人設定を禁止	罪状審議・拷問
7	囚が共犯者を妄りに告発した場合の処罰	
8	拷問を行うための手続き	
9	拷問の制限	
10	告人への反拷規定	
11	別所にいる共犯者の召喚手続き	罪状審議・拷問
12	告状以外による罪状審議を禁止	
13	別所にいる共犯者の移送手続き	
14	拷問・杖笞の不法執行の禁止	
15	監臨官が行罰で死傷させた場合	
16	断罪の根拠として律令格式の引用義務	罪状確定
17	上申義務を怠った場合	
18	制勅や臨時処分を断罪の根拠として再度使用することを禁止	
19	科すべき刑罰より重軽に断罪した場合	
20	赦前の断罪内容の訂正	
21	赦があることを知って罪を犯した場合	
22	徒以上の断罪に服弁を得る義務	刑執行
23	没官の不法行為の禁止	
24	徒流の配所先への移送遅延	刑執行
25	損害賠償・贖銅・没官物・官物などの徴収遅れの禁止	
26	妊婦への死刑執行	
27	妊婦への拷問・杖笞執行	
28	立春から秋分以前の死刑執行を禁止	
29	死刑の覆奏を怠ることを禁止	
30	贖・官当の措置を怠ることを禁止	
31	死刑の絞・斬を間違えた場合	
32	徒刑の執行違反	
33	逃亡中の死罪の囚を捕縛・死亡・自首した場合の報告義務	
34	疑罪の処罰	

養老獄令41諸司断事条

凡諸司断㆑事、悉依㆓律令正文㆒。主典検㆑事、唯得㆑検㆓出事状㆒。不㆑得㆓輙言与奪㆒。

『故唐律疏義』断獄律16条

諸断罪、皆須㆔具引㆓律令格式正文㆒、違者笞三十。若数事共㆑條、止引㆓所㆑犯罪㆒者聴。

例えば、これは、律令（格式）を根拠に断罪すべき義務を規定したものである。令がその原則を述べるのに対して、律ではその違反の相当刑を設けている。こうした両者の補完関係は、この他にもいくつか確認することができ、断罪行為を行う上での清廉性が、いかに強く求められ、律令国家の官僚にも遵守することが徹底されたかがうかがえる。

表4 『故唐律疏義』捕亡律一覧

条文番号	内容	分類
1	逃亡した罪人を追捕するべき義務を怠った場合	捕縛
2	罪人追捕中に、罪人に害を与えた場合	
3	傍人による罪人捕縛	
4	行人による罪人捕縛	
5	追捕中に罪人の逃亡を許した場合	
6	強盗殺人への救助を怠った場合	
7	従軍征討者が逃亡した場合	逃亡
8	防人が逃亡した場合	
9	流徒囚が逃亡した場合	
10	宿衛人が逃亡した場合	
11	課役・工楽・雑戸が逃亡した場合	
12	浮浪者	
13	官戸・奴婢が逃亡した場合	
14	在官者が逃亡した場合	
15	囚が逃亡した場合	
16	囚の監督を怠った場合	監督責任
17	浮浪逃亡を容認した場合	
18	罪人を隠匿した場合	

獄令・獄官令と強い補完関係にある断獄律について、その篇次に注目してみると、基本的に晋律以降、捕亡律もしくはそれに類する捕律・討捕律・逃亡律と近似して配列されていることが表2から分かる。また北斉の河清律では、「捕断律」とあることから、両者が一篇目としてまとめられていたことが分かる。こうした両者の関係にはどのような理由があったのだろうか。そこで、捕亡律の内容を表4で概括すると、その内容の約半分が、罪人や囚の追捕及びその逃亡に関する規定であることが分かる。つまり、罪人や囚の捕縛に関わる捕亡律と、断罪過程に関わる断獄律は、その内容面から深い関係にあった。また、断獄律は捕亡律だけでなく、告劾律とも近い位置にある。この律は告劾、すなわち犯罪を官司に伝達することに関する律と推測される。このことから、犯罪発生を把握→罪人を追捕→罪人を拘束・罪状審議・行刑という、犯罪への対応手続きとして、これらの篇目が近似して配列されたと考えられる。

また、律の中で、雑律より前の篇目が、各行為に対する刑を具体的に設定しているのに対して、捕亡律は罪人や囚が逃亡することを踏まえており、断獄律も断罪行為での不正を規定した内容と、どちらも断罪すべき案件全てに関わるものである。そのため、『故唐律疏義』断獄律の冒頭に「此篇、錯㆓綜一部條流㆒、以為㆓決断之法㆒。故承㆓衆篇之下㆒。」とあるように、両者ともに、律の末尾に置かれるべき性格を持っていたのである。

このように、捕亡律と断獄律は、その規定内容のつながりから近い配列にあった。しかし、捕亡令と獄官令との関係は異なり、両者は必ずしも接近していない。歴代令において、晋・梁令では両者が近い位置にあるのに対して、その後の捕亡令の存在は流動的で、宋の天聖令では関市令の附篇としてその姿がある。この附篇が存在する理由について、正篇と関連性があるとする説もあり、[注6]それに従えば、両者の強い関係性を想起させる。捕亡令と捕亡律が、獄官令・獄令と断獄律の関係と同様に、補完関係にあることは既に吉永匡史氏が指摘している。[注7]ところが、この四者の配置について、律同士が並列されているのに対して、令は時代が下るにつれて、一定の乖離が見られる。その理由としては、令が六部官制に沿った配列であり、捕亡令が戸部による個別人身支配から逃れようとする、囚を含めた逃亡者の捕縛に関わる内容であったことが推定される。すなわち田令以下、戸部による公地公民制及び人・物の管理に関わる篇目として、捕亡令が配されたと考えられるのである。関市令と近く配列されたのも、こうした戸部の管掌対象に関わる篇目との関連を考える必要がある。

しかしながら、日本令は六部官制による基準を採択していない。それにより、関市令の前に喪葬令が挿入されるなど、唐とは異なる様相を見せている。例えば、仮寧令は天聖令では医疾令の附篇として存在しているなど、関市令と捕亡令との関係と同様、近い関係性が示唆されるのに対して、日本では医疾令と離れ、むしろ喪葬令の近くに配列されている。これは仮寧令に喪葬のための給暇が規定されるなど、喪葬令の内容との関連によるものと考えられる。その点を踏まえると、捕亡令と獄令も同様に、その内容のつながりによって、近くに配列されたと推察できる。

『日本書紀』天武天皇十一年（六八二）十一月乙巳条

詔曰、親王諸王及諸臣、至㆓于庶民㆒、悉可㆑聴㆑之。凡糺㆓弾犯㆑法者㆒、或禁省之中、或朝庭之中、其於㆓過失発処㆒、即随㆑見随㆑聞、無㆓匿弊㆒而糺弾。其有㆓犯㆑重者㆒、応㆑請則請、当㆑捕則捉。若対捍以不㆑見㆑捕者、起㆓当処兵㆒而捕㆑之。当㆓杖色㆒、乃杖一百以下、節級決㆑之。亦犯状灼然、欺言㆓無罪㆒、則不㆓伏弁㆒、以争訴者、累加㆓其本罪㆒。

これは犯罪を糺弾するよう、そのための各種行為を規定した詔である。大町健氏は、この詔を「都城における裁判制度の原則を述べたもの」と評しているが[注8]、ここに、罪人を捕縛するという原則が含まれている。官による犯罪への対応として、追捕の徹底を意図していたことが分かる。こうした意図から、断罪制度を言う獄令と、それに連なる捕縛手続きを定めた捕亡令との関係が、強く意識されていたと考えられる。それは、断獄律が捕亡律と並列していたように、内容の類似性に従った、まさに合理的な配列の結果であった。

中国歴代令の篇次の推移を見ると、雑令が末尾に置かれるようになって以降は、六部官制を基準に配列されるという原則を、基本的に後代まで引き継いでいく。それに対して、日本では官制による基準ではなく、まず国の施策手続きを踏まえて、各篇目を配列したのである。それは、個々の篇目の重要性というよりも、むしろ令に規定された制度の運用を想定した故に結実した、合理性という基準に則って、日本の律令編纂が行われたことを意味している。そして、その合理性が唐の獄官令とは異なる、日本の獄令の篇次を生み出したのである。これまで、獄令の篇次における特徴は、営繕令や喪葬令といった、他篇目の編纂指向による、いわば消極的変化と見なされてきた。しかしながら、むしろ罪人に対する断罪制度と追捕過程を結びつけるといった、制度の合理性を求めた積極的変化と捉えることができる。中国では令の編纂が継続的に行われる一方で、六部官制という、篇次に横断する枠組みを大きく変容させることはなかった。その点を顧みると、古代日本における律令の編纂は、まさに国策を体現するものであり、獄令の規定する断罪制度も、その一翼に位置づけられていたことは評価するべきであろう。

二　篇目名の日唐比較

1　「獄官」令と「獄」令をめぐる問題

前章では、日本の獄令と唐の獄官令について、篇次の違いを考察したが、本章では両者の篇目名の違いを検討する。唐令が「獄官」令とあるのに対して、日本では「獄」令で、「官」の字が脱落している。この違いについて、坂本氏は、「獄官」とあるのは、獄は「官」によるべきとする通念があったためではないかと述べている。[注9]しかし、令は官吏の庶務規定を定めるものであるから、他篇目にも「官」がついてもよく、「獄」だけで意味が通じるとして、日本なりに整理を加えた結果、「獄令」という名になったと説明している。

この篇目名について、日本が独自の手を加えた成果と捉える見解は、他篇目における名称の異同を鑑みても傾聴するべきものである。実際に、唐令を継受した際に、唐の名称を踏襲したものはおよそ三分の二であり、残りはその名称を改変もしくは新たに追加している。篇目名が異なる例として、獄官令―獄令以外には、官品令―官位令、選挙令―選叙令など、いくつか確認することができる。そしてさらに、大宝令段階と養老令段階で、修正を加えたものもある。選挙令は大宝令では選任令、養老令では選叙令と、名称をその都度変えている。更には、唐の職員令は大宝令では官員令だったが、養老令の編纂段階で職員令という唐名に復している。同様のパターンは考課令にも認められ、唐令・養老令の篇目名が考課令であるのに対して、大宝令では考仕令であったとされる。こうした篇目名の異同について、池田氏は大宝令の編纂者の意向として、日本の独自性を示そうとする意欲があったと指摘している。[注10]

こうした傾向を踏まえて、今一度、獄令の篇目名について考えてみたい。『令集解』の古記に、「獄令」の語が見えることから、[注11]この篇目名は大宝令段階、すなわち日本の独自性を打ち出そうとした編纂過程の中で作られた篇目名であることが分かる。そして、職員令や考課令が唐名に復したのとは異なり、その独自性は養老令にも引き継がれることになる。

しかし、この独自性について、他篇目にも通用する「官」の字を削るという、字句のみの整理に留まるという点については疑問の余地がある。なぜなら、日本の史料上で「獄官」という語の用例が極端に少ないからである。「獄官」という語が確認できるのは、『日本三代実録』仁和二年(八八六)の例まで時代が下る。[注12]日本では「獄官」という表現自体、定着するのが遅れたと言える。そしてそれは、「獄官」令を「獄」令として継受したことと、大きく関係があると推察される。そこで、この「獄官」令を「獄」令として編纂した背景を探っていきたい。

2　中国における「獄官」

始めに考えたいのが、「獄官」とはどのような意味かという点である。そこで、中国における「獄官」の語の用例について検討してみたい。「獄官」は漢代からその存在がうかがえる。

『前漢書』巻四九　鼂錯伝

刑罰暴酷、軽二絶人命一、身自射殺、天下寒レ心莫レ安二其処一。姦邪之吏乗二其乱法一、以成二其威一、獄官主レ断生殺自恣、上下瓦解、各自為レ制。秦始乱之時、吏之所先侵者貧人賤民也。至二其中節一所レ侵者富人吏家也。及二其末塗一所レ侵者宗室大臣也。

これは皇帝に、秦の混乱を招いた要因を説明した部分である。政刑の乱れとして、「獄官」が人の生死に関わる権力を持つことを前提に、その権力を濫用していた様が語られている。

『三国志』魏志　巻三　青龍四年（二三六）六月壬申条

詔曰、（中略）有司其議レ獄緩レ死、務従二寛簡一。及二乞レ恩者一、或辞未レ出、而獄以レ報断、非レ所二以究理一尽レ情也。其令二廷尉及天下獄官一、諸有二死罪一具レ獄以定、非二謀反及手殺人一、亟語二其親治一。有二乞レ恩者一、使二与レ奏当文書俱上一、朕将思所以全レ之。其布二告天下一使レ明二朕意一。

これによれば、魏の明帝の詔によって寛大、簡略な刑の執行、そして十分な審理の励行が、廷尉と天下の「獄官」に求められている。廷尉とは、秦の頃から中央に置かれた官で、唐代には大理寺としてその流れが帰着する。前漢時には、中央官署に二十六の獄があった中で、初期から廷尉獄があったことから、実質的な中央官署の獄を掌った官とされる。[注13] ここで言う獄とは、既に罪状が決まった囚だけでなく、これから罪状審議を受けるのを待つ、いわゆる未決囚、そして刑の執行を待つ囚など全てを拘置する空間を指す。そのため廷尉とは、中央の断罪行為の中心的役割を掌る官と言える。大理寺もまた、唐代の中央官司の中でほぼ唯一、獄を保有する官であり、[注14] 廷尉から受け継ぐ、獄を掌る中央官の体を成している。こうした存在の廷尉と、「獄官」の名が並列されている例は他にも見ることができる。

『魏書』巻八　永平元年（五〇八）七月乙未条
詔曰、察獄以レ情、審レ之五聴枷杖小大、各宜レ定レ準。然比廷尉司州河南洛陽河陰及諸獄官鞫訊之理未レ尽二矜恕一、掠拷之苦、毎多二切酷一、非レ所下以二祇憲量衷一慎レ刑重上レ命者也。推レ濫究レ枉、良軫レ於レ懐。可レ付二尚書一精二検枷杖違制之由一断罪聞奏。

ここでも、「獄官」は廷尉と並んで、「鞫訊」を掌る官として見える。これらの例から、「獄官」が中央にある廷尉と同様、断罪行為に当たる官であり、なおかつ前掲『三国志』に「天下獄官」とあることから、中央のみならず、各地方にも置かれていたと推察できる。さらに、他にも「獄官」が断罪行為に関与したと推測できる例がある。

『三国志』魏志　巻四　正始元年（二四〇）二月丙戌・丙寅条
去冬十二月至二此月一不レ雨。丙寅、詔令二獄官一、亟平二冤枉一理出二軽徴一。

この史料は、雨が降らないため、詔で獄官に冤罪や間違った断罪内容を正すよう求めたことを物語る。こうした不雨、すなわち旱に際して、断罪内容の是正、緩和を求める行為は、この他にも「録囚」「慮囚」として、中国の史料にはよく散見される。冤罪や長引く拘束に苦しむ者がいないかを監督し、もしそうした事実があった場合には、正しい判決を与える、もしくは速やかに判決を下したのである。こうした断罪行為の正常化と旱魃とのつながりは、陰陽五行説によるものと島善高氏は指摘している。[注15] こうした思想に基づき、「平二冤枉一」という行為に当たっていることから、獄官は断罪行為を担う存在であることが分かる。

中国では秦代から県にも獄があり、そこに獄を掌る獄吏や獄史などの人物が当たっていた。また、唐代においても州県には獄が設置されていた他、[注16] 各府・都督・州には八〜十八名、県には六〜十四名の「典獄」が置かれていた。[注17] 彼らが獄の運営ないし維持に参与したものと思われる。つまり、「獄官」とはこうした各地の獄にあって、中央官である廷尉や大理寺と同様、断罪行為一般に関わっていた者と解することができる。

そのため、断罪行為に関する規定を定めた令は、まさにこの「獄官」のための令として、早くから「獄官令」という名称が付けられたのであろう。律にも「獄官」が見えることからも、[注18] 断罪行為に当たる存在を「獄官」と呼ぶべき理解が、古くから中国ではあり、その理解が律令にも盛り込まれていたのである。

一方、日本の地方にも獄があったことは、『続日本後紀』嘉祥二年（八四九）閏十二月庚午条に、伴龍男が自らに反する百姓を、「囹圄」すなわち獄に入れたという例からうかがえる。[注19] だが、日本の国郡の官制に、典獄に相当する「獄官」の存在を確認することはできない。日本令では、断罪行為の専当官を、中央の刑部省・囚獄司以外に規定していないのである。国司の職掌には、断罪行為も規定されている。[注20] 伴龍男の例からも分かる通り、諸国に獄があったとしても、国司が掌っていたと考えられる。

このように、中国では中央・地方に「獄官」と呼ぶべき、断罪行為を掌る官が古くから存在しており、それが律令の規定に盛り込まれた故に、断罪行為の諸規則をまとめた「獄官」令という篇目名が生まれたのである。それに反して、日本では「獄官」という断罪行為を担当する専当官を国郡の官制として採らなかった。そのため、日本では唐の「獄官」令を、その名の通り継受することはできなかったと考えられる。

3　日本における「獄」の理解

「獄官」令の名を日本が継受しなかった理由として、加えて、その「獄官」令を「獄」令の名で編纂した背景についてここで触れておきたい。

前節で取り上げた「獄官」の事例に見える通り、「獄官」とは広く断罪行為を行う者を指す。ここで重要なのが、「獄」という字義である。先に、獄を未決囚及び既決囚を拘束する場所と述べたが、本来この字義は、断罪行為そのものを指していたとされている。[注21]「獄」は、争いに対して決定・処分を下す、その行為を指していたのである。そうした行為が行われた場所として、現代の「監獄」のような、空間を指す意味も「獄」に含まれるようになったのだろう。『故唐律疏義』では断獄律の名称について、「釈名云、獄者确也。以実㆓囚情㆒」と説明している他、前章で見た通り、この律は罪状審議や刑罰執行の不正に対する処罰をも含んでいる。これは「獄」の字義を、単に囚を拘束する空間ではなく、断罪行為そのものを意味する語として解釈していた例である。「獄官」もまた、その意に従った表現である。

しかし、日本では「獄」をむしろ、空間として理解していた。元和本『倭名類聚抄』巻一三に「獄」の字義が見え、それによれば、獄は「牢、罪人所也」とある。牢を「按二説文一、牢閑養二牛馬一之圏也。周礼充レ人、祀二五帝一之牲牷繫二于牢一、是也。人之在レ獄不レ能レ出、如二牛馬之在一レ牢。故又謂二之牢一。所レ謂転注也」と説明していることから、祭祀に捧げられた牛・馬と同様に、人を拘束しておく空間と理解していたと分かる。獄の訓が「比度夜」（ひとや、人屋）であることも、獄を人を収める場所と解釈したことの反映と思われる。「獄」という字義が『倭名類聚抄』の刑罰具の項に、杖や拘束具などと共に記載されていることも、こうした刑具と関係する空間として受け止められた証だろう。

こうした理解を踏まえると、「獄官」令を「獄」令とした背景には、日本では「獄官」より、まず「獄」という、罪人を囚として拘束し、断罪行為を行うための場所を設けることを重視する意識があったと考えられる。日本における獄空間の成立時期については、前章で取り上げた『日本書紀』天武天皇十一年（六八二）十一月乙巳条に見える、罪人に対する杖執行、上申、そして追捕といった原則の明示が、一定の考察材料となるだろう。罪人に対する即時決罰や上級官司への報告は、養老獄令1・2条にも規定されている[注22]、いわば獄令の言う断罪制度の基本であった。この基本原則とともに、追捕の励行を命じたのがこの詔であった。そして、この前後から「繫囚」に対する減免措置、いわゆる赦が行われるようになり、それに伴い、「囚獄」や「刑獄」といった「獄」空間を指す表現が、史料上に多く現れるようになる[注23]。赦制度の受容時期について佐竹昭氏は、上限を白雉元年、下限を天武朝としている[注24]。「繫囚」の語は、唐の赦文にも記載される定型語であるため、日本が「獄」空間の存在を直接意図して用いたかは疑問がある。しかし、こうした赦はいわば断罪行為、またそのための拘束からの解放を意味する儀礼である。解放儀礼が制度化していくということは、逆に言えば、拘束する空間としての「獄」が成立していくことの傍証とも受け取れる。更に、持統天皇四年（六九〇）には、罪状審議を担当する解部が、刑部省に百人加えられている。[注25] これは、刑部省による罪状審議体制の充実化を図ったものだろう。そしてその刑部省被官官司として囚獄司が成立する。「比止夜乃官」（ひとやのつかさ）と訓じ、[注26] その職掌が「掌下、禁二囚罪人一、徒役、功程、及配決事上」[注27] であるように、罪人を拘束するための場所である、「獄」の専当官の登場を迎えることになるのである。

このように、日本では「獄」という拘束空間を備えた断罪制度の整備が、天武朝以降、徐々に進んでいったと考えられる。その結果、「獄官」令ではなく、まず「獄」空間の整備及びそれを基盤とした断罪制度のための篇目として、「獄」令という名称が作られたのである。こうした「獄」空間に対する重きを考えたとき、前章で指摘した、獄令と捕亡令との篇次における近似性は非常に示唆的である。囚を「繋二禁罪人一也。又云、人固在レ獄也。」と説く他、[注28]「止良倍比止」（とらへひと）と訓じたことからも、[注29] 罪人を捕らえ、囚として獄という場所で拘束することに断罪行為の起点があった。獄空間の充実を図ろうとする当時の朝廷の姿勢が、律令の篇次において、断罪に関する獄令と追捕に関する捕亡令とをまとめて配列することに繋がったのだろう。

三　条文構成の日唐比較

1　獄令・獄官令の条文構成

前章では、「獄官」令を「獄」令として継受した背景を考察した。それでは、ここで具体的な内容について両者を比較していきたい。

養老獄令は全六十三条あり、一方、天聖獄官令は、宋令五十九条と不行唐令十二条の全七十一条で、それに基

表5　獄令・獄官令対照表

分類	養老令	唐令拾遺	唐令拾遺補	雷氏復原唐令	天聖令	天聖令の内容
1断罪権の所在	1	1	1	1	1	罪人に初審を行う官司
	2	2	2	2	2	罪状の軽重による再審過程
	3	4	4	4	唐1	諸州の案件に再審を行う使
	｜	｜	｜	3	3	在京及び諸州の断罪内容の報告及び再審
	4	5	5	6	4	獄の監督義務
	｜	3	3	5	唐2	市の犯罪への初審及び再審過程
2　刑罰執行手続き　①死刑執行	5	6	6	7	5	死刑執行に伴う覆奏義務と音楽停止
	6	7	7	8	6	刑を行う際の規定　特に死刑執行時の細則
	7	8	8	9	唐3	死刑執行する場所
	8	9	9	10	7・8	死刑執行の監督者と執行を控える日
②囚死亡	9	10	10	11	唐4	囚の埋葬
	10	11	11	12	9	除免官当に当たる者が死亡、及び死刑が赦で免除された場合
③流刑・移執行	11	12	12	13	10	流移人の妻妾同伴義務と抑留・逃亡の禁止
	12	13	13	14	11	流人の配所先
	13	14	14	15	唐5	流移人の発遣
	14	｜	｜	16	12	囚移送時の警備
	15	｜	｜	17	13	移動中の流移人への支給物
	16	15	15	18	14	流移人の移送日程の確認
④徒流刑執行	17	16	16	19	唐6	流移人への任官
	18	17	17	20	15	徒流の労役内容
	19	18	18	21	16	労役囚の拘束具・暇支給
	20	｜	｜	22	17	労役囚への警備
	21	｜	補1	23	18	流移人の移動中断

づき唐令復原を行った雷聞氏によれば、唐令は全六十八条とされる。[注30]こうした多量の条文を持つ獄令・獄官令について、その条文構成はどのようになっていただろうか。令の全篇目の全条文が厳密な基準によって配列されていたかを疑問視する見解もある。[注31]しかしながら、これだけの量を持つ条文が、何の規則性もなく、漠然と配列されたとは考えにくい。例えば、雷氏も自身が復原された唐獄官令について、1～6条を断罪と覆囚制度、7～11条を決大辟に関するもの、12～25条を流移人に関するものと整理している。

ただ雷氏による整理は前半のみに留まり、これ以降の条文構成は曖昧なままである。そこで改めて再整理すると、表5の通り、獄令・獄官令の条文配列には以下のような分類がなされていたと考えられる。

1　断罪権の所在

	⑤流徒刑移の停止	22	｜	補6	24	唐7	移動及び労役中の服喪期間
		｜	｜	｜	25	唐8	流刑以下の囚が成婚する場合の休暇支給
	⑥女性	23	｜	補7	26	19	拘禁中の女性が出産する時の釈放
		24	｜	｜	27	20	死刑囚の女性が出産した子ども養育先
	⑦官人	25	19	19	28	21	公罪による連坐の段階
		26	｜	｜	29	22	父祖の除名と蔭出身者との関係
		｜	｜	｜	｜	23	夫子の除免官当と母妻の邑号との関係
		27	｜	｜	30	24	告身を剝奪しない場合
		28	20	20	31	25	除免官当による告身剝奪
		29	｜	｜	32	26	罪人の朝会への参加制限
3罪状審議の過程	①告言・罪状確定・拘禁の手続き	30	21	21	33	27	複数罪人がいる場合の審議
		31	22	22	34	28	罪状が改変された格の適用方
		32	23	23	35	29	告言の受理
		33	24	24	36	30	告密の受理
		34	｜	｜	37	31	囚による告言の審議、審議延引と囚死亡時の報告義務
		35	25	25	38	32	罪状審議及び訊問の方法
		36	26	26	39	33	囚接触の制限
		37	｜	｜	40	34	死罪確定の囚の再審
		38	27	27	41	35	罪状確定の文書作成
		39	28	28	42	36	拘禁時に着用する拘束具
		40	29	29	43	37	特殊な罪状審議
		41	｜	補2	44	38	罪状確定の根拠
	②拘禁の細則	42	30	30	45	唐9	議請減贖の適用者及び有官者の拘禁具
		43	31	31	46	39	有官者及び衛官の拘禁手続き
		44	｜	｜	47	40	捕縛する際の本部本司への報告義務
		45	｜	補3	48	41	女性を男性と拘禁場所を分ける義務
		46	32	32	49	42	囚への監督及び長期拘禁の防止

2　刑罰執行手続き

①死刑執行　②囚死亡　③流刑・移執行

④流徒刑執行　⑤流徒刑移の停止

⑥女性　⑦官人

3　罪状審議の過程

①告言・罪状確定・拘禁の手続き

②拘禁の細則　③雑則

4　獄管理

5　雑則

この構成を概観すると、次の通りである。まず1の冒頭で、罪人の罪状及び相当刑をどのように確定させるかという、その権限の所在を明文化している。次に2刑罰執行手続きとして、死刑から徒刑に関するものが配列される。しかもこれらの条文は、実用的な順に沿って並んでいる。例えば③④では、流囚を発遣↓移動↓配所先到着↓配所先での労役といった過程に沿って各条文が並んでいる。続いて、3罪状審議過

	47	33	33	50	43	盗罪発生の報告義務
	48	―	補8	51	唐10	拘禁中の服喪期間を規定
③雑則	49	34	34	52	44	囚の関係者による罪状審議回避
	50	―	―	53	45	告身の把握対象
	51	35	35	54	46	諸州の疑獄の審議
	―	―	―	64	唐11	僧侶・道士への断罪根拠
	―	43	43	55	47	赦の施行
4獄管理	52	36	36	56	48	贖銅・官物・贓の徴収
	53	37	37	59	51	獄への支給品及び持込禁止品
	54	38	38	60	52	囚の看護
	55	―	―	―	―	獄への支給物及び修繕費の財源 ※1
	56	39	39	61	53	流囚への衣粮の支給
	―	―	―	―	54	勅による処分の典拠
	57	―	補4	62	55	在京の囚の監督義務
5雑則	58	―	―	63	56	官物弁償の免除後に徴収を指示する場合
	59	―	―	65	唐12	放賤された者の逃亡時の追捕
	60	―	―	66	57	官に没収された資材の返還
	61	―	―	67	58	赦の施行前後で証言が異なる場合
	62	40	40	68	59	傷害・誣告罪による贖銅の納入先
	63	41・42	41・42	57・58	49・50	刑具の規格及び杖の使用方法
	―	44	44	―	―	囚の監督官の責任 ※2
	―	―	補5	―	―	行宮監牧及び諸王公主への奴婢支給 ※2

※1は養老令、※2は『唐令拾遺』『唐令拾遺補』による。

程の規定が設けられる。すなわち、告言を受理して、囚に訊問を行い、罪状を確定して拘禁するまでの規定が並ぶ。その後、4獄管理に関する規定があり、最後に5これまでの区分に含まれない雑則が並べられている。

この条文構成は、補完関係にある断獄律とは異なる。断獄律は先に見た通り、囚の管理―罪状審議―罪状確定―刑執行といった、断罪過程に沿った配列である。しかし、審議や刑執行といった過程ごとに、条文が分類されている点は共通している。冒頭に、断罪権の所在を明記したのは、令という官に対する行政法規としての面が色濃く出た結果と思われる。

そして、この条文構成について、大津透氏が、天聖令の宋令と不行唐令は、もとの唐令の配列を崩していないことを明らかにしている他、[注32]辻正博氏もまた、天聖獄官令における宋令の新規改訂は、喫緊の事項に限られたと述べている。[注33]そのため天聖獄官令の条文構成は唐令のそれと大きく変わらないと考えられる。また養老獄令と比較しても、目立った異同がないことが分かる。このことから、唐の獄官令の条文構成を、日本の獄令は大きな改変を加えないで継受したと言えるだろう。その姿勢は、日本独自に設けられた、養老獄令55応給衣粮条の位置にも見ることができる。

養老獄令55応給衣粮条

凡獄囚応レ給衣粮、薦席、医薬、及修二理獄舎一之類、皆以二贓贖等物一充。無則用二官物一。

これは囚に給付する衣食や薬品、また獄舎の修繕費用など、獄運営のための財源を規定したものである。『宋刑統』巻二九に唐刑部式として同様の内容が見えることから、この条文は唐式を令文として継受したものであることが分かっている。この独自に盛り込んだ条文を55条として、4獄管理という分類に挿入したのは、やはり獄令及び獄官令の条文構成を意識していたためと考えられる。

逆に、天聖令と養老令とを照らし合わせた場合、日本令にその存在が確認できないものは、宋3・宋23・宋47・宋54・唐2・唐8・唐11条である。

この内、宋3・23・54条は雷氏によれば宋代の新制であり、唐令との対応関係が不明確である。また、宋47条の赦の施行手続きとは、囚を朝庭に集めた上で解放するというものであったが、日本では『続日本紀』大宝元年（七〇一）十一月にこの儀式が廃止されている。[注34] そのため、獄令条文としては削除したのだろう。また唐11条という僧侶・道師の断罪に関わる条文は、日本令が独自に設けた僧尼令の存在を前提に削除された可能性がある。よって、日本が唐から継受しなかった条文は、唐2条の市で犯罪が起こった際の断罪権、唐8条の囚が成婚する場合の規定のみとなる。そして両条文は、条文構成の分類も異なることから、各々の条文内容を踏まえた取捨選択の結果、日本では削除されたものと思われる。
以上の整理結果から、獄官令に含まれる条文は、一定の分類基準に沿って配列されており、日本の獄令はその条文構成をほぼ忠実に継受し、新たに設けた養老獄令55応給衣粮条もまた、その構成に沿うよう配列させたと言える。

2　古代日本における「杖」と「かせ」

このように、獄官令の条文構成に沿って、その大枠を継受した獄令であるが、唯一、獄官令と異なる点がある。それが養老獄令63杖笞条の位置である。

養老獄令63杖笞条

凡杖、皆削㆓去節目㆒。長三尺五寸。訊㆑囚及常行杖、大頭径四分、小頭三分。笞杖、大頭三分、小頭二分。枷長、四尺以下、三尺以上。梏長、一尺八寸以下、一尺二寸以上。其決㆓杖笞㆒者、臀受。拷訊者、背臀分受。須㆓数等㆒。

天聖獄官令49条

諸枷、大辟重二十五斤、徒流二十斤、杖罪一十五斤。各長、五尺以上、六尺以下。頰長、二尺五寸以上、六寸以下。共闊、一尺四寸以上、六寸以下。径三寸以上、四寸以下。仍以㆓乾木㆒為㆑之。其長闊、軽重、刻㆓志其上㆒。杻長、一尺六寸以上、二尺以下、広三寸、厚一寸。鉗重、八両以上、一斤以下。長一尺以上、壱尺五寸以下。鎖長八尺以上、一丈二尺以下。

天聖獄官令50条

諸杖、皆削二去節目一。官杖長三尺五寸。大頭闊不レ得レ過二二寸一。厚及少頭径不レ得レ過二九分一。小杖長不レ得レ過二四尺五寸一。大頭径六分、小頭径五分。訊レ囚杖長同二官杖一。大頭径三分二釐、小頭径二分二釐。其官杖用二火印一為レ記。不レ得レ以二筋膠及諸物装釘一。考訊者、臀腿分受。

養老獄令63杖笞条は、杖笞刑や訊問を行うための刑具である「杖」と枷・梏といった拘束具「かせ」の規格、そして「杖」の使用方法を規定したもので、獄令の末尾に置かれている。しかし、これに対応する天聖令は、それぞれ「かせ」と「杖」の規格のための二条文から成る上、その位置は、4獄管理に関わる分類に含まれている。

日本令では独自に設けた条文を、篇目内の最後に配する例があったとされている。[注35] しかしながら、前述の通り、養老獄令55応給衣粮条が条文構成に則って挿入されていることを踏まえると、唐令の二条文を一条文に改変するという、独自の手を加えたために末尾に配したというのは、首肯しがたい。また、養老獄令63杖笞条に対応する唐令があったことは明らかであるから、この条文を独自に末尾に追加したのではなく、その位置を変えたものと考えるべきである。

では養老獄令63杖笞条の位置に手を加えた理由とは何か。それについては、「杖」と「かせ」の利用方法と関係があったと推定される。

「杖」は、名例律に規定された五刑の杖・笞刑を施すための刑具であり、『隋書』巻八一倭国伝に、倭の刑罰として杖が見える。[注36] また『日本書紀』敏達天皇十四年にも楚、つまりむちが振るわれる例が認められる。[注37] この点から、井上光貞氏は、杖刑が中国律の影響を受けて、古くから日本の刑罰としてその役割を果たしていたと指摘している。[注38] また、獄令が規定する通り、罪人を訊問する際にも「杖」は使用された。『続日本紀』天平勝宝九歳（七五七）七月には、橘奈良麻呂の変の際に、事件の中心人物とされた黄文王らが、訊問中に杖死している。[注39]『日本後紀』大同四年（八〇九）閏二月甲辰条の安倍朝臣鷹野の卒伝でも、彼の侍従が伊予親王事件の際の訊問で「大杖」を背が爛れるほどに加えられ、その結果死亡したと伝えられている。[注40]「杖」は刑罰としては古くから用いられており、更に律令制施行以後には刑罰だけでなく、熾烈を極めた拷問に活用されていたのである。

しかし、一方で、こうした刑や訊問以外に、「杖」が振るわれた場合がある。

養老儀制令23内外官人条

凡内外官人、有下恃二其位蔭一、故違中憲法上者、六位以下及勲七等以下、宜レ聴二量レ情決笞一。若長官無、聴下次官応二致敬一者決上。其諸司判官以上、及判事、弾正巡察、内舎人、大学諸博士、文学等、不レ在二決笞之限一。

養老儀制令24帳内資人条

凡帳内資人雖レ有二蔭位一、不レ称二本主一者、杖罪以下本主任決。四位以下、唯得二決笞一。

この両条文によれば、官人や本主は、本司内の下位官人や帳内・資人に対して、杖笞を施すことが認められていた。この条文について、大隅清陽氏は、唐の刑部格を令文として継受したものであることを踏まえた上で、その背景を以下のように説明している。[注41] すなわち、基本的に官人には、贖銅の納入を杖笞刑の執行に換えるという、実刑を回避する手段が律では認められていたが、唐代では例外的に実刑を行う場合があり、その結果、その行為を認める内容の刑部格が出された。そしてこの「例外的」な規定を儀制令の条文として継受した日本側には、古来の身分秩序を引き継いだ官人社会の礼制を維持するため、違反者を刑罰で統制するという発想があったという。これは、刑罰としての杖笞と別に、一般的な処罰にも「杖」を使用することを、日本では令自体が認めていたことを意味する。坂上康俊氏もまた、大隅氏の見解を受けて、「杖」を振るう権利によって、日常的な支配・従属関係が確認され続け、天皇はその関係を介して統治を実現しようとしたとして、日本の律令国家の秩序維持に、「杖」の使用が深く関わっていたことを指摘している。[注42]

実際に、朝廷から禁止事項が詔勅によって命ぜられる際に、違反者への処罰として「杖」が振るわれることは天武朝に既に見えている。[注43]『万葉集』巻五の貧窮問答歌ではむちを振るう里長の姿が詠まれているが、[注44]ここには官権力の支配の象徴として用いられる「杖」の姿がある。このように「杖」とは、刑や訊問といった断罪行為だけではなく、官による支配を維持する上で、その違反者を取り締まる処罰行為にも用いられるものだった。

断罪行為のみならず、広く支配の手段として施された「杖」の存在を考慮すると、先ほど述べた、養老獄令63杖笞条が獄管理に関する区分から外された意味が明らかとなる。すなわち、日本では「杖」は、刑罰や訊問時だけでなく、様々な秩序維持を目的に、広く官によって用いられることを想定されていた。また、こうした「杖」の利用を唐ではあくまで「例外的」と位置づけたのに対して、日本では令自体がその行為を包括していた。そのため、養老獄令63杖笞条は、獄管理に限定した条文としてではなく、広く処罰に関わる規定として、獄令の末尾に配されたのだろう。

同様のことは「かせ」にも当てはまる。

この刑具は罪人が着用するものとして、獄令に規定がある。それによれば、枷や杻は囚がその相当刑によって、拘禁中に着用が義務づけられていた。[注45] つまり、これらの「かせ」は罪状審議を受ける者が身につける刑具であった。ところが、日本ではこれ以外にも着用する事例がある。『日本書紀』大化五年（六四九）三月庚午には捕らえた者に枷を着けた上で縛っている。[注46] 時代は下るが、『続日本後紀』承和九年（八四二）七月の、伴健岑と橘逸勢らの謀反事件の際には、当事者ら五人が罪状審議より先んじて、六衛府にて杻を着けて拘束されている。[注47] これらの事例から、「かせ」は捕縛時に相手を実質的に拘束する道具としても用いられていたことが分かる。「かせ」とは囚の立場を示す刑具であると同時に、拘束具として、獄の外でも用いられたのである。「かせ」もまた、先に見た「杖」と同様に、獄という断罪のための空間にのみ用いるものではないことを前提に、63条という位置にその規格規定が盛り込まれたのである。

このような「杖」や「かせ」の用途を踏まえた結果、養老獄令63杖笞条の位置に日本独自の工夫が生じた。獄とそれ以外における使用を分別しようとした意識は、前章で考察した「獄」空間の整備と連動したものと思われる。養老獄令63杖笞条の変化は、断罪を行うための領域としての「獄」をより明確にすることに、その目的があったのだろう。篇目内末尾の独自条文は大宝令段階で作成されたとされる。[注48] その説に従うならば、天武朝以降に進められてきた獄体制の整備を受けて、大宝令編纂の段階で、獄の内と外の明確な境界線が引かれたということになろう。つまり、「獄」空間における断罪及びその他の処罰・拘束場面をも想定した刑具の使用が、大宝令によって令文化されたのである。

なお、こうした獄の外での使用も考慮された「かせ」とは異なり、「獄」空間と密接な関係を持つ「かせ」がある。それは鈦である。獄令によれば、流徒刑囚が労役に就く際に着用が義務づけられており、[注49] 実際に、囚が鈦を着ける例が史料上で確認できる。[注50] 鈦を着用する労役囚の管理は、中央では囚獄司、地方では国司といった、獄空間を持つ官がその任に当たっていた。そのため、鈦は「獄」と関係の深い刑具と言える。更に平安時代以降になると、鈦の着脱は「着鈦政」として儀式化していく。それは、自由な移動を制限するという鈦の性質と関係があると思われる。獄令の言う囚の拘束規定によれば、枷・杻の着用が必要ない者も、「散禁」として自由な移動は認められていない。[注51] それに対して、鈦という足かせは自由な移動を制限する「かせ」であり、「獄」に拘束されて自由を奪われた囚を象徴する刑具だった。よって、その着脱は「獄」空間からの入出を、視覚的に表現するものとして儀礼化していったと考えられる。

おわりに

本稿では、日本の獄令について、その編纂内容に見える特質を、中国の獄官令と比較しつつ分析してきた。最後に、その特質をまとめると次の通りである。

篇次については、断罪行為に関する規定である獄令と、人を拘束するための規定である捕亡令を、一つのまとまりとして整理した。それは、罪人を裁く行為と、罪人を拘束する追捕手続きを結びつけることで、「獄」という空間に罪人を拘束し断罪を施すといった、一連の断罪制度の構築を目的とした日本独自の改変であった。こうした「獄」空間の整備は、主に天武朝から始められたと推測され、その進展に伴い、罪人の拘束及び断罪を行うための令篇目として、中国に見える「獄官」令ではなく、「獄」令が設定された。内容については、唐の獄官令の大綱を忠実に継受している。ただし、「獄」空間の整備を踏まえて、それ以外の場面での利用も想定されていた、「杖」「かせ」という刑具の規定は、その利用を獄空間に限らないよう、唐令とは異なる条文として扱われた。

このように、中国では「獄官」による断罪行為のための規定として、「獄官」令が編まれたのに対して、日本ではそうした専当官よりも、「獄」そのものの設置をまず、国策として推し進めようとした。日唐間における断罪制度の力点の違いを基に、日本の「獄令」という篇目の編纂が行われたのである。

こうした「獄」空間に力点を置いた断罪制度の確立を目的に、日本の獄令が唐の獄官令を継受して編纂されたことが明らかとなった。それは言い換えれば、獄令を断罪制度の基本法規として運用することを想定していたということになる。すなわち、日本の獄令は、律令国家の秩序維持のために作られた篇目だったのである。こうした獄令という篇目の評価を基に、改めて、獄令の各条文の言う各断罪制度の運用を検討することが必要であるが、それは今後の課題として、本稿はここで擱筆したい。

注

1 池田温「唐令と日本令――〈唐令拾遺補〉編纂によせて」（同編『中国礼法と日本律令制』東方書店、一九九二年）一七四頁。

2 池田温「中国律令と官人機構」（仁井田陞博士追悼論文集編集委員会編『仁井田陞博士追悼論文集　第一巻　前近代アジアの法と社会』勁草書房、一九六七年）。

3 前注1池田論文。

4 坂本太郎「日唐令の篇目の異同について」（『坂本太郎著作集　第七巻　律令制度』吉川弘文館、一九八九年、初出は一九八四年）。

5 前注2池田論文、一五五頁。

6 戴建国「天一閣蔵明抄本《官品令》考」（『宋代法制初探』黒竜江人民出版社、二〇〇〇年、初出は一九九九年）。

7 吉永匡史「大宝律令施行前後における軍事構想――日唐捕亡令の比較検討を通じて」（『律令国家の軍事構造』同成社、二〇一六年）。

8 大町健「律令法と在地首長制」（『歴史学研究』別冊特集、一九八〇年）四五頁。

9 前注4坂本論文。

10 前注1池田論文。

11 『令集解』僧尼令21准格律条所引古記「又獄令云、凡犯罪、徒以上及奸盗、依レ律科断。余犯依二僧尼法一」。

12 『日本三代実録』仁和二年（八八六）四月三日条「是日、木工寮仕丁立縫彦麻呂、於二東宮南門樹下一、以二刀子一刺二殺同僚刑部貞雄一。捉二彦麻呂一、下二於獄官一」。

更に、寛文十三年版本を底本とした、朝日新聞社『日本三代実録』では、「獄官」の「官」の字は諸本によって補ったとする。谷森本を底本とした、国史大系『日本三代実録』では特に言及はない。

13 宮宅潔「「司空」小考――秦漢時代における刑徒管理の一斑」（『中国古代刑制史の研究』京都大学学術出版会、二〇一一年、初出は二〇〇八年）。

14 『唐六典』巻六に「凡京都大理寺、京兆・河南府、長安・万年・河南・洛陽県、咸置レ獄。其余台・省・寺・監・衛・府、皆不レ置レ獄」とある。

15 島善高「唐代慮囚考」（瀧川博士米寿記念会編『律令制の諸問題 瀧川政次郎博士米寿記念論集』汲古書院、一九八四年）。

16 『新唐書』巻五六刑法志に「凡州県皆有レ獄」とある。

17 『唐六典』巻三十。

18 『故唐律疏義』闘訟律42条「諸告二小事一虚、而獄官因二其告一検、得二重事及事等一者。若類二其事一、則除二其罪一。離二其事一、則依二誣論一」。

19 『続日本後紀』嘉祥二年（八四九）閏十二月庚午条「先レ是、紀伊守従五位下伴宿祢龍男、与二国造紀宿祢高継一不レ愜。於レ是不レ忍二怒意一、輙発レ兵捕二高継幷党与人等一。仍可二勘申一状、官符下知已畢。而今日掾林朝臣並人馳来申云、守龍男分二遣従僕一、各帯二兵仗一、暗中放レ鏑、威二脅衆庶一、或被レ執二囹圄一、日夜叫呼、或東西奔走、中途流離。並人諫曰、百姓有二犯過一者、雖レ云二長官一、須下委二之傍吏一、任レ理勘決上。而躰捕二前人一、事乖二物情一。龍男固拒不レ聴。仍脱レ身入京者」。

20 養老戸令33国守巡行条「凡国守、毎年一巡二行属郡一、観二風俗一、問二百年一、録二囚徒一、理二冤枉一、詳二察政刑得失一、知二百姓所一患苦一、敦喩二五教一、勧二務農功一」。

21 白鳥清「牢獄及び狴犴の起源に就いての臆説」（『日本・中国古代法の研究――神判・誓盟の研究』柏書房、一九七二年、初出は一九三八年）によれば、「獄」の字は、二犬が字に含まれることから、犬を使用して罪科の有無を決める、神判の風習を反映したものとする。

22 養老獄令1犯罪条に「凡犯罪、皆於二事発処官司一推断。在京諸司人、京及諸国人、在京諸司事発者、犯二徒以上一送二刑部省一、杖罪以下当司決。其衛府糺二捉罪人一、非レ貫二属京一者、皆送二刑部省一」と、在京官司による杖以下の決罰と、徒刑以上の上申規定がある。また、養老獄令2郡決条では、「凡犯罪、笞罪郡決レ之、杖罪以上、郡断定送レ国。覆審訖、徒杖罪及流応二決杖一若応レ贖者、即決配徴贖。其刑部断徒以上、亦准レ此。刑部省及諸国、断二流以上若除免官当一者、皆連二写案一申二太政官一。按覆理尽申奏」と、国郡司による決罰及び上申規定を設けている。

23 『日本書紀』朱鳥元年（六八六）五月条に「是月、勅遣二左右大舎人等一、掃二清諸寺堂塔一。則大二赦天下一、囚獄已空」とあるほか、持統天皇九年（六九五）九月戊申条に「原二放行獄徒繫一」とある。橋本義則「日本古代宮都の獄――左右獄制の成立と古代宮都の構造」（新宮学編『近世東アジア比較都城史の諸相』白帝社、二〇一四年）も、これらの史料を基に、天武天皇の在位末年頃に、飛鳥の地に獄が存在した可能性が高いと推定している。

24 佐竹昭「恩赦制度受容期の諸様相」（『古代王権と恩赦』雄山閣、一九九八年、初出は一九七九年）。

25 『日本書紀』持統天皇四年（六九〇）正月丁酉条に「以二解部一百人一、拝二刑部省一」とある。

26 元和本『倭名類聚抄』巻五。

27 養老職員令32囚獄司条。

28 『箋注倭名類聚抄』巻一。

29 元和本『倭名類聚抄』巻二。

30 雷聞「唐開元獄官令復原研究」（天一閣博物館・中国社会科学院歴史研究所天聖令整理課題組校證『天一閣蔵明鈔本天聖令校證』中華書局、二〇〇六年）。

31 岡野誠「書評・新刊紹介　大津透編『日唐律令比較研究の新段階』」（『唐代史研究』一二、二〇〇九年）。

32 大津透「北宋天聖令の公刊とその意義――日唐律令比較研究の新段階」（同編『律令制研究入門』名著刊行会、二〇一一年、初出は二〇〇七年）。

33 辻正博「天聖獄官令と宋初の司法制度」（『唐宋時代刑罰制度の研究』京都大学学術出版会、二〇一〇年、初出は二〇〇八年）。

34 『続日本紀』大宝元年（七〇一）十一月乙酉条「太政官処分、承前有レ恩、赦レ罪之日、例率二罪人等一、集二於朝庭一。自今以後、不レ得二更然一。赦令已降、令二所司放一レ之」。

35 前注32大津論文

36 『隋書』巻八一倭国伝「其俗、殺人強盗及姦皆死。盗者計レ贓酬レ物、無レ財者没レ身為レ奴。自余軽重、或流或杖」。

37 『日本書紀』敏達天皇十四年三月丙戌条「有司、便奪二尼等三衣一、禁錮楚二撻海石榴亭一」。

38 井上光貞「隋書倭国伝と古代刑罰」（『日本古代思想史の研究　井上光貞著作集　第二巻』岩波書店、一九八六年、初出は一九七六年）。

39 『続日本紀』天平勝宝九歳（七五七）七月庚戌条「黄文（改名多夫礼）・道祖（改名麻度比）・大伴古麻呂・多治比犢養・小野東人・賀茂角足（改姓乃呂志）等、並杖下死」。

40 『日本後紀』大同四年（八〇九）閏二月甲辰条「侍従中臣王、連二伊予親王之事一、経レ拷不レ服。時嬖臣激レ帝令レ加二大杖一。王背崩爛而死」。

41 大隅清陽「儀制令における礼と法――律令法系の構造的特質をめぐって」（『律令官制と礼秩序の研究』吉川弘文館、二〇一一年、初出は一九九三年）。

42 坂上康俊「古代の法と慣習」（『岩波講座　日本通史』第三巻、岩波書店、一九九四年）。

43 『日本書紀』天武天皇十三年（六八四）閏四月丙戌条として、詔で文武官に乗馬の習練及びその装束調達を命じる中で、「亦装束有レ闕者、親王以下、逮二于諸臣一、並罰レ之。大山位以下者、可レ罰々レ之、可レ杖々レ之」と、違反者への対応を述べている。

44 『万葉集』巻五―八九二貧窮問答歌「（前略）伊等乃伎提　短物乎　端伎流等　云之如　楚取　五十戸良我許恵波　寝屋度麻侶来立呼比奴　可久婆可里　須部奈伎物能可　世間乃道」。

45 養老獄令39禁囚条「凡禁囚、死罪枷杻、婦女及流罪以下去レ杻。其杖罪散禁。年八十、十歳、及癈疾、懐孕、侏儒之類、雖レ犯二死罪一亦散禁」。

46 『日本書紀』大化五年（六四九）三月庚午条「山田大臣之妻子及随身者、自経死者衆。穂積臣嚙、捉二聚大臣伴党田口臣筑紫等一、着レ枷反縛」。

47　『続日本後紀』承和九年（八四二）七月己酉条「春宮坊帯刀伴健岑、但馬権守従五位下橘朝臣逸勢等謀反、事発覚。（中略）于レ時伊勢斎宮主馬長伴水上来在二健岑廬一。有二嫌疑一同被レ捕。又召二右近衛将曹伴武守、春宮坊帯刀伴甲雄等一、令レ解二兵仗一、幷五箇人分二付左近衛・左衛門・左兵衛等三府一、並令二杻禁一」。

48　大隅清陽「大宝律令の歴史的位相」（大津透編『日唐律令比較研究の新段階』山川出版社、二〇〇八年）。

49　養老獄令19流徒罪条「凡流徒罪居作者、皆着二鈦若盤枷一。有レ病聴レ脱。不レ得レ着レ巾。毎レ旬給二假一日一。不レ得レ出二所レ役之院一。患假者陪二日。役満遞二送本属一」。

50　『続日本紀』天平十七年（七四五）四月甲寅条に「私鋳銭及従者、着レ鈦、長役二鋳銭司一」とある他、天平神護二年（七六六）条に「是年、民私鋳レ銭者、先後相尋。配二鋳銭司一駈役。普皆着二鈴於其鈦一。以備二逃走一、聴レ鳴追捕焉」などの例が確認できる。

51　前注45参照。

古代の僧尼と寺院

――僧尼令と『日本霊異記』――

本郷　真紹

はじめに

七世紀後半の天武朝より、律令体制の構築に合わせて、新たな仏教の利用が図られるようになる。仏教思想の普及については、既に推古朝より興隆の手段が講じられ、種々の側面で積極的な動きが見られたが、この天武朝の段階で打ち出された新傾向として注目すべきは、経典の製作・頒布とその講説に力点が置かれた点であろう。[注1]明らかに、特定の仏教思想を意図的に流布させる目論見が見受けられたのである。その性格は、この時期から名称が頻繁に正史に登場する金光明経の教説に、象徴的に窺われている。同経四天王品第六に説かれた四天王による国家守護の理念、それは既に、用明二年（五八七）の物部守屋討滅の際に厩戸王が行ったとされる誓願と四天王寺の建立に見て取られ、[注2]また七世紀中葉の朝鮮半島の情勢変動に際しても、こののち金光明経と並び護国経典として重視された仁王般若経の教説に頼らんとする姿勢が見受けられた。[注3]しかし、これらは何れも、緊迫した情勢に対応する手段として講じられたものであり、天武朝の金光明経頒布・講説とは、些か異なった性格を有していた。天武朝の新たな施策に窺われたのは、中央集権体制を志向するにあたり最重要課題であった王権の確立とその護持、とりわけ天皇の君臨する意義を仏教の論理を通じて各地域に宣揚するという目的であり、そのため殊更に、国王の信仰を前提として護国の功徳を説く経典の利用が積極的に図られたのである。

　このような目論見を実行に移すにあたり、直接重要な役割を果たす存在として認識されるのが、僧尼と寺院である。天皇自身が神性を具備し、同時に最高の祭祀権を有するものと位置付けられた伝統的な神祇信仰と異なり、外来の仏教に対しては、天皇はあくまで外護者としての立場を保ち、その維持と興隆にあたる僧尼を朝廷の期待通りに機能させることが、極めて重要な意義を有した。ここに、僧尼の生産と統制、即ち、宗教的身分を保証する得度の権限を朝廷が掌握すると同時に、法規制を通じて彼らの行動を統制する必然性が存したのである。

　律令公民支配の基盤が戸籍に基づく個別人身支配である以上、仏教の側からの、僧尼身分の非世俗性を根拠に俗権からの相対的自立を求める主張に関わりなく、[注4] 基本的に出家者の認可と統制は、朝廷にとって欠くことの出来ないものであった。天智九年（六七〇）の庚午年籍の作成ではじめて公民の実態把握が試みられ、持統四年（六九〇）の庚寅年籍より班田制と課税のシステムに対応する戸籍の作成が始められる。それ以前の得度の過程については、史料的制約により判然としないが、同十年に毎年十二月晦日に浄行者十名を度すこととされ、のちの年分度者制の濫觴となった。[注5]

　本稿では、八世紀初頭に成立した僧尼令の内容を概観し、そこに窺われる僧尼統制の性格を確認した上で、平安初期に薬師寺僧景戒が著述した『日本霊異記』（以下霊異記と略す）に見られる僧尼の実態を検証し、僧尼令を通じて構築の図られた秩序の本質が如何なるものであったのか、それがどれ程の拘束力を有したか、また、僧尼が活動の拠点とした寺院はどのような歴史的特質を有する存在であったかといった点について、考察を試みることにしたい。

一　僧尼令の性格

推古三十二年（六二四）の段階で寺院と僧尼の調査が行われ、結果僧尼合わせて千三百八十五名とある事から、[注6]それより七十余年を経て、僧尼令制定時にはかなりの数の僧尼が存在したことが推測される。そうなれば、当然一つの社会的身分として、彼らを如何に処遇するかが朝廷の懸案となり、大宝令の編纂過程で、唐令にない僧尼令という編目を設定し、具体的な統制の内容を示す必要が生じた。唐・道僧格を参考としながら僧尼令が制定され、大宝元年（七〇一）道君首名が大安寺（大官大寺）でその内容を説くところとなる。[注7]

大宝僧尼令は完形では伝存しないが、養老二年（七一八）に成立した養老僧尼令二十七箇条の内容と大過ないものと受け取られ、そこには、全体として僧尼の行動を細部にわたり規制する内容が盛り込まれた。

先ず第一に、政治的な危険性が懸念された条目として、第一・上観玄象条や第二・卜相吉凶条、第五・非寺院条、第二十三・教化条が挙げられる。[注8]上観玄象条では、天文の状況判断等から朝廷・天皇に対する批判に及ぶことを警戒し、卜相吉凶条でも、卜占的行為や巫術による治療等を禁じている。そのような事態を招く環境を設えないため、非寺院条では僧尼の所属する寺院以外に礼拝施設を私的に設けて教化活動を行う事を禁止し、教化条では、俗人に仏像や経典を付与し、そこに赴いて教化させることを戒めている。

次に、僧尼の内律即ち戒律に触れる行為等の禁止事項を提示する。第七・飲酒条で飲酒・食肉・五辛を服する行為を制し、第九・作音楽条では音楽や博戯の禁止を、また第十・聴着木蘭条では僧尼が身に付けるものを指定し、第十一・停婦女条及び第十二・不得輙入尼寺条では僧尼・男女の混同を戒める。のちに触れる僧尼の身分に関する規定と合わせて、俗人との差異を明確にする方向が打ち出される。また、第十八・不得私蓄条では、僧尼が私的に園宅を保有し財物を蓄え、出挙を行う事を禁じているが、僧尼に対して給される布施についても、第二十六・布施条で、奴婢や牛馬、兵器といった交易価値を有するものの施入を禁じている。注9

さらに、俗官との関係について、第四・三宝物条では官人への寺物の贈呈を禁じ、第八・有事可論条および第十七・有私事条では僧尼による訴えの際の規定を示し、第十九・遇三位已上条では、道路で貴族に出会った際の身体の処し方を指示する。注10

この僧尼令の基盤とも言うべき僧尼の身分については、第三・自還俗条、第十六・方便条、第二十・身死条、第二十二・私度条があり、自還俗条は僧尼が還俗する際の手続き、方便条は他人の名をかたり身分を偽ることの戒め、身死条は僧尼死去の際の手続き、私度条は私度や還俗者が法服を身に付けることの禁止を謳っている。注11 このような厳しい管理を強いる一方で、第二十一・准格律条では、僧尼による犯罪の量刑について、徒一年以上の刑は還俗させる事で一年を減じるという告牒当の措置を講じ、百杖以下の刑は杖十ごとに十日の苦使とするなど、減免の特権を保障した。注12 僧尼の苦使とは、第十五・修営条によれば、経典の書写や寺院の清掃などの作業をさし、第二十五・外国寺条において、百日苦使の罪を三度犯した場合でも、畿外の寺院に配されるだけで僧尼身分は維持されるなど、そこには寛容さも見受けられたのである。注13

僧俗の身分秩序の厳格化は、朝廷にとって大きな政治的課題であり、十分意を配った規定が設けられた。個別人身支配を原則とする律令制の統治システムに於いて、国家の優遇を受け、課役を免除され所属寺院を通じて扶養されるだけでなく、犯罪の量刑も俗人に比べて軽く設定された僧尼は、官人的な性格をもつ存在であり、その身分と行動は厳格に管理するのが原則であった。特に、律令制支配に抵触する、課役の忌避、或いは生活の糧の給付を目的とする形式的な出家などは、決して容認すべきものでなく、厳しい規制が敷かれたと考えられる。

朝廷の僧尼に対する期待は、仏教信仰の直接の担い手たる彼らに、法の如く教学研鑽と修行を行わせることで、その法力により鎮護国家をはじめとする現世利益、或いは追善の功徳を得せしめることにあったが、同時に、僧尼と寺院は伝統的な清浄性を創出・維持するための手段として観念された。僧尼令に一貫して俗人との無用な接触を回避するための規定が設けられたのも、宗教活動への専念、朝廷にとって好ましからぬ仏教教義の流布防止もさることながら、俗穢に触れる行為を規制するという目的が含まれたのである。まさにこの点に、僧俗身分秩序の厳格化の今一つの理由があり、「浄行（僧）」という表記が史料に頻繁に見受けられるように、清浄性の維持こそが僧尼の理想と受け取られていた事に注意する必要があろう。

この他、第六・取童子条では、近親者や同郷の童子を仕えさせることを許可し、第十三・禅行条は、僧尼が山林での修行を行う際の手続きを規定する。[注14] 山林修行は、所属寺院での教学の研鑽や勤式・作法の習得等と並び、僧尼にとって極めて重要な意義を有する活動であり、天智天皇の創建にかかる近江の崇福寺のように、官寺の中にも、修行の拠点となる山林寺院的な性格を有するものが存在した。平城京下の官大寺に属する僧も、近隣の山間部で修行を行っており、天平初年に活躍した神叡は、吉野の比曾寺で修行したという伝を遺している。[注15] ただ、無制限に山林修行が認められていた訳ではなく、本条の規定に窺われるように、所属寺院の三綱を通じて、平城京では僧綱・玄蕃寮に、それ以外の地方では国郡司に届け出、太政官の判断を仰ぐ必要が存した。天平宝字八年（七六四）に起こった恵美押勝の乱に際し、押勝一党の僧が山林で不穏な行動をとっているとして僧尼の山林での活動が一時期禁じられたことに見て取られるように、注16 朝廷は常に僧尼の動きを把握する姿勢を示していたのである。

僧籍にあって僧尼の教導と、平城京下の寺院・僧尼の管理の役割を担ったのが僧綱で、その濫觴は推古三十二年（六二四）の百済僧観勒の僧正任命であるが、天武朝に僧正・僧都・律師が置かれて形が整えられた僧綱の任命についての規定が、第十四・任僧綱条である。注17 本条では、僧綱は徒衆即ち僧尼の推挙により、太政官で判断し任命するという手順が示されているが、実際には、天皇とその近親、或いは高官の意向で任命される場合が多く、特に八世紀後半の宝亀年間に至る迄の段階では、僧の有する治病能力を重視し、天皇等の身体護持に当たった功績に対する褒賞の意味をもつ僧綱補任が複数見受けられた。この場合、僧正や大僧都といった僧綱の高位へ直任される傾向が強く、玄昉・良弁・道鏡といった著名な僧も、同類の経緯で僧綱に任命されたのである。注18

最後に、第二十七・焚身捨身条では、僧尼が自身の身体を燃やすなど危害を与える行為を禁じているが、逆に修行の一環としてこのような行為が行われた状況がその背景に存することが見て取られよう。注19

以上、養老僧尼令の内容を概観したが、大宝令でも規定されたこの諸規定の徹底を図ろうとする姿勢は、律令の浸透を図るべく努力されている八世紀前半段階の状況に触れた『続日本紀』（以下、続紀と略す）の記事にも窺われた。

養老元年（七一七）より翌年にかけて、僧尼令の内容の再確認とも言うべき僧尼統制の詔が続いて発せられる。養老元年四月、元正天皇の詔により、（一）百姓が恣意的に僧尼の身形をしている、（二）僧尼は寺院寂居が原則であり、乞食の際は許可を得て午前中に行うべきであるのに、行基とその弟子は人里に出入りして罪福を説き、身体の一部を害する行為をとり、必要以上の物を貰い受け、聖道と詐称して百姓を惑わしている、（三）僧尼の医療行為は、仏道により神呪を持し、また湯薬を施す行動は令で認められているものの、安易に病人の家に赴いて幻恠の情を祈り、また巫術を用い吉凶を占っている、といった実態を論い、その禁圧を命じる。[注20]次いで、同年五月、百姓が課役忌避の手段として、王臣に仕え得度を求めていると非難し、さらに僧尼に対しても、国郡の許可を得ずに童子を取ったり、少丁以上の年令の者を取る事を禁じている。[注21]

翌養老二年十月には、太政官が僧綱に対し、模範的な僧の顕彰により、僧尼の学業・修行の奨励等、朝廷にとって望ましい形での教導を命じているが、その中で、僧徒は浮遊せず、衆理講論、諸義学習、経文唱誦、禅行修道するのが本義であり、本来の趣旨と異なり妄りに山に入って草庵を営んだり、乞食で人里を訪れ俗穢と交わるのは、清浄性を損なうものであると指摘する。[注22]先に触れたように、そこには、俗人に対する思想的影響を懸念するというだけでなく、僧尼自体が、清浄性を創出・維持すべき存在として認識されていたことが改めて看取される。この二年後の養老四年正月には、僧尼に対して公験が発給された。[注23]

更に養老六年七月、僧綱の政務の内実化を図るため、僧綱の居所が薬師寺に定められ、また、恐らくはこの時期右京三条三坊の菅原寺を拠点に活動を展開していたと目される行基とその弟子の活動を意識して、前掲の養老元年四月と類似した内容の禁制が出される。[注24]以後、神亀元年（七二四）十月には、京及び諸国の僧尼名籍の内容について、かなり徹底した調査が行われ、その結果総じて一一二二人に不審な点が認められると報告される。これに対し、聖武天皇の詔により、孝徳朝から天武朝にかけては事実関係が究めがたく、三綱や俗官の記録にも粗略があるため、名籍に従って公験を発給するよう命じられる。[注25]また、神亀六年（七二九）四月には、山林に停住し、仏道と偽って不穏な活動を展開することが戒められている。[注26]

天平年間に入り、朝廷の仏教に対する姿勢が変化し、国分寺・国分尼寺の設置や盧舎那大仏の造立といった大規模な仏教興隆策が相次いで打ち出され、一度に大量の臨時度が行われるに至るまでは、朝廷の施策に、僧尼令の規定に則って僧俗間の身分秩序を構築し、これを厳格に維持しようとする姿勢が認められた。しかし実際には、得度を目指して修行に励む優婆塞・優婆夷や、正式の得度を経ていない自度も含めて、出家を志す者が僧尼令の内容に準じた統制を受け、その活動がかなり制約されていたかと言えば、必ずしもそのように言い切れない事態が展開していた。そこで、平安初期に著述された『日本霊異記』（以下、霊異記と略す）の内容から、具体的に僧尼の生活の実態に迫ることにしたい。

二　僧尼の実態

「罪福の因果」を説く事をはじめ、朝廷の危険視する思想的影響については、先に掲げた、養老元年四月に行基とその弟子がこれを説いているという指摘は見受けられるものの、危険行為と評すべきものであったか否かは判然とせず、その後行基とその弟子に対して僧尼令の規定に沿った処罰が加えられた痕跡が存在しないことから、この時の指弾の理由は、僧尼令の条文を適当に列挙したものという感を禁じ得ない。また、霊異記所載の各縁にも、同じ理由で処罰された例は見当たらない。ただ、朝廷にとって好ましからぬ危険な思想とまでは断じ得ないものの、僧尼に従来の理念とは異なった観念を構築する可能性が存在したことについては、霊異記の著者である薬師寺僧景戒の意識にも、それを窺わせる要素が認められる。

下巻の最終・第三十九縁に次のような一節が見える。伊予国神野郡の石槌山で修行し、高僧として僧俗から尊崇された寂仙法師が、天平宝字二年（七五八）の入寂の際に、二十八年後に国王の子として生まれて神野と名付けられる旨、録文を留めて弟子に授け、その言葉通りに、延暦五年（七八六）に神野親王が誕生した。この親王が年長じて嵯峨天皇となるが、嵯峨天皇について景戒は、弘仁の世に死罪にすべきを減じて流罪にし、命を尊重しているので聖天子である、一方で、旱や疫病、天災・地災や地震が続いても狩猟をしている故、聖天子ではないと非難する者もあるが、国内の万物は全て天皇のもの、公のものであり、国王の随意になるものであるから、この非難は不当である、と論じている。

一見すれば、嵯峨天皇にとって恰好の評価が示されているように受け取られるが、前世の因果で現世の実態を肯定するこの論理は仏教特有のものであり、本来天皇の存在とその統治を保障してきた、在来の皇統思想・現人神の観念や、大陸より伝来した天命思想とは、全く性格の異なるものである。このような前世と現世の因果を説く姿勢は、霊異記全体に貫かれており、例えば殺生を慎む理由も、前世に自身の父母であった可能性が存する故とする。そして、この論理をもってすれば、当然逆の解釈も可能となる。こういった仏教の論理を危険視して、妄りに罪福の因果を説き、話題が国家に及ぶことを警戒し、僧尼令にその旨謳われたと考えられるが、出家者が仏教の教義を研鑽する以上、喧伝という行為に及ばずとも、その論理を共有することは避けられないものであろう。

霊異記中巻には、第二縁・第七縁・第八縁・第十二縁・第二十九縁・第三十縁と、行基に関係する説話が多く見えるが、行基の所在地は多様であり、それぞれで説法を行った事が察せられる。僧尼令第五・非寺院条にいう「寺院」を場とする限りに於いては、処罰の対象には入らないことになるが、朝廷の把握する「寺院」に限らない可能性が高く、実際には僧尼の言論の統制は不可能に近いものであったと推し量られよう。

次に、僧尼の持戒という点に関しては、微妙な問題が見える。

養老僧尼令第七・飲酒条では、飲酒・食肉と五辛を服することを禁じているが、霊異記中巻・第十五縁には、酒に酔った乞食が登場する。但し、この乞食は、般若心経の呪文を唱えて食を乞うていると告げるが、自度の沙弥であった可能性も存在する。一方、食肉に関して注目すべきは下巻・第六縁で、吉野の海部峰の山寺で修行し疲労した大僧が弟子に命じて魚を求めさせ、食している。『令集解』古記が「鳥魚の類もまた同じ」としているように、明らかに「食肉」の行為であるが、景戒は「魚宍を食らうとも犯罪にあらず」と評しており、この僧が罰せられた事実も、その行為を批判する内容も全く窺われない。五辛についても、上巻・第四縁に、直接話の内容とは関係しないものの、景戒は敢えて、五辛を食する事は仏法の禁ずるところであるが、聖人がこれを食しても罪を得る事はないと断っており、高徳の僧であれば時として食肉や五辛を服する行為が許されるものと観念された事が知られる。さらに、僧尼のみならず俗人に於いても、殺人は明らかに犯罪で、仏法では当然殺生の戒を犯す事に繋がる行為であるが、中巻・第二十二縁において景戒は涅槃経の一節を引用し、大乗仏教を批判する婆羅門はその命を絶つが、その行為によって地獄に墜ちる事はない、また、蟻を殺しても殺生の罪になるが、仏性を持ち合わせない悪人を殺しても罪にはならないと述べる。

霊異記に見えるこれらの事例は、あくまで景戒個人の意識を反映したもので、どの程度普遍化して解釈しうるか微妙なところもあるが、仏教者としての自覚を有する存在でも、破戒の例外的事由を認識していた事は明白であり、持戒の実態と合わせて、僧尼令に準拠した取り締まりがどこまで徹底されたのか、慎重に見極める必要があろう。

同様に、異性との交渉について、僧尼令第十一・停婦女条や同第十二・不得輙入尼寺条等で僧と尼の混在を制しており、霊異記に於いても、下巻・第十八縁で、河内国の野中堂で写経師が女性と交渉をもったことで二人共死に至った話を挙げ、邪淫を戒めてはいるが、一方で、中巻第十三縁では、和泉国の血渟山寺で夢で吉祥天と交わった優婆塞の行為を、願を掛けられた吉祥天の感応と見なしており、同じく上巻・第三十一縁に於いても、吉野山で修行し、財宝と女性を授けられることを観音に祈願した御手代東人の願いが叶った事を、修行の験力と観音の威徳によるものと讃えている。優婆塞そして東人はともに官度を得た僧ではないが、仏道を志す者であっても、異性との交渉が全面的に忌むべきものとされておらず、持戒についての受け止め方に幅のあったことが窺い知られる。また、下巻・第三十四縁によれば、出家して尼となった巨勢呰女と忠仙なる行者が、共に大谷堂に住したとされている。呰女は自度であった可能性もあるが、行者忠仙が男性とすれば、明らかに僧尼令の規定に反する行為となろう。

僧尼の蓄財と興販出息に関して、大和の馬庭山寺で銭三十貫を蓄えて死んだ僧の話が中巻・第三十八縁に、また同じく銭出挙により生活していた平城京の僧の話が下巻・第四縁に見られる。大安寺が修多羅衆の銭を貸し出していたことに纏わる話は複数見受けられるが、寺院の運営にはこのような行為が許されたものの、僧尼個人、若しくは家族の生活の資とする目的で蓄財或いは出挙する行為は、僧尼令の規制に拘わらず、実際に多く見られたことは疑いない。

僧と俗官との関係については、霊異記中巻・第三十五縁が注目される。聖武朝に、宇遅王と突然道で出会った下毛野寺の僧・諦鏡が、身を隠す場所がなく、笠を傾け顔を伏せて道端に立っていたが、その行為が王に咎められ、弟子と共に迫害を受けたとされる。宇遅王は、続紀に見える宇治王と同一人物であるとすれば、天平十年(七三八)に従五位下で中務大輔の任に就いており、五位以上の位を有する人物であったことが分かる。ただ、本縁の経緯では、その報いで俄に病を得、苦しむ王に対し、諦鏡は救済を拒否した上で更に呪詛し、死に至らしめたが、聖武天皇は、自身が出家者であるという事を理由に、諦鏡の処罰を求める遺族の訴えを却けたとされる。聖武天皇の出家は退位した天平感宝元年（七四九）の事で、この時点で宇治王がどのような地位にあったのか定かでない。しかし、僧尼令には、五位以上の俗官と会った際には、徒歩の場合身を隠せと規定されていることから、咄嗟の事とはいえ、諦鏡に対する宇遅王の非難は、僧尼令の規定に準拠する限り、正当なものとも受け止められよう。

この他霊異記には、多くの山林の施設が登場し、また山林修行の事例も複数認められる。

上巻・第二十六縁では、大和国高市郡の法器山寺に百済僧多常が住して治病を行っており、中巻・第二十六縁には吉野山で修行する禅師広達が、また下巻・第一縁及び第二縁には、熊野で修行する永興禅師が登場する。広達・永興はともに、宝亀三年（七七二）三月に十禅師に任ぜられていることから、呪を持して治病する能力を身に付けた僧と考えられるが、永興は平城京・興福寺の僧であった。なお、霊異記に登場する山林修行の例を総覧すると、中巻・第十三縁の信濃国出身の優婆塞や、同・第二十一縁の金鷲優婆塞といった優婆塞のみならず、下巻・第六縁の吉野・海部峰の山寺に住する自度、同・第十七縁の紀伊国弥気山室堂に赴いた自度の大伴祖、上巻・第三十一縁の御手代東人や下巻・第八縁の近江国の裕福な俗人、同・第九縁の藤原広足、同・第十四縁の小野庭麿など、自度や俗人でも多くの山林修行を志す者が存在した事が見て取られる。僧尼と同様に、朝廷が彼らの実態を把握しようと努めたか否かは定かでない。

三　僧尼身分をめぐる問題

最も重要な課題とも言うべき僧尼身分について、先に見たように、僧尼令には明らかに、僧俗間の身分秩序の構築とその厳格な維持を志す姿勢が窺われる。僧尼令第二十二・私度条や同第十六・方便条で、既に還俗しながら法服を身に付けたり、自身の名、即ち僧尼の身分を他人に移すといった行為について、当該の人物を処罰する規定が示されるが、同時に、関係した三綱等の出家者や俗官も同様に処罰する旨謳われるなど、全体として朝廷はかなり僧尼の身分管理に意を配っていた感が強い。しかし、行基とその集団に代表されるように、独自の実践活動を展開する知識と称された仏教信仰者の集団には官僧でない者も多く含まれたと推測され、さらに天平宝字三年（七五九）六月には、元興寺僧教玄より私度の取り締まりを要請した奏状が出されている事などから[注27]、官度を経ていない出家人の活動は、奈良時代を通じて広く見受けられたと考えられる。実際、霊異記には複数の「自度」の活動する様が見受けられる。

そこで改めて、霊異記の事例を確認すれば、全て「自度」という表記をとっており、「私度」とするものは見当たらない。戸婚律に「私入道」という文言が用いられている事からしても[注28]、自度と私度に共通する性格が存した事は疑いないが、厳密には、表記する主体の立場が反映されたものと考えられる。即ち、私度は通常官度に対する用語と受け取られ、朝廷の政治的立場から、年分度にせよ臨時度にせよ、出家者は官許を得て公験の発給を受けるべき存在であり、その手続きを経ていないにもかかわらず、法体で宗教活動を展開する存在が私度であった。これに対し、自度は寧ろ出家者の立場から言われるもので、本来修すべき過程を経ずに僧尼として活動するものの称と認められる。この場合、官許を得てるかいないかに関わらず、師僧について教学研鑽と修行を積むという、優婆塞・優婆夷として行うべき修学過程を経ず、またその習得度を第三者が検証する事もなく、自身の意向に基づき法体を取り宗教活動を展開するものが自度であったと推測される[注29]。

景戒自身が、出家者でありながら家族をもち俗人的な生活を営んでいると述懐しており、理想的な官僧としての道を歩んでいたとは見なせないが、所属寺院名を冠して「薬師寺僧景戒」と自称し、延暦十四年（七九五）伝燈住位という僧位を得ていることからすれば、官僧の意義について一定の認識と自覚を有していたことは疑いなく、それ故に、敢えて「自度」という表記を用いたとも受け取られる。[注30]とすれば、霊異記に登場する自度の多くが、官の制約を受けることなく比較的自由に活動を展開し、また著者景戒自身もそれを決して否定的批判的に叙述していないとしても、それを根拠に、朝廷の僧尼統制システムは形式的なもので、実質的には私度を容認しており、景戒自身も官度と私度の差異にさほど拘っていなかったと評価する事には、再考の余地があると言わざるを得ない。

確かに、朝廷の僧尼統制には、僧尼令の特性に窺われるように複数の要素が存在し、教学内容その他思想に関わる問題、或いは僧尼に期待された清浄性の問題等が意識された事は明白であるが、一方で、自度の場合でも、戸籍から抜かれているか否かで適用する刑の内容に差を設けている事からすれば、やはり個別人身支配の一環として僧尼の身分統制を行う必然性が存在した事は間違いなかろう。

ただ、身分統制の徹底度、僧尼令適用の実態という問題については、遺憾ながら史料的な制約もあり判然としない部分が大きいが、霊異記下巻・第十五縁に窺われるように、自度の沙弥を迫害した犬養宿禰真老が、乞食の沙弥に対して執拗に所属寺院名を尋ね、自度と分かると一層打ち逐ったとされている点、また同じく下巻・第三十三縁に、自度ではないが優婆塞の乞食を紀直吉足が迫害している点、さらに、下巻・第十四縁では、優婆塞の修行者である京戸の小野朝臣庭麿に対し、越前国加賀郡の浮浪人の長が、修行者の身分を問題とせず浮浪人として縛って引き連れようとしている点等に鑑みて、やはり、私度に対して、それを理由とする迫害が行われており、そこには僧俗の身分秩序が反映されていると見るべきであろう。

霊異記に於いて、官僧と目されない出家人の動態について、用語の表記は統一されず、それぞれの性格を反映して明確に使い分けられているような感も存在しない。朝廷の側からしても、僧尼令に私度の禁が明記されたとは言え、優婆塞として得度を目指して修行に励む者と、課税忌避その他の理由で法体を取り行脚する者とを区別することは、ほぼ不可能に近かったと推測される。下巻・第三十三縁でも、紀直吉足に追及された自度の伊勢沙弥は別寺の僧房に逃げ込むが、このように各地の礼拝施設に身を寄せる優婆塞・自度の類がかなり多く存在した事は想像に難くない。つまり、実態として僧尼身分の厳格な管理、私度の取り締まりは困難を窮め、公民としての負担をその戸が担っている場合などは、取り締まりの対象とはならなかった可能性も否定できないのである。

僧尼令に謳われた僧尼統制は有名無実であり、朝廷は実質的に僧尼の自主的出家と宗教活動を容認していた、当初より国家的統制は存在しなかったと見なし、このことを理由に、従来通用されている国家仏教の概念に疑問が呈されてきた。確かに、霊異記に窺われる出家者の活動の様相は多様で、景戒自身の価値観の反映を差し引いても、僧尼令による規制＝僧尼令的秩序が如何程厳格に維持されていたのかという問題については、疑念が抱かれる部分が大きい。その意味では、平安前期以前の古代仏教は国家の全面的掌握下にあったとして、中期以後の仏教との差異を意識しながら国家仏教の時代と位置付けることに再考の余地が存するという指摘は、十分首肯しうるものである。[注31] しかし一方で、朝廷による僧尼身分の管理は、その基本的政治姿勢からして不可欠のものであり、それは平安中期以降に於いても十分意識されるべきものであった。同時に、律令の制定に伴って打ち出された方向性こそが、少なくとも奈良朝の段階に於いては、他の時代のそれと比較差別化の可能な当該期仏教の時代的特質を規定していた事も否定しがたい事実と受け止められる。とすれば、奈良・平安初期の国家と仏教の関係を論じるに際して、朝廷が仏教に期待した役割、それを具現化した政策の展開、結果として生みだされた僧尼や

寺院、法会の歴史的特質を表す用語として国家仏教という語を用いても、一向に支障はないと考えられるのである。[注32]

四　古代寺院の特質

これまで僧尼の問題を取り上げてきたが、次に僧尼の活動の拠点であった寺院について見て行くことにしたい。

六世紀末の推古朝の段階から、為政者の意向を受けた寺院の造営が行われ、飛鳥寺・四天王寺・斑鳩寺といった寺院が相次いで建立される。既に仏教信仰が浸透していた渡来人の居住地等では、仏教の礼拝施設が設けられていた可能性は高いが、一定の政治力と財力を必要とする大規模な伽藍寺院の建立は、この時期から本格化するものと受け止められる。そして、大陸や半島の王朝の例に倣い、天皇の居所で政治的拠点たる宮と並んで寺院が建立されるようになると、それは仏教儀礼催行の場であると同時に、それまで古墳の担ってきた権威的シンボルとしての役割、さらには、最も崇高で清浄な空間を創出するための装置としての役割をも担うようになった。[注33]

大化元年（六四五）の乙巳の変後に発せられた孝徳天皇の詔を受け、諸階層の寺院造営を支援する方針が打ち出されると、急速に各地で寺院造営が進展することになる。

天武朝にいたり、仏教教学の管理、僧尼教導システムの整備が図られるのに伴い、寺院についても新たな方針が示され、天武九年（六八〇）国大寺と飛鳥寺を除いて官治の対象から外し、また寺院の食封は上限三十年と規定された。[注34]一方で、同十四年には諸国の家毎に仏舎を設けて仏像・経典を安置し、礼拝供養を命じるなど、朝廷の管轄する礼拝施設の全国展開が志されたのである。[注35] 因みに、続く持統朝六年（六九二）の段階で、総計五百四十五ヶ寺が所在したとされる。[注36]

この時期各地に設営された、白鳳寺院と総称される寺院は、在地の豪族にとっても、古墳に代わる機能を期待する施設として重要な意義を有した。斬新な建造物はそれ自体が周囲に大きな感覚的影響を及ぼしたと目されるが、中央の官大寺に準拠した規則的な伽藍配置は、前方後円墳と同様に、朝廷との結び付きを示す役割も帯びていた。そして、そこに運営の資として寄託された田地は、公地化が進展する中で、収授の対象から外れ、檀越たる豪族の意に添う形で運用することが可能となっていたのである。

このような寺院の性格は、律令施行後も維持されたが、やがてその弊害的側面が問題となり、朝廷から寺院統制の施策が講じられるようになる。平城遷都後の霊亀二年（七一六）、諸国の寺院が有名無実で荒廃した存在となっていると指摘され、数寺を合わせて一つの寺院とするという、寺院併合令が発せられる。[注37] この時、檀越の子孫がその田畝を私物化しているとして、以後国師・衆僧と国司・檀越が共にその検校に当たるように命じられた。「営₂修仏廟₁清浄為ᴸ先」とそこに謳われているように、寺院管理の上で朝廷が最も強く求めたものは、やはり清浄性の維持であった。つまり、僧尼と寺院は、朝廷より、一体として清浄性を創出維持すべき存在と認識されていたのである。

ここにいう清浄性の観念は、仏教経典に謳われる清浄の概念のみに準拠したものではなく、神祇信仰に窺われた伝統的な清浄性の観念をも反映したものであった。「俗穢」から離れた場所であるほど、清浄性の維持は容易となる。それは取りも直さず、諸神祇が最も好む環境でもあった。霊異記に登場する多くの山林の礼拝施設は、このような観念を基盤として、修行の拠点として設営されたものと推測され、広義の寺院の範疇には入るものの、宮都や地方の政治拠点に設けられた伽藍寺院とは異なる性格を有した。課役を忌避する出家者のアジールとして利用される場合もあったであろうが、基本的には「如法修行」の拠点として機能し、そこでの活動を通じて得られる法力には、諸階層の期待に添う部分も大きかったと見なされる。ただ、官の管理という点では困難を伴っており、天平宝字八年（七六四）の藤原仲麻呂の乱に際して、僧綱に命じて山林寺院での活動を止めさせたのも、逆に山林に於ける活動が朝廷にとって管理の徹底を図りがたいものであったことを示していると言えよう。

山林修行が高い呪力の獲得に結び付くと観念されたことは、霊異記にもその名が見える役優婆塞（小角）や、白山を行場として開いたとされる越前の僧泰澄をはじめとする修行僧の伝承より窺い知られるところであるが、神祇の降臨する場として崇められた山林は、同時に神祇信仰に於いても重要視されたことから、ここでの活動を通じて新たな宗教間交渉が見受けられるようになった。役優婆塞が葛城山の一言主神の讒言を受け[注38]、或いは泰澄が白山神と対面したと伝わることなどは[注39]、まさに、その交渉の実態を象徴したものと受け取られる。この場合必然的に、本来は起源の異なる崇拝対象を有機的に関連付ける必要が生じ、結果として、神祇を仏典に登場する護法善神的な性格を有する存在と見なすようになる。霊異記に於いても、他者からの迫害に対して加護を祈願する例が認められるが、そこで祈願される対象は専ら護法神であり、決して如来や菩薩ではない。そして、霊異記に多く見られるような市井での個人的な祈願ばかりでなく、国家レベルでの加護祈願もまた、四天王といった護法神を対象とするものであった。つまり、仏教思想を基盤として加護を期待するのは、対象の如何に関わりなく護法神に他ならず、その点に、仏教の護法神に共通する性格を在来の神祇にも想定し、両者を同類の存在として認識させる契機が存在したと考えられる。

八世紀中葉の天平期に大規模な仏教興隆が図られ、悔過といった特定の本尊を対象とする祈願が盛んとなると、神仏に新たな関係が構築されるようになり、この時期から神と仏の交渉は急速に進展することになる。それに伴い、山林寺院での僧尼の活動は益々盛んとなり、やがて平安期の密教宗派の成立と隆盛を導くところとなるのである。

おわりに

本稿で取り上げた僧尼と寺院の実態、それは必ずしも朝廷の意向に沿った形で展開したものではなかったかもしれないが、だからと言って、律令国家の僧尼と寺院の統制は有名無実であったと結論付けたり、その理由として、仏教信仰の有する力は俗権の政治的意図を超克していた、などと評価することは、速断が過ぎると言わねばならない。中国でも、既に南北朝の時代から問題となっていた事ではあるが、抑も、俗権と教権、王法と仏法の二者を、自立した存在として比較可能な立場に位置付けることが、平安初期以前の段階で可能であるかということ自体が、さらに多角的な検討を加えるべき課題であるように思われる。日本の古代王権が、財力或いは軍事力といった「世俗的」権力基盤の要素以上に、伝統的な宗教的権依に依拠する存在であった以上、その仏教と向き合う姿勢の如何が、それぞれの時代相の形成に大きな影響を与えてきたことは、疑いないものと受け取られる。その王権を中軸に据えた律令国家が構築を目指した秩序は、政治の形態や実権の所在が変じ、そこに新たな形態と内容が出現しても、決して全面的に否定されることなく、常に意識され続けたと言えるのではないだろうか。

注

1 拙稿「律令国家仏教の成立と展開」（『律令国家仏教の研究』法蔵館、二〇〇五年）

2 『日本書紀』崇峻即位前紀

3 朝鮮半島の情勢が緊迫していた斉明六年（六六〇）五月、初めて仁王般若会が設けられた（『日本書紀』同月条）。

4 中国では、五世紀初頭の東晋の時代に、廬山慧遠が『沙門不敬王者論』を著して出家者の国王に対する拝礼を否定したが、唐代の初頭にその姿勢が問題視され、高宗は竜朔二年（六六二）に君親に対する礼拝を沙門に命じている。

5 『日本書紀』持統十年十二月己巳朔条

6 『日本書紀』推古三十二年九月丙子条

7 『続日本紀』大宝元年六月壬寅朔条

8 『養老僧尼令』第一・上観玄象条

凡僧尼、上観二玄象一、仮説二災祥一、語及二国家一、妖二惑百姓一、并習二読兵書一、殺レ人奸盗、及詐称レ得二聖道一、並依二法律一、付二官司一科レ罪。

『同』第二・卜相吉凶条

凡僧尼、卜二相吉凶一、及小道巫術療レ病者、皆還俗。其依二仏法一、持レ呪救レ疾、不レ在二禁限一。

『同』第五・非寺院条

凡僧尼、非レ在二寺院一、別立二道場一、聚レ衆教化、并妄説二罪福一、及殴二撃長宿一者、皆還俗。国郡官司、知而不二禁止一者、依レ律科レ罪。其有二乞食者一、三綱連書、経二国郡司一、勘二知精進練行一、判許。京内仍経二玄蕃一知、並須二午以前、捧レ鉢告乞一。不レ得三因レ此更乞二余物一。

『同』第二十三・教化条

凡僧尼等、令下俗人付二其経像一、歴レ門教化上者、百日苦使。其俗人者、依レ律論。

9 『養老僧尼令』第七・飲酒条

凡僧尼、飲レ酒、食レ肉、服二五辛一者、卅日苦使。若為二疾病薬分一所レ須、三綱給二其日限一。若飲レ酒酔乱、及与レ人闘打者、各還俗。

10

『同』第九・作音楽条
凡僧尼、作二音楽一、及博戯者、百日苦使。碁琴不レ在二制限一。

『同』第十・聴着木蘭条
凡僧尼、聴レ着二木蘭、青碧、皀、黄、及壊色等衣一。余色、及綾、羅、錦、綺、並不レ得二服用一。違者各十日苦使。輙着二俗衣一者、百日苦使。

『同』第十一・停婦女条
凡寺僧房停二婦女一、尼房停二男夫一、経二一宿以上一、其所由人、十日苦使。五日以上、卅日苦使。十日以上、百日苦使。三綱知而聴者、同二所由人罪一。

『同』第十二・不得輙入尼寺条
凡僧不レ得三輙入二尼寺一。尼不レ得三輙入二僧寺一。其有下観二省師主一、及死病看問、斎戒、功徳、聴学上者聴。

『同』第十八・不得私蓄条
凡僧尼、不レ得下私蓄二園宅財物一、及興販出息上。

『同』第二十六・布施条
凡斎会、不レ得下以二奴婢、牛馬、及兵器一、充中布施上。其僧尼不レ得二輙受一。

『養老僧尼令』第四・三宝物条
凡僧尼、将二三宝物一、餉二遺官人一、若合二構朋党一、擾二乱徒衆一、及罵二辱三綱一、凌二突長宿一者、百日苦使。若集論レ事、辞状正直、以レ理陳諫者、不レ在二此例一。

『同』第八・有事可論条
凡僧尼、有レ事須レ論、不レ縁二所司一、輙上二表啓一、幷擾二乱官家一、妄相嘱請者、五十日苦使。再犯者、百日苦使。若有下官司及僧綱、断決不平、理有二屈滞一、須中申論上者、不レ在二此例一。

『同』第十七・有私事条
凡僧尼、有二私事一訴訟、来二詣官司一者、権依二俗形一参レ事。其佐官以上及三綱、為二衆事若功徳一、須レ詣二官司一者、並設二床席一。

『同』第十九・遇三位已上条

凡僧尼、於二道路一遇二三位以上一者隠。五位以上、斂レ馬相揖而過。若歩者隠。

11
『養老僧尼令』第三・自還俗条

凡僧尼、自還俗者、三綱録二其貫属一。京経二僧綱一。自余経二国司一。並申レ省除付。若三綱及師主、隠而不レ申、卅日以上、五十日苦使。六十日以上、百日苦使。

『同』第十六・方便条

凡僧尼、詐為二方便一、移二名他一者、還俗。依レ律科レ罪。其所由人与同罪。

『同』第二十・身死条

凡僧尼等身死、三綱月別経二国司一、国司毎年附二朝集使一申レ官。其京内、僧綱季別経二玄蕃一。亦年終申レ官。

『同』第二十二・私度条

凡有二私度及冒名相代一、并已判二還俗一、仍被二法服一者、依レ律科断。師主三綱、及同房人、知レ情者各還俗。雖レ非二同房一、知レ情容止、経二一宿以上一、皆百日苦使。即僧尼知レ情、居二止浮逃人一、経二一宿以上一者、亦百日苦使。本罪重者、依レ律論。

12
『養老僧尼令』第二十一・准格律条

凡僧尼有レ犯、准二格律一、合二徒年以上一者、還俗。許下以二告牒一当中徒一年上。若有二余罪一、自依レ律科断。如犯二百杖以下一、毎二杖十一令二苦使十日一。若罪不レ至二還俗一、及雖レ応二還俗一未二判訖一、並散禁。如苦使条制外、復犯レ罪不レ至二還俗一者、令下三綱依二仏法一量レ事科罰上。其還俗、并被レ罰之人、不レ得レ告二本寺三綱及衆事一。若謀大逆、謀叛、及妖言惑レ衆者、不レ在二此例一。

13
『養老僧尼令』第十五・修営条

凡僧尼、有レ犯二苦使一者、修二営功徳一、料二理仏殿一、及灑掃等使。須レ有二功程一。若三綱顔面不レ使者、即准二所レ縦日一罰苦使。其有二事故一、須二聴許一者、並須下審二其事情一知レ実、然後依上レ請。如有二意故一、無レ状輙許者、輙許之人、与二妄請人一同レ罪。

『同』二十五・外国寺条

凡僧尼、有レ犯二百日苦使一、経二三度一、改配二外国寺一。仍不レ得レ配二入畿内一。

14 『養老僧尼令』第六・童子条

凡僧聴下近親郷里、取二信心童子一供侍上。年至二十七一、各還二本色一。其尼取二婦女情願者一。

『同』第十三・禅行条

凡僧尼、有二禅行修道一、意楽二寂静一、不レ交二於俗一、欲下求二山居一服餌上者、三綱連署、在京者、僧綱経二玄蕃一。在外者、三綱経二国郡一。勘レ実並録申レ官、判下。山居所レ隷国郡、毎知二在山一、不レ得三別向二他処一。

15 『扶桑略記』天平二年十月十七日乙酉条

唐僧思託作延暦僧録云、沙門神叡唐学生也。因レ患制レ亭、便二入芳野一、依二現光寺一、結レ廬立レ志、披二閲三蔵一、秉レ燭披翫、夙夜忘レ疲、逾二二十年一、妙通二奥旨一。智海淵沖、義雲山積、盖法門之龍象也。俗時伝云、芳野僧都得二自然智一。已上延暦僧録之文。

16 『続日本紀』宝亀元年十月丙辰条

僧綱言。奉二去天平宝字八年勅一、逆党之徒、於二山林寺院一、私聚二一僧已上一、読経悔過者、僧綱固加二禁制一。由レ是、山林樹下、長絶二禅迹一、伽藍院中、永息二梵響一。俗士巣許、猶尚二嘉遁一。況復出家釈衆、寧无二閑居者一乎。伏乞、長往之徒、聴二其修行一。詔許之。

17 『養老僧尼令』第十四・任僧綱条

凡任僧綱、謂、律師以上、必須レ用下徳行、能伏二徒衆一、道俗欽仰、綱二維法務一者上。所レ挙徒衆、皆連署牒レ官。若有三阿党朋扇、浪挙二無徳者一、百日苦使。一任以後、不レ得二輙換一。若有二過罰一、及老病不レ任者、即依二上法一簡換。

18 拙稿「宝亀年間に於ける僧綱の変容」（『律令国家仏教の研究』前掲注1）参照

19 『養老僧尼令』第二十七・焚身捨身条

凡僧尼、不レ得二焚レ身捨レ身。若違及所由者、並依レ律科断。

20 『続日本紀』養老元年四月壬辰条

21 『続日本紀』養老元年五月丙辰条

22 『続日本紀』養老二年十月庚午条

23 『続日本紀』養老四年正月丁巳条

24 『続日本紀』養老六年七月己卯条

25 『続日本紀』神亀元年十月丁亥朔条

26 『続日本紀』天平元年四月癸亥条

27 『類聚三代格』巻三　僧尼禁忌事

乾政官符

禁二断私度僧一事

右元興寺教玄法師奏状偁、竊惟、私度僧者深乖二仏法一、更作二亡命一。伏請、頒二下天下一、勿レ住二国内一。彼此共検勒還二本色一者。奉レ勅依レ奏。

天平宝字三年六月廿二日

なお、本官符について吉田一彦氏は、『続日本紀』天平宝字三年六月丙辰条にいう「其緇侶意見、略拠二漢風一、施二於我俗一事多不レ穏。雖レ下二官符一不レ行二於世一。故不二具載一。」の類として、この官符は世に行われないものであったとされるが、そうであるとすれば何故に、編纂の段階で有効なものを取捨選択した弘仁格にこの官符が収載されたのか、説明がつかないことになろう（古代の私度僧について」、同『日本古代社会と仏教』吉川弘文館、一九九五年）。

28 『令集解』僧尼令・私度条令釈

戸婚律云、私入道及度レ之者、杖一百。已除レ貫者徒一年。三綱知レ情者、與同罪者。

29 「官度」「私度」「自度」の概念規定については、佐藤文子氏「古代の得度に関する基本概念の再検討――官度・私度・自度を中心に――」（同『日本古代の政治と仏教』吉川弘文館、二〇一八年）参照。

30 『日本霊異記』下巻　災與レ善表相先現而後其災善答被縁第卅八

同天皇御世、延暦六年丁卯秋九月朔四日甲寅酉時、僧景戒発二慚愧心一、憂愁嗟言、嗚呼恥哉広哉、生レ世命活、存レ身無レ便、等流早所レ引故而結二憂網業一、煩悩之所レ纏而継二生死一、馳二乎八方一以炬二生身一、居二于俗家一而蓄二妻子一、無二養物一無二菜食一無レ鹽無レ衣無レ薪。（中略）然延暦十四年乙亥冬十二月卅日、景戒得二伝燈住位一也。

31 吉田一彦氏「国家仏教論批判」（同前掲書注27）

32 古代の史料に見当たらない「国家仏教」や「鎮護国家」という歴史用語が、如何なる過程で、またどのような意図で概念規定がなされ、利用されたかという問題について、近現代の用例を通じて分析された佐藤文子氏は、国家により保護・興隆される仏教と、国家の統制を受ける仏教という「まったく異なるふたつの」概念が「国家仏教」という術語に同居しており、「古代史の実態研究とはまったく別のところに由来するものであった」と注意を促される（「史学史としての〈国家仏教〉論」、同前掲注29）。確かに第二次大戦以前の歴史研究に於いて、政治的・思想的背景に注意する必要は認められるが、保護・興隆と統制は、それを評価する主体の受け止め方に依拠する部分が大きく、かつ「国家仏教」のもつ二つの側面と受け止めて支障があるとも考えがたく、それを根拠に、今日の国家仏教論が実態より乖離した議論と見なすことには、違和感を禁じ得ない。

33　拙稿「古代寺院の機能」（前掲注1）

34　『日本書紀』天武九年四月是月条

35　『日本書紀』天武十四年三月壬申条

36　『扶桑略記』持統六年九月条

　有レ勅、令レ計二天下諸寺一。凡五百四十五寺。

37　『続日本紀』霊亀二年五月庚寅条

38　『日本霊異記』上巻・第二十八縁　修二持孔雀王呪法一、得二異験力一、以現作レ仙飛レ天縁

39　泰澄については、平安中期に成立した「泰澄和尚伝記」に白山開創の経緯が具体的に示されるものの、当該期の史料にはその実在を裏付けるものは見当たらない。しかし、既に奈良時代から展開した山林修行僧の活動を象徴的に表すものと受け止めて大過ないものと思われる。拙稿『白山信仰の源流――泰澄の生涯と古代仏教』（法藏館、二〇〇一年）参照。

死亡報告と弔使派遣の展開

稲田　奈津子

はじめに

養老喪葬令3京官三位以上条には、次のような規定がある。

凡京官三位以上、遭祖父母父母及妻喪、四位遭父母喪、五位以上身喪、並奏聞。遣使弔。殯斂之事、並従別式。

〔凡そ京官の三位以上、祖父母・父母及び妻の喪に遭う、四位の父母の喪に遭う、五位以上の身喪うは、並びに奏聞せよ。使を遣して弔わしめよ。殯斂の事は、並びに別式に従え。〕

高位の京官やその親族が死亡した場合に、死亡の事実を天皇に奏聞すること、および天皇からの弔問使の派遣について規定した内容となっている。本条については、母法たる唐令との比較を中心に検討を加えたことがあるが[注1]、ここで規定された死亡報告や弔使派遣が実際にどのように運用され、またどのような展開を遂げていったのかについては十分に論じることができなかった。これらは喪葬令規定のなかでも比較的長くその運用を確認できる事項でもあり、律令制の理想と現実とを考える上でも参考になるであろう。そこで本稿では、死亡報告と弔使派遣の実際とその展開について、関連規定や実例にもとづいて見ていきたい。

一　死亡報告

1　令制から延喜式制へ

京官三位以上条の「並びに奏聞せよ」に付された集解諸説を見ると、以下のようにある。

謂、治部申官、々転申聞也。釈云、並奏聞、謂本司申官、々奏并下治部耳。跡云、奏聞、謂死家申本司、々々申官、々奏聞耳。穴云、奏聞如跡云也、時行事、治部奏聞、又治部職掌所古私記引此文也。

〔謂うこころ、治部は官に申し、官は転じて申聞するなり。釈云わく、「並びに奏聞せよ」とは、謂うこころ、本司は官に申し、官は奏し、并せて治部に下すのみ。跡云わく、「奏聞せよ」とは、謂うこころ、死家は本司に申し、本司は官に申し、官は奏聞するのみ。穴云わく、「奏聞せよ」とは、跡云の如きなり。時行事は、治部が奏聞す。又た治部の職掌とする所、古私記は此の文を引くなり。〕

死亡の事実は死家から本司・太政官を経て奏聞され、治部省に下されるという過程を知ることができる。義解では治部省から太政官に申上するとし、穴記は時行事として治部省が奏聞するとしているが、たとえば『続日本

紀』和銅四年（七一一）閏六月丙午条には

始五位已上卒者、即日申送弁官〔始めて、五位已上の卒する者は、即日に弁官に申送せしむ〕

とあって、五位以上の官人の死亡は即日弁官に報告するよう求められており、他の史料からも治部省に死亡報告が集積される経路は確認できず、たとえ治部省からの申上・奏聞がおこなわれたとしても形式的なものであったろう。

『延喜式』段階でも、死亡報告は同様の経路を経て太政官のもとに集積された。『延喜式』式部省上254散五位已上条には

凡散五位已上卒者、申送弁官〔凡そ散五位已上の卒する者は、弁官に申送せよ〕

とあり、散五位以上の死亡報告を式部省が弁官（太政官）に申送することを規定しているが、これは式部省が散位寮を管轄していることから置かれた条文であり、職事官については所属する各官司がそれぞれ弁官に申送する任を負っていたと考えられる。

弁官のもとに集められた死亡報告は、月ごとに外記によって勘録され、これをもとに弁官が「卒去の官符」と称される太政官符を作成して所司に下す。所司はこれを受けて死亡官人を歴名から削除するなどの事務処理をおこなった。

凡五位以上薨卒、外記毎月勘録、来月二日送於弁官、弁官下符所司。若外記有漏脱者、弁官便載官符。

〔凡そ五位以上の薨卒は、外記が毎月勘録し、来月二日に弁官に送り、弁官は符を所司に下せ。若し外記の漏脱すること有らば、弁官は便に官符に載せよ。〕

（『延喜式』太政官150薨卒条）

凡五位已上卒者、待卒去官符、乃除歴名。

〔凡そ五位已上の卒する者は、卒去の官符を待ちて、乃ち歴名を除け。〕

（『延喜式』式部省上255除歴名条）

弁官に申送しないまでも、各官司が八省レベルで所属官人の生死を把握していたであろうことは、六位以下の諸王の死亡について、喪家から正親司を経て宮内省に報告させていたこと、諸国雑色人の死亡帳が、毎年朝集使に付されて式部省に送られていたことなどから推測される。

凡六位已下諸王死去者、喪家申司、司即申省。

〔凡そ六位已下の諸王の死去する者は、喪家は司に申し、司は即ち省に申せ。〕

（『延喜式』正親司12諸王死去条）

凡諸国雑色人死亡帳、毎年附朝集使、送省。

〔凡そ諸国の雑色人の死亡帳は、毎年朝集使に附し、省に送れ。〕

（『延喜式』式部省上154死亡帳条）

以上のように、すべての官人は喪家から本司本属へと死亡報告がなされ、五位以上は特に太政官にまで報告されて卒去官符が作成され、関係諸司に下されたことがわかる。ただし、太政官に集積された報告と奏聞との関係については不明で、『延喜式』段階において令文どおりに五位以上の全官人について奏聞が想定されていたかはわからない。

2　大宰権帥

ところで、官人の本司を通しての太政官への死亡報告は、史料上にはそれほど明確にはあらわれないが、任地に死亡した大宰権帥については、死亡報告の大宰府解が作成され、それにもとづいて薨奏がおこなわれている事例を散見する。

天慶四年（九四一）二月二十日に任地で死亡した橘公頼の場合は、三月十七日に府解が京に到来し、その五日後の二十二日に薨奏がおこなわれた。

中納言従三位橘公頼六十五、大宰権帥、二月廿日卒于任所六十五、三月十七日府解到来、廿二日上奏卒由也。
三木〔参議〕十三年、中納言三年。

〔中納言従三位橘公頼六十五　大宰権帥。二月廿日に任所に卒す六十五。三月十七日に府解到来す。廿二日に卒の由を上奏するなり。参議十三年、中納言三年〕

（『公卿補任』天慶四年条）

府解と薨奏の関係がより明確に知られるのが、寛弘二年（一〇〇五）の平惟仲と治安三年（一〇二三）の源経房の例である。前大宰権帥である平惟仲は、寛弘二年三月十四日に大宰府で死亡し、[注2]二十二日には家人である平生昌がその骸骨を持って出府し、一ヵ月後の四月二十日に帰洛する。[注3]これを受けて二十四日には大宰府からの解を待たずに薨奏の事がおこなわれた。

廿四日辛丑、大宰帥平惟仲薨奏、本府雖未献府解、彼家人備中介生昌齎持骸骨帰洛。仍行薨奏事也。

〔廿四日辛丑、大宰帥平惟仲の薨奏は、本府未だ府解を献ぜずと雖も、彼の家人備中介生昌が骸骨を齎持して帰洛す。仍ち薨奏の事を行うなり。〕

（『日本紀略』寛弘二年四月二十四日条）

大宰権帥源経房は、治安三年十月十二日にやはり任地の大宰府で死亡し、[注4]十一月二日にはその情報が京にもたらされ、公卿の耳にも入った。[注5]二十日に薨奏の日取りを決めて一度は二十六日が予定されるが、[注6]翌二十一日には大宰府の解が未だ届いていないことが問題とされている。

今朝召大外記頼隆、問薨奏事。申云、「依無府解、所未申行」。

〔今朝、大外記頼隆を召して、薨奏の事を問う。申して云わく、「府解無きに依り、未だ申し行わざる所なり」と。〕

（『小右記』治安三年十一月二十一日条）

藤原実資も二十六日が辰日に当たることから避けるべきと主張しており、その後薨奏は十二月十四日まで延期されてしまう。[注7]

すでに私的な使者によって京へ報告された後でも、あらためて府解がもたらされたことは、永長二年（承徳元年、一〇九七）の大宰権帥源経信の例からも窺える。閏正月六日の経信の死亡は、二十七日までに初使によって京に知らされる。

六日、（中略）今日大納言経信卿、於太〔大〕宰府薨年八十二。後日所聞也。
廿七日、（中略）入夜近江前司為家朝臣被来、暫言談次被申云、「去六日帥大納言於府被薨了。年八十二。一日初使上洛云々。」（下略）

〔六日、（中略）今日、大納言経信卿、大宰府に於いて薨ず年八十二。後日聞く所なり。
廿七日、（中略）入夜、近江前司為家朝臣来られて、暫く言談の次いで、申されて云わく、「去んぬる六日、帥大納言、府に於いて薨ぜられ了んぬ。年八十二。一日、初使上洛すと云々」と。（下略）〕

（以上、『中右記』承徳元年閏正月）

翌二月二十三日には、大宰府から届けられた解をもとに、薨奏がおこなわれている。

廿三日、巳時参内、終日候御前。蔵人弁被持太〔大〕宰府解状。窺見之処、正二位行大納言兼権源卿、従五位下行少監紀元頼、薨卒之由言上也。帥字不書。是府習云々。不知何故、可尋知事歟。（下略）

〔廿三日、巳時参内し、終日御前に候ず。蔵人弁は大宰府の解状を持たる。窺い見るの処、正二位行大納言兼権源卿、従五位下行少監紀元頼、薨卒の由を言上するなり。帥の字は書かず。是れ府の習いと云々。何故かを知らず、尋ね知るべき事か。（下略）〕

（『中右記』承徳元年二月）

以上より、大宰府から太政官への死亡報告は、形式的にではあれこの時代まで見られ、薨奏にも基本的にこの府解を必要としていたことが知られる。これはその地理的特殊性によるものとも考えられるが、喪葬令規定の名残と見ることができよう。

3　薨奏の変化

令規定では、奏聞の対象となるのは五位以上の官人、及び四位以上の官人の父母、三位以上の官人の祖父母・父母・妻であった。官人の親族についての奏聞は、『大唐開元礼』巻一三八の三品以上喪之一「赴闕」に

赴闕　（中略）主人詣使者前、北面曰、「臣某之父某官臣某薨。若母若妻、各随其称。謹遣某官臣姓某奏聞」

〔闕に赴く　（中略）主人は使者の前に詣り、北面して曰わく、「臣某の父、某官臣某、薨ず。若し母、若くは妻は、各おの其の称に随え。謹んで某官臣姓某を遣わし奏聞す」〕

とあるように、[注8]唐でも父母や妻の奏聞をおこなっているのに対応している。ただし親族の喪についての奏聞は実例がほとんど見出せないので、[注9]以下は官人本人についての奏聞に絞って考える。

『西宮記』臨時八薨奏は、奏聞の対象を

二等以上親及外祖母、三位已上薨時、奏之〔二等以上の親及び外祖母、三位已上の薨ずる時、之を奏す〕

としている。令制の奏聞と比べると五位以上が三位以上に変わっている点が注目されるが、『北山抄』巻六備忘

略記・薨奏事でも

入道人不奏。但可有御服者奏歟。親王不論入道幼稚、雖無御服奏之云々。四位已下其状可下所司。而近代無其事

〔入道の人は奏せず。但し御服有るべきは奏すか。親王は入道・幼稚を論ぜず、御服無しと雖も之を奏すと云々。四位已下は其の状を所司に下すべし。而るに近代は其の事無し〕

とあり、四位以下については奏聞するのではなく所司に伝えるだけであり、近代ではそれさえおこなわれていない、とする。そもそもこれらの儀式書には「薨奏」の項目が立てられており、三位以上の「薨」の場合にのみ、奏聞がおこなわれるというのが基本であった。[注10]

奏聞の内容として、『西宮記』臨時八薨奏では、

奏文注薨日・可葬日、或不注葬日〔奏文に、薨日・葬るべき日を注し、或いは葬日を注さず〕

として、延喜年間の四つの実例を掲げる。その一つを示してみよう。

太政官謹奏

散位従三位宮道朝臣列子

右人、今月十七日薨、今日可葬。儀制令曰、「皇帝外祖母喪、不視事三日」者。仍録事状、謹以申聞。謹奏。

延木〔喜〕七年十月廿二日

〔太政官謹奏す
散位従三位宮道朝臣列子
右の人、今月十七日に薨し、今日葬るべし。儀制令に云わく、「皇帝外祖母の喪は、事を視ざること三日」てえり。仍りて事状を録し、謹んで以て申聞す。謹奏す。
延喜七年十月廿二日〕

このように、いずれも「太政官謹奏」の形式をとり、薨日と葬日、そして儀制令に基づいて廃朝、つまり天皇が一定の期間、政務をとらないことを奏している。儀制令7太陽虧条は

（上略）皇帝二等以上親、及外祖父母、右大臣以上、若散一位喪、皇帝不視事三日。（中略）三等親、百官三位以上喪、皇帝皆不視事一日

〔（上略）皇帝の二等以上の親、及び外祖父母、右大臣以上、若くは散一位の喪に、皇帝は事を視ざること三日。（中略）三等親、百官三位以上の喪に、皇帝は皆な事を視ざること一日〕

とあり、天皇の三等親以内の親族、及び三位以上の官人の喪に対して廃朝することを定めたものである。『西宮記』の四例は、薨奏の内容の雛型として記されたのであろうから、死亡報告と同時に廃朝のことも奏聞するのが

一般的であったのであろう。したがって奏聞の対象は、『西宮記』段階までに、ほぼ廃朝の対象と一致させられたと言える。

4　遺詔奏・遺令奏

天皇・太上天皇や三后の場合は、薨奏に代えて遺詔奏・遺令奏がおこなわれた。[注11]『権記』長保二年（一〇〇〇）十二月二十一日条の皇后藤原定子崩御時の記事を見ると、

（上略）於仗下令奏前皇后宮職権大進惟通申去十六日崩後遺令云、「素服挙哀事可止之。又葬官不可任」者。「仍本宮来廿七日可奉仕御葬送事」者。（下略）

（上略）仗下に於いて、前皇后宮職権大進惟通の申す、去ぬる十六日の崩後の遺令を奏せしむるに云わく、「素服・挙哀の事は止むべし。又た葬官を任ずべからず」てえり。「仍ち本宮は来たる廿七日に御葬送の事に奉仕すべし」てえり（下略）

とあり、皇后宮職の官人が遺令の旨を葬日とともに奏上し、これを受けて固関・警固などが天皇より命ぜられている。同書十八日条では二十一日に「崩奏」がおこなわれると記しており、二十一日の遺令奏は崩奏、つまり死亡報告そのものであることがわかる。また十九日条では、御読経と御仏名の間に「薨奏」がおこなわれた前例を勘申していることから、崩奏は薨奏と同様の性格を持つと考えられていたことが確認できる。『西宮記』臨時八太上天皇・皇祖母后崩には

御訪使、院司就外記申遺詔旨〔御訪使、院司は外記に就きて遺詔の旨を申す〕

とあり、太上天皇の遺詔を天皇に奏する遺詔奏も、三后の遺令奏と同じく一般官人の薨奏に相当し、天皇に対する死亡報告と考えてよいだろう。

次に、承平元年（九三一）の宇多太上天皇、及び天暦六年（九五二）の朱雀太上天皇の遺詔奏の事例を見てみよう。『西宮記』はこれらの事例を参考に記述されていると考えられる。

廿日乙巳、院司左中弁紀淑光、参左衛門陣、付外記奏遺詔云、「任葬司、行喪料、置国忌、列荷前事、并自余庶事、惣皆停止」者。

〔廿日乙巳、院司左中弁紀淑光、左衛門の陣に参り、外記に付して遺詔を奏して云わく、「葬司を任じ、喪料を行い、国忌を置き、荷前に列するの事、并びに自余の庶事、惣て皆な停止せよ」てえり。〕

（『日本紀略』承平元年七月）

天暦六年八月十五日、上皇崩。十七日、被定行雑事。院別当朝忠朝臣参陣外。依遺詔不任喪司、不行御喪料、不置山陵国忌、不列荷前、自余雑事、惣可従停止之由、伝宣外記。上卿奏聞。即挙哀素服喪司等雑事停止之由、先宣下。（下略）

〔天暦六年八月十五日、上皇崩ず。十七日、雑事を定め行わる。院別当朝忠朝臣、陣外に参る。遺詔に依り、喪司を任ぜず、御喪料を行わず、山陵・国忌を置かず、荷前に列せず、自余の雑事、惣て停止に従うべきの由、外記に伝宣す。上卿、奏聞す。即ち挙哀・素服・喪司等の雑事を停止するの由、先に宣下す。（下略）〕

（『北山抄』巻四拾遺雑抄下・上皇々后崩事）

天暦十一年（天徳元年、九五七）康子内親王の事例を見ると、遺誡を内親王家別当から外記に付して奏聞するという手順は、太上天皇や三后の場合と全く同じであることがわかる。

（上略）此間、故康子内親王家別当掃部頭藤原在滋、於待賢門付外記申云、「今日親王葬送也。葬官不可任之由、有遺誡」者。歟〔次カ〕有薨奏事。今日以後三箇日、不可有音楽之由、仰内豎畢。今夕、件内親王葬西八條東河嶋辺。

〔（上略）此の間、故康子内親王家別当掃部頭藤原在滋、待賢門に於いて外記に付して申して云わく、「今日親王の葬送なり。葬官を任ずべからざるの由、遺誡有り」てえり。次いで薨奏の事有り。今日以後三箇日、音楽有るべからざるの由、内豎に仰せ畢んぬ。今夕、件の内親王を西八條東河嶋辺に葬る。〕

（『日本紀略』天徳元年六月十日条）

天禄元年（九七〇）藤原実頼の例は、こうした家司から外記への遺志の伝達が、官人層においてもおこなわれたことを示しており、当時の奏聞は故人の遺志も盛り込んだ形で、葬日や、葬官・賻物などの官給辞退を報告するものであった。

（上略）大臣家別当丹波守藤原倫寧朝臣、進外記給〔云カ〕、「今日、可有葬送之事。葬官・賻物等事、存日被辞申之。早可被奏之」。但今日御衰日也。仍不奏之。

〔（上略）大臣家別当丹波守藤原倫寧朝臣、外記に進めて云わく、「今日、葬送の事有るべし。葬官・賻物等の事、存日辞し申さる。早く奏せらるべし」と。但し今日は御衰日なり。仍て奏せず。〕

（『日本紀略』天禄元年五月十九日）

5　奏聞の遅れ

ところで奏聞と葬日との関係はどのようになっているのだろうか。令制では奏聞は、弔使派遣の他に、葬司の任命や葬具の支給などのきっかけとなっており、当然ながら葬送以前に奏聞がおこなわれることを前提としていた。『西宮記』や実際の薨奏の実例でも、葬送の日時を同時に奏することが例となっており、これは葬送当日かそれまでに、天皇側からの弔使・葬司の派遣や葬具支給などがあることを期待してのものだろう。

ところが、なかには葬送の当日、あるいはそれ以降になって初めて死亡を報告する例がある。早い時期では貞観十年（八六八）左大臣源信の例、元慶八年（八八四）恒貞親王の例などがある。

廿八日丁巳、左大臣正二位源朝臣信薨。（中略）遺命薄葬。殯斂之日、人多不知。（中略）明年三月、追贈正一位。

〔廿八日丁巳、左大臣正二位源朝臣信薨ず。（中略）薄葬を遺命す。殯斂の日、人多く知らず。（中略）明年三月、正一位を追贈す。〕

（『日本三代実録』貞観十年閏十二月）

廿日丁丑、恒貞親王薨。不任葬司、以喪家不経奏聞、殯殮既訖也。皇帝不見事三日。（中略）遺命薄葬、務従率倹。（下略）

〔廿日丁丑、恒貞親王薨ず。葬司を任ぜず、喪家を以て奏聞を経ずして、殯殮既に訖らしむるなり。皇帝は事を見ざること三日。（中略）薄葬を遺命し、務めて率倹に従う。（下略）〕

（『同書』元慶八年九月）

二人は共に薄葬の遺命をしており、奏聞せずに喪家だけで殯斂を済ませることで、それを達成しようとした。つまり奏聞によって生じる朝廷からの葬司任命や葬具支給を避けるために、意図的に奏聞を遅らせているのである。このように奏聞の遅れは、葬司・葬具の辞退と密接に関連しており、九世紀後半以降常態化する葬司辞退と軌を一にして波及していったと推測される。

奏聞の遅れは、葬料の支給にも影響した。

延喜廿二〔年脱〕十一〔月脱〕廿五〔日脱〕、薨奏。無品是忠親王。元出家、仍録注無品之由。件人依未葬、給葬料云々。同日薨奏、无品長子内親王。件人不給葬料。已依葬送也云々。

〔延喜廿二年十一月廿五日、薨奏、無品是忠親王。元より出家たり、仍ち無品の由を録注す。件の人、未だ葬らざるに依り、葬料を給うと云々。同日薨奏、无品長子内親王。件の人、葬料を給わず。已に葬送するに依るなりと云々。〕

（『西宮記』臨時八薨奏）

延喜二十二年（九二二）の同日に薨奏がおこなわれた無品親王の両者でありながら、一方は葬送以前であったため葬料が支給されたが、もう一方は葬送後であったために葬料は支給されなかったのである。

奏聞の遅れは三后においても見られる。長保元年（九九九）の太皇太后昌子内親王の事例は、遺令奏が葬送当日におこなわれたことが確認できる初例である。[注12] 当日の奏聞であれば当然ながら葬司任命は間に合わない。実際に昌子の遺令には、葬司辞退の文言が含まれていた。昌子以前にも元慶三年（八七九）太皇太后正子内親王や昌泰三年（九〇〇）皇太后班子女王、延喜七年（九〇七）皇太夫人藤原温子などは、葬司辞退を遺令としていることが知られるが、天暦八年（九五四）太皇太后藤原穏子や康保元年（九六四）皇后藤原安子、天元二年（九七九）皇后藤原媓子などは、葬司が任命されていることが確認でき、未だ混在状態にあったようだ。しかし昌子以後はそれぞれの宮職の官人が葬送のことをおこなうのが一般的になったようだ。

長保二年（一〇〇〇）皇后藤原定子の場合は葬送以前に奏聞されているが、葬官任命を辞退し、葬送の事は本宮がおこなうとしている。翌年の東三条院藤原詮子は葬送当日に奏聞している。寛仁元年（一〇一七）太皇太后藤原遵子も葬送当日の奏聞で、弟公任と宮職の官人によって葬送がおこなわれたようだ。万寿二年（一〇二五）皇后藤原娍子の場合は、

十四日乙丑、天晴。作玉屋、奉殯喪皇后宮。但有遺令、宮人秘不奏奉喪之由云々。（下略）
廿六日丁丑、（中略）依遺令、無素服挙哀、并々〔不置カ〕是山陵国忌云々。又云、十四日殯喪。而官人偁遺令之由秘、
過祭之後、今日奏之云々

〔十四日乙丑、天晴る。玉屋を作り、皇后宮を殯喪し奉る。但し遺令有りて、宮人秘して喪し奉るの由を奏せずと云々。（下略）
廿六日丁丑、（中略）遺令に依り、素服・挙哀無く、并びに山陵・国忌を置かずと云々。又た云わく、十四日に殯喪す。而るに官人、遺令の由を偁して秘し、祭りを過ぐるの後、今日奏すと云々〕

（以上、『左経記』万寿二年四月）

とあり、遺令によって葬送以前に奏聞することを禁じており、二十二日の賀茂祭が終わってからようやく奏聞している。

万寿四年（一〇二七）皇太后藤原妍子は、九月十四日に崩、十五日に皇后宮亮の藤原頼任が遺令奏を外記に付し奏聞、十六日には葬送がおこなわれている。

十五日壬子、（中略）入夜宰相中将来云、「明日御葬送。今日令亮頼任触遺令于外記」云々。

十七日甲寅、文任朝臣申云、「去夜皇太后御葬送」。（中略）大外記頼隆云、「十四日従前皇太后以亮頼任令奏遺令事」云々。御葬以前奏遺令事、被尋前例。勘申二條后例、仍所被行也云々。廃朝五箇日。

〔十五日壬子、（中略）入夜、宰相中将来りて云わく、「明日御葬送なり。今日、亮頼任をして遺令を外記に触れしむ」と云々。

十七日甲寅、文任朝臣申して云わく、「去ぬる夜、皇太后御葬送なり」。（中略）大外記頼隆云わく、「十四日、前皇太后に従いて、亮頼任を以て遺令の事を奏さしむ」と云々。御葬以前に遺令を奏するの事、前例を尋ねらる。二條后の例を勘申し、仍ち行わるる所なりと云々。廃朝五箇日。〕

（以上、『小右記』万寿四年九月）

十七日条には、葬送以前に奏聞をする先例が勘申されたことを記しており、天暦八年（九五四）太皇太后藤原穏子の例によったとしている。注13 つまりこの時期には、葬送に先立って奏聞することのほうが異例と考えられるまでになったことが知られる。

親王の例であるが、長和二年（一〇一三）入道昭平親王の時は、

六日丙申、右兵衛督来談、頭弁示送侍従許云、「（中略）薨奏事、可避一上御忌歟（中略）」。予報云、「（中略）

薨奏之日、尤可避当時一上忌日歟」（下略）

〔六日丙申、右兵衛督来たり談ず。頭弁が侍従の許へ示し送りて云わく、「（中略）薨奏の事、一上の御忌を避くべきか。（中略）」と。予報えて云わく、「（中略）薨奏の日、尤も当時一上の忌日を避くべきか」（下略）〕

（『小右記』長和二年七月）

とあるように、このころになると、すでに奏聞の日時は喪葬儀礼の進行とは無関係に、天皇や三后・一上の日次の良し悪し、または他の儀礼との関係などによって左右されるようになる。したがって三后であれ親王・大臣等であれ、奏聞は次第に喪葬儀礼とは無関係におこなわれるようになり、よって天皇からの弔使・葬司の派遣や葬具支給もおこなわれなくなっていった。逆に官給から独立した喪葬儀礼がおこなわれるようになったため、奏聞の形式化が進んだとも言える。

死亡報告は、その目的や方法を変化させながらも、後世にまで延々と続けられた。このことは死亡報告が本来もっていた実用としての意義、つまり朝廷からの弔使派遣や葬具支給などをおこなう前提としての奏聞という目的を失いながらも、官人の生死を天皇が把握するという象徴的意義が重要視されたため、天皇支配において欠かせない儀礼であったことを物語っているように思われる。

二　弔使派遣

1　貞観儀式と開元礼

『貞観儀式』巻一〇には、次のような記載がある。

弔喪儀　其日遣勅使二人。随亡者品位、臨時定之。勅使到門外、喪家設榻二基於殯室堂上、北面東上。随処而設之。不必用此制。前立高机一基、其上置筥。訖喪家行事者開門、左右相分迎之。勅使依次就座、訖勅使一人披宣命文宣制。其詞臨時制之。訖行事者進、受宣命文、納机上筥退去。勅使下座、挙哀三度。喪家答哭。訖勅使引出。

〔弔喪儀　其の日、勅使二人を遣わす。亡者の品位に随い、臨時に之を定む。勅使が門外に到らば、喪家は榻二基を殯室の堂上に設け、北面東上す。処に随いて之を設く。必ずしも此の制を用いず。前に高机一基を立て、其の上に筥を置く。訖りて喪家の行事者は門を開き、左右に相い分かれて之を迎う。勅使は次に依りて座に就き、訖りて勅使一人が宣命文を披きて宣制す。其の詞は臨時に之を制す。訖りて行事者は進み、宣命文を受け、机上の筥に納めて退去す。勅使は座を下り、挙哀すること三度。喪家は答哭す。訖りて勅使は引き出づ。〕

贈品位儀　葬日遣勅使二人。随亡者品位、臨時定之。勅使到門外、喪家設榻二基於殯室堂上、北面東上。随処便而設之。不必用此制。前立高机一基、其上置筥。訖喪家行事者開門、左右相分迎之。勅使二人一人持宣命文、一人持位記、依次就座、勅使一人宣制。其詞臨時制之。訖行事者二人相共進、一人留机辺、一人受位記函納筥。訖共舁机、進置霊柩前、訖復本座。勅使下座、挙哀三度。喪家答哭。勅使引出、霊柩即発。

〔贈品位儀　葬日、勅使二人を遣わす。亡者の品位に随い、臨時に之を定む。勅使が門外に到らば、喪家は榻二基を殯室の堂上に設け、北面東上す。処の便に随いて之を設く。必ずしも此の制を用いず。前に高机一基を立て、其の上に筥を置く。訖りて喪家の行事者は門を開き、左右に相い分かれて之を迎う。勅使二人一人は宣命文を持ち、一人は位記を持つ、次に依りて座に就き、勅使一人が宣制す。其の詞は臨時に之を制す。訖りて行事者二人は相い共に進み、一人は机辺に留まり、一人は位記の函を受けて筥に納む。訖りて共に机を舁き、進みて霊柩の前に置き、訖りて本座に復す。勅使は座を下り、挙哀すること三度。喪家は答哭す。勅使は引き出で、霊柩即ち発す。〕

『貞観儀式』は『大唐開元礼』（以下、『開元礼』）の影響を強く受けていると言われるが、この二つの儀式についても対応する儀礼を『開元礼』に見出すことができる。巻一三四には皇帝の視点から記される「勅使弔」「策贈」があり、それぞれ弔喪儀と贈品位儀に対応するのであろう。

勅使弔　弔諸王妃主喪　（中略）其日、使者至、掌次者引之次。（中略）司儀引主人出門、止哭迎於大門外見。（中略）使者入門而左、立於階間南面。（中略）使者稱「有制、弔」。主人哭、拝稽顙。内外皆哭。司儀引主人進受弔書、退立於東階下、西面哭。（中略）使者還、主人杖哭而入、取弔書於階下、升奠於柩東。（下略）

〔勅使弔　諸王・妃主の喪を弔す[注14]（中略）其の日、使者至らば、掌次者は之を次に引く。（中略）司儀は主人を引きて門を出で、哭を止めて大門の外に迎えて見ゆ。（中略）使者は門を入りて左し、階間に立ちて南面す。（中略）使者は「制有り、弔す」と稱す。主人は哭し、拝し稽顙す。内外は皆な哭す。司儀は主人を引き進みて弔書を受け、退きて東階の下に立ち、西面して哭す。（中略）使者還らば、主人は杖し哭して入り、弔書を階下に取り、升りて柩の東に奠く。（下略）〕

策贈　勅使冊贈諸王　（中略）其日、使人及副公服従朝堂受冊、載於犢車。（中略）司儀引主人出門、止哭迎使者於大門外見。（中略）使者升立於柩東北廂、南向。（中略）使副以冊進、使者受稱「有制」。主人降於階間、北面哭、拝稽顙。内外皆哭。司儀引主人升、復北面位。内外止哭。使者読冊、訖主人降於階間、北面哭、拝稽顙。内外皆哭。司儀引主人升階、詣使者前受冊、退跪奠於柩東。（中略）使者還。（下略）

〔策贈　勅使が諸王に冊贈す[注15]（中略）其の日、使人及び副は公服して朝堂より冊を受け、犢車に載す。（中略）司儀は主人を引きて門を出で、哭を止めて使者を大門外に迎えて見ゆ。（中略）使者は升りて柩の東の北廂に立ち、南向す。（中略）使副は冊を以て進め、使者は受けて「制有り」と称す。主人は階間に降り、北面して哭し、拝し稽顙す。内外は皆な哭す。司儀は主人を引きて升り、北面の位に復す。内外は哭を止む。使者は冊を読み、訖りて主人は階間に降り、北面して哭し、拝し稽顙す。内外は皆な哭す。司儀は主人を引きて階を升り、使者の前に詣りて冊を受け、退き跪きて柩の東に奠く。（中略）使者は還る。（下略）〕

『貞観儀式』と『開元礼』とを比較すると、『開元礼』においては「勅使弔」と「策贈」の儀礼は全く別の段階でおこなわれているが、『貞観儀式』でもそのことを意識してか、「其の日」と「葬日」とに区別している。しかし実際には「贈品位儀」は「弔喪儀」を兼ねるものであったと考えられ、『延喜式』の規定によれば葬日に勅使が弔問と贈位のことを同時におこなっており[注16]、実際に喪葬にあたって弔問と贈位と二度の派遣がおこなわれた事例は見出せない。

凡親王及大臣薨、即任装束司及山作司。或任主行所及山作所。軽重随品高下。事見薨葬記。送葬之日、勅使二人一人持詔書、一人持位記。若無贈位者、一人持賻物、数其使人位階、随亡者高下。就第弔贈。其中納言以上及妃夫人薨時、弔賻亦准此。事見儀式。

〔凡そ親王及び大臣が薨ぜば、即ち装束司及び山作司を任ぜよ。或いは主行所及び山作所を任ぜよ。軽重は品の高下に随え。事は薨葬記に見ゆ。送葬の日、勅使二人一人は詔書を持ち、一人は位記を持て。若し贈位無くんば、一人は賻物を持て。其の使人の位階を数うるに、亡者の高下に随え。第に就きて弔贈せよ。其れ中納言以上及び妃・夫人の薨ぜし時も、弔賻は亦た此に准ぜよ。事は儀式に見ゆ。〕

（『延喜式』巻一一太政官155葬官条）

2　勅使の人数

日唐の勅使弔贈の儀礼でもうひとつ大きな相違点として挙げられるのは、その勅使の人数である。『開元礼』によると、勅使弔では使者の他に持節者・持案者が従うが、基本的に勅使は一人である。また策贈では使者と使副・持節者・持冊案者が登場するが、これも勅使一人と副使一人である。一方日本では、『貞観儀式』『延喜式』ともに勅使を二人としており、正・副の区別も見られない。このことは実例においても確認できる（表1参照）。勅使弔の初例である天武九年（六八〇）の記事以降、勅使を二人派遣する方法は一貫して主流だったようで、九世紀以降も貞観五年（八六三）源定の例[注17]、源信の例[注18]、天暦元年（九四七）藤原述子の例[注19]、応和二年（九六二）藤原貴子の例[注20]、天禄元年（九七〇）藤原実頼の例[注21]、天禄三年（九七二）藤原伊尹の例[注22]などが見られる。

『西宮記』臨時八太子葬事には、皇太子に対する勅使弔について、次のように記している。

任葬司、（中略）親王一人、大納言一人、参議一人、少納言・弁・外記・内記・史生等、共向本宮。（中略）使等着之、親王読弔喪文、大納言跪宣制謚号宣命。（下略）

〔葬司を任ず。（中略）親王一人、大納言一人、参議一人、少納言・弁・外記・内記・史生等、共に本宮に向かう。（中略）使

表1　八世紀までの勅使弔贈（出典は『日本書紀』『続日本紀』）

年代		死者	遣使内容	使者
天武九年	六八〇	僧弘聡	弔	大津皇子・高市皇子
天武九年	六八〇	舎人王	臨殯	高市皇子・川嶋皇子
天武九年	六八〇	僧恵妙	弔	三皇子
天武十二年	六八三	大伴望多	弔・贈位	泊瀬王
大宝元年	七〇一	大伴御行	宣詔・贈官位	藤原不比等等
大宝元年	七〇一	多治比嶋	弔賻	刑部親王・石上麻呂
大宝三年	七〇三	阿倍御主人	弔賻	石上麻呂等
養老元年	七一七	石上麻呂	弔賻・贈位	長屋王・多治比人三宅麻呂
養老四年	七二〇	藤原不比等	宣詔・贈官位	長屋王・大伴旅人
神亀元年	七二四	石川大蕤比売	宣詔・贈位	大伴旅人
天平七年	七三五	新田部親王	弔	舎人親王
天平七年	七三五	舎人親王	宣詔・贈官	多治比県守等
天平九年	七三七	藤原武智麻呂	贈官位（生前）	橘諸兄・紀男人
天平宝字六年	七六二	石川年足	弔賻	佐伯今毛人・大伴家持
天平神護二年	七六六	藤原真楯	弔	藤原縄麿・大伴伯麿
宝亀二年	七七一	藤原永手	弔賻・贈官	文室大市・石川豊成
宝亀四年	七七三	難波内親王	弔	文室大市・石上宅嗣
宝亀八年	七七七	藤原良継	弔・贈位	物部宅嗣・壱師濃王
宝亀十年	七七九	藤原百川	宣詔・贈位	石川豊人・阿倍謂奈麻呂
宝亀十年	七七九	藤原縄麻呂	宣詔・贈官位	石川豊人・藤原刷雄
天応元年	七八一	能登内親王	宣詔・贈品	大伴伯麻呂
延暦七年	七八八	藤原旅子	宣詔・贈妃・贈位	石川名足・紀古佐美

等は着し、親王は弔喪文を読み、大納言は跪きて謚号宣命を宣制す。（下略）〕

これは延長元年（九二三）保明親王の事例と同三年（九二五）慶頼王の事例とをもとに記されたと思われるが、『西宮記』臨時八太子葬事所引「吏部記」によると、保明親王の時は

延長元年三月廿一日、薨。廿七日、葬法性寺後山。其夕未発、上野太守親王於宮南殿上読哀冊宣命。右大将定方朝臣読謚策宣命。謚曰文献彦太子

〔延長元年三月廿一日、薨ず。廿七日、法性寺の後山に葬る。其の夕、未だ発せざるに、上野太守親王が宮南殿上に於いて哀冊宣命を読む。右大将定方朝臣は謚策宣命を読む。謚りて文献彦太子と曰う〕

とあり、慶頼王の時は

延長三年六月十八日、太子薨。（中略）廿三日未〔癸脱〕、葬神楽岡。未発、常陸太守代明親王読哀冊宣命云々

〔延長三年六月十八日、太子薨ず。（中略）廿三日癸未、神楽岡に葬る。未だ発せざるに、常陸太守代明親王が哀冊宣命を読むと云々〕

とあって、「弔喪文」が「哀冊宣命」に、「謚号宣命」が「謚策宣命」に対応している。このように弔喪と謚策の二つの宣命が読まれるのは、中国における二つの儀礼に対応しているようであり、日本においてこの二つの儀礼が同時におこなわれるようになったため、使者が二人とされたとも考えられる。

3　時と場所

次に勅使の派遣される時と場所について見てみよう。前掲の『延喜式』規定によれば、勅使は「送葬の日」に「第」に派遣された。『貞観儀式』でも「弔喪儀」は「其の日」と特定していないものの、「贈品位儀」は「葬日」として勅使帰還後には「霊柩即ち発す」としており、葬送の直前に喪家の邸宅でおこなわれたことを示している。これは『開元礼』において「策贈」が、喪家で葬送の前段階におこなわれていることとも一致している。

堀裕氏は、遺体を中心とした喪葬から、ケガレ観念の形成とともに遺体を忌避し疎外した喪葬へと変化するとの見通しのもと、勅使（「弔使・贈官贈位使」）の派遣についても分析され、遺体に語りかける宣命から語りかけない宣命への変化を指摘された。またこの変化と奏聞との関係にも若干触れられている。[注23] 堀論文の表をもとに、

参考件数を増やし、「奏聞日」の項目を加えるなどの手を加えたものが表2である。[注24] 八世紀以前で勅使の派遣先が知られる史料はないので、九世紀以降の事例となっている。

堀氏も指摘されるように、康保二年（九六五）の藤原顕忠以後、遣使は葬送後におこなわれるようになり、勅使が遺体に語りかけることはほとんどなくなる。そして天禄三年（九七二）の藤原伊尹以後は、奏聞が葬送から独立し、勅使派遣の日程にあわせておこなわれていることが見てとれる。このことは、堀氏のように遺体の忌避観念の浸透によって遺体が国家的対応から疎外されたと解釈することも可能であるが、同時に、朝廷からの弔使・葬司の派遣や葬具支給を前提とする律令制的「官葬制」から、当時の貴族たちが脱却しつつある状況を反映していると解釈することも可能であろう。すでに指摘した奏聞の遅れも勅使派遣の日程に関連しており、このことを裏付ける。

表2　勅使の派遣

年代		死者	死亡日	奏聞日	遣使日	派遣・宣制先	葬日	備考	主な出典
天長三年	八二六	多治比高子	3/2			第			紀略
天長三年	八二六	藤原冬嗣	7/24		7/26	大臣深草別業	7/26		紀略
貞観五年	八六三	源定	1/3			柩前			三代実録
貞観十年	八六八	源信	閏12/28		明年3/4	第			三代実録
貞観十四年	八七二	藤原氏宗	2/7			東山白河第			三代実録
貞観十四年	八七二	藤原良房	9/2	9/2	9/4	柩前	9/4		三代実録

寛平三年	八九一	藤原基経	1/13	1/13	1/15	墓所・柩	1/15	※1	紀略・西宮記
延喜十三年	九一三	源光	3/12	3/18	3/18	喪所			貞信公記・西宮記
延喜十五年	九一五	滋野直子	1/19		1/24	後家			西宮記
延喜二十三年	九二三	保明親王	3/21		3/27	東宮南殿上	3/27		西宮記
承平二年	九三二	藤原定方	8/4		8/11	本家	8/11	※2	貞信公記
承平八年	九三八	藤原恒佐	5/5	5/19	5/19	第		※3	紀略・北山抄
天暦元年	九四七	藤原述子	10/5		10/13	殯車前	10/13		紀略・西宮記
天暦三年	九四九	藤原忠平	8/14	8/17	8/18	葬所南門外（葬門前）	8/18		西宮記・北山抄
応和二年	九六二	藤原貴子	10/18	10/30	10/30	喪家		※4	紀略・小野宮年中行事
応和三年	九六三	大江維時	6/7	6/15	6/15	喪家			西宮記
康保二年	九六五	藤原顕忠	4/24		5/2		4/27		紀略
天禄元年	九七〇	藤原実頼	5/18	5/20	5/19	葬所（例により）	5/19	※5	紀略
天禄三年	九七二	藤原伊尹	11/1	11/10	11/10	喪家（家司に付す）	11/5		親信卿記
永延三年	九八九	藤原頼忠	6/26	7/20	7/20		6/28		紀略・小右記
長徳元年	九九五	藤原道兼	5/8	5/26	5/26	二條第	5/11	※6	西宮記・公卿補任
長徳元年	九九五	源重信	5/8	5/26	5/26	六條亭	5/15	※7	紀略・公卿補任
万寿二年	一〇二五	藤原嬉子	8/5	8/29	8/29	喪家（法成寺西北院門外）	8/15		小右記・左経記
万寿四年	一〇二七	藤原道長	12/4	12/7	12/8	葬処	12/7~8		小右記
寛治八年	一〇九四	源顕房	9/5	9/8	9/8	六條亭			中右記
康和五年	一一〇三	藤原苡子	1/25	2/3	2/3	家	2/3	※8	殿暦・中右記

［備考］

※1　先例勅命使、於柩庭所読詔書。可有其儀。昭宣公薨時、柩先至小野墓所。勅使大江朝臣遂至彼所、以本家中不行之儀云々。国経執伝宣命、臨柩読之云々。〔先例は勅命の使、柩庭所に出でて詔書を読む。其の儀有るべし。昭宣公の薨ずる時、柩は先に小野墓所に至る。勅使大江朝臣は遂に彼の所に至り、本家中を以て之の儀を行わずと云々。国経が宣命を執り伝え、柩に臨みて之を読むと云々。〕（『西宮記』臨時一勅書）

※2　去十一日、被差故右大臣贈位使。仍欲向彼墓所間、副使国淵朝臣遅来。入夜又令問孝子所在、帰来本家者。向本家授宣命位記等。是北辺大臣時例也云々。〔去十一日、故右大臣の贈位の使を差さる。仍りて彼の墓所へ向かわんと欲するの間、副使国淵朝臣遅来す。入夜又た孝子の所在を問わしむるに、本家に帰り来たると。本家に向かい宣命位記等を授く。是れ北辺大臣（源信）の時の例なりと云々。〕（『貞信公記』承平二年八月十四日条）

※3　勅使不向骸骨之所、就第宣制。依有例也云々。〔勅使は骸骨の所へ向わず、第に就きて宣制す。例有るに依りてなりと云々。〕（『北山抄』巻六備忘略記・薨奏事）

※4　『日本紀略』が遣使を20日とするのは30日の誤りであろう。

※5　19日は弔問のみ、贈位等は20日。

※6　『公卿補任』では奏聞・遣使を25日とする。

※7　『公卿補任』では奏聞・遣使を25日、葬を16日とする。

※8　「令奏女御卒去之由〔女御卒去の由を奏さしむ〕」であり「非薨奏儀〔薨奏の儀にあらず〕」との注記あり（『中右記』康和五年二月三日条）

また勅使を派遣し宣制する場所について見ると、基本的には『延喜式』や『貞観儀式』が記すように喪家の邸宅でおこなわれているが、同じ邸宅でも先に述べたように顕忠以前は葬送前の遺体を前にしておこなう「柩前」での宣制であるのに対し、[注25]顕忠以後は遺体がなく孝子（または家司）に対しておこなわれる点が異なっている。ところで、寛平三年（八九一）の藤原基経の時に、遣使以前に柩が墓所へ運ばれてしまうという偶発的な事故によっておこなわれた墓所での宣制は（表2※1）、承平二年（九三二）の藤原定方の時には「墓所へ行くのが先例であるのに、副使の遅来によって本家で孝子に対しておこなうことになった」とまで言われるようになり（表2※2）、以後、天暦三年（九四九）の藤原忠平、天禄元年（九七〇）の藤原実頼、万寿四年（一〇二七）の藤原道長の例が見える。忠平以下の三例は、藤氏長者として基経の例に倣っているものとも考えられるが、[注26]忠平の頃から遺体を葬送以前に寺などへ移すことがはじまり、三者はいずれも寺から葬列を発していることから、邸宅での宣制が困難になったために、基経の先例をよりどころとして墓所への派遣がおこなわれたと推測される。

おわりに

喪葬令に規定された諸要素のうち、特に中国的な新しい儀礼を取り入れた部分（たとえば葬送における鼓吹や方相司など）については、奈良時代においても官人層の喪葬儀礼に十分に普及したとは言えず、平安時代以降、徐々にその姿を消していく。[注27]それに対して本稿で扱った死亡報告と弔使派遣は、喪葬令規定の根幹にかかわる部分であり、『延喜式』規定などによってかなり具体的に実現がめざされ、対象とする範囲を狭め、儀礼としての性格を変化させながらも、長く後代にまで継続されている点が注目される。

また中央官人の死亡報告が、令制や式制のような本司本属という「公的」組織を通じてではなく、親族や家司という「私的」な関係を通じたものへと変化していくのに対し、大宰権帥の死亡報告は院政期になっても相変わらず令制に近い形で継続されている点は大変興味深い。律令制の原則が中央よりも周縁においてより原初的な形態で維持されることを物語る、ひとつの事例と言えよう。

葬司や葬具の辞退のために死亡報告が遅れるようになり、それとともに弔使の派遣も埋葬後へとずれ込んでいく。日の良し悪しが優先され、これらの儀礼は喪葬儀礼とは乖離したものへと変化しており、喪葬令の構想したあり方からはかけ離れたものになってしまっている。それでも死亡報告や弔使派遣が継続されたことからは、支配者たる天皇が百姓の生死を把握するという象徴的意味を読み取ることも可能ではなかろうか。律令制が姿を変えつつも現実社会に浸透していく様相が窺えるように思われるのである。

注

1 稲田『日本古代の喪葬儀礼と律令制』（吉川弘文館、二〇一五年）、第一部第一章「日本古代喪葬儀礼の特質——喪葬令からみた天皇と氏——」。
2 『日本紀略』寛弘二年三月十四日条。
3 『御堂関白記』寛弘二年四月二十日条。
4 『日本紀略』治安三年十月十二日条、『公卿補任』治安三年条。
5 『小右記』治安三年十一月二日条。
6 『小右記』治安三年十一月二十日条。
7 『日本紀略』治安三年十二月十四日条。『小右記』同日条。
8 四品・五品も「薨」が「死」と改められているほかは同文。六品以下の場合は、赴闕はおこなわれない。

9　喪葬令3京官三位以上条の古記に、次のような記述がある。

問、文俤京官三位以上、未知、散位勲位及外官、若為処分。答、職事散官勲一等並同。一云、勲官且待其外官、臨時聴勅耳。然従二位大伴卿任大宰帥、遭妻喪奏聞遣使弔而已。

〔問う、文に「京官三位以上」と俤うは、未だ知らず、散位・勲位及び外官は、いかに処分せんや。答う、職事・散官・勲一等は、並びに同じ。一云わく、勲官は且つ其の外官を待ちて、臨時に勅を聴くのみ。然らば従二位大伴卿、大宰帥に任じ、妻の喪に遭い奏聞し、使を遣して弔せしむのみ。〕

「従二位大伴卿」云々は、神亀五年（七二八）、大宰帥大伴旅人が任地で妻大伴郎女を亡くした際のことを指した記述であることが、『万葉集』巻八―一四七二より知られる。

霍公鳥来鳴令響宇乃花能共也来之登問麻思物乎

右、神亀五年戊辰、大宰帥大伴卿之妻大伴郎女、遇病長逝焉。于時勅使式部大輔石上朝臣堅魚遣大宰府弔喪并賜物也。

（下略）

〔霍公鳥来鳴き響もす卯の花の共にや来しと問わましものを

右は、神亀五年戊辰、大宰帥大伴卿の妻大伴郎女、病に遇いて長逝す。時に勅使式部大輔石上朝臣堅魚を大宰府に遣して、喪を弔い并せて物を賜う。（下略）〕

これによると、勅使として式部大輔石上朝臣堅魚が大宰府に派遣され、弔問・賜物をおこなったことがわかる。また巻五―七九三には、弔問（「凶問」）の勅使に対する返礼（「報」）として作られた歌が記されている。

大宰帥大伴卿報凶問歌一首

禍故重畳、凶問累集。永懐崩心之悲、独流断腸之泣。但依両君大助、傾命纔継耳。（中略）余能奈可波牟奈之伎母乃等志流等伎子伊与余麻須万須加奈之可利家理

〔大宰帥大伴卿の、凶問に報うる歌一首

禍故重畳し、凶問累集す。永に崩心の悲しびを懐き、独り断腸の泣を流す。但し両君の大きなる助に依りて、傾命を纔に継げらくのみ。（中略）世の中は空しきものと知る時しいよよますます悲しかりけり〕

本歌について、岩波日本古典文学大系本の頭注では、「凶問」を「凶事に関するしらせ」、「両君」については「誰を指すか

はっきりしない」としているが、後述するように弔問の勅使は二人で派遣されるのが一般的であったようなので、「両君」は石上堅魚を上位とする二人の勅使と考えるべきだろう。「凶問累集」は勅使による弔問の他にも多くの個人的弔問があったことを指すと思われ、その中でも特に勅使に対しては返礼として歌を作ったと考えれば、矛盾しない。しかし大宰帥は外官であり、京官とその親族を奏聞の対象とする令文とは合わない。古記所引一云も言うように、臨時の勅によっておこなわれた例外と考えるべきであろう。したがって令文による親族の死亡報告の一般的な実例とは言い難い。

10 喪葬令15薨奏条に「凡百官身亡者、親王及三位以上称薨、五位以上及皇親称卒、六位以下、達於庶人称死（凡そ百官は身亡さば、親王及び三位以上は薨と称し、五位以上及び皇親は卒と称し、六位以下、庶人に達するまでは死と称せよ）」とあり、「薨」字の使用は親王及び三位以上の死亡に限られた。

11 稲田「古代王権と遺詔」（二〇一八年発表予定）。

12 『日本紀略』『小右記』『権記』長保元年十二月五日条。

13 大日本史料では「二條后」を藤原高子としているが、現存史料からは高子の奏聞日は不明である。一方で、大日本古記録本も指摘する藤原穏子については、その奏聞日を明確に示す史料は存在しないものの、正月十日の葬儀に先立ち、七日に廃務の開始や御葬司の任命、警固・固関、素服・挙哀の停止などが命じられており（『類聚符宣抄』巻四皇后、『西宮記』臨時四衣服喪装束等）、この日に奏聞されたものと考えられる。そこでここでの「二條后」は穏子を指すものと理解しておく。

14 他に外祖父母・后父母・貴臣・宗戚・蕃国主についても同様の規定がある。

15 他に外祖父母・后父母・貴臣・蕃国主についても同様の規定がある。

16 虎尾達哉「贈位の初歩的考察」（『律令官人社会の研究』塙書房、二〇〇六年、初発表一九九一年）、堀裕「死へのまなざし――遺体・出家・ただ人――」（『日本史研究』四三九、一九九九年）。

17 従四位下豊前王・従五位下田口統範が柩前で宣制する（『日本三代実録』貞観五年正月三日丙寅条）。

18 正四位下源生・従四位下潔世王が第で宣制する（『日本三代実録』貞観十一年三月四日壬戌条）。

19 左中弁大江朝綱・左近少将藤原国紀が殯車前で宣命文を読む（『日本紀略』天暦元年十月十三日条、『西宮記』臨時八女御贈位事）。

20 参議橘好古・従四位下望左王が喪家へ向かう（『日本紀略』応和二年十月二十日条。三十日の誤りであろう）。

21 弁・少納言が葬所へ向かい弔う（『日本紀略』天禄元年五月十九日条）。

22　正三位源雅信・正四位下源保光を里第に遣わし贈位・贈封・贈諡等をおこなう（『尊卑分脈』藤原氏北家伊尹公孫）。

23　注16堀論文。

24　堀氏は天慶元年（九三八）十一月九日に勤子内親王に対する勅使派遣がおこなわれたとするが、出典として見える『本朝世紀』からは確認できない。また安和二年（九六九）十月二十日には藤原師尹への贈位が見えるが、これも『日本紀略』からは勅使派遣の事実は確認できないため、表から削除した。

25　天暦元年（九四七）藤原述子の「殯車前」も、葬送を発する直前の喪家での宣制と考えたい。

26　道長の場合は、死亡の直前の十一月二十五日に法成寺阿弥陀堂へ移動している（『小右記』万寿四年十一月二十五日条）。こうした遺体の移送については、堀裕「天皇の死の歴史的位置――「如在之儀」を中心に――」（『史林』八一―一、一九九八年）、注16堀論文、島津毅「平安時代以降の葬送と遺体移送――「平生之儀」を中心として――」（『日本古代中世の葬送と社会』吉川弘文館、二〇一七年、初発表二〇一三年）、小林理恵「平安京と葬送――遺体の移送を中心に――」（舘野和己編『日本古代のみやこを探る』勉誠出版、二〇一五年）などを参照のこと。

27　注1著書、第一部第二章「喪葬令と礼の受容」。

〔附記〕本研究はJSPS科研費一六K〇二九九三の助成を受けたものである。

風土記からみる律令・国司
――編纂と享受の視点から――

兼岡　理恵

はじめに

白雉五年（六五四）二月、唐・長安の地に、日本から初の遣唐使、高向玄理ら一行が到着し、太子・高宗に謁見した。『日本書紀』には、その際、唐の東宮監門・郭丈挙と遣唐使の間で、次のようなやり取りが行われたと記載される。

是に東宮監門郭丈挙、悉に日本国の地里と国初の神名を問ふ。皆、問に随ひて答へつ。

「日本国の地里」と「国初の神名」、すなわち日本の地理と歴史を尋ねられたという。地理と歴史を知ることは、その国の空間軸・時間軸を把握することである。そして日本国内において、これを具現化する事業が、国史である『日本書紀』、および「風土記」の編纂といえよう。当時、唐は歴史を重視し、官撰史書を盛んに編纂していた。また百済・新羅も国史を編纂しており、日本が文明国たる体裁を整えるために、官撰史書の編纂は必要不可欠な事業であった。[注1] 一方「風土記」も、中国史書における「地理志」のように、いわば『日本書』地理志を編纂しようとする企図があったことが指摘されている。[注2] しかし日本各地に関する記事が集約された地誌――『日本書』地理志が編まれることは、遂に無かった。八世紀初頭、ほぼ同時期に行われた『日本書紀』『古事記』「風土記」の編纂は、秋本吉郎の言を借りれば「中央と地方という相違をもち、中央における氏族系譜といふ人に即する面を、地方においては土地に即して、土地土地の歴史、ことにその地名の所由といふ主題事項の相違を以て、中央における修史事業と地方誌編述の官命とは、同じ時代機運の上に立つ併行的な企画事業であったとすべく、一を以て他の従属とするには余りに大規模な企画であり、事業であった」といえよう。[注3] そもそも『日本書紀』『古事記』と「風土記」は、当然のことではあるが、編纂方法・方針が大きく異なる。『日本書紀』編纂開始とされる天武十年（六八一）三月丙戌条には、次のようにある。

> 丙戌に、天皇、大極殿に御しまして、川嶋皇子・忍壁皇子・広瀬王・竹田王・桑田王・三野王・大錦下上毛野君三千・小錦中忌部連首・小錦下阿曇連稲敷・難波連大形・大山上中臣連大嶋・大山下平群臣子首に詔して、帝紀と上古の諸事を記定めしめたまふ。大嶋・子首、親ら筆を執りて録す。

川嶋皇子以下、国の要職にある上級官人、また『懐風藻』に詩二首が収載される実質的な執筆記録担当・中臣大嶋はじめ、文筆に優れた者が選出され、必要に応じて編者が追加されるなど（『続日本紀』和銅七年（七一四）二月戊戌条）、養老四年（七二〇）の完成まで約四十年、国家の一大プロジェクトとして進められたのが『日本書紀』の編纂であった。また『古事記』においても、その序によれば、天武天皇が「帝紀を撰ひ録し、旧辞を討ね覈め、偽を削り実を定めて、後葉に流へむ」とし稗田阿礼に誦習させたものを、元明天皇の「稗田阿礼が誦める勅語の旧辞を撰ひ録て献上れ」という命により、太安万侶が「謹みて詔旨の随に、子細に採り摭」いたものであり、いずれも業務を担うべき最適任者として、特別に選出されたとされる。

それに対して風土記の編纂者といえば、出雲国造が中心となり、各郡の郡司が編纂を担った『出雲国風土記』は別にして、原則的には各国の国司がその任にあたった。これは見方を変えれば、和銅六年（七一三）五月甲子のいわゆる風土記撰進官命時、たまたま国司の任にあった者が、国司としての通常業務に加えて、いわば臨時に課された任務といえる。国司の業務は、職員令によれば「掌らむこと、祠社のこと、戸口の簿帳、百姓を字養せむこと、農桑を勧め課せむこと、所部を糺し察むこと、貢挙、孝義、田宅、良賤、訴訟、租調、倉廩、徭役、兵士、器仗、鼓吹、郵駅、伝馬、烽候、城牧、過所、公私の馬牛、闌遺の雑物のこと、及び寺、僧尼の名籍の事」と、非常に多岐に渡っている。また定期的に作成すべき文書として、計帳、正税帳、調帳、朝集帳の「四度公文」の他、各帳に付随する枝文など、国司は常に文書作成に追われていたといっても過言ではない。[注4] そのような中、出されたのが和銅六年（七一三）五月甲子条、風土記撰進官命であった。

畿内七道諸国郡郷名、着㆓好字㆒。其郡内所㆑生、銀銅彩色草木禽獣魚虫等物、具録㆓色目㆒、及土地沃埆、山川原野名号所由、又古老相伝旧聞異事、載㆓于史籍㆒言上。

（1）畿内と七道との諸国の郡・郷の名は、好字を着けしむ。（2）その郡の内に生れる、銀・銅・彩色・

草・木・禽・獣・魚・虫等の物は、具に色目を録し、（3）土地の沃堉、（4）山川原野の名号の所由、（5）また古老の相伝ふる旧聞・異事は史籍に載して言上せしむ。

このうち（1）は、和銅年間頃から徐々に推し進められた事業であり、[注5]（2）（3）は、租庸調と直接に関わる内容ゆえ、国司の通常業務の延長上に位置づけられるものとも言える。一方（4）（5）は、既に資料が存在すれば良いが、不足するならば現地における実地・聞き取り調査を行う必要がある。また資料があったとしても、それらを一定の編集方針のもと、纏め上げる作業が不可欠であり、さらに同作業を担い得る文書作成・編集能力が要求される。こうした作業は、到底国司のみでは行い得ず、郡司、里長、さらに在地の下級官人達の力あってこそだろう。このような様々な要素が整って、はじめて風土記の編纂が可能といえる。その意味では、いわば風土記編纂の有無自体が、各国における律令制――官僚制・文書行政――が整っているかを示していると言えよう。

以上のような観点から本稿では、風土記を通じて律令制・国司についてみていきたい。[注6]はじめに、風土記編纂当時の時代状況を確認し、次に現存五風土記の中で、国司が編纂の中心を担ったとされる『常陸』『播磨』（以下、各国風土記については『常陸』『播磨』のように、『国名』として示す）について、その編纂方針、方法などを見ていく。そして最後に、平安初期――律令制の衰退を、風土記の観点から見直してゆく。なお本稿について、稿者に与えられたテーマは「古代文学（日本書紀・古事記・風土記）と律令・国司」であった。しかし編纂の背景・思想・方法の異なる『日本書紀』『古事記』と「風土記」を、「律令・国司」という観点から同時に論じるのは稿者の力量を超えるものであること、また、律令制の特色とされる、官僚制・文書行政と戸籍・計帳・班田収授制・租庸調等について、[注7]これらはまさに風土記の編纂・内容を示すものであるため、風土記を中心に論を進めること、ご寛恕を乞う次第である。

一　「未だ律令に熟せず」――風土記編纂の企図

まず、和銅年間における律令および地方行政関連記事を、『続日本紀』から確認したい。和銅四年（七一一）七月甲戌条には、大宝律令制定から十年を経てなお、諸司が律令に熟知しないことを戒める詔が発せられている。

律令を張り設けたること、年月已に久し。然れども纔に一二のみを行ひて、悉く行ふこと能はず。良に諸司怠慢して恪勤を存せぬに由りて、遂に名をして員数に充てて空しく政事を廃せしむ。若し違犯有りて考第を相隠せらば、重を以て罪なひ、原すこと有ること无かれ。

また和銅五年（七一二）五月辛巳～乙酉条では、地方行政に関する詔が相次いで出されている。まず辛巳条（十三日）には、大税出挙を三年間無利息で借貸する詔（和銅四年十一月壬辰条）を、国司・郡司・里長らが悪用して利益を得ているとし、それらの行為を禁止する詔が出され、また甲申条（十六日）では、国司の部内巡行に関する規定、および郡司と百姓の評価基準について具体的に定め、その結果を国司が記録し、朝集使に報告させるという太政官奏、さらに乙酉条（十七日）には、律令遵守、諸司の職務履行の徹底化のため、月に三度、弾正台による視察を行うとされている。

諸司の主典以上、幷せて諸国の朝集使らに詔して曰はく、「法を制してより以来、年月淹久しくして、未だ律令に熟せず、多く過失有り。今より以後、若し令に違ふ者有らば、即ちその犯に准へて、律に依りて科断せよ。その弾正は、月別に三度諸司を巡り察て、非違を糺正せ。

また同日条には、毎年、巡察使を派遣して国情を視察させること、国司はそれに対しありのままに報告すること、これらの結果は考課に加味するという詔が出されている。

今より以後、毎年に巡察使を遣して、国内の豊倹・得失を検校せしめむ。使者至る日は、意に公平を存して、直に告して隠すこと莫かるべし。若し問を経て発覚すること有らば、科断すること前の如くせよ。凡そ国司は、毎年に官人らの功過・行能、幷せて景迹を実録して、皆、考状に附けて式部省に申し送れ。省、巡察の所見に勘会すべし

このような律令および地方行政に関する命が相次いで発せられる中、出されたのが、和銅六年（七一三）五月甲子条の風土記撰進官命であった。そこには改めて地方の実情を把握しようという意図が窺える。さらに撰進官命の九日後、五月癸酉条には、十六国の調に関する記事が見られる。

相模・常陸・上野・武蔵・下野の五国の輸す調、元来是れ布なり。今より以後、絁・布並に進らしむ。又大倭・参河をして並に雲母を献らしむ。伊勢は水銀。相模は石硫黄・白樊石・黄樊石。近江は慈石。美濃は青

礬石。飛騨・若狭は並に礬石。信濃は石硫黄。上野は金青。陸奥は白石英・雲母・石硫黄。出雲は黄礬石。讃岐は白礬石。

相模以下、東国五カ国は従来の布にあわせて絁を、また大倭以下十三国からは、各国特産の鉱物を納めさせることが規定されている。このような命は、風土記撰進官命の第二項目「その郡内に生れる銀・銅・彩色・草・木・禽・獣・魚・虫等の物…」に対応するもので、各地の実態に合わせた調を徴収するためにも、改めて各国の産物調査が必要とされたのだろう。

こうした時代背景のもと各国で編纂が行われた風土記だが、現存する風土記を見ると、その書式・内容は、実に多種多様である。ここから各風土記の編纂方法・方式等は、各国に一任されたことが窺える。統一書式が無いという点に関しては、『続日本紀』養老元年（七一七）五月辛酉条に、大計帳、四季帳、六年見丁帳、青苗簿、輸租帳などの書式を七道諸国に頒布したという記事がある。これらの文書は、定期的に作成・提出すべきものであり、同条は裏を返せば、この時点まで書式が整っていなかったということだ。ましてや臨時の作成文書である風土記に、フォーマットがなかったのも無理はない。編纂の命を受けた国司達は、さぞや困惑しただろう。その中で、現存五風土記のうち、比較的早い時期に編纂されたのが『播磨』『常陸』である。両者とも完本ではなく成立年・編纂者とも不明だが、『播磨』は郡里制をとることから霊亀三年（七一七）以前、また『常陸』も郡里制をとり、養老二年（七一八）五月に設置された石城国を「陸奥国石城」（香島郡）とすることから養老二年以前の成立とする説、さらに養老三年（七一九）常陸国守に赴任した藤原宇合を編纂者とする説もあるが、いずれにせよ天平五年（七三三）成立の『出雲国風土記』、また『日本書紀』編纂以降の天平頃の成立とされる九州風土記と比すれば、十年以上早い成立となる。さらに『常陸』『播磨』は、両者とも解文として作成・提出されたことが明らかである。すなわち『常陸』は「常陸国司解　申古老相伝旧聞事」という解文の書式に則った冒頭から、一方『播磨』は、賀古郡・舟引原条に「又、事は上の解と同じ」という一文がそれを示している。それに対して『出雲』は、先述したように出雲国造を中心として各郡司によって編纂が行われた。さらに言えば『出雲』では、国司に関連する記事自体、一例も見られない。また『豊後』『肥前』はその書式・内容等の類似から、最終的に他の九州風土記とともに、大宰府で監修されたことが想定されている。その意味で、より国司による編纂方針・方法を窺い知れるのが『常陸』『播磨』といえよう。以上のようなことから、次に『常陸』『播磨』について、編纂の視点・方法という観点から考察していく。

二　編纂者の視点――『常陸国風土記』

前述したように国司が編纂者であることが明確な『常陸』だが、その内容・記事選択からも、同風土記が国司――中央官人の視点によるものであることが窺える。『常陸』には律令制施行後の官人が数多く登場する。『常陸』に記載される人物三十四名中、中央より派遣された人物は十六名と、約五割弱を占める。[注8]以下、具体的にみていこう。

まず、国司に関する記事は一例、香島郡・若松浜に関するものである。

慶雲元年に、国司婇女朝臣、鍛佐備の大麿等を率て、若松の浜の鉄を採りて、剣を造りき。此より南、軽野の里の若松の浜に至る間、卅余里ばかり、此は皆松山なり。伏苓・伏神を、年毎に掘る。その若松の浦は、すなはち常陸・下総二つの国の堺なり。安是の湖にあらゆる沙鉄は、剣を造るに大だ利し。然れども香島の神山為れば、輙く入りて松を伐り鉄を穿ること得ず。

慶雲元年（七〇四）は、風土記撰進官命の九年前にあたる。婇女朝臣は、『続日本紀』にみえる釆女朝臣枚夫かとされる（慶雲元年正月従五位下、同四年十月従五位上、和銅三年四月近江守）。鉄の採掘については、雑令に「凡そ国内に銅鉄出す処あらむ、官採らずは、百姓私に採ること聴せ。若し銅鉄を納めて、庸調に折ぎ充てば、聴せ」とあり、原則として官営で管理することが定められている。また「伏苓・伏神を、年毎に掘る」とあるが、これらは『延喜式』典薬寮に常陸国の年料雑薬として見え、同国の産物の一つであったことが窺える。本記事には、同地の地勢をはじめ、「若松の浦」が「常陸・下総二つの国の堺」であること、造剣に最適の砂鉄が採取できるが、「香島の神山」ゆえ松の伐採や採掘を忌むべき地であること等、現地把握のために重要な留意事項が示されている。

一方、令制以前の「国宰」に関する記事は三例。そのうち行方郡・男高里条は、国宰・当麻大夫による築池記事である。

国の宰、当麻大夫の時に、築ける池、今も路の東に存り。

ここで「今も路の東」とある「路」は、官道を指すだろう。『常陸』における築池記事は他に三例（行方郡・

椎井池、同郡・枡池、久慈郡）、いずれも中央から派遣された人物による築池記事である。たとえば久慈郡・谷会山条は、天智朝に、藤原鎌足の封戸を視察すべく派遣された軽直里麿という人物が、同地に堤・池の築造を行ったというものである。また行方郡・椎井池条は、継体天皇の時代、箭括麻多智による葦原開墾事業の際、土地の神である夜刀の神と争って同神を鎮静化した後、孝徳朝に至り、壬生連麿が築堤事業を行ったと示されている。

難波の長柄の豊前の大宮に臨軒しめしし天皇のみ世に至り、壬生の連麿、初めてその谷を占め、池の堤を築かしめし時に、夜刀の神、池の辺の椎の株に昇り集ひて、時を経れども去らざりき。（中略）謂はゆるその池を、今に椎の井と号く。池の西に椎株あり。清泉出づれば、井を取りて池に名づく。すなはち、香島に向かふ陸の駅道なり。

壬生連麿は、行方郡・郡名条に、孝徳朝の「癸丑の年（＝白雉四年）」に「茨城の国造・小乙下壬生連麿、那珂の国造・大建壬生直夫子等、惣領高向大夫・中臣幡織田大夫等に請ひて、茨城の地八里を割き、七百余戸を合はせ、別に郡家を置けり」と見え、行方郡建郡の立役者となった人物である。また椎井池は「香島に向かふ陸の駅道」に位置するとあり、先述した男高里の池同様、官道という観点からその位置が示されている。また「香島」＝香島大神については、信太郡・榎浦の津条に、常陸国に入る際、伝駅使たちは口と手を浄め、香島大神を拝してから入国するという同地の習わしが記されている。

榎浦の津あり。すなはち駅家を置けり。東海の大き道にして、常陸路の頭なり。所以に、伝駅使等、初めて国に臨まむとするに、先づ口と手を洗ひ、東に向きて香嶋の大神を拝み、然る後に入ること得。

これらは常陸国に臨む際の必須情報として、中央官人に伝達されたに相違ない。時代は下るが、平安後期における、国司の任国赴任に関連する政務や行事、心得等を四十二条にわたって掲げた『朝野群載』巻二十二所収「国務条事」には、国司は赴任時、その地の「国風」「土風」に倣うように、という記述が散見される。「官人・雑任等慮外に来着し、事の由を申さしめば、形に随ひ召し上げ、国風を問ふべし」（第七条・吉日時を択びて境に入る事）、「其の儀式は土風に随ふのみ」（第八条・境迎の事）、「高年の者をして諸事を申さしむべし。遍く故実を問ひ、善政有らば、彼に就きて旧風を改むべからず」（第十五条・粛老の者をして、風俗を申さしむ事）など、これらは「諺に曰く、境に入りては風を問へ」（第十四条・吉日を選びて着座する事）という認識によるものだろう。[注9]翻って『常陸』における現地情報についても、歴代の常陸国司が赴任時に参考にすべく、『常陸』を披見したことが窺える。

さて、先述した築池をはじめとする灌漑事業については、『日本書紀』大化二年八月癸酉条に「国々の堤を築くべき地、溝を穿るべき所、田を墾るべき間は、均しく給ひて造らしめよ」とあり、さらに同事業を推進することが、有能な国司――能吏の証とされていたことは、『続日本紀』養老二年（七一八）四月乙亥条にみえる筑後守・道君首名の卒伝からも窺える。同記事には、部内粛正、農耕推奨のほか、灌漑事業を積極的に推し進めた首名の政績が示されている。

首名少くして律令を治め、吏職に暁らかに習へり。和銅の末に出でて筑後守となり、肥後国を兼ね治めき。

人に生業を勧めて制条を為り、耕営を教ふ。（中略）また、陂・池を興し築きて灌漑を広む。肥後の味生池と、筑後の往々の陂・池とは皆是なり。

首名は、大宝律令制定にも携わり、和銅五年（七一二）九月に遣新羅大使、帰国後の和銅六年（七一三）八月筑後守に任命されており、まさに同年五月に出された風土記撰進官命直後の赴任となっている。首名と風土記の関わりは不明であるが、少なくとも筑後・肥後国風土記を編纂すべきことは、首名の脳裡にあったに相違ない。[注10]そして、その編纂業務を実践し得た常陸国司による『常陸』には、このような国司として行うべき事業や認識すべき事柄・風習等が、意識的に描かれているといえよう。

さらに『常陸』における編纂者の視点・関心という面で、看過出来ないのが歌の記載である。逸文も含めた現存風土記には、約二十強の歌が収載されるが、[注11]そのうち『常陸』には九首、全体の約三分の一強を占める。一方、ほぼ完本に近い『出雲』には、歌が一首もない。この歌の有無は、各国風土記の編纂方針の違い、さらに言えば編纂者の歌への意識が背景にあるといえる。[注12]『常陸』収載歌について、その内訳は、①葦穂山の歌一首（新治郡）、②筑波山・筑波嶺会（＝歌垣）の歌二首（筑波郡）、③高浜海に集う者たちによる歌二首（茨城郡）、④ト氏の祭事における歌一首（香島郡）、⑤童子松原における那賀寒田郎子・海上安是嬢子の贈答歌二首（香島郡）、⑥天から下り僮女と化す白鳥の歌一首（香島郡）となっている。たとえば①葦穂山の歌は、同山中の石屋に関連する伝承にまつわるものである。

郡より以東五十里に、笠間の村在り。越え通ふ道路を、葦穂山と称ふ。古老の曰へらく、古、山の賊あり、

名を油置売の命と称ふ。今も社の中に石屋在り。俗、歌ひて曰はく、

言痛けば小泊瀬山の石城にも率て籠もらなむ勿恋ひそ我妹

「越え通ふ道路」とある「道路」も、官人たちが行き来する道であろう。[注13]同歌は『万葉集』巻十六・三八〇六番歌「事しあらば小泊瀬山の石城にも籠もらばともにな思ひ我が背」の類歌とされる。両歌の関係として、「（『常陸』の歌は）大和から東国に持ちこまれた民謡とみるべきであろう」（東洋文庫『風土記』）とされるが、新治郡の歌「言痛けば…」には「俗、歌ひて」とあり、この歌が同地において流布していたことが窺え、大和からの歌の移入は、八世紀初め～それ以前だったことが想定されよう。葦穂山の「石屋」を見た官人が、大和・泊瀬山の「石城」の歌を想い起こしたのが、契機だったとも考えられる。このように常陸を往来する官人の関与が窺える①であるが、他の『常陸』収載歌をその内容で分類すれば、歌垣関連歌（②）、遊覧における歌（③）、祭事に因む歌（④）、伝説関連歌（⑤⑥）となる。こうした歌のモチーフは、『万葉集』において、筑波山嬥歌の歌（巻九・一七五九～六〇番歌）をはじめ、常陸および東国の伝説に関する歌を数多く詠んだ髙橋虫麻呂の作歌と共通することから、虫麻呂と『常陸』編纂の関与も唱えられている。その可能性は否定できないものの、そもそもそれ以前に、東国――「アヅマ」の一国である常陸に対する中央官人の関心、ということがあろう。これは『万葉集』に「東歌」という一巻が置かれることとも響き合うものである。さらに東歌同様、『常陸』収載歌もすべて短歌形式であることも見逃せない。歌の形式が統一化されていること自体、『常陸』の歌が、短歌体という「共通」様式に組み込まれているといえる。こうした歌の在り方からも、『常陸』は、中央官人の視点・関心があらわれていることが窺える。

以上『常陸』は、中央官人である国司により、彼らに必要な情報に力点が置かれ、編纂されたものであり、歴代の常陸国司も、有効活用しうる書だったと考えられる。いわば「国司」による「国司」のための報告書だったといえよう。

三　編纂を可能としたもの――『播磨国風土記』

次に、同じく国司による編纂とされる『播磨』について見ていく。『播磨』には、三百六十五余りの地名が記載され、そのほぼ全篇にわたって地名起源が掲げられる、いわば地名起源の宝庫とも言える風土記である。『播磨』に登場する人物・神は、ほぼ神に関する記事を中心とする『出雲』や、中央官人、また地名起源では倭武天皇に関するものが多い『常陸』と異なり、オオナムチ・スクナヒコナをはじめとする記紀の神々、伊和大神などの在地神、一方、人物では、四十例以上みられる品太天皇を筆頭に、約十五の天皇以下、国司、国造、在地氏族、渡来人、他国から移入した人々等、実に多様である。これは播磨国が、畿内に接する山陽道の地として、出雲・吉備・大和という地方勢力ブロックに囲まれており、陸・海とも交通要路にあったこと、渡来人も数多く居住する地であったこと等、地理的・文化的背景を反映したものと考えられるが、このような多様性に注目しつつ、まずは先述の『常陸』同様、国司・国宰記事から確認していく。

国司は一例、餝磨郡・貽和里の馬墓池条に見える。

貽和里船丘の北辺に馬墓の池あり。昔、大長谷の天皇の御世に、尾治の連らの上祖、長日子、善き婢と馬とを有ち、並に意に合へり。ここに長日子、死らむとする時に、その子に謂ひて曰はく、「吾死りて以後、皆葬ること吾に准へ」といふ。すなはち之が為に墓を作る。第一に長日子の墓を為り、第二に婢の墓を為り、第三に馬の墓を為る。併せて三あり。後、上生石大夫、国司と為りて有りし時に、墓の辺の池を築く。故れ、右に因りて馬墓の池と為す。

『常陸』の国司・国宰記事と同じく、池築造の事績を示す記事である。上生石大夫は、百済からの帰化氏族とされる。また国宰については四例、いずれも各国宰の時代に、地名が改名されたという記事である。たとえば揖保郡・大家里条は次のようにある。

大家里。[旧き名は大宮の里なり]。土は中の上。品太の天皇、巡り行しましし時に、宮をこの村に営りたまひき。故れ、大宮と曰ふ。後、田中大夫、宰たりし時に、大宅の里と改む。

品太天皇（＝応神天皇）が同地に宮を置いたことに由来する旧名「大宮里」を、国宰・田中大夫の時に「大宅里」と改めたという。同じく揖保郡・香山里条は、伊和大神の国占め伝承に由来する「鹿来墓」が本の名であったのを、国宰・道守臣が「香山」に改めたとされる。

香山里。[本の名は鹿来墓なり]。土は下の上。鹿来墓と号くる所以は、伊和の大神、国占めましし時に、鹿、来たりて山の岑に立ちき。山の岑、是れ亦墓に似たりき。故れ、鹿来墓と号く。後、道守の臣、宰為りし時に至り、すなはち名を改めて香山と為す。

道守臣は、讃容郡・船引山条にも登場する。同条では、天智朝に官船を作ったという。

近江の天皇のみ世に、道守の臣、この国の宰と為り、官の船をこの山に造りて、引き下ろさしめき。故れ、船引と曰ふ。

播磨国において官船が作られていたことは、『釈日本紀』所収の『播磨国風土記』逸文・明石駅家条に、仁徳朝のこととして「楠、井の上に生ひたりき。朝日は淡路の嶋を蔭し、夕日は大倭嶋根を蔭しき。仍ちその楠を伐りて舟を造る。その迅きこと飛ぶが如し。一檝に七浪を去き越ゆ。仍ち速鳥と号く」とあり、『続日本紀』天平宝字二年（七五八）三月丁亥条に、おそらくこの記事に基づいて命名された「速鳥」、また「播磨」という名の遣唐使船が見えることからも窺える。[注14]この船引山条も、同山の地名起源であると同時に、道守臣の事績を語る記事ともなっている。

さて、ここで国宰記事として掲げた大家里条、香山里条はともに、元来は天皇（品太天皇）、あるいは神（伊和大神）にちなむ地名だったものを、「後」に国宰が改めたという点で共通している。また先述した餝磨郡・貽和里条も、「大長谷の天皇」（＝雄略天皇）の御世、「尾治の連らの上祖、長日子」に由来する墓にちなんで、「後」に、上生石大夫が築造した池を名づけたとされている。このような記述からは、各地域における歴史が重層的に浮かび上がってくる。そして、こうした記述が可能となるのは、それぞれの地において各時代ごとの神・人々に関する伝承、また資料が存在していたからこそとも言える。

さらに『播磨』には、里長に関する記事がある。逸文を含む現存風土記中、里長が関与する記事が見られるのは『播磨』のみである。その数は三例（揖保郡・少宅里、宍禾郡・比治里、同郡・穴師里）、いずれも、里長の名にちなんで里名が付けられたという地名起源である。たとえば揖保郡・少宅里条は、漢人が居住していたことに因んで「漢部里」とあった本の名を、里長の名によって改名したとある。

少宅の里。〔本の名は、漢部の里なり〕。土は下の中。漢部と号くる所以は、漢人この村に居みき。故れ、以ちて名と為す。後に改めて少宅と曰ふ所以は、川原の若狭祖父、少宅の秦公の女と娶ひて、すなはちその家を少宅と号く。後、若狭の孫・智麻呂、任されて里長と為る。これに由りて庚寅の年に、少宅の里と為りき。

「庚寅の年」＝六九〇年は、庚寅年籍作成の年であり、同年に里に分立したことを示す。「少宅の秦公」は、新全集『風土記』によれば、天平五年七月『右京計帳』に「戸主、秦小宅牧床、年三十八。正丁、左頬黒子」「母、韓人智努女、年六十。正女。左頬疵」とあり、智努女は庚寅年に十七歳、智麻呂と同世代で、さらに智麻呂は風土記撰進時、里長在任中だった可能性が高いという。また他の二例、宍禾郡・比治里条、同郡・穴師里条は、ともに里長・山部に因む起源説話である。

比治の里。〔土は中の上〕。比治と名づくる所以は、難波の長柄の豊前の天皇のみ世に、揖保郡を分ちて宍禾郡を作りし時に、山部の比治、任されて里長と為る。この人の名に依りて、故、比治の里と曰ふ。

穴師の里［本の名は酒加の里なり］。土は中の上。大神、此処に飡しましき。故れ、須加と曰ふ。後に、山守の里と号くる所以は、然るは、山部の三馬、任されて里長と為りき。故れ、山守と曰ふ。今、名を改めて穴師と為すは、穴師川に因りて名と為す。その川は、穴師比売の神に因りて名と為す。

以上、『播磨』の里長記事は、先述した国宰同様、地名が改名されていることは同じだが、里長の場合は、里長の名に因んだ地名となっている。これはまさに、在地の有力氏族である里長の性格を反映したものと言えよう。そしてこうした『播磨』の里長記事からは、『播磨』編纂における里長の関与――具体的には、里長の事績に関する資料や報告――が窺える。風土記編纂の実務を里長レベルから担当したことについて、橋本雅之は、「里」を記事構成の最小単位とする原則に基づいて、里長から提出された伝承や記録を積み重ねるという「風土記」ならではの編纂方法があったと推定している。注15 さらにそれを可能にしたのは、律令制における文書行政が里長まで及んでいたからこそである。それは木簡の事例からも窺える。たとえば平城宮から出土した木簡（『平城宮木簡二』一九二六号）には、次のようにある。

（表）関々司前解近江国蒲生郡阿伎里人大初上阿□［伎カ］勝足石許田作人
（浦）同伊刀古麻呂大宅女右二人左京小治町大初上笠阿曽弥安戸人右二
送行　乎我都　鹿毛牡馬　歳七　里長尾治都留伎

その内容は、近江国蒲生郡阿伎里の大初上・阿伎勝足石のもとで、田の耕作にあたった伊刀古麻呂・大宅女の二人が、居住地である藤原京の「左京小治町」に帰国する際、阿伎里の里長、尾治都留伎が彼らのために作成した過所木簡である。[注16] 冒頭「関々との司の前に解す」と、解の書式を用いており、その書式や出土状況から、大宝律令施行後の七〇一年から、平城京遷都の七一〇年までのものであるとされる。ここから、八世紀初めの段階で、里長レベルまで大宝令の書式が行き渡っており、かつ文書行政システムが構築されていることが窺える。

このように里長の関与、各地域における重層的な資料の存在などが考えられる『播磨』だが、その編纂に関して、小野田光雄は『播磨』の用字や記事特徴から三群に分け、それぞれが播磨の三国造（明石国造、針間国造、針間鴨国造）を中心に編纂されたものと説く。[注17]『播磨』編纂過程を考察する上で看過出来ぬ指摘であるが、ここではさらに、それらの資料を、一つの報告書として纏められたのも、『播磨』編纂者の力量あってこそ、という点に着目したい。『播磨』の編纂者としては、和銅六年風土記撰進官命時の国守は大石王だが、実際の編纂・執筆の中心となった人物として、大目であった楽浪河内が目されている。河内は、『続日本紀』和銅五年（七一二）七月甲申条に、その政績による顕彰記事が見える。

播磨国大目従八位上楽浪河内、勤めて正倉を建てて、能く功績を効す。位一階を進め、絁十匹、布卅端を賜ふ。

正倉を建てたという事績は、『播磨』において、全郡にわたって里の地勢を九段階に評価する土品記事が掲げられている点と、通じているともいえる。[注18]河内は、のちに東宮侍講となり（『続日本紀』養老五年〔七二一〕正月庚午条）、文章に秀で（『続日本紀』同年・正月甲戌条）、「文雅」の士（『武智麻呂伝』）とされている。政治的手腕および文筆に優れた河内のような人物あってこそ、『播磨』は現存風土記の中でも比較的短期間に編纂し得たと考えられる。もちろん国司以下、郡司はじめ、郡司の下で働く郡雑任ら下級役人など、編纂過程には地方行政を担っていた多くの役人の存在あってこそだが、[注19]彼らの作成資料を総括する能力が、国司には不可欠であった。風土記の編纂の可否は、文書行政システムの構築――律令制が実務レベルで機能しているか否かによって、大きく左右されていたとも言えよう。それでは最後に、こうして編纂された風土記が、律令制の衰退とともに、どのように享受されたか、確認したい。

四　「天下の虚耗、掌を指して知るべし」――律令制の衰退と風土記

延喜十四年（九一四）に奏上された三善清行「意見封事十二箇条」は、地方行政の疲弊を示す史料として著名であると同時に、清行が備中介時代、同地で『備中国風土記』を披見したこと、またその本文が引用される――『備中国風土記』逸文が記されることから、風土記研究史上でも重要なものである。

臣、去にし寛平五年に備中介に任ず。かの国の下道郡に、邇磨郷あり。ここにかの国の風土記を見るに、皇極天皇の六年に、大唐の将軍蘇定方、新羅の軍を率ゐ百済を伐つ。百済、使を遣して救はむことを乞ふ。天皇筑紫に行幸したまひて、将に救の兵を出さむとす。時に天智天皇、太子と為り政を摂す。従ひ行きて路に

下道郡に宿したまふ。一郷を見るに戸邑甚だ盛なり。天皇、詔を下し、試みにこの郷の軍士を徴したまふ。即ち勝兵二万人を得たり。天皇大に悦びて、この邑を名けて二万郷と曰ふ。後に改めて邇磨郷と曰ふ。

「臣」＝清行が、寛平五年（八九三）備中介赴任時、「かの国の風土記」＝『備中国風土記』を披見し、そこに邇磨郷の記事があったとする。ここから九世紀末、備中国において風土記が保存されていたことが窺える。同文は、さらに次のように続く。

その後天皇、筑紫の行宮にして崩じたまひ、終にこの軍を遣らず。然れば二万の兵士、弥、蕃息すべし。しかるを天平神護年中に、右大臣吉備真備、大臣といふをもて本郡の大領を兼ねたり。試みにこの郷の戸口を計へしに、纔に課丁千九百余人ありき。貞観の初めに、故民部卿藤原保則朝臣、かの国の介たりし時に、旧記を見るにこの郷に二万の兵士の文あり。大帳を計ふるの次に、その課丁を閲せしに、七十余人ありしのみ。清行任に到りて、またこの郷の戸口を閲せしに、老丁二人・正丁四人・中男三人ありしのみ。去にし延喜十一年に、かの国の介藤原公利、任満ちて都に帰りたりき。清行問はく、邇磨郷の戸口当今幾何ぞととひき。公利答へて云はく、一人もあることなしといへり。謹みて年紀を計ふるに、皇極天皇六年庚申より、延喜十一年辛未に至るまで、纔に二百五十二年、衰弊の速かなること、またすでにかくのごとし。一郷をもてこれを推すに、天下の虚耗、掌を指して知るべし。

藤原保則は、貞観八年（八六六）備中権介、同十三年（八七一）備中守（公卿補任）、保則の備中国赴任は、清行の約

三十年前となる。「旧記を見るにこの郷に二万の兵士の文あり」の「旧記」とは、「かの国の風土記」＝『備中国風土記』だろう。清行は、延喜七年（九〇七）に「藤原保則伝」を著しており、その中で執筆に際し「（清行が）備中介たりしとき、故老の風謡を聞きて、西州の政績を詳にせり」とあり、備中国内で保則の事績について「故老」に尋ねたとある。その過程で、保則と「旧記」の関わりなども聞き及んだ、あるいは関連資料など披見したかもしれない。こうした「風土記」「旧記」によって任国を知ろうとする保則、清行の姿勢は、風土記が行政文書として有用だったことを示している。しかしその一方、実際の地方情勢といえば清行が「一郷をもてこれを推すに、天下の虚耗、掌を指して知るべし」とするように、その衰退は一途を辿っていた。そしてこの意見封事より十一年後、延長三年（九二五）十二月十四日に出されたのが、いわゆる風土記再撰の太政官符である（『朝野群載』収載）。

太政官符　五畿内七道諸国司　応㆔早速勘㆓進風土記㆒事
右如㆑聞、諸国可㆑有㆓風土記文㆒。今被㆓左大臣宣㆒偁。宜㆘仰㆓国掌㆒令㆖㆑勘㆓進之㆒。若無㆓国底㆒、探㆓求部内㆒、尋㆓問古老㆒、早速言上者。諸国承知、依㆑宣行㆑之。不㆑得㆓延廻㆒。符到奉行。
参議左大弁従四位上兼行讃岐権守源朝臣悦　外従五位下行大史阿刀宿禰忠行
延長三年十二月十四日

その背景には『延喜式』編纂が念頭にあったと指摘されているが、[注20]推測の域を超えぬものの、この時期に再び風土記が注目される契機になったのが、清行の「意見封事」だったかもしれない。少なくとも、風土記が地方の情勢把握に有効であるという認識に基づく官命といえる。しかしこの延長の風土記再撰を受けて、何カ国の風土記が提出されたのか、またこれ以降、風土記を行政文書として利用したのか、それらを示す史料は確認できない。再び風土記が文献上に見いだされるのは、院政期、歌合・歌学書など歌に関する参考資料としての利用だった。[注21]風土記が行政文書として有用性を失ったことと、律令制の衰退は、表裏をなすものであった。

おわりに

以上、風土記の編纂背景・享受、また五風土記中、国司が主として編纂を担ったとされる『常陸』『播磨』を通じて、律令制や国司の在り方を確認してきた。地誌の編纂は、各地域における支配・統治力を示すものであり、地方情勢を反映する鏡でもある。風土記の編纂・享受は、まさに「律令制の理想と現実」を象徴するものといえよう。

※本稿は、科学研究費補助金・基盤研究（C）「近世～近代における風土記研究と郷土意識に関する研究」（課題番号：15K02212　平成二十七～三十年度）の成果の一部である。

※使用テキスト…新編日本古典文学全集『日本書紀』・『古事記』・『風土記』（小学館）、新日本古典文学大系『続日本紀』（岩波書店）、日本思想大系『律令』・『古代政治社会思想』（「三善清行十二箇条」、「藤原保則伝」）（岩波書店）

注

1 細井浩志「国史の編纂――『日本書紀』と五国史の比較――」（岩波講座『日本歴史』第二一巻、岩波書店、二〇一五）

2 秋本吉徳「風土記研究の地平」（『日本文学』三〇巻一〇号、一九八一・一〇）、三浦佑之「法と歴史と地誌」（『古代文学講座一〇 古事記・日本書紀・風土記』勉誠社、一九九五）、同『風土記の世界』（岩波新書、二〇一六）など。

3 秋本吉郎『風土記の研究』五九頁（ミネルヴァ書房、一九六三）

4 寺崎保広「第五講　支配のしくみ――律令国家という時代――」（『若い人に語る奈良時代の歴史』吉川弘文館、二〇一三）

5 里名の二字化については、『播磨国風土記』餝磨郡・安相里条に「後、里の名は字を改めて二字に注せるに依りて、安相里と為す」とあり、また郷名の改名は、『出雲国風土記』総記に「郷の名の字は、神亀三年の民部省の口宣を被りて改む」と、神亀三年（七二六）の民部省口宣について示されている。郡郷里名二字化の時期について、北川和秀は、出土木簡の事例から霊亀～天平年間頃と推定している（「地名二字表記をめぐって」『上代文学』第一一一号　二〇一三・十一）。なお国名二字化の時期については、文献史料・木簡等から大宝年間頃とされ、鎌田元一は、その全国的施行を進めた契機として、『続日本紀』大宝四年（七〇四）四月甲子条、国印頒布を指摘している（「律令制国名表記の成立」『律令公民制の研究』塙書房、二〇〇一）。

6 なお風土記を、律令制下における地図作成の関連から論じたものとして、高藤昇「地図と風土記――風土記律令考――」（『風土記研究』第二七号、二〇〇三・二）がある。

7 大津透『律令制とはなにか』一七頁（山川出版社、二〇一三）

8 水野祐『入門　古風土記（上）』七五頁（雄山閣出版、一九八七）

9 「国務条事」の引用は、佐藤信監修・朝野群載研究会編『朝野群載巻二十二　校訂と注釈』（吉川弘文館、二〇一五）に依る。同条の「国風」の在り方については、村井康彦『王朝風土記』（角川書店、二〇〇〇）、また平安期の国司赴任については、森公章『平安時代の国司赴任』（臨川書店、二〇一六）など参照。

10 風土記編纂に関して、編纂者は誰かという問題はもとより、和銅六年撰進官命時の国司、またそれ以降、国司として赴任した人物と風土記の関連という視点も、重要だと思われる。たとえば筑前守・山上憶良と九州風土記の関連などはその一例である（拙稿「風土記の「視点」――中央と地方のはざまで――」『文学・語学』第二一二号、二〇一五・四）。

11 風土記の歌数については、二〇首（日本古典文学大系『古代歌謡集』）、二四首（飯泉健司「風土記・記載歌謡の生成――鄙から雅へ

――」日本歌謡学会編『日本歌謡研究大系・上巻　歌謡とは何か』和泉書院、二〇〇三）、二九首（岩波文庫『風土記』）等、見解が分かれる。

12 秋本吉徳「『風土記』に見る歌謡」（『国文学解釈と鑑賞』第五五巻五号、一九九〇・五）

13 葦穂山は、現在の茨城県真壁町と石岡市境界の足尾山とされる。ここで「郡より以東五十里の笠間村」の「郡」は新治郡家とされるが、そうすると越え通う道路上に葦穂山は位置しないとして、中村啓信は本記事を、現存『常陸』では欠落している「白壁郡」の記事とする（「常陸国風土記に白壁郡を立つべきこと」神田典城編『風土記の表現』笠間書院、二〇〇九、中村啓信監修・訳註『風土記　上』角川ソフィア文庫、二〇一五）。一考すべき問題であるが、本稿では指摘するに留め、後考に俟ちたい。

14 造船地に因んだ船名として、他に「佐伯」（安芸国佐伯郡）（『続日本紀』慶雲三年二月丙申条）、「能登」（『続日本紀』天平宝字七年八月壬午条）などがある。

15 『風土記　日本人の感覚を読む』（角川選書、二〇一六）

16 本木簡については「二〇一七　平城宮資料館秋期特別展　地下の正倉院展　国宝平城宮跡出土木簡」解説（奈良文化財研究所二〇一七）を参考にした。

17 「播磨国風土記の成立について」（『古事記釈日本紀風土記ノ文献学的研究』続群書類従完成会、一九九六）

18 飯泉健司『播磨国風土記神話の研究――神と人の文学』（おうふう、二〇一七）

19 地方官人の具体像については、中村順昭『地方官人の古代史』（吉川弘文館、二〇一四）に詳しい。

20 秋本吉徳「風土記と延喜式」（『古事記年報』一六号、一九七四・五）。たとえば典薬寮式の「出雲国五十三種」の薬草と、『出雲』記載の薬草はほぼ等しい。また主計寮式、肥前国の調に御取鰒・短鰒・羽割鰒が示されるが、『肥前』松浦郡値嘉郡条には、土蜘蛛・大耳らが服従の証として、同鰒を贄として献上する由来譚が見られる。

21 拙著『風土記受容史研究』第Ⅱ章（笠間書院、二〇〇八）

仏教の受容
——日本霊異記における倫理と刑法——

古橋　信孝

『日本国現報善悪霊異記』は仏教的な世界観でこの世を説明し直そうとした説話集であるという基本的な性格は動かない。私は文学研究者であり、また文学史研究者である。文学史研究者だということは、ある書物がなぜ書かれたかを歴史のなかで語ることをしようとする。そしてその作品と前代の作品、後代の作品との関連を述べようとする。この「歴史のなか」とはいわゆる歴史を意味しない。ある作品が書かれるには、その時代、社会の関心があるという考え方をしている。その「時代、社会」が連なっていわゆる歴史になる。

かつて『和文学の成立——奈良平安初期文学史論——』（若草書房、一九九八年）に「『日本霊異記』の歴史」を書き、中巻三十話の「行基大徳、子を携ふる女人の過去の怨を視て、淵に投げしめ、異しき表を示しし縁」を「自分とは何か」という問いをもつ時代、社会におけるものとして論じたことがある。行基の説法を聞きに来た女の連れている子が泣きわめいて妨害するので、行基は女に、その子は女が借財の返済をしないで死んだゆえ取り返しすためにお前の子として生まれ、借財を取り戻しているのだと語ったという話である。二十年前に書いたこの論はこれはこれで間違っているとは思わないが、なかで書いているように家族とは何かでもよかった。この時代、都市的な人間関係があらわれ、それまでの家族の結びつきが弱まり、家族とは何かという問いが社会に抱えられていたことによって、こういう話が語られるようになった。少し前になるが、『万葉集』の歌には子をうたう歌はほとんどないにもかかわらず、山上憶良の子を思う歌が突出してあることで確かである（古橋『誤読された万葉集』新潮新書、二〇〇四年）。

しかしこれも前から考えていたことで、『日本文学の流れ』（岩波書店、二〇一〇年）にふれているのだが、借財を返さない話は他にもあり、この話は貸借関係が問題になった社会という歴史のなかにおいて考える必要があると思われる。本稿ではそういう面から『日本霊異記』をみてみようとするものである。

一　親子関係と経済関係

『日本霊異記』が仏教の教えをひろめる役割をもったとして、難しい教理はどの程度浸透していくだろうか。霊異記に書かれている人々は高い身分をもった者たちより、庶民層が多い。庶民といっているのは貴族たちとは異なる、いうならばごく普通の人々のことである。もちろん仏教に心動かされる人々もいるだろう。だが、先にあげた中巻三十話の女は借金をして返せないし、子を自分で抱いているのだから、普通の人といっていいだろう。そういう人たちが説法を聞きに集まっている。もちろん、人が説法を聞きに集まってくるのは、この社会が不安定で、人々が求める何かがあったと考えねばならない。説法はその社会が抱えている問題を取り上げ、その受け止め方、対処法などを語ってこそ人々に受け容れられるようになる。そして『日本霊異記』の話も難しいものではなく、遭難して仏に救われる話や死後の世界の話、家族の話など、わかりやすいものが多い。そういう人たちの関心を引くのが説法であった。宗教者は生きている時代、社会が抱えている問題を敏感に感じ取り、そこに訴えることで、信者を得ていくのである。

『日本霊異記』には、家族の話は親が子に無断で米を人に与え、牛になった話（上巻十話）、故郷の妻に逢いたくて母を殺して服喪で帰郷しようとする話（中巻三話）など、家族関係を語るものが多くあり、この時代、家族関係が問題になっていたことが分かる。なかに、経済的な問題で親子の断絶を語るものがある。中巻三話は、

武蔵の国の吉志麻呂は防人に任命されて九州に行く。妻は家を守るために残り、母を連れていく。三年経って妻が恋しくてしかたない。そこで母を法会と偽って連れ出し、殺して、喪に服することで防人の仕事から免れ、故郷に帰ろうと考え、実行しようとする。母は「殖レ木之志、為下得二彼菓一並隠中其影上。養レ子之志、為下得二子力一并被中子養上。如二恃樹漏レ雨。何吾子違レ思今在二異心一耶。」というが、子は母のいうことを聞かず、首を斬ろうとすると、地が裂け、子は堕ちそうになる。母は子の髪を摑み、天に向かって、子はでき心にすぎないから助けてくれというが、子は堕ちてしまう。

母はその髪を持ち帰り、箱に収め、仏像の前に置き、供養した。

という話である。母が子を育ててきたことを労働力として、さらに老後養ってもらうためだと述べている。母は愛情とは違う、いわば功利的理由で育てたというのである。しかし最後に話のまとめとしては、「母慈深、深故於二悪逆子一、垂二哀愍一、為レ其修レ善。」と語って、母の深い慈愛を強調している。

この関係をよりリアルに語る話がある。上巻二十三話、

大和の国の、儒学を学んだ瞻保は、自分の稲を借りて返せない母を責めた。それを見た来訪客が「なんで孝行しないのか」といったが、瞻保はきかなかったので、人々は母の代わりに借財を返した。母は乳房を出し「吾之育レ汝。日夜无レ憩。観二他子之報レ恩、持二吾子之如レ斯而、反見二迫辱一。願心違謬矣。汝也徴二負稲一。吾亦徴二乳直一。母子之道絶二於今日一。天知地知、悲哉痛哉。」といった。瞻保は何もいわず、奥に入り、貸し付けの証文（出挙の券）をすべて焼き、狂って三日の後には家屋敷、蔵もすべて焼け、妻子も暮らしていけなくなった。そして瞻保は飢え死にした。

「所以経云、『不孝衆生、必堕二地獄一。孝二養父母一。往二生浄土一』。是如来之所レ説大乗之誠言矣。」

である。母が子に稲を借りるということがよくわからないが、母と子が別居していて、それぞれが独立した生活をしていたということだろう。息子は母に貸付た証文をもって、取り立てていた。母はそれに対して、自分が息子を育てた母乳を対置したわけだ。母子関係が経済関係で説明されている。先に挙げた中巻三話は老後養ってもらうために育てたという論理しかないから、不自然になっている。この上巻二十三話は貸し借りの経済関係で述べている故、乳房で育てた代価を請求するという経済関係を対置できた。場面の語り方、母の言葉、そして論理がリアルになっている。

実際にはこんな家族はほとんどないだろう。にもかかわらず、人々がこういう話を受け容れるのは、親子関係がぎくしゃくしたものになっているということでいい。子が親に貸したものを取り立てるといってもおかしくない状況を語るのである。それだけではあるまい。この話が不自然に感じられないくらい、経済が生活のなかに浸透しつつあったに違いない。

この話の語り手のまとめは、「不孝の衆生は、必ず地獄に堕ちむ。父母に孝養あれば、浄土に往生せむ」という、「大乗の誠の言」であった。新大系『日本霊異記』脚注は、『雑宝蔵経』一ノ三の「有二邪行一、如二似拍毱一、速堕二地獄一、云何為レ二、一者不三供二養父母一、二者於二父母所一作二諸不善一、有二正行一、如二似拍毱一、速生二天上一、云何為レ二、一者供二養父母一、二者於二父母所一作二衆善行一」などをあげている。仏教が孝、不孝により来世で行く場所を示しているのである。

貸借関係ではなく、娘が母に不孝をする話も上巻二十四話にある。

母が斎日に娘の所へ行き、斎食を乞うたところ、夫と自分の分しかないと断られる。その娘は胸に針が刺さっていると痛がり、死んでしまった。

という話で、語り手は「不レ如二譲レ分供レ母而死一耶」といっている。自分の分を母に分けるべきだったというのである。「不二孝養一而死」とあり、娘が孝養するチャンスだったのである。この話では、やはり子が母に孝行するか否かである。物を惜しむことが経済にまで繋がるかもしれない。

以上のようにして、霊異記の時代、八世紀には家族の崩壊という実情があり、経済関係で説明しているものが多くあったといえるだろう。

一方的に子が不孝をする話ばかりあげたが、母が子を養育しない話も一つだけある。下巻十六話の、若い頃、淫乱で、幼い子に乳を与えず、男と寝ていたため、乳房が腫れて垂れ、痛い痛いといっている女の話である。この話と上巻二十四話の二つの話は今でもよく聞くような、いつの時代にもありそうな話である。といって、この話は直接的に家族の崩壊を語る。しかし、下巻十六話は、この授乳されなかった娘が「我、不レ思レ怨。何慈母君、受二是苦罪一。」といい、仏像を造り、写経して、母の罪を償ったと語る。この話は親孝行の話なのである。子を顧みず、おのれの欲望にふけることを語る話が結局親孝行の話になるのは、他の親不孝の話も結局親孝行すべきことを主張しているものとみていい。そして、このような話が多く見られることは、この時代、やはり家族関係が崩れたことに人々の関心があったことを示している。そういう社会だから、親孝行を奨励する話が語られた。

ところが、こんな話もある。上巻十話は、

　前世の罪を懺悔し滅罪しようと、たまたま出会った僧を招いて供養し、泊めたところ、僧は布団を盗もうとする。盗むなという声がして、見ると牛がいる。牛は、自分は当家の主人の父だが、人に与えようと、無断で子の稲を取った。それで牛に生まれ罪の償いをしていると語る。僧は主人にその話をし、主人は牛を礼拝し、罪を許すというと、牛は涙を流し、死んだ。僧はお布施と布団をもらった。

という話で、父親はたぶん困っている人に稲を与えただけで、子に無断とはいえ、それほど悪いことをしているように思えない。息子も父のそういう行為を追求していないし、自分の稲を父が借りたという意識さえなかったかもしれない。しかしそれでも親は牛となって生まれ、罪を償っている。これは物の貸し借りの解消は経済活動にとって重要であり、親子関係を超えて、借りた物は返さねばならないという考え方があるとしなければならない。経済活動が活発になった状況を思われる。

上巻十話の子は父に礼を尽くしている。このような態度は儒教的なものである。親孝行の奨励は儒教の根幹にかかわる重要な要素だから、儒教こそがすべきことである。にもかかわらず、上巻二十三話に、儒学を学んだ瞻保が親不孝するとあったように、儒教の教えは浸透してしているわけではなく、仏教がそこに入り込もうとしていたということかもしれない。

二　牛に生まれる

上巻十話は借財を返済しないまま亡くなり、親が牛になって賠償する話だが、このような話は他にもあり、さらに親子関係ではないものもある。それら全体は化牛説話と呼ばれている。上巻二十話は、
延興寺の恵勝が湯を沸かす分の薪を一束人に与え、牛となって生まれ、その寺の薪を積む車を引かされている。見たこともない僧がそれを見て、「恵勝は涅槃経はよく学んだが、車を引くことはうまくできない」というと、牛は涙を流して死んだ。その僧は捕えられたが、姿は畏怖するほどだったので、絵師に描かせると、観音菩薩の姿だった。
というもので、僧であっても寺の物を無断で使ってはいけないということを前提にしたものである。恵勝は牛になり、薪を運ぶ車を引かされていたが、涅槃経をよく学んでいたので、その功で観音が救ってくれたのである。

この場合もたぶん困っている人に薪を一束与えただけである。先の息子に無断で稲を三束与えたために牛になった上巻十話と同じである。したがって、量も理由も関係なく、人の物を無断で借用し、返していないこと自体が問題であることがわかる。いわば法の論理である。

上巻二十話は寺の物だが、寺の物は特に厳しかったと考えていい。中巻九話では自分で造った寺の物を自由に使ったため、牛になっている。また中巻三十二話は、

聖武天皇の時代、紀伊の国名草郡の三上村の人が薬王寺のために、信者たちを率いて薬の基金を増やそうとしていた。岡田村主の姑女に基金を貸し、姑女は酒を造り、貸した金の利息をとり、薬の基金を増やしていた。薬王寺は持ち主のわからない斑の子牛を飼って、成長した後仕事をさせていた。五年経って、岡田村主石人が、その子牛が、「自分は桜村の物部麿で、寺の薬の基金の酒二斗を借りたが、返さないで死んだために牛となって、借りを返すために八年間使われている、五年使われて、後三年あるが、寺の人は無慈悲に使い、辛くてしかたない、あなた以外に情けをかけてくれる人がいないので、訴えるのだ」と、夢に見た。石人は自分の妹である桜村の大娘を訪ね、真偽を確かめた。知事の僧（寺務を司る僧）浄達や信者たちは供養した。八年の期間が経つと、その子牛は姿を消した。

「当知、負レ債不レ償、非レ无二彼報一、豈敢忘矣、所以成実論云、『若人、負レ債不レ償、堕二牛羊麞鹿驢馬等中一、償二其宿債一』者、其斯謂之矣」。

と、寺が資金を貸して酒を造らせ、利を得ており、その金を借りながら返さなかった者が牛となって八年間使役

された話である。

話について述べておけば、この伝承は紀伊国名草群三上村の岡田村主という一族のものとしていいが、岡田一族は三上村で姑女が薬王寺の薬分の酒を造り売っていたが、当主石人の妹も同じ郡の桜村に嫁しており、やはり薬王寺の薬分によって酒を作り売っていた。この一族は薬王寺と結びつくことで勢力を伸ばしていたと思われる。しかも酒を売り利を得るという経済活動が勢力の基盤になった。さらにいえば、寺と結びつく経済活動で勢力を得た新興の一族かもしれない。そういう一族にとって、借りたものを返さないということが許されるなら、一族は没落していくだろう。この話は一族の消長にかかわるものだったのである。

なお、下巻二十六話にやはり女が酒の売買で不正をはたらき、死後冥界で牛にされ苦しんでいることを、夫が夢に見て供養する話があり、三舟隆之『「日本霊異記」説話の地域史的研究』（法蔵館、二〇一六年）は女が酒造りにかかわることにふれている。氏は下巻二十六話が讃岐の国の三木寺にかかわるネットワークのなかで、化牛説話と冥界訪問説話がまざった新しい説話が形成されたことを述べている。

中巻三十二話は、最後に語り手のまとめとして、「成実論」に、「若人負レ債不レ債、堕二牛羊麞鹿驢馬等中一、償二其宿債一」というとしている。新大系脚注は「諸経要集・択交部・債負縁所引成実論。成実論・六薬品に拠る」とする。債務を負ったまま死んだ者は牛になるという考えの根拠の経典を示しているわけだ。

中巻九話について、多田一臣『日本霊異記』（ちくま文庫、一九九七年）の「補説」はこの寺を造った者は地方豪族層であり、民間仏教の普及に役割を果たしたこと、また彼らが仏教を積極的に受容したのは「それまでの神話的な世界に依拠することで地方支配を実現してきた彼らが、それに代わる新たな権威を仏教にもとめ、その組織力を要することで池溝の整備や墾田開発を推し進め、それによって在地に新しい勢力を築くためだった」と当時の時代、社会を考慮した説明をしている。地方豪族の動きとしてはその通りだろう。多田の指摘は「霊異」を念頭に置いて支配を説明しようとしているところに価値がある。

「霊異」つまりこの世に起こるさまざまな不可思議な事象を仏教から説明しようとしたのが『日本霊異記』であった。たとえば、人が死後牛になり、前世の罪を語るのは「霊異」である。これを「神話的な世界」からいえば、牛が普通とは違い、何かを訴えているように感じられ、人々は不安になり、巫者に占ってもらって災害が起こるのを知る、というようなことだろう。仏教の説明はまったく違っていた。その牛は前世に借財を残した者の生まれ変わりであり、救われたいと訴えているというのである。

この仏教の説明は個人の行為は個人が引き受けねばならないという発想である。折口信夫が「罪の発生」を、誰かが神に対する犯しをした場合、自然災害など共同体に罰が起こるが、それに対し共同体全体が慎むことをする。そのツツシムが「罪」、つまり慎んでいる状態が「罪」であるとするのと比べてみればいい。個人が犯した罪にしろ、共同体全体が罰を受けるのである。仏教は個人の責任を問題にした。いうならば倫理である。

この個人の責任を問う社会は「神話的な世界」からは遥かに遠い。共同体に深く支えられている個人がまったく別の個人になることを意味している。それは都市的な世界とでもいえばいいだろう。「神話的な世界」から都市的な世界へ、これは個人の心に空白をもたらすだろう。仏教はこの空白に食い込んだ。

仏教には鎮護国家的な要素も強くあるが、『日本霊異記』は個人の倫理を問題にしたのである。もし『日本霊異記』が関山和夫『説教の歴史』（岩波新書、一九七八年）のいうように説教の台本的なものだとすれば、個人の倫理は時代、社会の求めているものといいやすい。求められている倫理を仏教が示すことになる。三舟隆之『「日本霊異記」説話の地域史的研究』が霊異記に登場する寺を考古学や歴史地理学の成果を取り入れ、場所を特定したり、説話が地域を超える交通によって地域に形成されていくさまを論じていることで、『日本霊異記』が語る話が古代社会に浸透していっているようすが少しずつリアルになってきている。

三　債を償ふ

私は霊異記の説話をそのまま引かず、概略で示してきた。その概略では、「貸す」「借る」という語を使っているが、原文には「貸す」も「借る」もほとんど出てこない。下巻二十六話の「貸日与二小升一、償日受二大升一」くらいである。中巻三十二話の最後の「負債不償」を引いたように、借財を償うは「債を償ふ」と抽出してよく、これがこれまで示したどの話にも出てくるといっていい定型的な言い方である。しかも下巻二十六話は売買の際の不正が中心であり、半身が牛になっても使役されるわけではないのに、まとめでは「債レ物不レ償、作二馬牛一償云々」とある。このことは、経済関係が「債を償ふ」と捉えられていることを示しているといえる。

『日本霊異記』上巻の序に、「或貪寺物生犢償債（或は寺の物に貪り犢に生まれて債を償ひ）」とあり、訓注には「犢」に「牛子」、「債」に「母乃乃可比《もののかひ》」、「償」に「ツクノフ」と訓（意味）が示されている。ここにも「債を償ふ」が見られ、「償債」が定型的、あるいは「償」や「債」が使われる時に「償債」の形で使われる場合が多いことが分かる。

「もののかひ」は「物の替（易）ひ」で、物の交換を意味するとされるが、この二つの名詞を「の」でつなぐ語構成は古くからの言葉ではなく、新造語であることを示している。『日本霊異記』では負債の意とみていい。「債を償はず」はつまり交換が完了せず、一方が交換すべき物を出し、もう一方が出せずに残った借りのある状態をいう。上巻二十三話に、瞻保が母の言葉を聞き、奥に入って「拾二出挙券一、於二其庭中一、皆已焼滅」とあったが、「出挙の券」は貸付証文だろう。出挙は稲を春に貸して秋に利稲を取り立てるという制度だが、公私があり、瞻保の場合は私出挙だろう。稲だけでなく、財物、銭など貸付た。この私出挙は後に質屋、金融業となっていったが、初期には出挙といっており、貸付証文を「出挙の券」といっていたのである。

「つぐのふ」は『古事記』に二例みられ、一つは海幸山幸の神話で、兄の海幸彦は弟から釣り針を、弟の山幸は兄から弓矢を交換するが、山幸は釣り針を海で失くしてしまい、自分の剣で作って返そうとすることを「償ふ」といっている。海幸は受け取らず、山幸はわたつみ（海神）の宮に行くことになる話である。交換した一方が返せなくなり、一方が「つぐのふ」ことを要求している。この釣り針、弓矢をサチとよんでいるが、サチは神田の田植えをするサオトメ（早乙女）のサで霊威をあらわし、チは霊威そのものをいうから、強い霊威をもつものをいう。

もう一例は、応神天皇条の出石おとめをめぐる、どちらが先におとめを手に入れるかの兄弟の争いで、負けた方は降伏し、身長の高さに酒を造って積み、山や川の産物をすべて供えろ、という賭け（「うれづく」）をする。そして弟が勝つが、兄は「うれづく」の物を「償はざりき」という話である。この「うれづく」を、古典集成『古事記』頭注は、「うれ」は「卜」（神意を測って）、「づく」は「償」（埋め合わせをする）の意か、としている。「つく」は「つぐのふ」の「つく」というのである。「うれ」は卜うのウラだという。名詞も活用する（川端善明『活用の研究』）例は、メ（目）がマ（眼のマ）、テ（手）がタ（掌のタ）にというようにあるから納得できる。用例がないのが気になるが、ウレが神意ならば、ツクは神意があらわれることになろう。憑依するの憑くである。賭け事はどちらが神意をあらわしているかを知るものである。したがって負けた者は、神に供物を供えるように、酒と山川や海の物を相手に供えるのである。これを「つぐのふ」といったのではないか。

岩波古語辞典は「つぐのひ」を、室町時代まではツクノヒと清音だったとし、「ツクはツキ（調）の古形。ノヒは動詞を作る接尾語ナヒの母音交替形」「受けた恩義、与えた損害、犯した罪や咎などに対して、代償に値する事物。行為で補い報いる。埋め合わせをする」と説明しているが、ツキはみつぎもの（貢物。御ツキ物）のツキで、神にささげる物だったから、意味としては同じになる。

このように、「つぐのふ」は本来神々の意志や行為に対して応えるものだったと考えていい。この見方から海幸山幸の神話をみてみよう。海幸にとって釣り針は海の神との接触を可能にする、いわば呪具（サチ）だった。山幸に釣り針が海の神に授けられた魚をとる、つまり漁を神から許された物だったと考えてみればいいだろう。山幸にとっての弓矢も同じである。したがって、この交換は互いのもっともたいせつな霊威の交換であり、山に暮らす者と海に暮らす者との対等の接触を意味している。海幸が受けなかったのは、山幸が失くした針を自分の剣から作っても代替することはできなかったからである。それゆえ山幸は釣り針を求めてわたつみの宮に行き、海神の娘と結婚し海神との関係をもった。そして失くした釣り針を取り返し、しかもその釣り針に海神が呪文をかけたため、海幸は罰を受けることになるのである。このようにして、天皇の先祖は海神に守られる存在になり、先に八岐大蛇の退治によって山の神に守られる存在になったことと合わせ、この世の支配者になるのである。

この神話には交換を意味する言葉がある。「さちを相易《あひか》へて」といっている。「あひ」で互いにの意、互いに易えるから交換するである。この語からみれば「もののかひ」は交換を意味するというより、交換した物をいっているといったほうがいいかもしれない。というのは、「もののかひ」は「つぐのふ」とは直接は繋がらないからである。直訳すれば「物の交換をつぐなう」となってしまう。先に述べたように、物の交換が完了していない状態を意味していなければならない。「もののかひ」は交換する一方の物ととれば、「つぐのふ」と受けられる。しかしやはり不自然な言い方である。

このように「もののかひ」は不安定な語である。先に新造語といったが、交換が不安定になっている状態が具体的に起きているなかで成立した語ではないか。不安定な状態とは神々との関係とは離れた、この世の経済的な関係における問題である。商取引は貸借関係が安定していなければ成り立たない。借りたものは確実に返されねばならない。『日本霊異記』に「債を償はず」という話が多くみられるのは、そういう状態のなかで語られるものだからと考えられるのである。

ちなみに「貸す」「借る」についても述べておけば、『類従名義抄』には「貸」の「借る」もおなじカスの訓がついている。『万葉集』に、

宇治間山朝風寒し旅にして衣貸すべき妹もあらなくに（巻一・七五）

という歌がある。旅で温めてくれるいとしい人もいない状態で、朝の寒さがよけい身に染みる、衣を貸してくれるいとしい人もいないという歌である。「衣貸すべき」は「衣を借りることのできる」である。原文は「衣応借」で、「衣を借るべき」と訓みたいが、「借」は「言借」という使い方があり、

眉根かき下「言借《いぶかし》」み思へるに古人《いにしへひと》を相見つるかも（巻一一・二六一四）

と「言」は「いふ」、「借」は「かす」の連用形「かし」ととり、「いぶかしみ（ふしぎに）思へるに」としか訓めない。つまり「言」の和訓「いふ」と、「借」の和訓「かす」の連用形の音を借りて「いぶかし」をあらわす表記である。ここに『類従名義抄』を重ねて、「借」はカスと訓んでいるわけだ。「貸」も「借」もカスということは、貸借関係が明瞭に意識されていなかったことを意味している。賃借関係がカスといわれたということだろう。

四　経済、親子と律

八世紀は一応律令国家の時代になっている。律令制は法によって成り立つ国家といっていい。律は罰則規定、令は制度、行政の規定である。そこで親子関係、経済関係についての律をみてみる。

親子関係については、「名例律」第一の国家を転覆しようとする犯罪など最も重い罪である「八虐」の四「悪逆」に「祖父母、父母を殴ち、及び殺さむと謀り、伯叔父、姑、兄姉、外祖父母、夫、夫の父母を殺せるをいふ」とある。祖父母と父母は殴っても思い罪になる。五「不道」にも「伯叔父、姑、兄姉、外祖父母、夫、夫の父母を殴ち、告し、及び殺さむと謀り、四等以上の尊長及び妻を殺せるをいふ」とあり、七「不孝」は「祖父母、父母を告言、詛罵し、及び祖父母、父母在るとき、別籍、異財し、父母の喪に居て、身自ら嫁娶し、若しくは楽を作し、服を釈いて吉に従ひ、祖父母、父母の喪を聞いて、匿して挙哀せず、詐りて祖父母、父母死にたりと称し、父母の妾を奸せるをいふ」とある。「不孝」は祖父母や父母を告発したり、罵ったり、また祖父母、父母が存命なのに戸籍や財産を勝手に分けたり、父母が亡くなったのに、隠して結婚したり、楽を聞いたり、喪服を脱いだり、悼むことをせず、父母の妾と通じたりすることを罪としている。

これらは成人した男を中心にしたもので、「律」では子の男系の血筋の濃さ、年上の親族を敬うことを基本とした考え方がわかる。刑罰としては斬から軽くて徒七年にあたる（思想大系『律令』「八虐」の補注による）。しかし親が子の財産をどうこうするという条文はない。

これらのなかにはやはり親孝行を基本とする儒教的、国家的な理念にはそぐわないものがある。子に無断で子の財を使っても、子は受け入れて当然に思える。「律」はそういうことを語っている。すると『日本霊異記』の話のいくつかは、儒教的、国家的な親が絶対という考え方とは異なり、親も子も対等という親子関係を語っているとみることができる。上巻十話は子が父の生前の行為を非難していることはなく、牛が父の生まれかわりらしいとわかると礼を尽くしている。経済優先の考え方だけでなく、子は親をいつくしみ、親も子をいつくしむ、そういう考え方が仏教によってもたらされた。

『万葉集』巻五の山上憶良の「思㆓子等㆒謌」は親の子への想いをうたっている。憶良はこの歌の前に、子を想うことを、

釈迦如来、金口《こんく》正説、「等思㆓衆生㆒、如㆓羅睺羅《らごら》㆒」。又説愛無㆑過㆑子」。至極大聖、尚有㆑愛㆑子之心。況乎世間蒼生、誰不㆑愛㆑子乎。

と仏教により説明している。子への想いを歌にすることはほとんどなかったからである。この憶良の説明は、井村哲夫（『憶良と虫麻呂』桜楓社、一九七三年）、大久保廣行（『山上憶良』笠間書院、一九九二年）によって、『大般

涅槃経』「寿命品」によるが、経では釈迦の衆生への愛を語るのに、親の子への愛のすり替えであると論じられている。私もかつてはこの説に感心したが、それは仏典であって、むしろ日本では億良のような受け容れ方をしたといえるかもしれないと今は考えている。親の子への愛情は仏教によって語られたものとしていいだろう。

「律」において経済関係は得するという面で、駅馬を私用に使ってはいけない、監督する部署で賄賂をもらってはいけない、など定められている。

「律」には経済関係における罰則規定は残されたものにはないが、「雑令」19には、

凡公私以二財物一出挙者。任依二私契一。官不レ為レ理。毎二六十日一取レ利。不レ得レ過二八分之一一。雖レ過二四百八十日一。不レ得レ過二一倍一。家資尽者、役レ身折酬。不レ得二廻レ利為一レ本。若違レ法責レ利。契外掣奪。及非二出息之債一者。官為レ理。其質者。非レ対二物主一。不レ得二輙売一。若計レ利過レ本不レ贖。聴下告二所司一対売上。即有レ乗還之。如負レ債者逃避。保人代償。

と、公私の出挙についての規定がある。財物つまり今でいう質物を出して出挙する場合、契約者同士が取り決めろ、ということ、債務者の債務不履行の場合、質物は売却してもよく、質物では足りず、また家宅を売却しても不足の場合は、労役で返す（役身折酬）こと、「不レ得二廻レ利為一レ本」は複利を禁止すること、違法の取り立て、差し押さえの禁止、利子のつかない契約の場合働いて返済すればよいこと、元主の承認なく質物は売却してはならないこと、質物の売却で債務以上の利がある場合は残りは返却すること、債務者が逃亡した場合、補償人が償うこと、などが書かれている。

なお思想大系『律令』の本条「非出息之債者」の補注に、「債務者が債務不履行の場合、出挙の時は役身折酬により労賃を弁済にあてればよく、不履行の故に刑罰を科せられることはないが、利子のつかない債務を負った者が債務不履行の時は雑律10逸文に『凡負債違レ契不レ償、一端以上違二二十日一、笞二十、二十日加二一等一、罪止杖六十、三十端加二二等一、百端又加二三等一、各令二備償一』とあり、処罰された」とある。

このような貸付、償還は出挙という制度以前からあったらしい（国史大辞典）。持統天皇元年（六八七）七月の詔に、

凡負債者、自二乙酉年以前物、莫レ収レ利。若既役レ身者、不レ得レ役レ利。

と、債務を負った者の天武天皇十四年（六八五）以前の利子が免除されることがあった。天武天皇の殯宮儀礼が続いているなかでのことで、六月には罪人が赦されている。「負債者」は新全集頭注に「古訓モノ（物）ノカヒ（代）オヘルモノ」とある。「負債者」という漢語を訓読したものである。和語にはそういう概念がなかったのである。しかしこの詔があることは、貸借が古くから行われていたことを示している。

貸借を円滑に行われるようにすることは経済の発展に必要である。債務不履行に対する罰則規定が「雑律」にあったことは逸文で知られるが、刑罰や差し押さえなどには権力が必要である。権力は身分制社会では身分の高い者に有利に働く。しかし経済は身分を超えることでより発展する。そして「雑令」19に「任依二私契一」とあるように、貸借の契約は当事者間にまかされていた。いうならば当事者間の協議によっていたのである。ならば、当事者間で円滑に行われるには信頼関係が必要である。

しかも流通経済の発展に必要な貨幣は八世紀始めの和銅年間に登場する。栄原永遠男『日本古代銭貨流通史の

研究』（塙書房、一九九三年）は都の東西市を中心に貨幣が流通する状態を明らかにしている。しかし「もののかひ」で述べたように、経済にかかわる言葉は新しく、「債を償ふ」という定型的な言い方には債務を負うことが問題になっている状況をあらわしている。

しかも『日本霊異記』の話はほぼこの八世紀のものである。

五　仏教の受容

『日本霊異記』の化牛説話と言われる話がほとんど借りを残したままで死に、牛に生まれて労働して返すというものである。これは債務不履行の際の、働いて負債を返す「役身折酬」という法律用語と対応しているといえるだろう。化牛説話は全六話あるが、うち四話は「債を償ふ」という言葉がある。残りの二話は、上巻二十話は薪を人に与えたものだが、話の方向が、恵勝が牛になったことを見抜く観音の化身である僧の方にいっており、観音の霊験譚になっている。この話は牛になった理由を語る場面がないのである。あれば「債を償ふ」とあったと推察される。中巻九話は、「寺の物を借り用ゐて、報い納めずして死に亡す。この物を償はむが為の故に、牛の身をうけたり」と説明的な文があり、「債を償ふ」と書く必要がなくなっている。したがって、化牛説話は「役身折酬」という行為と「債を償ふ」がセットになって語られたものといえる。

「債を償ふ」は他に先に引いた上巻二十三話の瞻保の話に一例あり、「役身折酬」は自分の子が債権者だった中巻三十話にもある。このように『日本霊異記』が当時問題だった貸借関係の経済を意識しているということがいえる。そしてそこに仏典を持ち出すことで、個人の責任の論理が示されている。そこに、牛になって償うという来世における姿を示すことで、この世における債務不履行という問題をなくそうとしている、社会の側の要求をみることができる。言い換えれば倫理の確立である。

　われわれは宗教を内的な信仰のレベルで捉えがちである。そのため仏教の布教も内的な必然性を考えてしまう。しかし『日本霊異記』の話は経済関係のものが多く見られ、化牛説話以外にも、最初にあげた中巻三十話のように、債権者が債務者の子になって生まれ、借財を取り戻そうとする話まである。この話も「汝昔先世、負二彼之物一、不二償納一故、今成二子形一、徴レ償而食。是昔物主」と「償ふ」「債」そして「徴」がある。この話は行基によって救われるのだが、自分の子が債務を取り立てる債権者だとは恐ろしい話である。これらの話は借財を返さないまま死んだ者は仏教の教えから、恐ろしい罰を受けるものだと語っているのである。したがって、これらの話は借財を返さないと恐ろしいことになるぞ、という戒めの話といえる。戒めには罰の恐ろさを語ったほうがリアルになる。仏教には現世の行為によって死後どうなるかが具体的な像としてある。仏教は国家が犯罪としてみえない貸借関係を個人の倫理として語ることで、社会に食い込んでいったのである。

　中巻三十話の債務者が債権者の子に生まれて取り立てている話では、債権者が渕に捨てられるが、この話は行基の人を見抜く力を語る話である。債務者の女は行基の説法を聞き、子を捨てろという行基の命令に従っている。女は仏教に帰依している。たぶん救われたのだろう。ただし、

嗚呼恥矣。不レ償二他債一。寧応レ死耶。後世必有二彼報一而已。所以出曜経云、「負二他一銭塩債一故、堕レ牛負レ塩所レ駈、以償二主力一」者、其斯謂之矣。

借財を残して死ぬことをまず「嗚呼恥矣」と「恥」としている。倫理の問題なのである。

もちろん、冥界訪問説話など、死後の世界をリアルに与えることと関係している。牛になるのは六道輪廻における人間道の下の下、畜生道に堕ちることである。上巻三十五話に仏画に六道を描きこんだものの話もある。『万葉集』巻十六の「寺寺の女餓鬼申さく大神の男餓鬼賜りてその種子播かむ」も、六道絵を見てのものだろう。仏教はこの世に生きていく倫理を負の側からリアルに語るものでもあったのである。

個人の倫理の空白、弱い部分に食い込むのは仏教が都市的な宗教であったからである。流通経済も都市が中心になって発達する。都市的な世界が表面化した時代、社会において、流通経済の根幹にかかわる貸借関係にかかわり、債務が履行される態度が求められた。仏教はそれに応える世界観と倫理をもっていた。そういう役割も引き受けて、仏教は受容されていったのである。

あとがき

私が青木和夫先生のご紹介で、東京大学東洋文化研究所で池田温先生が主催されていた班研究に参加させていただいたのは、はるか昔一九七〇年代のことでした。そこでは、『唐律疏議』を講読していましたが、その後、新しく発見された秦簡や漢簡の法制史料の講読と唐令・日本令の比較研究を行うようになりました。その研究会は形を変えながらも現在も続いています。そして、お茶の水女子大学に着任してからは、大学院のゼミで、毎年『令集解』と『小右記』を読んでいます。いずれも私は聞いているばかりで、お役に立っていないのが歯がゆいところなのですが、大変勉強になっています。

こうして長い間勉強を続けていると思うことは、初めの頃は『令集解』の読み方や日本令と唐令の比較研究の方法などが一部の人たちにしか知られていなかったのが、その後史料が公刊されて普及すると、多くの人たちが研究方法を習得するようになり、論文も様々な出身の人たちが発表するようになったということです。

また、日唐律令制比較研究を通じて、中国や台湾、そして韓国の研究者の方たちとの交流が本格的に始まったことも忘れられない点です。

本書にもさまざまな場で知り合いになった方たちに原稿をお願いすることができました。令の篇目全体に目が行き届くことが必要だと思い、執筆者の方々それぞれのご専門に合わせながら各篇目を担当していただくような形になりました。そのような趣旨にご協力いただきました執筆者各位に改めてお礼を申し上げたいと思います。

最後に、このような古代文学との交流の場を設けてくださった監修の鈴木靖民先生に心より感謝いたします。

二〇一八年八月

古瀬　奈津子

執筆者一覧

有富　純也	ありとみ じゅんや	日本古代史	成蹊大学教授
市　　大樹	いち ひろき	日本古代史	大阪大学准教授
稲田 奈津子	いなだ なつこ	日本古代史	東京大学史料編纂所助教
榎本　淳一	えのもと じゅんいち	日本古代史	大正大学教授
大高　広和	おおたか ひろかず	日本古代史	福岡県世界遺産室
兼岡　理恵	かねおか りえ	日本古代文学	千葉大学准教授
神戸　航介	かんべ こうすけ	日本古代史	東京大学大学院研究員
牛　　来穎	ぎゅう らいえい	隋唐史・敦煌研究	中国社会科学院教授
戸川　貴行	とがわ たかゆき	中国古代史	お茶の水女子大学准教授
永井　瑞枝	ながい みづえ	日本古代史	お茶の水女子大学 アカデミックアシスタント
野田 有紀子	のだ ゆきこ	日本古代史	お茶の水女子大学研究協力員
服部　一隆	はっとり かずたか	日本古代史	明治大学兼任講師
古瀬 奈津子	ふるせ なつこ	日本古代史	お茶の水女子大学教授
古橋　信孝	ふるはし のぶたか	日本古代文学	武蔵大学名誉教授
本郷　真紹	ほんごう まさつぐ	日本古代史・宗教史	立命館大学教授
矢越　葉子	やごし ようこ	日本古代史	明治大学研究推進員
山下 信一郎	やました しんいちろう	日本古代史	文化庁主任文化財調査官
吉田　　歓	よしだ かん	日本古代史	山形県立米沢女子短期大学教授
吉永　匡史	よしなが まさふみ	日本古代史・唐代法制史	金沢大学准教授
渡部　育子	わたなべ いくこ	日本古代史	秋田大学名誉教授

監修

鈴木　靖民	すずき やすたみ	日本古代史・東アジア古代史	横浜市歴史博物館館長

律令国家の理想と現実　〈古代文学と隣接諸学 5〉

2018 年 9 月 20 日　発行

編　者　古瀬　奈津子

発行者　黒澤　廣

発行所　竹林舎
112-0013
東京都文京区音羽 1-15-12-411
電話 03(5977)8871　FAX03(5977)8879

印刷　シナノ書籍印刷株式会社

ISBN 978-4-902084-75-7

古代文学と隣接諸学〈全10巻〉

監修　鈴木靖民

第1巻	古代日本と興亡の東アジア	編集　田中 史生
第2巻	古代の文化圏とネットワーク	編集　藏中 しのぶ
第3巻	古代王権の史実と虚構	編集　仁藤 敦史
第4巻	古代の文字文化	編集　犬飼 隆
第5巻	律令国家の理想と現実	編集　古瀬 奈津子
第6巻	古代寺院の芸術世界	編集　肥田 路美
第7巻	古代の信仰・祭祀	編集　岡田 莊司
第8巻	古代の都城と交通	編集　川尻 秋生
第9巻	『万葉集』と東アジア	編集　辰巳 正明
第10巻	「記紀」の可能性	編集　瀬間 正之